Constituição, Sistemas Sociais e Hermenêutica

ANUÁRIO
do Programa de Pós-Graduação
em Direito da UNISINOS

MESTRADO E DOUTORADO
n. 13

Anuário do Programa de Pós-Graduação em Direito

UNIVERSIDADE DO VALE DO RIO DOS SINOS

Reitor: Pe. Marcelo Fernandes de Aquino, S.J.
Vice-Reitor: Pe. José Ivo Follmann, S.J.

Diretor da Unidade Acadêmica de Pesquisa e Pós-Graduação
Alsones Balestrin

Coordenador Executivo do Programa de Pós-Graduação em Direito
Prof. Dr. Leonel Severo Rocha

Coordenador Adjunto do Programa de Pós-Graduação em Direito
Prof. Dr. Wilson Engelmann

Corpo Docente PPGDIREITO
Anderson Vichinkeski Teixeira, André Luís Callegari,
Darci Guimarães Ribeiro, Délton Winter de Carvalho,
Fernanda Frizzo Bragato, Gerson Neves Pinto, Jose Luis Bolzan de Morais,
José Rodrigo Rodriguez, Lenio Luiz Streck, Leonel Severo Rocha,
Luciane Klein Vieira, Marciano Buffon, Maria Eugenia Bunchaft,
Miguel Tedesco Wedy, Têmis Limberger,
Vicente de Paulo Barretto e Wilson Engelmann.

C758   Constituição, sistemas sociais e hermenêutica: anuário do programa de
        Pós-Graduação em Direito da UNISINOS: mestrado e doutorado /
        orgs. Lenio Luiz Streck, Leonel Severo Rocha, Wilson Engelmann.
        Porto Alegre: Livraria do Advogado Editora; São Leopoldo:
        UNISINOS, 2017.
        259 p.; 23 cm.

        ISBN 978-85-9590-008-0

        1. Direito. 2. Teoria do Direito. I. Streck, Lenio Luiz, org. II. Rocha,
        Leonel Severo, org. III. Engelmann, Wilson, org.

        CDU 34

Índices para o catálogo sistemático
Direito
Teoria do Direito

Constituição, Sistemas Sociais e Hermenêutica

ANUÁRIO
do Programa de Pós-Graduação
em Direito da UNISINOS

MESTRADO E DOUTORADO
n. 13

Lenio Luiz Streck
Leonel Severo Rocha
Wilson Engelmann

Organizadores

Porto Alegre, 2017

© dos autores, 2017

Capa, projeto gráfico e diagramação
Livraria do Advogado Editora

Revisão
Rosane Marques Borba

Conselho Editorial do Anuário do PPGDireito
André Luís Callegari
Darci Guimarães Ribeiro
Jose Luis Bolzan de Morais
Lenio Luiz Streck
Leonel Severo Rocha
Vicente de Paulo Barretto
Wilson Engelmann

Direitos desta edição reservados por
Livraria do Advogado Editora Ltda.
Rua Riachuelo, 1300
90010-273 Porto Alegre RS
Fone: 0800-51-7522
editora@livrariadoadvogado.com.br
www.doadvogado.com.br

Programa de Pós-Graduação em Direito
Universidade do Vale do Rio dos Sinos
Av. Unisinos, 950
93022-000 São Leopoldo RS
Fone: (51) 3590-8148
ppgdireito@unisinos.br
(www.unisinos.br/mestrado-e-doutotado/direito)

Impresso no Brasil / Printed in Brazil

— Sumário —

Apresentação – Convergências e divergências hermenêuticas e sistêmicas.........................7

I – Considerações sobre a autonomia epistemológica do direito constitucional comparado
Anderson Vichinkeski Teixeira.........................9

II – O direito penal do risco como resposta às políticas de segurança e controle social
André Luís Callegari.........................19

III – O saneamento e a organização do processo no novo CPC como direito fundamental à razoável duração do processo
Darci Guimarães Ribeiro.........................29

IV – Apreendendo com os desastres antropogênicos: um estudo de caso sobre Mariana 2015
Délton Winter de Carvalho.........................37

V – A interculturalidade como paradigma de diálogo para o sul global
Fernanda Frizzo Bragato.........................55

VI – Os dois sistemas jurídicos contemporâneos – o *common law* e o da Europa continental – e um caso especial: a bioética
Gerson Neves Pinto.........................67

VII – O fim da *geografia institucional* do Estado. A "crise" do estado de direito!
Jose Luis Bolzan de Morais.........................77

VIII – Teoria, sociologia e dogmática jurídicas: em busca de convergências
José Rodrigo Rodriguez.........................99

IX – Ainda e sempre a discussão acerca do positivismo kelseniano
Lenio Luiz Streck.........................109

X – Direito e autopoiese
Leonel Severo Rocha.........................123

XI – O diálogo entre o tribunal permanente de revisão e os tribunais constitucionais nacionais: o mecanismo da opinião consultiva e o direito mercosurenho de terceira dimensão
Luciane Klein Vieira.........................137

XII – Tributação no Brasil: a legitimação pelo gasto social inclusivo
Marciano Buffon.........................159

XIII – Transexualidade no STJ: desafios para a despatologização à luz do debate Butler-Fraser
Maria Eugenia Bunchaft.........................179

XIV – A presunção de inocência e a execução provisória da pena
Miguel Tedesco Wedy.........................195

XV – Cibertransparência: informação pública em rede e o direito ao esquecimento
Têmis Limberger...207

XVI – O paradigma ecológico e a teoria do direito
Vicente de Paulo Barretto..227

XVII – O pluralismo das fontes do direito como uma alternativa para a estruturação jurídica dos avanços gerados a partir da escala nanométrica
Wilson Engelmann...247

— Apresentação —

Convergências e divergências hermenêuticas e sistêmicas

O Programa de Pós-Graduação em Direito – Mestrado e Doutorado – da UNISINOS apresenta a mais nova edição do seu Anuário, que se mostra como um dos desaguadouros privilegiados de reflexão e produção do conhecimento jurídico. Os textos que seguem destacam a possibilidade de se vislumbrar o jurídico de formas plurais e inovadoras, num contexto onde ainda impera a reprodução acrítica de ideias, muitas vezes ultrapassadas e fora do seu contexto original de criação.

A Pós-Graduação brasileira é avaliada pela CAPES centrada em aspectos quantitativos e qualitativos do desempenho dos Programas, tendo em vista a construção de uma ciência de padrão internacional em nosso país. Os conceitos possuem uma hierarquia onde atingem o maior nível aqueles que obtêm MB, em todos os critérios, que são representados pelas notas 6 e 7. Na área do Direito, neste momento, a avaliação mais elevada é concebida pela nota 6. Para nossa grande honra, o PPGD-Unisinos atingiu, nas duas últimas avaliações trienais, esse conceito máximo. O reconhecimento e a consolidação inseriu o Programa de Pós-Graduação em Direito da UNISINOS no PROEX, Programa de Excelência da CAPES de apoio à pós-graduação, concedido somente a uma elite de prestigiosas universidades.

Sustentado por duas matrizes teóricas – a hermenêutica e a sistêmica – especialmente, mas não exclusivamente, que alimentam os diversos projetos de pesquisa desenvolvidos pelo corpo docente, com a participação ativa dos alunos do Mestrado e Doutorado e, também, dos bolsistas de Iniciação Científica, todos organizados em grupos de pesquisa, credenciados junto ao CNPq. Tais projetos de Pesquisa formam um conjunto crítico e criativo de temáticas jurídicas, focadas na inovação e em novos temas que são planejados pela Sociedade. Desta forma, a *Escola de Direito da Unisinos* consolida uma parte do caminho explicitado pelo Planejamento Estratégico da Universidade, ou seja, de ser reconhecida como uma *Universidade Global de Pesquisa*.

Os textos que integram este Anuário se inserem no apresentado pano de fundo e representam o aprofundamento de temas de ponta para a área jurídica e servem como um indicador sofisticado do trabalho realizado nas duas Linhas de Pesquisa em que está organizado o Programa:

Linha de Pesquisa 1: "Hermenêutica, Constituição e Concretização de Direitos"; e

Linha de Pesquisa 2: "Sociedade, Novos Direitos e Transnacionalização".

Reafirma-se, com este novo Anuário, o compromisso assumido pelos Fundadores do Programa: a pretensão de se tornar um polo irradiador de produções inovadoras na área do Direito, abrigados numa Universidade de marcado viés humanista. Aliás, estes são dois "ingredientes" elementares para capacitar o Direito a dar conta dos novos direitos e deveres decorrentes dos avanços tecnocientíficos desencadeados nas diversas áreas do conhecimento.

Os textos mostram que as variadas temáticas de cada uma das Linhas de Pesquisa encontram-se em constante movimento de sofisticação, aspecto que permite a sua sintonia com a agitação das relações sociais, as quais assumem contornos cada vez mais inusitados. Isto desafia o Direito e sublinha a incapacidade da estrutura dogmática do jurídico alcançar as situações criadas pelo próprio ser humano. Os textos são um reflexo direto do espírito empreendedor e inquieto de cada um dos pesquisadores e do conjunto de alunos que os acompanham. Desta forma, mostram uma alternativa que promove uma abertura na produção do conhecimento jurídico conectada aos desafios instalados na Sociedade neste início do Século XXI.

Desejamos a todos e todas uma boa leitura!

Os Organizadores.

— I —

Considerações sobre a autonomia epistemológica do direito constitucional comparado

ANDERSON VICHINKESKI TEIXEIRA[1]

Sumário: Introdução; 1. De método a ciência; 2. Conceito e objeto do direito constitucional comparado; 3. Objetivos do direito constitucional comparado; 4. A formação de um constitucionalismo transnacional como objetivo do Direito Constitucional Comparado; Referências bibliográficas.

Introdução

Em contraste com outros ramos do Direito, pode-se dizer que o Direito Constitucional é uma disciplina jurídica ainda jovem. Enquanto movimento político de limitação ao poder público, o constitucionalismo ocidental data das famosas revoluções liberais ocorridas ao final dos séculos XVII e XVIII, na Inglaterra e França, respectivamente. Diversamente, o Direito Constitucional como ciência, i.e., como disciplina jurídica dotada de autonomia epistemológica, veio a se consolidar somente na primeira metade do século XIX.

O jurista, economista e político italiano, naturalizado francês, Pellegrino Rossi (1787-1848), amplamente influente à época nos círculos acadêmicos de Itália e França, propôs a cátedra de "Instituições Políticas e Direito Constitucional", em 1832, na Universidade de Bolonha, e também, em 1834, a cátedra de "Direito Constitucional" na Universidade de Paris. Não obstante as iniciativas em sentido semelhante ocorridas em solos lusitanos e espanhóis, é possível atribuir a Rossi a primeira cátedra de Direito Constitucional porque, como é próprio de uma "cátedra" neste período histórico, competia ao professor catedrático publicar seu curso ou tratado sobre a área para a qual se apresentava. Foi exa-

---

[1] Doutor em Teoria e História do Direito pela *Università degli Studi di Firenze* (IT), com estágio de pesquisa doutoral junto à Faculdade de Filosofia da *Université Paris Descartes-Sorbonne*. Estágio pós-doutoral junto à *Università degli Studi di Firenze*. Mestre em Direito do Estado pela PUC/RS. Professor do Programa de Pós-Graduação em Direito (Mestrado/Doutorado) da Universidade do Vale do Rio dos Sinos (UNISINOS). Advogado e consultor jurídico. Outros textos em: <www.andersonteixeira.com>.

tamente isso que Rossi fez, em 1834, na Sorbonne: inaugura a primeira disciplina de Direito Constitucional com base em um tratado seu acerca da matéria, introduzindo assim as bases teóricas e metodológicas dessa disciplina jurídica no contexto francês. Logo após sua morte, ex-alunos e colegas recolheram as matérias do curso e publicaram junto ao editor Guillaumin sob o título de *Curso*. Hoje, uma nova edição, organizada e apresentada por Julien Boudon (professor de Direito Constitucional da Universidade de Reims), encontra-se publicada pela Gallimard.[2]

Essa brevíssima menção de historiografia acima feita assume relevância para o presente ensaio no sentido de corroborar a tese existente de autonomia epistemológica do Direito Constitucional Comparado. Se o Direito Constitucional positivo é passível de ser qualificado como um ramo recente na história do Direito, o Direito Constitucional Comparado mostra-se ainda mais jovem. Nas páginas que se seguem, buscaremos expor algumas razões que permitem sustentar a existência do Direito Constitucional Comparado como ciência autônoma dentro da epistemologia jurídica.

1. De método a ciência

Tentar estabelecer comparações entre normas e regimes é uma atividade intelectual presente já desde os antigos romanos e gregos, sobretudo com Aristóteles. No entanto, somente na segunda metade do século XIX é que a metodologia comparatista surge sob uma perspectiva moderna. Foi com a criação da *Société de législation comparée*, em Paris, no ano de 1869, que os primeiros comparatistas começaram a organizar o exame do que ocorre além dos confins dos seus próprios Estados, tanto que, em 1900, novamente em Paris, realizou-se o primeiro Congresso Internacional de Direito Comparado. Anos depois, em 1924, foi inaugurada a *Académie internationale de droit comparé*. Segundo René David, o desenvolvimento do Direito Comparado durante o Século XIX foi uma reação contra a nacionalização excessiva que o direito havia sofrido naquele século.[3]

Konrad Zweigert e Hein Kötz, em 1971, apresentaram um dos mais importantes trabalhos sobre o Direito Comparado em geral, ainda que tivesse o modesto título de *Introdução (Einführung) ao direito comparado*. Trata-se, de fato, de um grande tratado sobre os pressupostos, metodologias e objetos desta disciplina jurídica. Segundo os referidos autores, a expressão Direito Comparado "indica um processo intelectual, o qual

---

[2] ROSSI, Pellegrino; BOUDON, Julien. *Cours de droit constitutionnel*. Paris: Dalloz, 2012.

[3] DAVID, Réne *Les grands systémes du droit contemporains (droit comparé)*. Paris: Dalloz, 1998, p. 3.

tem o direito como objeto e a comparação como instrumento".[4] Seguem afirmando que com este termo "deve ser entendido algo mais, que não vem diretamente à luz da experiência em si. Este algo a mais é o elemento supranacional. Neste sentido, o Direito Comparado se apresenta, em primeiro lugar, como comparação abrangente de diversos sistemas".[5]

Em vez de ser um ramo do direito positivo ou mero método interpretativo, no sentido proposto por Peter Häberle,[6] para quem o método comparatista seria um quinto método da interpretação, depois daqueles já indicados desde Savigny,[7] verifica-se ser possível sustentar que o Direito Constitucional Comparado é uma disciplina jurídica autônoma, do ponto de vista epistemológico, destinada a compreender as estruturas fundamentais dos Estados constitucionais em exame.

Para Alessandro Pizzorusso, o Direito Comparado em geral se diferencia de qualquer outra disciplina porque o seu objeto de estudo é uma pluralidade de ordenamentos jurídicos atualmente operantes e também porque assume como objetivo final "não tanto o conhecimento de cada um dos ordenamentos tomados em exame em cada detalhe seu, quanto o confronto entre estes e a consequente análise das diferenças e das analogias de estrutura e de disciplina visualizáveis".[8] Nesse sentido, Rodolfo Sacco ressalta que a comparação pressupõe a determinação dos modelos jurídicos a estudar, com particular atenção para suas diferenças e similaridades entre si.[9]

2. Conceito e objeto do direito constitucional comparado

Já tendo sido tecidas algumas considerações gerais sobre as condições históricas para o surgimento e desenvolvimento do Direito Constitucional Comparado, o próximo passo é tentar responder ao seguinte questionamento: haveria algum conceito possível para este direito?

Primeiramente, devemos lembrar as linhas anteriores quando se falou sobre Direito Comparado não como um ramo do direito, mas sim como uma ciência jurídica. O mesmo se pode sustentar agora, o que resultaria em um conceito como este que já introduzimos em outra obra, mas que aqui convém retomar: *o Direito Constitucional Comparado é uma*

---

[4] ZWEIGERT, Konrad; KÖTZ, Hein. *Einführung in die rechtsvergleichung*, Vol. 1, Tübingen 1971, trad. it., *Introduzione al diritto comparato*, Vol. 1, Milano: Giuffrè 1998, p. 2.

[5] Ibidem.

[6] Ver HÄBERLE, Peter. *Rechtsvergleichung im Kraftfeld des Verfassungsstaates*. Berlin: Duncker & Humblot GmbH, 1992; e Id., Per una dottrina della costituzione europea, *Quaderni costituzionali*, XIX, n.1, 1999, p. 3-30.

[7] Somente para recordar, são os seguintes métodos: literal, teleológico, sistemático e histórico.

[8] PIZZORUSSO, Alessandro. *Sistemi giuridici comparati*. Milano: Giuffrè, 1998, p. 148.

[9] SACCO, Rodolfo. *Introduzione al diritto comparato*. Torino: UTET, 1980, p. 5-6.

ciência jurídica, de natureza publicista, destinada a estudar os ordenamentos constitucionais dos Estados, seja isoladamente ou em conexão com os outros Estados ou leis supranacionais.[10]

Paolo Biscaretti de Ruffia dizia que o Direito Constitucional Comparado é uma ciência jurídica que se encontra, ao lado das ciências de Direito Constitucional positivo, no espaço destinado a entender os esquemas dogmáticos e as instituições dos mais variados ordenamentos constitucionais positivos. Uma vez recolhidos os elementos dogmáticos, legislativos e jurisprudenciais, será a fase das determinações dos princípios de reconstrução e de elaboração doutrinária o ponto que transforma o Direito Constitucional Comparado de uma simples técnica comparatista para uma ciência jurídica autônoma.[11]

Inicialmente, o Direito Constitucional positivo – este que é tradicionalmente entendido como um ramo do direito – apresenta-se ao constitucionalista comparatista como seu objeto de pesquisa mais importante. Ainda que cada pesquisa possa se concentrar em aspectos muito específicos, o *objeto* do Direito Constitucional Comparado terá, inevitavelmente, algum tipo de relação com as regras, os princípios e as estruturas políticas fundamentais dos ordenamentos constitucionais. Em outras oportunidades, sustentou-se que somente o fenômeno constitucional supranacional seria capaz de ir além dos limites do direito constitucional positivo dos Estados e concentrar a atenção notadamente em questões transnacionais de natureza constitucional; isso implicaria então um outro objeto, agora tipicamente transnacional: a formação de um constitucionalismo transnacional.

3. Objetivos do direito constitucional comparado

Tanto para o jurista comparatista em geral como para o constitucionalista comparatista, definir a finalidade da comparação é um ponto

---

[10] TEIXEIRA, Anderson Vichinkeski. *Fondamenti di diritto costituzionale comparato*. Roma: Aracne Editrice, 2016, p. 24.

[11] "Volendo, in primo luogo, chiarire la *nozione* della *scienza del diritto costituzionale comparato* può preliminarmente affermarsi che essa si pone – accanto a quelle *del diritto costituzionale particolare* (cioè, attinente ad un unico ordinamento statale) e *del diritto costituzionale generale* (capitolo specifico della *teoria generale del diritto*, destinato a comprendere nei suoi schemi dommatici una serie vastissima d'istituzioni, tratti dai più diversi ordinamenti positivi) – come una delle *scienze giuridiche* che hanno per oggetto lo studio approfondito degli ordinamenti costituzionali degli Stati. Come dice il suo stesso nome, essa mira – valendosi del c.d. *metodo comparato* – a raffrontare fra loro le norme e gli istituti accolti nei diversi ordinamenti statali, del presente e del passato, nell'intento di metterne in evidenza, oltre alle caratteristiche più significative, le note similari o differenziali. In modo da giungere, per tale via, all'ulteriore determinazione di principî e regole che trovino negli ordinamenti stessi una effettiva applicazione. Proprio tale ultima fase di costruzione ed elaborazione dottrinale interviene a trasformare ciò che, a prima vista, potrebbe apparire un puro metodo d'indagine in una vera e propria *scienza giuridica autonoma*". BISCARETTI DI RUFFIA, Paolo. *Introduzione al diritto comparato*. Vol. 1. Milano: Giuffrè, 1998, p. 3-4.

em absoluto essencial para suas atividades de pesquisa e reconstrução dogmática.

Biscaretti di Ruffia introduziu uma proposta metodológica baseada em quatro escopos para o Direito Constitucional Comparado:[12]

a) Satisfação de exigências de ordem cultural: seria uma forma de enriquecer a doutrina constitucional local com estudos sobre os ordenamentos constitucionais de outros Estados contemporâneos e, até mesmo, de outras organizações políticas existentes no passado; dito assim, poderia aparentar uma pesquisa supérflua ou sem sentido, mas a complexidade do mundo contemporâneo, os diversos processos de globalização e a necessidade de aprofundar os conhecimentos sobre outros povos tornam esta exigência meramente cultural uma forma de conhecer melhor outros fenômenos sociais, políticos e sobretudo jurídicos;

b) Promover um aprimoramento da interpretação e uma reavaliação das instituições jurídicas nacionais: esta é uma consequência que sempre se deseja a partir de cada atividade comparatista; no entanto, é aqui considerada como objetivo do Direito Constitucional Comparado em si; torna-se cada vez mais certo que estudar outros sistemas jurídicos e ordenamentos constitucionais com base em uma metodologia precisa e bem definida resulta em conclusões que podem ser colocadas em discussão no âmbito político nacional, que estão em condições de auxiliar na interpretação de normas jurídicas do ordenamento nacional ou de reforçar as convicções preexistentes sobre o modo de implementar uma determinada norma de Direito Constitucional positivo;

c) A função nomotética: talvez o objetivo mais avançado do Direito Constitucional Comparado seja fornecer contribuições precisas à política legislativa nacional. A análise de experiências passadas e em curso em outros ordenamentos constitucionais oferece ao comparatista conclusões e resultados que podem prevenir sobre determinada política legislativa em discussão ou, inversamente, reforçar ideias sobre um projeto de lei, por exemplo;

d) Unificação legislativa: este é entendido como um objetivo pacífico em outras áreas que utilizam o Direito Comparado em geral, como no Direito Empresarial, no Direito dos Contratos etc. No entanto, os processos de integração regional entre os Estados e as discussões sobre o fortalecimento das jurisdições internacionais também nos levam a pensar que o Direito Constitucional Comparado poderia ter até mesmo como escopo a unificação legislativa, embora com evidentes limitações. A este objetivo ousamos adicionar – de fato, atualizar – algumas considerações à reflexão proposta por Biscaretti di Ruffia, em 1969, quando da publicação da obra em questão.

[12] BISCARETTI DI RUFFIA, Paolo. *Introduzione al diritto comparato*, cit., p. 4-8.

Não obstante a solidez da proposta de Biscaretti di Ruffia, tanto que se constitui em um excelente ponto de partida para aqueles que desejam realizar pesquisas no campo do Direito Constitucional Comparado, entendemos que estes quatro fins são, de fato, objetivos específicos, uma vez que o objetivo geral do Direito Constitucional Comparado seria fornecer ferramentas e técnicas metodológicas para o jurista comparatista que precisa examinar instituições de nível constitucional, princípios e regras constitucionais, métodos de interpretação constitucional, experiências históricas e constitucionais e costume constitucional do seu ordenamento de referência em contraste com outros Estados nacionais ou com organizações supranacionais.

4. A formação de um constitucionalismo transnacional como objetivo do Direito Constitucional Comparado

Ao referir que a formação de um constitucionalismo transnacional seria um objetivo – talvez o derradeiro objetivo – do Direito Constitucional Comparado, valemo-nos de aportes teóricos que envolvem pesquisas em curso e outras já publicadas,[13] mas que podem ser aqui retomadas brevemente.

Um conceito geral já tradicional de constitucionalismo é dado por Maurizio Fioravanti nos seguintes termos: "um movimento do pensamento voltado, desde suas origens, a perseguir as finalidades políticas concretas, essencialmente consistentes na limitação dos poderes públicos e na afirmação de esferas de autonomia normativamente garantidas".[14] Nicola Matteucci, por sua vez, acentua o caráter finalístico do fenômeno: "[C]om o termo 'constitucionalismo' geralmente se indica a reflexão acerca de alguns princípios jurídicos que permitem a uma constituição assegurar nas diversas situações históricas a melhor ordem política".[15] Em outras palavras, seja lá qual for a espécie a qual estamos nos referindo, veremos o fenômeno constitucional exercendo a *limitação do poder político* e a *tutela de direitos fundamentais*.

Salta aos olhos, portanto, que a limitação ao poder – seja ele político, econômico ou de outra natureza que tenha expressão transnacional – e a tutela dos direitos humanos serão os objetivos finais de qualquer compreensão de constitucionalismo transnacional.

---

[13] A referência é TEIXEIRA, Anderson Vichinkeski. Constitucionalismo transnacional: por uma compreensão pluriversalista do Estado constitucional. *Revista de Investigações Constitucionais*, Vol. 3, n. 3, 2016, p. 141-166.

[14] FIORAVANTI, Maurizio. *Costituzionalismo. Percorsi della storia e tendenze attuali.* Roma-Bari: Laterza, 2009, p. 5.

[15] MATTEUCCI, Nicola. *Lo Stato moderno.* 2ª ed. Bologna: il Mulino, 1997, p. 127.

Não obstante esta categoria tenha assumido diversas definições nos últimos anos (constitucionalismo global,[16] interconstitucionalidade,[17] transconstitucionalismo,[18] apenas para citar algumas variações), entendemos que o constitucionalismo transnacional pode ser concebido como um processo global de afirmação da ubiquidade da existência humana como um bem em si, independentemente de concessões de direitos ou atribuições de sentido/significado estatais, que demanda reconhecimento de direitos não mais vinculados apenas a um Estado nacional específico e que termina redefinindo os objetivos finalísticos do próprio Estado, pois pressiona rumo a integração política internacional e promove, por um lado, diversas esferas transversais de normatividade, enquanto que, por outro, reforça o papel do Estado na proteção interna dos direitos individuais, na afirmação dos direitos culturais e na instrumentalização das políticas globais.[19]

A relevância de constituições escritas no âmbito nacional é inconteste, pois a imensa maioria dos países adota esta forma de constituição; no âmbito regional é amplamente discutível, como se tem visto sobretudo desde a criação da União Europeia; todavia, em nível global/supranacional soa até mesmo utópico a crença em um documento único e universalmente válido. A existência de documentos jurídicos historicamente garantidos e legitimados pelos atores da ordem internacional permite falar da existência, no que concerne à forma, de uma *constituição histórica*, ao passo que, no que toca ao conteúdo, de uma *constituição material*.

Nesse sentido, é oportuno recordar a singular contribuição teórica de Costantino Mortati. Ele afirmava que "um conceito material de constituição somente poderia ser dado fazendo referência a um momento determinado do desenvolvimento histórico".[20] Ou seja, a historicidade será sempre um aspecto a se destacar em uma constituição, independentemente de qual forma assuma. A dimensão unificadora da constituição material é reforçada por ele quando afirmava que o critério material "pode se mostrar apto a unificar as várias fontes de produção, enquanto preexista a estas, i.e., enquanto tenha em face destas a sua

---

[16] Em especial, ver FALK, Richard. *Human rights and State Sovereignty*. New York: Holmes&Meier, 1981; Id. *On Human Governance. Towards a New Global Politics*. Cambridge: Polity Press, 1995; Id. *Predatory Globalization*. Cambridge: Polity Press, 1999; para uma crítica, ver TEIXEIRA, Anderson V. *Teoria Pluriversalista do Direito Internacional*. São Paulo: WMF Martins Fontes, 2011, p. 181-195.

[17] Em especial, ver RANGEL, Paulo Castro. Uma teoria da interconstitucionalidade: pluralismo e constituição no pensamento de Francisco Lucas Pires. *Revista Themis*, ano 1, n. 2, 2000, pp. 127-151; e CANOTILHO, Joaquim José Gomes. *'Brancosos' e interconstitucionalidade*. Coimbra: Almedina, 2006.

[18] Em especial, ver NEVES, Marcelo. *Transconstitucionalismo*. São Paulo: WMF Martins Fontes, 2009.

[19] TEIXEIRA, Anderson Vichinkeski. *Constitucionalismo transnacional*, op. cit., p. 159.

[20] MORTATI, Costantino. *La costituzione in senso materiale*. Milano: Giuffrè, 1998, p. 07.

autonomia".[21] Embora Mortati tenha pensado a constituição material a partir da perspectiva do Estado moderno, a função de conservação da forma de organização do poder e do próprio regime merece também ser sublinhada, pois aquela terá por função "garantir, acima das modificações dos institutos ou de finalidades específicas, a manutenção do fim essencial que serve para identificar um tipo de Estado frente a outros".[22] Uma comparação com a constituição material de Mortati deve servir, no momento, apenas para ilustrar que mesmo categorias próprias do constitucionalismo de matriz estatal também são se aplicam a um constitucionalismo de matriz transnacional – e, mais do que isso, terminam por atribuir maior consistência teórica a este.

Em suma, o constitucionalismo transnacional se insere como parte de um processo evolutivo do fenômeno constitucional. A atual conjuntura internacional do século XXI nos impõe a necessidade de uma *expressa* e *limitada* relativização da soberania do Estado nacional em benefício exclusivo de instituições supranacionais capazes de transcender as vontades políticas circunstanciais das grandes potências e dar representatividade – no sentido de uma democracia radical e contínua[23] – aos indivíduos e aos países que atualmente se encontram marginalizados tanto do mercado internacional quanto do cenário político internacional.

Em vez de centralizar o poder na ordem internacional, uma constituição transnacional tem por finalidade última garantir aos Estados nacionais e aos espaços regionais[24] o fortalecimento dos seus objetivos particulares. Ao Direito Constitucional Comparado competirá então encontrar os mecanismos para tanto.

Referências bibliográficas

BISCARETTI DI RUFFIA, Paolo. *Introduzione al diritto comparato.* Vol. 1. Milano: Giuffrè, 1998.

CANOTILHO, Joaquim José Gomes. *'Brancosos' e interconstitucionalidade.* Coimbra: Almedina, 2006.

DAVID, Réne. *Les grands systémes du droit contemporains (droit comparé).* Paris: Dalloz, 1998.

HÄBERLE, Peter. *Rechtsvergleichung im Kraftfeld des Verfassungsstaates.* Berlin: Duncker & Humblot GmbH, 1992.

——. Per una dottrina della costituzione europea. *Quaderni costituzionali*, XIX, n.1, 1999, p. 3-30.

FALK, Richard. *Human rights and State Sovereignty.* New York: Holmes&Meier, 1981.

——. *On Human Governance.* Towards a New Global Politics. Cambridge: Polity Press, 1995.

——. *Predatory Globalization.* Cambridge: Polity Press, 1999.

---

[21] *Id.*, p. 136.

[22] MORTATI, Costantino. *La costituzione in senso materiale*, cit., pp. 182-183.

[23] ROUSSEAU, Dominique (org). *La démocratie continue.* Paris: LGDJ, 1996; Id. *Radicaliser la démocratie: propositions pour une refondation.* Paris: Seuil, 2015; Id. Direito Constitucional contínuo: instituições, garantias de direitos e utopias. *RECHTD – Revista de Estudos Constitucionais, Hermenêutica e Teoria do Direito*, Vol. 8, n. 3, 2016, p. 261-271.

[24] Para "espaços regionais", enquanto atualização da categoria "comunidades regionais", remetemos ao nosso *Teoria pluriversalista do Direito Internacional*, cit.

FIORAVANTI, Maurizio. *Costituzionalismo. Percorsi della storia e tendenze attuali.* Roma-Bari: Laterza, 2009.

MATTEUCCI, Nicola. *Lo Stato moderno. Lessico e percorsi.* 2ª ed. Bologna: il Mulino, 1997.

MORTATI, Costantino. *La costituzione in senso materiale.* Milano: Giuffrè, 1998.

NEVES, Marcelo. *Transconstitucionalismo.* São Paulo: WMF Martins Fontes, 2009.

PIZZORUSSO, Alessandro. *Sistemi giuridici comparati.* Milano: Giuffrè, 1998.

RANGEL, Paulo Castro. Uma teoria da interconstitucionalidade: pluralismo e constituição no pensamento de Francisco Lucas Pires. *Revista Themis,* ano 1, n. 2, 2000, pp. 127-151.

ROSSI, Pellegrino; BOUDON, Julien. *Cours de droit constitutionnel.* Paris: Dalloz, 2012.

ROUSSEAU, Dominique (org). *La démocratie continue.* Paris: LGDJ, 1996.

——. *Radicaliser la démocratie:* propositions pour une refondation. Paris: Seuil, 2015.

——. Direito Constitucional contínuo: instituições, garantias de direitos e utopias. *RECHTD – Revista de Estudos Constitucionais, Hermenêutica e Teoria do Direito,* Vol. 8, n. 3, 2016, p. 261-271.

SACCO, Rodolfo. *Introduzione al diritto comparato.* Torino: UTET, 1980.

TEIXEIRA, Anderson Vichinkeski. *Fondamenti di diritto costituzionale comparato.* Roma: Aracne Editrice, 2016.

——. Constitucionalismo transnacional: por uma compreensão pluriversalista do Estado constitucional. *Revista de Investigações Constitucionais,* Vol. 3, n. 3, 2016, p. 141-166.

——. *Teoria Pluriversalista do Direito Internacional.* São Paulo: WMF Martins Fontes, 2011

ZWEIGERT, Konrad; KÖTZ, Hein. *Einführung in die rechtsvergleichung,* Vol. 1, Tübingen 1971, trad. it., *Introduzione al diritto comparato,* Vol. 1, Milano, Giuffrè 1998.

— II —

O direito penal do risco como resposta às políticas de segurança e controle social

ANDRÉ LUÍS CALLEGARI[1]

Sumário: 1. Linhas gerais sobre o projeto de pesquisa; 2. Do projeto de pesquisa "um discurso sobre o direito penal de exceção: a luta contra o terrorista"; 3. O porvir do projeto de pesquisa; Referências.

1. Linhas gerais sobre o projeto de pesquisa

No ano de 2016, encerrou-se o projeto de pesquisa até então em desenvolvimento no Programa de Pós-Graduação da UNISINOS, que era intitulado "Um discurso sobre o direito penal de exceção: a luta contra o terrorista". Esse projeto recebeu fomento do Conselho Nacional de Desenvolvimento Científico e Tecnológico – CNPq – e foi encerrado com a publicação de livro com os principais resultados obtidos na pesquisa.[2]

A pesquisa foi iniciada com o objetivo de traçar um diagnóstico da situação contemporânea do Direito Penal, especialmente por meio da visão político-criminal do estado da ciência penal. Nesse aspecto, encontra-se o necessário aprofundamento do fenômeno conhecido como "expansão do Direito Penal", vivenciado por diversos países e, inclusive, pelo Brasil.

Em um segundo momento do projeto, procurou-se investigar a relação existente entre esse Direito Penal expansionista e o terrorismo, um dos fenômenos sociais de maior relevância no contexto global contem-

---

[1] Doutor em Direito pela Universidad Autónoma de Madrid. Doutor *honoris causa* pela Universidad Autónoma de Tlaxcala – México. Doutor *honoris causa* pelo Centro Universitário del Valle de Teotihuacan – México. Professor de Direito Penal nos Cursos de graduação e pós-graduação da Universidade do Vale do Rio dos Sinos – UNISINOS. Advogado Criminalista.

[2] CALLEGARI, André Luís; LIRA, Cláudio Rogério Sousa; CANCIO MELIÁ, Manuel; LINHARES, Raul Marques; REGHELIN, Elisangela Melo. *O crime de terrorismo*: reflexões críticas e comentários à Lei de Terrorismo: de acordo com a Lei nº 13.260/2016. Porto Alegre: Livraria do Advogado, 2016.

porâneo e um dos problemas mais complexos dos que hoje são deixados a cargo do Direito Penal.

Por fim, encerrou-se o projeto de pesquisa exatamente no momento de introdução, no direito brasileiro, da Lei 13.260, de 16 de março de 2016, que possui o primeiro tipo penal do crime de terrorismo no país, além de dispor sobre outras formas emblemáticas de crimes relacionados com o terrorismo e de dispositivos de natureza processual penal.

Assim, para que se compreenda o desenvolvimento dos temas tratados nesse projeto de pesquisa, bem como para facilitar o entendimento dos próximos passos que estão sendo dados pelo grupo de pesquisa, exige-se uma breve retomada dos estágios da pesquisa encerrada e de algumas conclusões e alguns temas de destaque.

2. Do projeto de pesquisa "um discurso sobre o direito penal de exceção: a luta contra o terrorista"

De maneira muito breve, pode-se compreender o fenômeno da expansão do Direito Penal como um movimento de sua transformação (em boa medida, prejudicial e/ou desnecessária) por influências diversas da sociedade. Ou seja, o Direito Penal passa a ser moldado por exigências e necessidades diversas da sociedade que não necessariamente são legítimas de servirem como dados relevantes para a construção e modificação do próprio Direito Penal.

É nesse sentido de influências diversas no Direito Penal que se encontra, por exemplo, a referência ao domínio social pelo sentimento de medo, fruto de uma sociedade do risco. Esse sentimento de medo cria uma cada vez mais presente necessidade social por segurança, que, somada à crença de que o Direito Penal pode servir como solução rápida e eficiente à criminalidade, resulta na reforma de legislações penais e processuais penais em prol de um tratamento mais rigoroso ao crime.

Outro exemplo dessa manifestação é a administrativização do Direito Penal. Isso ocorre em razão da falta de capacidade de algumas instituições administrativas em controlar determinados riscos, o que parece ser a causa da criminalização de condutas que, em um primeiro olhar, deveriam ser tuteladas exatamente no âmbito administrativo e não penal.[3]

Tomando-se o estudo desse movimento de expansão como superado, já que abordado inclusive em edições anteriores deste anuário,[4]

---

[3] PÉREZ CEPEDA, Ana Isabel. *La seguridad como fundamento de la deriva del Derecho penal postmoderno*. Madrid: Editora Iustel, 2007. p. 322.

[4] Também para mais informações acerca da expansão do Direito Penal, ver: SILVA SÁNCHEZ, Jesús-María. *La expansión del derecho penal*: aspectos de la política criminal en las sociedades postindustriales. 2. ed. Madrid: Civitas, 2001.

alguns eventos sociais despontam como fatores de incremento do movimento expansionista, e o terrorismo se insere nesse contexto como um potencializador das manifestações próprias desse Direito Penal expansionista.

Um dos destacados problemas que historicamente acompanham o terrorismo é aquele que envolve a sua indeterminação conceitual – problemática que se contrasta sobremaneira com o clássico princípio da legalidade penal, já por muitas vezes relativizado, que estabelece a necessidade de criação de tipos penais precisos.

É interessante, a respeito do conceito de terrorismo, a afirmação de Ignácio Nunes Fernandes:

> Sin embargo, se varios Estados tienen una definición propia para el terrorismo ¿Por qué en el ámbito internacional no hay consenso? [...] Es evidente que Brasil por ejemplo, no tiene el mismo concepto de terrorismo como España, que ha sufrido atentados en su contexto histórico con el ETA, o Colombia que tiene una lucha declarada contra las FARC.[5]

Essa problemática se deve, além de outros fatores, ao fato de o termo terrorismo ter recebido conotações diversificadas no transcorrer da história e de lugar para lugar, salientando-se que esse termo permite, por sua imprecisão, uma utilização oportunista e interessada, especialmente pela sua forte carga emotiva e política.[6]

Exatamente por isso (além de outros problemas, como a dificuldade de combate do terrorismo e de identificação de seus agentes, que agem geralmente sob a guarda do elemento surpresa e não possuem sequer limitações fronteiriças) que o terrorismo é classificado como um dos grandes desafios do Direito Penal contemporâneo[7] – isso além do questionamento se o terrorismo deve realmente ser combatido por meio do Direito Penal.

Sob uma visão genérica, contudo, o terrorismo pode ser conceituado como "[...] una negación de los derechos fundamentales a través de la utilización de la violencia como medio de terror por parte de estructuras organizadas con fines políticos".[8]

Nesse breve conceito, é possível identificar as características principais do terrorismo levadas em consideração pelo Direito Penal, como a utilização de atos violentos (ou potencialmente violentos), como forma

---

[5] NUNES FERNANDES, Ignácio. *El paradigma del terrorismo entre derecho interno e internacional*: los delitos de terrorismo entre derecho interno y derecho internacional en los arbores del siglo XXI. Pelotas: Editorial Académica Española,2012. p. 08.

[6] Grupo de Estudios de Política Criminal. *Una alternativa a la actual política criminal sobre terrorismo.* Málaga: Grupo de Estudios de Política Criminal, 2008. v. 9, p. 12.

[7] CUERDA ARNAU, María Luisa. Delitos de Terrorismo: aspectos sustantivos y procesales. In: JUANATEY DORADO, Carmen (Dir.). *El nuevo panorama del terrorismo en España*: perspectiva penal, penitenciaria y social. Alicante: Pubicaciones Universidad de Alicante, 2013. cap. 4, p. 111.

[8] Grupo de Estudios de Política Criminal. *Una alternativa a la actual política criminal sobre terrorismo.* Málaga: Grupo de Estudios de Política Criminal, 2008. v. 9, p. 12.

de disseminação de um sentimento de terror, levados a efeito por organizações e com determinadas finalidades de cunho político.

Além do problema relacionado à sua conceituação, o terrorismo se destaca igualmente por seus efeitos, sendo aqui indispensável uma distinção para que se compreenda o que realmente isso significa.

Um ato terrorista pode tanto atingir algumas centenas de vítimas, por isso já se demonstrando de uma gravidade considerável, como também pode fazer um número reduzido de vítimas diretas (até mesmo podendo se pensar em um ato terrorista com uma vítima individual, a depender do caso).

Não é nessas vítimas diretas, entretanto, que se encontra o "termômetro" específico para a gravidade do ato. Considerando-se que o terrorismo é a utilização da linguagem do "terror" (em outros termos, é a transmissão de uma mensagem disseminadora de um sentimento de terror), a gravidade do ato se encontra muito mais nas vítimas "indiretas", aquelas não atingidas pelo ato físico ou material, mas destinatárias da comunicação do grupo terrorista. Nesse caso, a mensagem terrorista e os efeitos desse fenômeno percorrem o mundo inteiro e alcança um número indeterminável de indivíduos, encontrando-se aqui o fundamento de tamanha gravidade desse tipo de ato.

É essa gravidade, encontrada no sentimento de terror generalizado que o terrorismo provoca, que o torna um fenômeno tão sujeito a respostas severas por parte das instituições, constituindo-se um verdadeiro Direito Penal excepcional.

Nesse sentido, conforme referido pelo Grupo de Estudios de Política Criminal, composto por diversos especialistas espanhóis na matéria, o Direito Penal antiterrorismo espanhol tem-se fundamentado na lógica da excepcionalidade, em relação à preservação das garantias fundamentais do cidadão; ou seja, vem outorgando tratamento diferenciado aos delitos de terrorismo e aos indivíduos "etiquetados" como terroristas.[9]

As leis penais antiterrorismo se caracterizam, nesse caminho, por duas notas: adiantamento das barreiras punitivas, da intervenção penal, da punibilidade (delitos de "pertencer", criminalização do enaltecimento do terrorismo, da captação, doutrinamento, formação, distribuição ou difusão pública de mensagens dirigidas ao cometimento desses atos etc.) e o incremento considerável da resposta punitiva em comparação com os crimes comuns.[10]

---

[9] Grupo de Estudios de Política Criminal. *Una propuesta de renovación de la política criminal sobre terrorismo*. Málaga: Grupo de Estudios de Política Criminal, 2013. v. 14, p. 10.

[10] ZARAGOZA AGUADO, Javier. Delitos de Terrorismo: aspectos sustantivos y procesales. In: JUANATEY DORADO, Carmen (Dir.). *El nuevo panorama del terrorismo en España*: perspectiva penal, penitenciaria y social. Alicante: Pubicacions Universidad de Alicante, 2013. cap. 4, p. 104.

Esse modelo de tratamento do terrorismo foi adotado pelo Brasil, também com o adiantamento das barreiras de intervenção do Direito Penal e com a cominação de penas consideravelmente altas. Como exemplo, pode-se ver o tipo penal que criminaliza a prática de ato preparatório de terrorismo:

Lei 13.260, Art. 5º Realizar atos preparatórios de terrorismo com o propósito inequívoco de consumar tal delito:

Pena – a correspondente ao delito consumado, diminuída de um quarto até a metade.

§ 1º Incorre nas mesmas penas o agente que, com o propósito de praticar atos de terrorismo:
I – recrutar, organizar, transportar ou municiar indivíduos que viajem para país distinto daquele de sua residência ou nacionalidade; ou
II – fornecer ou receber treinamento em país distinto daquele de sua residência ou nacionalidade.

§ 2º Nas hipóteses do § 1º, quando a conduta não envolver treinamento ou viagem para país distinto daquele de sua residência ou nacionalidade, a pena será a correspondente ao delito consumado, diminuída de metade a dois terços.

Também nesse sentido, o tipo penal que criminaliza a mera integração de organização considerada terrorista, verdadeira incriminação de um *status* do indivíduo, e não de uma conduta qualquer:

Lei 13.260, Art. 3º Promover, constituir, integrar ou prestar auxílio, pessoalmente ou por interposta pessoa, a organização terrorista:
Pena – reclusão, de cinco a oito anos, e multa.

Nesse uso cada vez mais excepcional do Direito Penal no tratamento do crime, insere-se uma teoria conhecida como "Direito Penal do inimigo", desenvolvida, sobretudo, pelo jurista alemão Günther Jakobs e que muito bem descreve o caminho que já há algum tempo é trilhado no tratamento de alguns crimes.

Esse autor afirma que são dirigidas às pessoas em sociedade expectativas normativas. Essa expectativa serve de orientação ao comportamento das pessoas e permite que cada indivíduo espere um certo comportamento conforme o Direito dos demais. Entretanto, quando não mais é oferecido apoio cognitivo de respeito às normas por parte de determinada pessoa, que manifesta uma orientação cognitiva contrária à norma, essa expectativa perde capacidade de orientação (a norma indica um sentido de conduta e as pessoas esperam, cognitivamente, a adoção desse sentido pelas demais; se o indivíduo, por sua postura e conduta social, não oferece mais a garantia ou crença de que seguirá a conduta adequada, a expectativa passa a ser frustrada). Nesse caso, a pessoa é concebida como uma fonte de perigo, como um problema de segurança. Nesse caso, se aplicaria o Direito Penal do inimigo (e não o do cidadão) como forma de simplesmente se controlar o risco (o risco que o agente representa à sociedade).[11]

---

[11] JAKOBS, Günther; CANCIO MELIÁ, Manuel. *Direito penal do inimigo*: noções e críticas. Organização e tradução de André Luís Callegari e Nereu José Giacomolli. 6. ed. Porto Alegre: Livraria do Advogado, 2012. p. 57.

Nessa linha, Jakobs entende que um Estado que pretenda assegurar todas as garantias próprias do Estado de Direito no combate ao terrorismo não se mostrará capaz de realizar esse combate, classificado como uma guerra, pois não poderá conferir ao inimigo (terrorista) o *status* de fonte de perigo e o tratamento resultante dessa classificação.[12]

Essa proposta recebe ampla crítica doutrinária, como, por exemplo, a crítica de Gabriela Bravo Sanestanislao, ao afirmar que os direitos humanos são o limite da atuação estatal. O estado se encontra submetido ao Direito e não pode exercer seu poder fora dele. Esse é o limite imposto pelo modelo constitucionalista. Todavia, admite a autora que, com os atentados terroristas de 2001 (Estados Unidos), 2004 (Madrid, Espanha) e 2005 (Londres), houve uma mudança drástica nas legislações antiterroristas.[13]

Passou-se a outorgar o caráter de direito fundamental à segurança coletiva, restringindo-se direitos fundamentais clássicos de garantia do cidadão, passando-se a adotar um Direito Penal do inimigo, que apregoa castigar determinados comportamentos sob o argumento de que seu autor é perigoso, hostil, que oferece risco aos demais.[14]

Com esse novo modelo, restringe-se por lei o exercício de direitos fundamentais, como liberdade, segurança pessoal, tutela judicial efetiva, intimidade e segredo das comunicações telefônicas ou via internet. Em contrapartida, aumentam-se os poderes dos serviços de inteligência e da polícia, altera-se o *status* jurídico do estrangeiro, etc.[15]

Por isso afirma-se que a lei penal não pode fazer muito mais do que já faz no trato do terrorismo, que é aumentar a reprimenda para esses crimes e criar tipos penais específicos. Isso porque o terrorismo se apresenta pelo cometimento de figuras criminais conhecidas (homicídio, sequestros, ameaças etc.), mas é dotado de finalidade distinta.[16] Ir além disso é flexibilizar direitos e garantias que um Estado de Direito não tolera, o que acontece de maneira destacada, na luta contra o terrorismo,

---

[12] JAKOBS, Günther; CANCIO MELIÁ, Manuel. *Direito penal do inimigo*: noções e críticas. Organização e tradução de André Luís Callegari e Nereu José Giacomolli. 6. ed. Porto Alegre: Livraria do Advogado, 2012. p. 70.

[13] BRAVO SANESTANISLAO, Gabriela. Presentación. In: JUANATEY DORADO, Carmen (Dir.). *El nuevo panorama del terrorismo en España*: perspectiva penal, penitenciaria y social. Alicante: Pubicaciones Universidad de Alicante, 2013. cap. 1, p. 20.

[14] Idem, p. 21.

[15] Idem, p. 22.

[16] LAMARCA PÉREZ, Carmen. Noción de terrorismo y clases. Evolución legislativa y político-criminal. In: JUANATEY DORADO, Carmen (Dir.). *El nuevo panorama del terrorismo en España*: perspectiva penal, penitenciaria y social. Alicante: Pubicaciones Universidad de Alicante, 2013. cap. 3, p. 41.

no plano processual (segregação por longo tempo, incomunicabilidade de presos etc.).[17]

Esse diagnóstico passou a ser cada vez mais próximo da realidade brasileira, já que recentemente criada a lei de combate ao terrorismo, podendo-se afirmar que o Brasil novamente seguiu o caminho já criticado pela doutrina internacional. Como exemplo, veja-se que, na primeira operação envolvendo a prisão de suspeitos da prática de ato preparatório de terrorismo no país, instituiu-se a incomunicabilidade dos mesmos em relação a seus advogados por meio de portaria da Diretoria do Sistema Penitenciário Federal. Ou seja, um tratamento excepcional inconcebível em um Estado de Direito e violador das mais básicas garantias em um sistema penal, como é a comunicação do indivíduo com seu advogado.

Diante disso, verifica-se que as leis antiterrorismo possuem a mesma lógica do próprio terrorismo, na medida em que são uma negação do Estado de Direito. Pela tendência a se oferecer respostas estatais de recrudescimento da legislação cada vez que se presenciam atos terroristas, constata-se que, em geral, a resposta adota o mesmo caráter dos atos terroristas: caráter de exceção e de conteúdo antidemocrático.[18]

Por isso, Manuel Cancio Meliá afirma, em relação ao excepcional Direito Penal do inimigo: "Desde el punto de vista aquí defendido, el Derecho penal del enemigo, considerado dentro del actual sistema jurídico-penal, no es 'Derecho' penal, muy al contrario: no puede serlo ya en un plano intrasistemático".[19]

O que se tem, então, com a legislação antiterrorista, sob um certo aspecto e se considerando a pressão de uma sociedade tomada pelo medo, é uma característica simbólica que passa a povoar o Direito Penal.

Sobre isso, suscita dúvidas a relação entre Direito Penal e simbolismo, tema desenvolvido de forma elogiável por Winfried Hassemer. Em verdade, os efeitos da tutela penal nada possuem de simbólico, considerando-se os efeitos da prisão, da pena pecuniária, etc.[20]

Entretanto, o que se quer referir como simbólico, nesse caso, é a ilusão de efetividade criada em relação à atuação do Direito Penal. Em ou-

---

[17] LAMARCA PÉREZ, Carmen. Noción de terrorismo y clases. Evolución legislativa y político-criminal. In: JUANATEY DORADO, Carmen (Dir.). El nuevo panorama del terrorismo en España: perspectiva penal, penitenciaria y social. Alicante: Pubicaciones Universidad de Alicante, 2013. cap. 3, p. 41.

[18] Idem, p. 39.

[19] CANCIO MELIÁ, Manuel. Los delitos de terrorismo: estructura típica e injusto. Madrid: Editora Reus, 2010. p. 38.

[20] HASSEMER, Winfried. Direito penal: fundamentos, estrutura, política. Organização e revisão de Carlos Eduardo de Oliveira. Tradução de Adriana Beckman Meirelles et al. Porto Alegre: Sergio Antonio Fabris, 2008. p. 209-210.

tras palavras, a norma penal é criada e anunciada como medida efetiva de combate a determinado problema, quando, em verdade, se destina muito mais a efeitos diversos de contenção de ânimos sociais e de satisfação de uma exigência social de atuação por parte do Legislativo.[21]

Com isso, a proteção de bens jurídicos acaba por ficar à margem dos efeitos concretos do Direito Penal, já que a norma penal ou a reforma legislativa surge muito mais como uma medida de satisfação de exigências simbólicas.

Nesse contexto problemático de tratamento penal do terrorismo, deve-se saber se realmente há a necessidade de manutenção de uma legislação desse viés no Direito brasileiro, questionamento que já foi feito, em outra época, na Espanha.

Em 2013, com a notícia de que o ETA pretendia, à época, abandonar o recurso a atos de terrorismo, o Grupo de Estudios de Política Criminal espanhol questionou a necessidade da manutenção, na legislação desse país, de todos os dispositivos que conferiam um tratamento diferenciado ao terrorismo, que deixaria de ser um problema interno do país. Conforme publicado pelo referido grupo, "Si cuando éste (o terrorismo) se encontraba en su apogeo podía y debía cuestionarse la racionalidad de esas medidas, en la actualidad las cosas están todavía más claras: no sólo es que muchas de ellas no deben formar parte de una política criminal racional y respetuosa de los principios jurídicos; es que, simplemente, hoy carecen de toda justificación".[22]

O mesmo questionamento deve ser feito no Brasil, discutindo-se a necessidade de manutenção de um Direito Penal antiterrorismo. Todavia, no país, essa problemática deve ser ainda mais aprofundada, considerando-se que não se tem um histórico de sofrimento com esse tipo de ato e, ainda, diante do risco de que uma legislação de exceção direcionada ao combate do terrorismo contamine o Direito Penal ordinário.

Essa conclusão pode levar tempo, especialmente pelo fato de que o Brasil recentemente passou por eventos internacionais que motivaram, em grande medida, a aprovação da Lei Antiterrorismo, período no qual iniciou-se a primeira operação noticiada de combate ao terrorismo (com a investigação da prática de atos preparatórios e promoção do terrorismo).

Passados esses eventos, o país permanece sem saber o que é um ato terrorista, já que nenhum ato dessa natureza foi praticado, apenas se promovendo o processamento e a condenação de um grupo de pes-

---

[21] HASSEMER, Winfried. *Direito penal*, op. cit., p. 220-221.

[22] Grupo de Estudios de Política Criminal. *Una propuesta de renovación de la política criminal sobre terrorismo*. Málaga: Grupo de Estudios de Política Criminal, 2013. v. 14, p. 10-11.

soas por tipos penais periféricos e antecipatórios da intervenção penal – quais sejam o de ato preparatório de terrorismo, de apologia ao terrorismo etc.

3. O porvir do projeto de pesquisa

Encerrado o projeto de pesquisa antes mencionado, com a publicação de obra coletiva apresentando os pontos de destaque do crime de terrorismo e da recente legislação brasileira sobre o tema,[23] iniciou-se novo projeto no ano de 2016, intitulado "O Direito Penal do risco como resposta às políticas de segurança e controle social" e ainda em curso.

Esse projeto se utiliza das pesquisas desenvolvidas no projeto encerrado para, a partir daquelas constatações, desenvolver temas de destacada relevância no cenário atual do Direito Penal e do Processo Penal brasileiros. Ou seja, o diagnóstico anteriormente traçado de expansão do Direito Penal e todas as características específicas desse fenômeno (flexibilização de garantias, identificação social com a vítima e exclusão social do delinquente, legislações de caráter simbólico etc.) é utilizado como base de sustentação para o exame das práticas no cenário jurídico brasileiro.

Como exemplo inicial, aqui citado de forma breve, considerando-se o objetivo deste escrito de apresentação dos rumos do projeto de pesquisa em andamento, pode-se mencionar o fenômeno do combate à corrupção que se instalou no país, com as mais diversas manifestações sociais, matérias midiáticas e pronunciamentos de agentes públicos em relação a pontos de discussão.

Não se questiona a necessidade desse combate à corrupção; ao contrário, deve-se sempre primar por boas práticas no gerenciamento e aplicação de verbas públicas, de empresas, etc.

O que se percebe, entretanto, é que, com a bandeira do combate à corrupção, diversas práticas próprias de uma expansão do Direito Penal passaram a se tornar rotineiras, do que é exemplo o instituto da condução coercitiva. Sob argumentos incompreensíveis ou injustificados, a condução coercitiva passou a figurar como procedimento de praxe em investigações policiais, inclusive com a chancela do Judiciário – uma prática que deveria se dar em situações excepcionais, aqui se presenciando a normalização da excepcionalidade, marca presente no fenômeno da expansão.

---

[23] CALLEGARI, André Luís; LIRA, Cláudio Rogério Sousa; CANCIO MELIÁ, Manuel; LINHARES, Raul Marques; REGHELIN, Elisangela Melo. *O crime de terrorismo*: reflexões críticas e comentários à Lei de Terrorismo: de acordo com a Lei nº 13.260/2016. Porto Alegre: Livraria do Advogado, 2016.

Da mesma forma ocorre com as prisões preventivas: medidas excepcionais que acabam flexibilizadas e passam a ser aplicadas indiscriminadamente, algumas vezes com o notável objetivo de coação para a realização de colaborações premiadas.

Instaura-se, assim, uma prática processual-penal de desrespeito a diversas garantias consideradas até então intocáveis, em uma cruzada contra a corrupção que, consequentemente, conduz também a um desmoronamento do Estado de Direito.

Nesse cenário de incremento da complexidade do sistema penal, torna-se necessário o desenvolvimento de uma postura crítica em relação às modificações e propostas de modificações do Direito Penal (*v.g.*, alterações nos limites de imputabilidade penal, punibilidade da pessoa jurídica, medidas de *compliance* e os delitos financeiros, teoria do funcionalismo penal, relativização de princípios específicos já consagrados na teoria do Direito Penal etc.), bem como em relação à prática cotidiana do Direito e Processo Penal, objetivo a ser desenvolvido no curso do projeto de pesquisa em andamento.

Referências

BRAVO SANESTANISLAO, Gabriela. Presentación. In: JUANATEY DORADO, Carmen (Dir.). *El nuevo panorama del terrorismo en España*: perspectiva penal, penitenciaria y social. Alicante: Pubicaciones Universidad de Alicante, 2013. cap. 1, p. 19-24.

CALLEGARI, André Luís; LIRA, Cláudio Rogério Sousa; CANCIO MELIÁ, Manuel; LINHARES, Raul Marques; REGHELIN, Elisangela Melo. *O crime de terrorismo*: reflexões críticas e comentários à Lei de Terrorismo: de acordo com a Lei nº 13.260/2016. Porto Alegre: Livraria do Advogado, 2016.

CANCIO MELIÁ, Manuel. *Los delitos de terrorismo*: estructura típica e injusto. Madrid: Editora Reus, 2010.

CUERDA ARNAU, María Luisa. Delitos de Terrorismo: aspectos sustantivos y procesales. In: JUANATEY DORADO, Carmen (Dir.). *El nuevo panorama del terrorismo en España*: perspectiva penal, penitenciaria y social. Alicante: Pubicaciones Universidad de Alicante, 2013. cap. 4, p. 111-121.

GRUPO de Estudios de Política Criminal. *Una alternativa a la actual política criminal sobre terrorismo*. Málaga: Grupo de Estudios de Política Criminal, 2008. v. 9.

——. *Una propuesta de renovación de la política criminal sobre terrorismo*. Málaga: Grupo de Estudios de Política Criminal, 2013. v. 14.

JAKOBS, Günther; CANCIO MELIÁ, Manuel. *Direito penal do inimigo*: noções e críticas. Organização e tradução de André Luís Callegari e Nereu José Giacomolli. 6. ed. Porto Alegre: Livraria do Advogado, 2012.

LAMARCA PÉREZ, Carmen. Noción de terrorismo y clases. Evolución legislativa y político-criminal. In: JUANATEY DORADO, Carmen (Dir.). *El nuevo panorama del terrorismo en España*: perspectiva penal, penitenciaria y social. Alicante: Pubicaciones Universidad de Alicante, 2013. cap. 3, p. 39-47.

NUNES FERNANDES, Ignácio. *El paradigma del terrorismo entre derecho interno e internacional*: los delitos de terrorismo entre derecho interno y derecho internacional en los arbores del siglo XXI. Pelotas: Editorial Académica Española, 2013.

PÉREZ CEPEDA, Ana Isabel. *La seguridad como fundamento de la deriva del Derecho penal postmoderno*. Madrid: Editora Iustel, 2007.

SILVA SÁNCHEZ, Jesús-María. *La expansión del derecho penal*: aspectos de la política criminal en las sociedades postindustriales. 2. ed. Madrid: Civitas, 2001.

ZARAGOZA AGUADO, Javier. Delitos de Terrorismo: aspectos sustantivos y procesales. In: JUANATEY DORADO, Carmen (Dir.). *El nuevo panorama del terrorismo en España*: perspectiva penal, penitenciaria y social. Alicante: Pubicaciones Universidad de Alicante, 2013. cap. 4, p. 101-110.

— III —

O saneamento e a organização do processo no novo CPC como direito fundamental à razoável duração do processo

DARCI GUIMARÃES RIBEIRO[1]

Sumário: 1. Prolegômenos; 2. Da importância constitucional desta fase e seus requisitos implementadores ; 3. Natureza dúplice das decisões de saneamento; 4. Obrigatoriedade do saneamento.

1. Prolegômenos

A fase do saneamento e da organização do processo prevista no art. 357 do CPC teve como origem a audiência preliminar que foi introduzida na legislação brasileira em 1994, através da Lei 8.952, posteriormente alterada pela Lei 10.444/2002. Esta audiência, por razões complexas que escapam aos estreitos limites deste estudo, acabou não frutificando no direito brasileiro.[2] Todavia, seu critério racional foi ampliado e introduzido na atual fase de saneamento e organização do processo no CPC.

A antiga audiência preliminar,[3] cuja origem remonta a 1895, na obra de FRANZ KLEIN,[4] através da ZPO austríaca, que foi transforma-

---

[1] Advogado. Pós-Doutor em Direito Processual Constitucional pela *Università degli Studi di Firenze*. Doutor em Direito pela *Universitat de Barcelona*. Especialista e Mestre pela Pontifícia Universidade Católica do Rio Grande do Sul (PUC/RS). Professor Titular de Direito Processual Civil da UNISINOS e PUC/RS. Professor do Programa de Pós-Graduação em Direito da UNISINOS (Mestrado, Doutorado e Pós-Doutorado). Membro do Instituto Brasileiro de Direito Processual Civil. Membro do Instituto Ibero-Americano de Direito Processual Civil. Membro da *International Association of Procedural Law*. Membro da Academia Brasileira de Direito Processual. Membro representante do Brasil no Projeto Internacional de Investigação sobre Prova Científica e Prova Pericial financiado pelo Ministério de Educação e Cultura – MEC – da Espanha.

[2] Para um estudo mais completo da audiência preliminar e sua relação com a oralidade no direito brasileiro e comparado, consultar o que escrevi em *Audiência preliminar e oralidade no direito brasileiro*. In: Revista dos Tribunais, 1999, v. 88, n.759, p. 765-791 (também publicado em Revista Justicia, 2001, n. 2-4, p. 343-381 e *Revista da Ordem dos Advogados Portugueses*, Lisboa, 2000, v. II, Ano 60, p. 719-755).

[3] Mais amplo que o antigo art. 331 do CPC/73 é o art. 301 do Código-Tipo para a América Latina, quando fala da audiência preliminar. Ele serviu de base para inúmeras inovações ocorridas no mundo inteiro, em virtude da sua grandiosidade, como se nota da transcrição resumida, a seguir:

da e dividida na fase *das providências preliminares e do saneamento*, art. 352 do CPC, de um lado, e de outro, na fase do *saneamento e da organização do processo*, art. 357 do CPC, está inserida tanto na Seção III do Capítulo IX, quanto na Seção IV do Capítulo X do atual CPC, os quais regulam além das *providências preliminares e o saneamento* o *julgamento conforme o estado do processo*.

Enquanto as providências preliminares e o saneamento do processo se dividem em três momentos: *da não incidência dos efeitos da revelia*, arts. 348 e 349; do *fato impeditivo, modificativo ou extintivo do direito do autor*, art. 350, e das *alegações do réu*, arts. 351, 352 e 353, todos do CPC. O julgamento conforme o estado do processo se divide em quatro momentos: da *extinção do processo*, art. 354; do *julgamento antecipado do mérito*, art. 355, do *julgamento antecipado parcial do mérito*, art. 356, e do *saneamento e da organização do processo*, art. 357, todos do CPC.

Uma vez ultrapassada as providências preliminares, sendo elas cumpridas ou não havendo necessidades delas, o juiz deverá proferir julgamento conforme o estado do processo, como reza o art. 353 do CPC.

Quando o juiz, diante do processo, percebe alguma das hipóteses previstas nos arts. 485 e 487, II e III, declarará *extinto o processo*, ou, quando a questão for de mérito e não houver necessidade de produção de outras provas (inc. I) ou ocorrendo à revelia (inc. II), o juiz julgará *antecipadamente o mérito*; ocorrendo alguma dessas hipóteses, o processo se extinguirá, sendo, portanto, desnecessária a fase de saneamento e organização do processo,[5] como bem prevê a primeira parte do art. 357 do CPC, ao dizer: *"Não ocorrendo nenhuma das hipóteses deste Capítulo(...)"*. Todavia, a extinção do processo pode dizer respeito apenas à parcela do mesmo, conforme par. único do art. 354 do CPC, que deve ser lido juntamente com o art. 356 do mesmo diploma, isto é, o julgamento antecipado parcial do mérito. Nesta hipótese, um ou mais dos pedidos ou

---

"1) possibilidade de ratificação pelas partes dos escritos constitutivos e casual aditamento de fatos novos; 2) contestação pelo autor das exceções opostas pelo demandado; 3) tentativa conciliatória; 4) recepção da prova das exceções; 5) saneamento do processo, para resolver as exceções processuais ou nulidades, bem como julgar todas as questões que obstem a decisão de mérito; 6) fixação definitiva do objeto do processo e da prova", Un "Codice Tipo" di Procedura Civile per L'America Latina, Padua: Cedam, 1988, p. 580.

[4] *Apud* VÍCTOR FAIRÉN GUILLÉN, *El Proyecto de la Ordenanza Procesal Civil Austriaca visto por Franz Klein*. In: *Estudios de Derecho Procesal*. Madrid: Ed. Derecho Privado, 1955, p. 311.

[5] Neste sentido, encontramos NELSON NERY JÚNIOR, *Comentários ao Código de Processo Civil*, São Paulo: RT, 2015, p. 966; MARINONI, Luiz G.; ARENHART, Sérgio C.; MITIDIERO, Daniel. *Novo Código de Processo Civil Comentado*, São Paulo: RT, 2015, p. 378; WAMBIER, Teresa A. A.; CONCEIÇÃO, Maria Lúcia L.; RIBEIRO, Leonardo F. S; MELLO, Rogerio L. T. *Primeiros Comentários ao novo Código de Processo Civil*, São Paulo: RT, 2015, p. 618; ALEXANDRE FREITAS CÂMARA, *O novo Processo Civil Brasileiro*, São Paulo: Atlas, 2015, p. 211 e 212; STRECK, Lenio L.; NUNES, Dierle; CUNHA, Leonardo C. *Comentários ao Código de Processo Civil*, São Paulo: Saraiva, 2016, p. 522; CÁSSIO SCARPINELLA BUENO, *Novo Código de Processo Civil Anotado*, São Paulo: Saraiva, 2. ed., 2016, p. 332, entre outros.

parcela deles será prontamente julgado, é a chamada decisão interlocutória de mérito, enquanto o outro ou outros pedidos prosseguiram com o processo para a fase do saneamento e da organização.

Em não sendo extinto o processo, o juiz deverá partir para o quarto momento do julgamento conforme o estado do processo que é a fase saneadora e de organização, onde serão examinadas as possíveis questões processuais pendentes, entre outras providências. É nessa etapa que resultou o aperfeiçoamento do prestigiado art. 357 do CPC.

2. Da importância constitucional desta fase e seus requisitos implementadores

A fase do saneamento e da organização do processo constitui, sem sombra de dúvida, um dos elementos mais importantes do novo CPC, no que se refere à aceleração da prestação da tutela jurisdicional. Não seria exagerado dizer, parafraseando PROTO PISANI, que *"il successo o il fallimento della riforma sono indissolubilmente legati al funzionamento o no di questa udienza"*.[6] Ou como prefere LIEBMAN, ao afirmar que: *"Não é exagero dizer que da boa utilização deste instrumento depende em grande parte o eficiente funcionamento do processo civil"*.[7]

Esta fase, pela inovação que apresenta, exige uma mudança de postura por parte dos operadores do Direito, acostumados a trabalhar sobre um processo de conhecimento anacrônico, calcado em princípios que já não espelham a realidade da moderna ciência processual. É sabido que, pelo hábito, o processo mesmo educa ou deseduca, pois, como bem disse alhures CALAMANDREI, *a praxe do foro é mais forte que a lei.* E, conforme PANZANI, o processo *"Diseduca quando, per avere un oggetto mutevole, sempre suscetibile di variazione e sorprese, solo in apparenza funzionali al concetto di difesa, tanto le parti, quanto il giudice finiscono per essere travolti da un meccanismo de deresponsabilizzazione, nel quale si impoveriscono le nozioni stesse di difesa e di contraddittorio. Mentre educa quando, mirando a conseguire, attraverso un'articolata fase iniziale, un suo oggetto responsabilmente definito, si può parlare di esso come di un progetto razionale, realmente costruito sul contraddittorio delle parti e realmente funzionale al corretto dispiegarsi dei poteri direttivi del giudice"*.[8]

---

[6] *La Nuova Disciplina del Processo Civile*, Napoli, 1991, p. 130. O art. 183 do novel CPC italiano refere-se exatamente a *"Prima udienza di trattazione"*. Neste sentido, CHIARLONI, *Le Riforme del Processo Civile* (a cura di S.CHIARLONI), Bologna, 1992, p. 162; TARUFFO *et alii*, *Le Riforme della Giustizia Civile* (a cura di M. TARUFFO), Torino, 1993, p. 252 e, novamente, quando escreveu em conjunto *La Riforma del Processo Civile*, Milano, 1991, p. 33.

[7] O despacho saneador e o julgamento de mérito. In: *Revista Forense*, nº 104, 1945, p. 20. (também publicado nos *Estudos sobre o processo civil brasileiro*. São Paulo: Bushatsky, 1976, p. 99).

[8] *Il Giudizio di Primo Grado: La Prima Udienza e le Preclusioni, in* La Riforma del Processo Civile, Quaderni del Consiglio Superiore della Magistratura, nº 73, Nov. 1994, v. I, p. 319 e 320. Ou nas

É sob esse ângulo que devemos analisar tanto o art. 352 quanto o art. 357 do CPC, sob pena de torná-los improdutivos e, com isso, desrespeitar o direito fundamental a um processo dentro de um prazo razoável, contido no art. 5º, LXXVIII, da CF, que implica a não realização do devido processo legal, art. 5º, LIV, da CF. Por isso o saneamento, em qualquer dos dois momentos processuais, deve ser encarado como a objetivação, a concretização destes dois sagrados direitos processuais fundamentais e sua não realização implica *ipso facto* a violação de ambos os direitos fundamentais, o processo dentro de um prazo razoável e o devido processo legal.

Mas, para agilizar a prestação da tutela jurisdicional, colocando o processo no seu verdadeiro rumo, logo, *educando*, necessário se faz observar os *requisitos implementadores* do saneamento e da organização do processo que se não estiverem presentes, dificilmente esta etapa será realizada a contento:

a) o *conhecimento da causa* antes do início desta fase. Pode parecer desnecessário mencionar-se esse requisito implementador do saneamento e da organização do processo, mas em realidade não o é, vez que a praxe aponta em sentido contrário. O acúmulo de serviço hoje no Brasil é tamanho,[9] que o magistrado não encontra tempo para ler adequadamente o processo antes de realizar essa fase, o que inviabiliza totalmente o saneamento e a adequada organização do processo com suas várias etapas; pois, como pode o magistrado sanear as questões processuais que não conhece? Como pode fixar o *thema probandum* e o *thema decidendum*, sem conhecer pormenorizadamente os fatos constitutivos, impeditivos, modificativos ou extintivos e as questões de direito que irão incidir? Esse, *data venia*, parece ser o maior empecilho para uma real e concreta implementação desta fase;

b) um sistema rígido de *preclusões,* que onera as partes a deduzir, imediatamente, todas as alegações e defesas relevantes para a causa, renunciando, consequentemente, a esquemas processuais e táticas dilatórias, trazendo com isso uma maior responsabilidade para as partes; é a adoção do princípio da eventua-

---

brilhantes palavras de PATANIA, quando diz: " *In realtà si tratta di una inversione di tendenza che restituisce significato alla presenza del giudice lungo tutto l'arco della procedura recuperando, al contempo, la autorevolezza del giudice e la autoresponsabilità delle parti poiché il processo assolve ad una publica funzione anche quando sono privati i diritti in contesa."*, (sic) in *Il Giudizio di Primo Grado: La Prima Udienza e le Preclusioni. In: La Riforma del Processo Civile*, Quaderni del Consiglio Superiore della Magistratura, nº 73, Nov. 1994, v. I, p. 351.

[9] Para uma radiografia precisa da justiça brasileira, consultar obrigatoriamente o relatório justiça em números que divulga a realidade dos diversos tribunais brasileiros. Disponível em: <http://www.cnj.jus.br/programas-e-acoes/pj-justica-em-numeros>, consultado em 16.05.2016.

lidade,[10] que já é previsto em nosso ordenamento jurídico, no art. 329 para o autor e art. 342 para o réu, ambos do CPC. Esta preclusão, por óbvio, também alcança o juiz, conforme art. 505 do CPC, que não mais poderá alterar o objeto da cognição,[11] salvo, é lógico, nas questões do § 5º do art. 337 combinado com o § 3º do art. 485, ambos do CPC, sob pena de *deseducar* e desestabilizar o processo;

c) a necessidade de fixação do *thema probandum* e do *thema decidendum*, quando então determinar-se-á tanto o objeto litigioso do processo, *Streitgegenstand*, quanto o objeto do debate sobre os quais deverá recair a prova,[12] podendo as partes requererem as provas que ainda entendam necessárias, tais como, o depoimento pessoal, art. 385 do CPC, se não requerido na inicial ou contestação; a exibição de documento ou coisa, art. 396 do CPC; a perícia, art. 464 do CPC. Deverá o juiz, inclusive, se for o caso, aceitar o incidente de desconsideração da personalidade jurídica, art. 133 do CPC, ou o *amicus curiae*, art. 138 do CPC.[13]

Somente dessa forma poderemos gozar de um processo *rápido*, *eficaz* e *barato*. Rápido, porque retira todas as formas de dilações indevidas; eficaz, porque atende ao princípio da economia processual, isto é, permite obter um máximo de resultado, num mínimo de atividade processual; e barato, porque as partes e o Estado economizarão tempo e dinheiro.

---

[10] Conforme PANZANI, *Il Giudizio di Primo Grado: La Prima Udienza e le Preclusioni*, ob. cit., p. 320; TARUFFO, *La Riforma del Processo Civile*, ob. cit., p. 33; PATANIA, *Il Giudizio di Primo Grado: La Prima Udienza e le Preclusioni*, ob. cit., p. 351, entre outros. Em sentido diferente, FRASCA que divide a fase preparatória em *contraddittorio libero* e a *binario rigido*, sendo este último "*la previsione nell'ambito della fase preparatoria di momenti successivi di operatività delle preclusioni in relazione alla diversa tipologia delle difese della parti sotto il profilo dell'onere di allegatione a realizzare quel temperamento*", in *Il Giudizio di Primo Grado: La Prima Udienza e le Preclusioni. In: La Riforma del Processo Civile, Quaderni del Consiglio Superiore della Magistratura*, nº 73, Nov. 1994, v. I, p. 363. Para este autor, o novel CPC italiano no art. 183 adotou este ponto de vista, *a binario rigido*.

[11] Neste mesmo sentido, ALEXANDRE FREITAS CÂMARA, *O novo Processo Civil Brasileiro*, ob. cit., p. 214 e 215; STRECK, Lenio L.; NUNES, Dierle; CUNHA, Leonardo C. *Comentários ao Código de Processo Civil*, ob. cit., p. 528 e NELSON NERY JÚNIOR, *Comentários ao Código de Processo Civil*, p. 972. Com visão mais aprofundada do tema e, portanto, mais pertinente, ARAKEN DE ASSIS, ao dizer que "*a obrigatoriedade respeita às questões preexistentes. (...). Não abrange as questões processuais supervenientes*", *Processo Civil Brasileiro*, São Paulo: RT, 2015, v. III, nº 1.811.2, p. 408. O autor aprofunda melhor sua explicação no item 1.811.3.1, p. 410 a 415.

[12] Sobre esta essencial dicotomia e sua influência no atual CPC, consultar o que escrevi em Objeto do Processo e Objeto do Debate: dicotomia essencial para uma adequada compreensão do Novo CPC. In: Darci Guimarães Ribeiro; Marco Félix Jobim. (Orgs.). *Desvendando o novo CPC*. 2ª ed. Porto Alegre: Livraria do Advogado, 2016, v. 1, p. 19-43.

[13] No direito italiano o art. 183, *comma* 5º do CPC permite que a parte possa trazer terceiros ao processo.

3. Natureza dúplice das decisões de saneamento

A origem da decisão saneadora está no direito português.[14] Suas técnicas podem ser divididas em dois métodos: *concentrado* e *difuso*. Podendo o método concentrado ter forma *escrita* ou *oral*.[15]

A decisão saneadora que no direito brasileiro atual é concentrada e predominantemente escrita deve ser compreendida em sua dúplice natureza, qual seja: a) *stricto sensu* ou *ordinatório*,[16] quando o juiz identifica a existência de irregularidades ou de vícios processuais certamente sanáveis e ordena sua correção, vale dizer, uma visão *retrospectiva*[17] com eficácia preponderantemente *mandamental* e; b) *lato sensu* ou *decisório*, quando o juiz declarar o processo apto para seguir em direção à análise do mérito, visão *prospectiva*, com eficácia *declaratória*. Ambas as decisões saneadoras são concentradas, sendo a primeira escrita e a segunda predominantemente escrita, pois a forma oral imperará no saneamento compartilhado, § 3º do art. 357 do CPC.

No afastado CPC/73, esta dúplice natureza era realizada através da antiga audiência preliminar, em um único momento processual, contido no art. 331 do CPC/73,[18] pese a redação do art. 327 do CPC/73. Nesta oportunidade, o juiz literalmente saneava eventuais irregularidades ou vícios processuais, para, então, declarar o processo apto para prosseguir seu caminho rumo ao mérito.

Já o atual CPC separa, com mais detalhes, a análise saneadora do juiz em dois momentos processuais distintos. O primeiro deles, *ordinatório*, quando o juiz verifica a existência de vícios processuais pendentes e sanáveis ou irregularidades e determina sua correção em prazo nunca superior a 30 (trinta) dias, conforme dispõe o art. 352. Esta etapa processual situa-se no Capítulo IX, intitulado das providências preliminares e

---

[14] Conforme nos indica LIEBMAN, *O despacho saneador e o julgamento de mérito*, ob. cit., p. 21 (*Estudos sobre o processo civil brasileiro*, ob. cit., p. 101) e ALFREDO BUZAID, Do despacho saneador. In: *Estudos de Direito*. São Paulo: Saraiva, 1972, nº 10, p. 15. Segundo o mestre italiano, o "despacho regulador do processo" foi introduzido no *"processo português por decreto de 29 de maio de 1907"*, ob. cit., p. 101. Para um revelador estudo histórico deste consagrado instituto, ver ARAKEN DE ASSIS, *Processo Civil Brasileiro*, ob. cit., p. 427 a 430.

[15] Esta classificação foi apresentada e desenvolvida por BARBOSA MOREIRA, em Saneamento do processo e audiência preliminar. In: *Temas de Direito Processual Civil*. São Paulo: Saraiva, 1989, quarta série, nº 10, p. 111.

[16] A distinção dos despachos saneadores em ordinatórios e decisórios foi obra da genialidade de GALENO LACERDA quando escreveu seu clássico livro *Despacho saneador*. Porto Alegre: Sergio Fabris, 1985, p. 156 e ss.

[17] A expressão retrospectiva e prospectiva para explicar a função do juiz no saneamento foi utilizada por vez primeira pelo *primus inter pares* BARBOSA MOREIRA, em *Saneamento do processo e audiência preliminar*, ob. cit., nº 10, p. 111. Todavia o autor não estabelece maiores explicações sobre as duas dimensões da atividade saneadora do juiz.

[18] Igualmente no direito espanhol através da *audiência previa al juicio*, art. 414 e ss da *Ley de Enjuiciamiento Civil* Espanhola de 2000.

do saneamento, Seção III, denominado das alegações do réu. Esta análise saneadora do juiz possui uma visão *retrospectiva*, pois visa a corrigir defeitos já existentes na relação processual, e sua eficácia é *mandamental*, na medida em que ele ordena à parte ou às partes que sanem o defeito, sob pena de o juiz extinguir o processo sem resolução do mérito, art. 485 do CPC ou então decretar a nulidade de determinado ato processual, aplicando-se-lhe o art. 281 do CPC. Esta análise saneadora não deve ser confundida com a outra análise saneadora.

O segundo momento processual, *decisório*, que exige do juiz a resolução das questões processuais pendentes para posteriormente declarar o processo hábil para prosseguir em direção a uma decisão de mérito, encontra-se no art. 357, inc. I, do CPC. Esta fase denominada de saneamento e organização do processo está prevista no Capítulo X, intitulado do julgamento conforme o estado do processo, Seção IV, intitulada do saneamento e da organização do processo. Esta análise saneadora do juiz adquire uma visão *prospectiva*, porquanto declara apto o processo para caminhar adiante rumo a uma futura sentença de mérito, possuído, portanto, eficácia *declaratória*.

Portanto, podemos concluir que a atividade saneadora do juiz divide-se em dois momentos distintos. Uma delas *ordinatória* ou em sentido estrito, com uma concepção *retrospectiva* e eficácia preponderantemente *mandamental* em momento anterior e a outra *decisória* ou em sentido lato, com visão *prospectiva* e eficácia *declaratória* em momento posterior.

4. Obrigatoriedade do saneamento

Com relação à decisão saneadora ordinatória, sua realização é *obrigatória*, o que equivale dizer que o juiz deverá analisar a existência ou não de irregularidades ou vícios sanáveis que possam atrapalhar a marcha correta do processo. Sua análise da integridade da relação processual é obrigatória, independentemente da existência ou não de vícios ou irregularidades comprometedoras. A obrigatoriedade reside, portanto, no exame do juiz, e não na existência de eventuais vícios.

Nesta mesma ordem de ideias, não ocorrendo nenhuma das hipóteses do Capítulo X, julgamento conforme o estado do processo, a fase do saneamento e da organização do processo é *obrigatória*, à medida que a resolução das questões processuais eventualmente pendentes, a delimitação das questões de fato e de direito e a distribuição do ônus da prova, nessa fase, são requisitos essenciais de um procedimento adequado às garantias fundamentais do processo realizado dentro de um prazo razoável, art. 5º, LXXVIII, da CF, realizando, assim, o devido processo legal, art. 5º, LIV, da CF. Ao omitir essa imprescindível fase, o juiz, portanto, infringe dois direitos processuais fundamentais, pois ele omite um ato indispensável do procedimento e da adequada prestação jurisdicional, devendo o Estado responder obrigatoriamente por danos morais,[19] na medida em que, segundo JOAN PICÓ I JUNOY, *"la infracción del derecho a un processo sin dilaciones indebidas puede venir dado por una simple inactividad (pasividad) u omisión del órgano judicial, (...)"*.[20] Ademais, as normas referentes ao procedimento, como regra geral, são de *interesse público* e possuem natureza *cogente*, razão pela qual seu desrespeito gerará uma *nulidade absoluta*.[21] Outro não foi o entendimento do STJ quando o juiz deixou de realizar o saneamento: *"Sendo assim, não há como o julgador deixar de proceder ao despacho saneador, deixando 'in albis', as preliminares suscitadas e passando diretamente para a fase de instrução e julgamento, presumindo-se, assim, que o processo encontra-se sanado, sob pena de nulidade absoluta do feito"*.[22]

Consequentemente, a fase do saneamento e da organização do processo constitui um *pressuposto processual de validade objetivo e intrínseco à relação jurídica*, pois mesmo que não haja a existência de irregularidades ou de vícios processuais sanáveis, nem mesmo uma questão processual pendente e não seja necessário distribuir diversamente o ônus da prova, ele deverá, obrigatoriamente, fixar as questões de fato e de direito controvertidas, remetendo o processo limpo, sem falhas e sem defeitos, para a fase instrutória.

---

[19] Conforme já escrevi anteriormente há muito tempo atrás: *"O Estado deve ser responsável pelas dilações indevidas de acordo com o direito apresentado. A Corte Europeia dos Direitos do Homem já se manifestou a respeito, segundo J. SANCHEZ-CRUZAT, durante os anos oitenta, onde reconheceu o direito ao processo sem dilações indevidas, impondo reiteradas condenações à vários países, obrigando-os à indenização pelo dano moral derivante de prolongada ansiedade pelo êxito da demanda,* (in *El Tribunal Europeu*, 1983, p. 91). *No Brasil este ponto de vista é defendido por CRUZ E TUCCI,* in *Devido Processo Legal e Tutela Jurisdicional*, RT, 1993, p. 99". E continuo, mais adiante: *"Segundo CRUZ E TUCCI o Brasil é signatário da mencionada Convenção Americana sobre Direitos Humanos e, inobstante nada dispor a CF sobre a prestação jurisdicional dentro de um prazo razoável, abre a mesma a possibilidade de serem adotados certos princípios, direitos e garantias decorrentes de tratados internacionais em que a República Federativa do Brasil seja parte, de acordo com o § 2º do art. 5º da CF". A instrumentalidade do Processo e o Princípio da Verossimilhança como decorrência do "Due Process of Law", contido na Rev. de Jurisprudência Brasileira,* nº 173, p. 31 e 32 e na *Rev. AJURIS* nº 60, p. 273 e 274. Sobre o particular, consultar obrigatoriamente a clássica obra de JOAN PICÓ I JUNOY, *Las garantias constitucionales del processo*. Barcelona: Bosch, 2012, especialmente p. 143 a 157.

[20] *Las garantias constitucionales del processo*, ob. cit., p. 148.

[21] Em igual sentido, ARAKEN DE ASSIS, *Processo Civil Brasileiro*, ob. cit., nº 1.820, p. 435. Mesmo na vigência da legislação anterior, DINAMARCO, ao comentar a regra contida no antigo art. 331 do CPC/73, dizia: *"trata-se de nulidade absoluta, porque se resolve na violação de norma destinada ao bom e correto exercício da jurisdição, função estatal", A Reforma do Código de Processo Civil*, São Paulo: Malheiros, 1995, nº 92, p. 124. As normas sobre o processo também mereceram a atenção de GALENO LACERDA, para quem é *"certa, sem dúvida, a presença de interesse público na determinação do rito do processo"*, In: *RJTJRGS*, n. 102, p. 285.

[22] STJ, 1ª T., REsp 780285/RR, rel. Min. Francisco Falcão, j. 14.03.2006, DJ 27.03.2006 p. 218.

— 4 —

Apreendendo com os desastres antropogênicos: um estudo de caso sobre Mariana 2015

DÉLTON WINTER DE CARVALHO[1]

Sumário: 1. O desastre em Mariana e suas consequências; 1.1. Impactos humanos diretos; 1.2. Impactos ambientais; 1.3. Demais danos; 2. Lições regulatórias da ruptura da barragem; 2.1. Ausência de uma cultura afeta a circularidade de risco; 2.2. A importância dos planos de contingência tanto do setor privado quanto do Judiciário; Considerações finais.

1. O desastre em Mariana e suas consequências

Aquele que vem sendo considerado o maior desastre ambiental da história no Brasil teve seu início no dia 5 de novembro de 2015 e parece estar longe de ter um fim. O rompimento da barragem de Fundão, pertencente à mineradora Samarco, controlada pelas empresas Vale do Rio Doce e BHP Billiton, teve lugar no subdistrito de Bento Rodrigues, em Mariana/MG, ocasionando uma enxurrada de rejeitos de minério. Após invadir o Rio Doce, o chamado "tsunami de lama" passou por cidades de Minas Gerais e do Espírito Santo, tendo chegado ao oceano Atlântico 16 (dezesseis) dias depois.

Posteriormente, num efeito sinergético, houve o rompimento da barragem Santarém, liberando mais 7 milhões de m³, tendo o acidente liberado um total de 62 milhões de 62 m³ de lama.[2] Ainda segundo estudo acima, cerca de 663,2 km de corpos hídricos foram diretamente

---

[1] Pós-Doutor em Direito Ambiental e dos Desastres, University of California at Berkeley, EUA. Doutor e Mestre em Direito UNISINOS. Professor do Programa de Pós-Graduação em Direito da UNISINOS, nível Mestrado e Doutorado. Advogado, Parecerista e Consultor jurídico. Associado do IDPV e da APRODAB. Coordenador Regional da APRODAB, Rio Grande do Sul. Autor de diversos artigos publicados nacional e internacionalmente, sendo ainda autor dos livros. *Desastres ambientais e sua regulação jurídica: deveres de prevenção, resposta e compensação*. Revista dos Tribunais, 2015; *Dano ambiental futuro: a responsabilização civil pelo risco*. 2. ed. Livraria do Advogado, 2013; e em coautoria com, Fernanda Dalla Libera. *Direito dos Desastres*. Livraria do Advogado, 2013. <delton@deltoncarvalho.com.br>.

[2] Disponível: <http://g1.globo.com/minas-gerais/noticia/2015/11/volume-vazado-em-mariana-equivale-13-da-capacidade-da-guarapiranga.html>. Acesso em 11/03/2016.

impactados.[3] O episódio ocasionou a morte de 17 pessoas, permanecendo duas desaparecidas no distrito de Bento Rodrigues,[4] tendo, também, destruído e prejudicado o abastecimento de água em diversos municípios e continuando a causar impactos ambientais graves no Rio Doce e no Oceano Atlântico, onde o rio desemboca.[5]

O que se pode, desde já, destacar é que os danos se mostram exponenciais e continuados, naquilo que se chama de desastre continuado (*slow-motion disaster*).[6] Ainda, o referido desastre apresenta uma abrangência ampla no que respeita as diversas esferas socioambientais atingidas pelo evento, havendo uma conclusão preliminar de que este ocasionou *danos ambientais e sociais diretos, marcadamente graves e onerosos*. O referido desastre apresenta, territorialmente, uma abrangência regional, tendo atingido 663,2 km de corpos d'água compreendidos nos estados de Minas Gerais e Espírito Santo. Ainda, foram diagnosticados impactos no estuário do rio Doce e à sua região costeira.

Semanas após a ocorrência do evento, já era possível uma avaliação preliminar da grandiosidade do evento, tendo sido diagnosticada a morte de trabalhadores da empresa e de moradores das comunidades afetadas, persistindo desaparecidos; desalojamento de populações; devastação de localidades e a consequente desagregação dos vínculos sociais das comunidades; destruição de estruturas públicas e privadas (edificações, pontes, ruas etc.); destruição de áreas agrícolas e pastos, com perdas de receitas econômicas; interrupção da geração de energia elétrica pelas hidrelétricas atingidas (Candonga, Aimorés e Mascarenhas); destruição de áreas de preservação permanente e vegetação nativa de Mata Atlântica; mortandade de biodiversidade aquática e fauna terrestre; assoreamento de cursos d'água; interrupção do abastecimento de água; interrupção da pesca por tempo indeterminado; interrupção do turismo; perda e fragmentação de habitats; restrição ou enfraquecimento dos serviços ambientais dos ecossistemas; alteração dos padrões de qualidade da água doce, salobra e salgada; sensação de perigo e desamparo na população.[7]

---

[3] IBAMA/DIPRO/CGEMA. *Laudo Técnico Preliminar: impactos ambientais decorrentes do desastre envolvendo o rompimento da barragem de Fundão, em Mariana, Minas Gerais*. 2015. p. 03.

[4] Disponível em <http://g1.globo.com/minas-gerais/noticia/2015/11/veja-lista-de-desaparecidos-no-rompimento-de-barragens.html>. Acesso em 28/02/16.

[5] "Diretores da Samarco serão indiciados por mortes na tragédia de Mariana". Disponível em <www.brasil.elpais.com>. Acesso em 02/03/2016.

[6] Neste sentido atesta *Laudo Técnico Preliminar do IBAMA*, ao afirmar "que a causa dos danos não cessou, pois o desastre está em curso e ainda há lama vazando da barragem que rompeu no município de Mariana, percorrendo todo o sistema afetado. Assim, enquanto não houver estabilização não será possível mensurar o dano total e os comprometimentos ocorridos à ictiofauna". (p. 16)

[7] IBAMA/DIPRO/CGEMA. *Laudo Técnico Preliminar: impactos ambientais decorrentes do desastre envolvendo o rompimento da barragem de Fundão, em Mariana, Minas Gerais*. 2015. p. 33-34.

Apesar da impossibilidade de uma descrição abrangente de todas as consequências lesivas do desastre em Mariana, far-se-á no presente trabalho uma descrição preliminar dos danos humanos e ambientais, baseando-se em alguns documentos oficiais, em especial o *Laudo Técnico Preliminar do IBAMA acerca dos impactos ambientais decorrentes do desastre envolvendo o rompimento da barragem de Fundão, em Mariana, Minas Gerais* e o *Relatório de Avaliação dos Efeitos e Desdobramentos do Rompimento da Barragem de Fundão em Mariana-MG,* este confeccionado pelo Governo de Minas Gerais.

1.1. Impactos humanos diretos

Segundo estimativas noticiadas, o desastre causou um prejuízo inicial de R$ 1,2 bilhão só em Minas Gerais, atingindo 35 municípios deste estado e uma população indireta de 320 mil pessoas, segundo a força-tarefa do Governo do Estado de Minas Gerais. Tal estudo não leva em conta os transtornos ocasionados no Espirito Santo, quantificando apenas aqueles ocorridos no estado de Minas Gerais.[8] No que toca a ocorrência de danos humanos diretos e indiretos em escala microrregional,[9] houve um total de 10.482 pessoas afetadas pelo desastre, segundo o *Relatório de Avaliação dos efeitos e desdobramentos do rompimento da Barragem de Fundão em Mariana-MG.*[10] O evento teve drásticos impactos diretos sobre a comunidade e região afetadas. Dentro desta categoria encontram-se os efeitos negativos sobre a saúde pública e às condições fundamentais de segurança das pessoas. Ainda, abrangidos neste conceito encontram-se os danos sobre os elementos simbólicos e o acesso à educação da população atingida. Por fim, os impactos sobre as formas de organização social.

Numa escala macrorregional[11] do estado minero, diagnosticaram-se 311 mil afetados pelo evento, destacando-se o comprometimento no abastecimento de água que, apenas em Governador Valadares, atingiu

---

[8] MINAS GERAIS. *Relatório: Avaliação dos Efeitos e Desdobramentos do Rompimento da Barragem de Fundão em Mariana-MG.* Belo Horizonte: Força-Tarefa Decreto n. 46.892/15, 2016.

[9] "Relacionada com os efeitos de destruição da onda de lama gerada em decorrência do rompimento da barragem sobre os municípios de Mariana, Barra Longa, Rio Doce e Santa Cruz do Escalvado, bem como respectivos distritos afetados." (MINAS GERAIS. *Relatório: Avaliação dos Efeitos e Desdobramentos do Rompimento da Barragem de Fundão em Mariana-MG.* Belo Horizonte: Força-Tarefa Decreto n. 46.892/15, 2016. p. 8.)

[10] MINAS GERAIS. *Relatório: Avaliação dos Efeitos e Desdobramentos do Rompimento da Barragem de Fundão em Mariana-MG.* Belo Horizonte: Força-Tarefa Decreto n. 46.892/15, 2016. p. 62.

[11] A escala macrorregional "diz respeito aos desdobramentos do desastre nos municípios ao longo da calha do Rio Doce." (MINAS GERAIS. *Relatório: Avaliação dos Efeitos e Desdobramentos do Rompimento da Barragem de Fundão em Mariana-MG.* Belo Horizonte: Força-Tarefa Decreto n. 46.892/15, 2016. p. 8.)

275 mil pessoas.[12] Apesar do evento ter irradiado danos catastróficos à comunidade afetada, merecem destaque os danos ambientais decorrentes do presente desastre, tendo em vista a gravidade das consequências ecossistêmicas.

1.2. Impactos ambientais

Apesar de ainda não ser possível dimensionar toda a amplitude de todos os impactos ambientais decorrentes do presente acidente, em face de sua grande complexidade, interconectividade e efeitos futuros, importante um esforço descritivo para se ter uma ideia da gravidade decorrente do rompimento da barragem de fundão em Mariana.

Dentre os danos ambientais configurados após o desastre, destacam-se i) os danos sobre a qualidade e disponibilidade de água, ii) os danos na qualidade e disponibilidade de solo e iii) danos sobre a biodiversidade. A água bruta dos recursos hídricos afetados pela lama com rejeitos de minério apresentou "turbidez e características físico-químicas discrepantes da média histórica e fora dos padrões estipulados pelas normas para consumo". A água tratada, por seu turno, encontra-se "dentro dos parâmetros seguros para consumo".[13]

Os principais impactos observados foram a mortandade de peixes e crustáceos, bem como a alteração físico-químicas na água.[14] Além da mortandade visível dos peixes e crustáceos ao longo dos 600 km de recursos hídricos afetados, as alterações físico-químicas provocadas pela lama também impactou toda a cadeia trófica, envolvendo comunidade planctônica, invertebrados aquáticos, peixes, anfíbios, répteis e mamíferos que dependem direta e indiretamente das águas do Rio Doce. Tais alterações podem ocasionar o aumento no grau de ameaça de extinção de espécies ameaçadas ou mesmo tornar ameaçadas espécies antes abundantes.[15]

No que tange à qualidade química do solo, esta apresentou valores extremamente baixos para os principais nutrientes do solo, mostrando-se altamente comprometida a fertilidade dos mesmos.[16] Assim, o solo das regiões atingidas pela lama da barragem não apresenta mais condições para desenvolvimento de atividades agropecuárias, apontando

---

[12] IBAMA/DIPRO/CGEMA. *Laudo Técnico Preliminar: impactos ambientais decorrentes do desastre envolvendo o rompimento da barragem de Fundão, em Mariana, Minas Gerais*. 2015p. 124.

[13] MINAS GERAIS. *Relatório: Avaliação dos Efeitos e Desdobramentos do Rompimento da Barragem de Fundão em Mariana-MG*. Belo Horizonte: Força-Tarefa Decreto n. 46.892/15, 2016. p. 21.

[14] IBAMA/DIPRO/CGEMA. *Laudo Técnico Preliminar: impactos ambientais decorrentes do desastre envolvendo o rompimento da barragem de Fundão, em Mariana, Minas Gerais*. 2015. p. 15

[15] Idem. p. 16

[16] MINAS GERAIS. *Relatório: Avaliação dos Efeitos e Desdobramentos do Rompimento da Barragem de Fundão em Mariana-MG*. Belo Horizonte: Força-Tarefa Decreto n. 46.892/15, 2016. p. 25.

os resultados de análise de solo, contudo, para "valores inferiores aos adotados como referência para avaliação da contaminação de metais no solo".[17]

Quanto aos impactos à vegetação, destaca-se a destruição de 1.469 hectares ao longo de 77 km de cursos d'água, incluindo áreas de preservação permanente.[18] Segundo relatório do IEF sobre a cobertura vegetal impactada, foram classificados dois tipos de áreas, uma *cena principal* (barragens de Santarém e Fundão, até parte do Rio Gualaxo do Norte em direção ao Rio Carmo) em que se estima um impacto em 560,35 hectares, sendo desses 384,71 hectares de Mata Atlântica, e *áreas adjacentes* (subsequentes à cena principal, seguindo o prolongamento do Rio Gualaxo do Norte em direção à foz do Rio Doce), em que se estima 1.026,65 hectares de cobertura vegetal atingida, com 126,37 hectares de Mata Atlântica.[19] De ser destacado o fato de que a perda ecossistêmica acarreta um aumento na vulnerabilidade local, afetando a capacidade de resiliência regional. Após o desastre, a perda da capacidade de pesca e outras atividades econômicas vinculadas à bacia do Rio Doce apresenta não apenas um comprometimento de diversas atividades econômicas, mas, acima de tudo, impactos às condições de manutenção de uma qualidade de vida. Os serviços ecossistêmicos são fundamentais no pós-desastre para fornecer as condições vitais mínimas à comunidade afetada (alimento, água, atividades extrativistas, abrigo).

1.3. Demais danos

Apesar da existência de divergências metodológicas e na quantificação dos dados existentes, uma dúvida não persiste, a gravidade socioambiental do rompimento da barragem e suas consequências, seja na dimensão micro ou macrorregional. Ainda, foram diagnosticados severos danos à infraestrutura regional, com o comprometimento de pontes, ruas, estradas e outros equipamentos públicos. Além disso, há danos à economia regional, decorrentes da suspensão das atividades de mineração, comprometimento do mercado de serviços e comércio, além de perdas significativas na produção rural, por exemplo. Neste sentido, o rompimento da barragem de rejeitos de mineração acarretou prejuízos de aproximadamente 23,2 milhões a produtores rurais, apenas considerando os municípios de Mariana, Barra Longa, Ponte Nova e Rio Doce,

---

[17] MINAS GERAIS. *Relatório: Avaliação dos Efeitos e Desdobramentos do Rompimento da Barragem de Fundão em Mariana-MG*. Belo Horizonte: Força-Tarefa Decreto n. 46.892/15, 2016. p. 23.

[18] IBAMA/DIPRO/CGEMA. *Laudo Técnico Preliminar: impactos ambientais decorrentes do desastre envolvendo o rompimento da barragem de Fundão, em Mariana, Minas Gerais*. 2015. p. 10

[19] MINAS GERAIS. *Relatório: Avaliação dos Efeitos e Desdobramentos do Rompimento da Barragem de Fundão em Mariana-MG*. Belo Horizonte: Força-Tarefa Decreto n. 46.892/15, 2016. p. 26.

segundo apontam dados colhidos pela Empresa de Assistência Técnica e Extensão Rural do Estado de Minas Gerais (Emater-MG).[20]

2. Lições regulatórias da ruptura da barragem

Historicamente, os desastres são fontes de estímulo à prevenção bem como fenômenos que desencadeiam a elevação nos parâmetros de regulação após a sua ocorrência em determinado setor da economia, tal como ocorrido na indústria química (com Bophal), produção de energia nuclear (Chernobyl, Three Mile Island e Fukushima), exploração de petróleo em plataformas *offshore* (BP Oil Spill) e em seu transporte (Exxon-Valdez), entre muitos outros exemplos. Neste sentido, há grande ênfase ao caráter pedagógico e de aprendizagem irradiado pelos desastres.[21] Da mesma forma, acidentes catastróficos decorrem, frequentemente, de um déficit regulatório, especialmente em matéria ambiental.

Por tais motivos, o presente ensaio tem por objeto a reflexão não conclusiva de alguns aprendizados que desastres antropogênicos, comumente denominados de acidentes industriais, podem gerar com a finalidade de se evitar futuras ocorrências.

2.1. Ausência de uma cultura afeta a circularidade de risco

Um dos pontos mais destacados para o agravamento dos riscos e custos inerentes a desastres consiste na ausência da necessária atenção e consciência para a necessidade de compromisso com uma *gestão circular do risco*. A instituição da gestão de risco em todas as fases de um cenário de desastre somente é possível por uma atribuição normativa a este pressuposto constitutivo do Direito dos Desastres. Considerando que os desastres consistem em eventos decorrentes de vulnerabilidades (físicas ou sociais), atribui-se ao Direito o exercício de um papel protagonista no combate de injustiças sociais e ambientais.

Como já diagnosticado em estudos realizados no país, há no Brasil uma baixa cultura de gerenciamento de riscos de desastres,[22] o que tem por efeito a intensificação das probabilidades de ocorrência de sérios desastres (sejam estes naturais ou antropogênicos). O déficit regulatório (fiscalização e conformidade ao Direito) apresenta-se como um fator de potencialização dos riscos catastróficos, estando na origem histórica de

---

[20] Disponível em: <http://www.canalrural.com.br>.

[21] JASSANOF, Sheila (ed.). *Learning from disaster: risk management after Bhopal*. Philadelphia: University of Pennsylvania Press, 1994.

[22] MINISTÉRIO DA INTEGRAÇÃO NACIONAL. *Plano Nacional de Gestão de Riscos e Resposta a Desastres – PNGRD: Diagnóstico 2012*. Rio de Janeiro: FGV, 2012. p. 66.

grande parte dos desastres ambientais. Níveis baixos de conformação à normatividade legal também aumentam os riscos catastróficos.

No que toca o caso do desastre ocorrido em Mariana e sua destacada gravidade, alguns pontos devem ser referidos acerca da existência de indícios de falhas regulatórias. Neste sentido, deve-se fazer a ressalva de que a ocorrência recente deste evento ainda não permite uma completa demonstração dos eventos, o que, por evidente, levará um tempo e será objeto de diversas demandas e instrução judicial. Contudo, a análise de alguns elementos trazidos aos meios de comunicação é útil para uma reflexão *em tese* acerca dos possíveis aprendizados em matéria de tratamento jurídico dos desastres.

A existência de indicativos de falha regulatória no procedimento de licenciamento ambiental da mineradora é uma das principais reflexões trazidas pelo evento, havendo dúvidas cruciais acerca da devida atenção dada, pelos órgãos ambientais e pelo empreendedor, aos riscos emanados do empreendimento. Segundo manifestação recente, o Ministério Público considera que "apenas dados básicos relativos ao empreendimento foram apresentados à época do licenciamento e apura por que, mesmo assim, a autorização foi concedida". A ausência de projeto executivo chama atenção dos atuais gestores públicos e do próprio Ministério Público. Da mesma forma, existem diagnósticos documentados de riscos de ruptura entre os anos de 2013 a 2015, sendo que a empresa afirma ter adotado todas as medidas técnicas para mitigá-los.[23] Sem adentrar em posições conclusivas, pois a análise jurisdicional dos fatos que envolvem o caso terá esta função, a partir do Estado de Direito, faremos uma *reflexão meramente especulativa*.

Os desastres apresentam um ciclo de desencadeamento, cuja compreensão mostra-se necessária para qualquer análise, seja acerca de sua prevenção, sua ocorrência ou da postura a ser adotada *post factum*. Este ciclo *'de vida'* dos desastres compreende os estágios da prevenção e da mitigação, da ocorrência do desastre em si, da resposta de emergência, das formas de compensação e, finalmente, da reconstrução.[24]

Pode ser dito, assim, que o *Direito dos Desastres* é constituído, em sua unidade e identidade, por uma integração entre os diversos estágios e estratégias que envolvem a descrição e a análise de um evento desta natureza (prevenção e mitigação; resposta de emergência; compensação; reconstrução). Este ramo desempenha um papel de destaque em todas as fases que envolvem um desastre, com advogados, membros do

---

[23] Informações constantes em matéria disponível em <http://oglobo.globo.com/brasil/mp-de-minas-gerais-ve-falhas-em-licenciamento-da-barragem-de-fundao-18494612>. Acesso 20.02.2016.

[24] FARBER, Daniel. Disaster Law and Emerging Issues in Brazil. *Revista de estudos constitucionais, hermenêutica e teoria do direito-(RECHTD)*, 4(1): 2-15 janeiro-junho, 2012.

Judiciário, gestores públicos, devendo adotar medidas de antecipação e respostas de uma maneira coordenada.[25]

O que há em comum em todas estas etapas é exatamente a necessária gestão de riscos, em cada uma destas fases, em suas especificidades funcionais. O Direito dos Desastres *é unificado pela gestão do risco*. Em outras palavras, o *elo de ligação* entre os elementos desta estrutura é fornecido por uma necessária gestão dos riscos em todos estes momentos, de forma circular (*circle of risk management*).[26] Este gerenciamento circular dos riscos de desastres consiste em um *subcírculo de estratégias interconectadas*[27] que encadeia o próprio *ciclo dos desastres* (figura 1). A descrição fornecida por este ciclo não apenas demonstra o *protagonismo preventivo* que permeia o Direito dos Desastres (em razão da intensidade de sua magnitude e das incertezas envolvidas no diagnóstico das probabilidades) como também permite a constituição dos *objetivos* deste ramo do direito.[28] Desta forma, as próprias medidas de resposta emergencial, compensação e reconstrução devem realizar o gerenciamento dos riscos de novos desastres, circulando, de forma integrada, em torno da prevenção a novos desastres.

O ciclo dos desastres serve, ainda, de importante *instrumento analítico* para prevenção, planejamento e resposta aos desastres, norteando, assim, a análise de um evento desta natureza, seja em antecipação (para planejar sua prevenção ou ao menos mitigação) ou após a sua ocorrência (para conceber respostas de emergência, buscar responsabilizações e compensações e, finalmente, planejar reconstruções que evitem novas ocorrência). Este portfólio serve para um aprofundamento analítico, sistêmico e construtivista sobre qualquer desastre. Neste sentido, estes momentos estruturam a própria identidade, autonomia e o objeto estruturante de um Direito disposto a lidar com desastres.

Após um histórico nacional de produção de legislações apenas centradas em promover resposta e reconstrução em casos de desastres (Decreto Federal n. 7.257/2010 e Lei Federal n. 12.340/2010), a Lei n. 12.608/12, que institui a Política Nacional de Proteção e Defesa Civil – PNPDC –, *tem sua ênfase na prevenção*. Neste sentido, a prioridade das

---

[25] FARBER, Daniel. "Introduction: The Role of Lawyers in a Disaster-Prone World". 31, *Nova L. Review*.403, 2007.

[26] FARBER, Daniel; CHEN, Jim; VERCHICK, Robert. R.M.; SUN, Lisa Grow. *Disaster Law and Policy*. New York: Aspen Publishers, 2010. p. 3; FARBER, Daniel. "Symposium Introduction: Navigating the Intersection of Environmental Law and Disaster Law.". Disponível em: <http://lawreview.byu.edu/articles/1325732020_01Farber.FIN.pdf>. Acesso em 11.01.2012.

[27] FARBER, Daniel A. "Introduction: Legal Scholarship, the Disaster Cycle, and the Fukushima Accident". *Duke Environmental Law & Policy Forum*. v. 23, n. 1, 2012. p. 04.

[28] Acerca dos objetos e objetivos funcionais estruturantes do Direito dos Desastres ver: CARVALHO, Délton Winter de; DAMACENA, Fernanda Dalla Libera. *Direito dos Desastres*. Porto Alegre: Livraria do Advogado, 2013.

ações preventivas relacionada à minimização de desastres consiste em *diretriz*[29] da referida política nacional, enquanto a redução dos riscos de desastres é um dos *objetivos*[30] da mesma.

Assim, após uma tradição jurídica centrada em atuações meramente corretivas, a legislação brasileira passa a enfatizar a centralidade da prevenção e, consequentemente, *a necessária gestão dos riscos em todas as fases do círculo dos desastres*. A gestão dos riscos, ganha relevância quer no desenvolvimento das estratégias de prevenção ou mesmo nas de resposta aos desastres, *mitigando* o desastre em questão ou mesmo *prevenindo* novas ocorrências. Depreende-se de uma leitura da presente legislação (Lei n. 12.608/12), ter esta por diretriz estruturante a "abordagem sistêmica das ações de prevenção, mitigação, preparação, resposta e recuperação", adotando uma base circular e sistêmica de gerenciamento dos riscos de desastres, unindo as estratégias preventivas, mitigatórias, de resposta, de compensação e de recuperação sob a lógica da *circularidade na gestão dos riscos catastróficos*.[31] Assim, antecipação e resposta encontram-se unidas sob a égide da necessária e constante gestão dos riscos.

Contudo, de forma generalizada, pode ser observada uma *baixa cultura para gestão de riscos no país*, ainda mais de desastres, talvez por uma equívoca compreensão de que o país seria historicamente imune a desastres. Outro fator parece ser uma baixa sensibilidade jurídica às informações científicas.[32] Note-se que esta *insensibilidade institucional* ao risco catastrófico se reflete em uma ausência de comprometimento com necessária gestão circular dos riscos catastróficos em todas as fases de um evento extremo, ou seja, na prevenção, na resposta de emergência, na compensação e na reconstrução.

Pode ser, no acidente de Mariana, observado que na *fase de prevenção* ocorreram falhas significativas de dimensionamento dos riscos do empreendimento. Assim, constata-se limitada atenção dos órgãos ambientais aos riscos envolvidos ao longo do licenciamento ambiental, quer pela desatenção aos problemas estruturais diagnosticados previamente, quer pela existência de monitoramento deficitário. Estes cenários mostram aquilo que temos chamado de *vulnerabilidade tecnológica*,

---

[29] Conforme disposto textualmente no art. 4, III, da Lei n. 12.608/12: "art. 4. São diretrizes da Política Nacional de Proteção e Defesa Civil: (...) III – a prioridade às ações preventivas relacionadas à minimização de desastres."

[30] Conforme art. 5, I, da Lei n. 12.608/12: "Art. 5. São objetivos da PNPDEC: I – reduzir os riscos de desastres".

[31] Neste sentido, o art. 4, II, da Lei n. 12.608/12 prevê: "Art. 4. São diretrizes da PNPDEC: (...) II – abordagem sistêmica das ações de prevenção, mitigação, preparação, resposta e recuperação".

[32] Acerca das relações entre análise científica pelo Direito ver: JASANOFF, Sheila. *Science at the Bar: Law, Science, and Technology in America*. Cambridge: Harvard University Press, 1995; CARVALHO, Délton Winter de. *Dano Ambiental Futuro*: a responsabilização civil pelo risco. 2. ed. Porto Alegre: Livraria do Advogado, 2013. p. 124-132.

para representar o constante déficit de produção e de fluxo de informações necessárias para a prevenção de desastres e danos ambientais decorrentes de atividades econômicas. Muitas vezes, os acidentes tecnológicos são decorrentes da incapacidade da própria administração pública em saber quais informações esta deve exigir do empreendedor na fase da prevenção, ante o seu legítimo exercício do poder de polícia administrativa. A ausência de aprofundamento técnico gera, por vezes, uma incapacidade de cobrar prevenção, pois *não se previne o que não se conhece*. Tal cenário de uma baixa cultura de gestão de riscos dificulta a racionalização e o adequado dimensionamento dos riscos ambientais envolvidos.

Na *fase de resposta*, as falhas na governança dos riscos catastróficos mostraram-se em ainda maior intensidade. Esta fase compreende *o preparo* (planos e capacitação) e *a resposta* (propriamente dita) articulada aos desastres.[33] De ser destacado o fato de que esta consiste em uma fase fundamental para a mitigação da magnitude de eventos lesivos, uma vez que, dependendo da eficácia da resposta, o desastre poderá ter maiores ou menores perdas. A nítida ausência de preparo, mediante a falta de planos adequados (de barragem segundo disposto na Lei n. 12.334/2010 e de planos de emergência) e de capacitação técnica, redundaram na inaptidão pública e privada de um agir rápido e eficaz na *resposta emergencial* propriamente dita. Ainda, a ausência de planejamento ordenado de resposta, a inexistência de um sistema de alarme efetivo, e a inocorrência de descrição documental antecipada de piores cenários são apenas alguns exemplos que têm relação direta com a dimensão catastrófica do evento. Também, por ausência de clareza nos conteúdos mínimos exigidos e na padronização para confecção e apresentação de planos de barragem e de emergência exigidos, estes acabam exercendo uma função meramente formal e burocrática. Um dos pontos nesta direção é a baixa relevância atribuída aos Planos de Emergência ou Contingência, necessários para atividades de grande impacto e cidades sujeitas a desastres.

Já na *fase de compensação* das vítimas e do ambiente houve uma explosão de litigiosidade judicial com demandas individuais e coletivas que trazem à tona a fragilidade do Judiciário para lidar com situações de atendimento jurisdicional a desastres. A relação entre desastres e a atuação do Judiciário não é nova, tendo sido observada no pós-desastre do Furacão Katrina e no atentado terrorista de 11 de Setembro. No cenário nacional, o desastre decorrente de inundações bruscas na região serrana do Estado do Rio de Janeiro em 2011 redundou na Recomendação 40 do CNJ de 2012, cujo conteúdo recomenta aos Tribunais Estaduais a

---

[33] Para aprofundamento, ver: CARVALHO, Délton Winter de. *Desastres Ambientais e sua Regulação Jurídica*: deveres de prevenção, resposta e compensação. São Paulo: Revista dos Tribunais, 2015.

confecção de Planos de Contingência para o Judiciário conseguir manter suas operações em casos extremos. Não obstante esta recomendação ser direcionada prioritariamente aos desastres chamados naturais, nada impede sua utilização para os chamados desastres antropogênicos. Os Planos de Emergência para desastres naturais são geralmente confeccionados por entes públicos, ao passo que Planos inerentes a acidentes industriais são prioritariamente elaborados pelas entidades privadas geradoras de tais riscos.

Os métodos de compensação a desastres consistem globalmente em casos de litigância jurisdicional (responsabilidade civil pelos danos e por risco), sistema de seguros e assistência governamental. Em casos de *acidentes industriais,* há uma tendência histórica de maior ênfase à aplicação do instituto da responsabilidade civil em virtude de danos de dimensão individual e coletiva. Esta estratégia mostra-se, contudo, lenta, complexa e, por vezes, muito fragmentada. A formação de fundos para atendimento às vítimas tem-se mostrado uma alternativa adequada pelo tratamento célere e global atribuído às indenizações. Consta, ainda, no caso do desastre de Mariana, a insuficiência dos valores a que o empreendedor seria beneficiário a título de seguro em comparação com os prejuízos até aqui contabilizados.[34]

A *fase da reconstrução e recuperação* completa o círculo da gestão de risco, procurando adotar medidas capazes de prevenir ou, no mínimo, mitigar novos desastres, quando estes tiverem lugar. Esta fase deve ter por objeto não apenas a recuperação dos bens materiais, mas o reestabelecimento de uma estabilidade das dimensões social, econômica e ambiental da comunidade afetada. A reconstrução deve objetivar não apenas este reestabelecimento material dos bens lesados, mas o fomento de um cenário mais resiliente e menos vulnerável (física e socialmente). Deve-se destacar, portanto, que em virtude da gravidade dos efeitos do rompimento das barragens da Samarco o cenário pós-desastre será voltado para a procura por uma *nova* normalidade, vez que, face às irreversibilidades, será inviável um retorno a uma *velha* normalidade, já desconfigurada. Em outras tintas, a reconstrução e a recuperação da bacia do Rio Doce e das comunidades afetadas em Minas Gerais e no Espírito Santo devem atentar para alguns objetivos necessários para a formação de uma maior resiliência comunitária, dentre eles destaca-se a necessidade de compreensão científica dos danos aos *serviços ecossistêmicos* e o estímulo à recuperação, à manutenção e à valoração destes.

---

[34] Segundo Leonardo Quintão (PMDB/MG), relator do novo Código de Mineração, o seguro da mineradora Samarco é de 1 bilhão de dólares, o equivalente a R$ 3,8 bilhões de reais, seria necessário um valor entre R$ 10 e 14 bilhões. Disponível em: <http://brasil.estadao.com.br/noticias/geral,seguro-da-samarco-nao-e-suficiente-para-pagar-indenizacoes,10000002106>. Acesso em 20.03.2016.

Não se pode deixar de mencionar também a necessária realização de escolhas urbanísticas feitas sobre bases sólidas, evitando ocupação de áreas vulneráveis e que cenários extremos antropogênicos e naturais sejam antecipados no processo de reconstrução e planejamento urbanístico das cidades que compõem as comunidades atingidas.

2.2. A importância dos planos de contingência tanto do setor privado quanto do Judiciário

No caso das atividades da mineradora Samarco em Minas Gerais, os meios de comunicação veicularam o fato de que o Plano de Emergência da atividade havia dimensionado erroneamente os riscos ambientais de uma possível ruptura de barragem com rejeitos de mineração. Segundo matéria jornalística, consta que o dimensionamento do risco no referido plano foi impreciso ou insuficiente, uma vez que os documentos entregues ao órgão ambiental previam a chegada da lama *apenas* até a "área urbanizada do distrito de Bento Rodrigues", quando se constatou *a posteriori* a capacidade deste chegar muito além deste ponto, tendo percorrido aproximadamente 700 km.[35]

Na mesma matéria, a empresa afirma ter seguido todos os passos previstos no Plano apresentado aos órgãos competentes. Ainda, conforme os autores do referido estudo, estes teriam entregue para empresa contratante estudo que também previa o cenário que compreendia a área da lama até Barra Longa, ou seja, até aproximadamente 75 km da barragem.[36] Sem adentrar em qualquer análise do mérito e da procedência destas informações, o que se constata é um claro déficit na administração e no dimensionamento dos riscos catastróficos no país, o que não se trata de novidade. Se verdadeiras tais informações, tem-se que o cenário de risco descrito ao órgão ambiental compreendia a lama chegando apenas a Bento Rodrigues, município localizado a 2,5 km da barragem! Desta forma, todo o processo licenciatório teria sido permeado por este subdimensionamento de risco ambiental, no que toca a distância a ser percorrida pela lama em caso de uma ruptura estrutural. Neste raciocínio lógico, pode ser dito que a discrepância entre o risco apresentado e *gerido* pelo licenciamento ambiental, apenas neste aspecto, equivale a 0,35% da real distância percorrida pela lama! Mesmo que fosse adotado, como parâmetro para o estudo apresentado, o percurso da lama até a

---

[35] "O estudo que consta da licença da barragem de Fundão, de 2008, apresenta três cenários para o caso de rompimento, com diferenças na velocidade, na largura e na altura que a onda de lama atingiria. Mas em todos os casos, só é citada a "área urbanizada do distrito de Bento Rodrigues". Disponível em: <http://g1.globo.com/minas-gerais/desastre-ambiental-em-mariana/noticia/2015/12/plano-de-emergencia-da-samarco-previa-lama-so-em-bento-rodrigues.html>. Acesso em 06/01/2016.

[36] Idem, ibidem.

cidade de Barra Longa (75 km de distância), ainda se estaria diante de uma avaliação de risco de apenas 10% do trajeto efetivamente percorrido pelos rejeitos armazenados na barragem no pós-desastre. Inegável, contudo, a ausência de adoção de um padrão precaucional ou preventivo minimamente relacionado com o cenário real, quer pelo empreendedor quer pelo órgão ambiental administrativo competente. Discrepância esta, entre o cenário de risco apresentado e a realidade dos fatos no pós-desastre, que beira 99% num caso e 90% no outro, dependendo da versão apresentada (até Bento Rodrigues ou Barra Longa).

Os Planos de Emergência ou Contingência consistem em estudos fundamentais para diagnóstico e adoção de medidas preventivas, bem como atribuição de competências e ações ordenadas para resposta emergencial aos desastres em curso. Os planos exercem a necessidade de reflexão antecipada acerca dos riscos de uma atividade, permitindo o planejamento para cada um dos cenários diagnosticados. Neste sentido, um dos pontos fundamentais aprendidos com o desastre em Mariana e em muitos outros acidentes industriais é a falta de planejamento e preparo preventivo, o que tende a comprometer significativamente a capacidade de resposta dos órgãos púbicos e privados competentes. A delimitação antecipada de competências também é um fator determinante que deve permear o conteúdo dos planos, além da descrição dos pressupostos para a formação de um gabinete de crise em caso de ocorrência do evento. Por tais razões, cumpre adentrarmos no conteúdo dos Planos de Emergência e sua normatividade.

O Plano de Emergência ou Contingência para desastres consiste em verdadeiros estudos de planejamento desenhados para minimizar o impacto e a vulnerabilidade quando se tem a ocorrência de um desastre, além de exercer a função de facilitar os esforços de reconstrução.[37] Estes planos não apenas devem orientar as ações de resposta, como têm a fundamental importância mitigatória de estabelecer os passos que racionalmente devem ser tomados para minimizar riscos previsíveis, uma vez que estes tenham sua ocorrência. As *principais medidas de preparo* dizem respeito à elaboração de *Planos de Emergência* e ao fornecimento de *capacitação técnica e operacional*. No caso dos primeiros, estes devem englobar atividades referentes a todo o ciclo do desastre, tais como atividades de prevenção, mitigação, preparo, resposta, reabilitação e reconstrução. Os planos são frequentemente criticados por serem estáticos e apenas guias para exercícios de rotina. Contudo, estes apresentam um valor bem mais importante que consiste no processo de sua concepção e confecção, *exigindo que as organizações não apenas mantenham uma orientação*

---

[37] BINDER, Denis. "Emergency Action Plans: A Legal and Practical Blueprint 'Failing to Plan is Planning to Fail'". *University of Pittsburgh Law Review*, 63, 2002. p. 791.

e um planejamento para as ações de resposta, como pensem os desastres anteci-padamente.[38]

O padrão de cuidado mínimo exigível diz respeito a riscos racionalmente previsíveis (referentes a construção, *design*, operação, procedimentos, etc.), aos quais os planos devem se antecipar, prevenir e mitigar falhas e consequências. Estes planos estão diretamente ligados ao *padrão profissional de cuidado* (*professional standard of care*), ou seja, o padrão adotado pela técnica e referente a uma determinada área do conhecimento.[39] Para tanto, tais planos devem apresentar *passos* racionais a serem tomados em casos de eventos extremos, sejam eles naturais, mistos ou artificiais. Os Planos, ainda, consistem em instrumentos decorrentes de um *dever de elaboração* estabelecido, por lei ou regulamento, para determinadas atividades. Sua exigência se dá por disposição legal ou por exercício discricionário do órgão ambiental administrativo, em especial para aquelas atividades "pontencialmente causadoras de significativa degradação ambiental" ou "riscos de perigos anormais". Este dever tem relação com a adoção de um *padrão de cuidado razoável* e não garantia de sucesso em caso de evento extremo.[40] Em outras tintas, cabe esclarecer que, caso o plano tivesse que apresentar uma eficiência plena aos eventos extremos, estar--se-ia diante de um padrão de obrigação de resultado, o que se mostra demasiadamente exigente para eventos catastróficos, frequentemente incertos e com baixas probabilidades. O padrão de segurança aplicável em casos de elaboração de planos de emergência reflete-se no dever de atendimento de um *cuidado razoável* a ser adotado no *design* das estratégias de preparo e de resposta de emergência a um dado evento, sem exigir-se uma eficácia plena. Trata-se, portanto, de uma obrigação de meio, e não de fim ou resultado.[41] Este dever de cuidado, como já referido, deve ser delimitado a partir do padrão proveniente do *estado da arte profissional*.

Deve, em tais planos, haver, pelo menos, a definição clara i) das funções e competências das organizações envolvidas nas respostas emergenciais; ii) da estrutura e da formação de um gabinete de crise; iii) da identificação dos riscos e das áreas especialmente vulneráveis; iv) do inventário de recursos físicos, humanos e financeiros disponíveis e o procedimento para acesso a estes; v) da localização estratégica de recursos e suprimentos; vi) da determinação e da sinalização de rotas

---

[38] BIRKLAND, Thomas A. "Emergency Management and Courts in the Wake of Hurricane Katrina." Austin Sarat; Javier Lezaun (ed.). *Catastrophe: Law, Politics, and the Humanitarian Impulse.* University of Massachusetts Press, 2009. p. 123.

[39] BINDER, Denis. "Emergency Action Plans: A Legal and Practical Blueprint 'Failing to Plan is Planning to Fail'". *University of Pittsburgh Law Review*, 63, 2002. p. 806.

[40] Idem. p. 803-804.

[41] Neste sentido, ver: BINDER, Denis. "Emergency Action Plans: A Legal and Practical Blueprint 'Failing to Plan is Planning to Fail." *University of Pittsburgh Law Review*, 63, 2002. p. 804.

de evacuação e áreas para alojamento temporário dos atingidos; vii) do estabelecimento de uma rede de comunicações internas e de informação pública; viii) das descrições de lições aprendidas com eventos anteriores, e seu respectivo dever de atenção a estes aprendizados, a fim de evitar equívocos recorrentes e estimular a adoção das *melhores práticas*.

Tais planos podem ser governamentais ou setoriais. Após a promulgação da Lei n° 12.608/12, todos os níveis federativos (União, Estados, Distrito Federal e Municípios) devem deter seus respectivos Planos de Proteção e Defesa Civil.[42] De ser destacado que esta exigência não deve se limitar apenas aos casos de riscos de desastres denominados naturais, tendo grande relevância também para o preparo aos desastres antropogênicos. No caso dos desastres previstos na Política Nacional de Proteção e Defesa Civil, a elaboração dos planos de emergência adquiriu a condição de um dever de cuidado normativamente imposto no caso brasileiro, devendo cada ente estatal elaborar o respectivo plano de emergência. Quando o descumprimento deste dever tiver ocasionado ou contribuído para um desastre, pode haver a responsabilização civil das entidades obrigadas à confecção e implementação dos planos em três contextos: i) na falta de plano de emergência; ii) quando este mostrar-se inadequado; iii) falhas em seguir e aplicar o plano.[43] Assim, atividades de riscos específicos e aquelas submetidas normativamente à necessidade de confecção destes planos devem realizá-los a partir de um *padrão de riscos racionalmente previsíveis*, desenvolvendo a adoção de estratégias e passos de mitigação e respostas para reagir a estes.

Interessante destacar que o *Conselho Nacional de Justiça – CNJ –*, em 13 de junho de 2012, emitiu a Recomendação n° 40, cujo conteúdo recomenda aos Tribunais de Justiça dos Estados a elaboração de *Planos de Ação para o enfrentamento e solução de situações decorrentes de calamidades e desastres ambientais*. Estes têm por objeto situações que tenham uma gravidade que justifique uma mudança operacional no atendimento jurisdicional da comunidade afetada, sempre estando condicionada a sua colocação em prática à decretação de *situação de emergência* ou *estado de calamidade pública*. Esta recomendação se faz importante, pois a falta de planejamento do próprio Judiciário em nível local é sempre especialmente preocupante, conforme demonstraram as dificuldades havidas na região serrana do Estado do Rio de Janeiro em 2011 e especialmente

---

[42] Conforme arts. 6°, VIII, 7°, III, e 8°, XI, da Lei n° 12.608/12.

[43] BINDER, Denis. "Emergency Action Plans: A Legal and Practical Blueprint 'Failing to Plan is Planning to Fail'". *University of Pittsburgh Law Review*, 63, 2002. p. 793. Note-se que no contexto do direito comparado, esta responsabilidade civil está vinculada a violação ao padrão de cuidado, estando este ligado a um modelo de responsabilidade civil extracontratual fundada na negligência, equivalente à teoria da culpa em nossa tradição, seja em sua versão civil (atividades privadas) ou por falta do serviço (atividades públicas).

em New Orleans, após ser atingida pelo Katrina em 2005. No caso norte-americano, o sistema criminal entrou em verdadeiro colapso e inoperância. Em razão deste aprendizado, a *Corte Superior do Estado da Lousiana* tem, após o Katrina, encorajado as cortes locais a terem um plano e estrutura para antecipar-se a desastres, tais como *back-up* de computadores e fácil acesso a informações sobre servidores e funcionários das cortes.[44] Assim, as cortes judiciais, preferencialmente em todas as suas instâncias, devem entender e comunicar as suas próprias prioridades e medidas de ação em possível resposta necessária às catástrofes possíveis ou recorrentes localmente.

Ainda em nível de direito comparado, digna de destaque a atenção dada à descrição dos Planos de Emergência pela Diretiva 96/86 (SEVESO II), tendo esta como objeto a prevenção de acidentes graves envolvendo substâncias perigosas. Segundo esta, os Planos de Emergência devem ser elaborados de maneira a delimitar e controlar os incidentes industriais graves, minimizando os seus efeitos e limitando os danos ao ser humano e ao ambiente. Para tanto, tais planos devem apresentar, de forma clara, as medidas para proteção a serem aplicadas, em caso de acidente grave; a forma e os responsáveis para promover a comunicação das informações ao público e às autoridades; as disposições para reabilitação e o saneamento do ambiente na sequência de um acidente grave.

Nesta Diretiva, o operador deve elaborar um Plano de Emergência interno, concebido para que seja aplicado no interior do estabelecimento, e fornecer às autoridades competentes as informações necessárias para lhes permitir elaborar o plano de emergência externo. Assim, os planos são confeccionados para abarcar o atendimento interno (próprio operador) e externo (autoridades competentes) à emergência. Deve haver consulta do pessoal interno ao estabelecimento (trabalhadores, terceirizados e outros) acerca dos elementos constantes no respectivo plano (interno), bem como a comunidade na área de influência deve ser consultada sobre o conteúdo do plano externo.

A comunicação às pessoas suscetíveis de serem afetadas, em nível de antecipação, também prevista no art. 11 da Seveso II, devem ser feitas periodicamente, não podendo exceder cinco anos. As informações necessitam ser revistas, pelo operador, ao menos a cada três anos. Nesta comunicação devem constar informações adequadas para agir corretamente em caso de acidente grave. Os Planos de Emergência devem ser revistos, atualizados e ensaiados em periodicidade que não exceda três anos.

---

[44] BIRKLAND, Thomas A. "Emergency Management and Courts in the Wake of Hurricane Katrina". Austin Sarat; Javier Lezaun (ed.). *Catastrophe: Law, Politics, and the Humanitarian Impulse.* Amherst: University of Massachusetts Press, 2009. p. 121.

Considerações finais

Desafortunadamente, eventos catastróficos mostram-se pedagógicos, exercendo um papel destacado na história da evolução do Direito Ambiental. Para que os desastres possam redundar neste processo é necessária a produção de informações e de dados estatísticos acerca de suas causas e consequências. Esta energia coletiva deve ser necessariamente canalizada para a produção de reflexões construtivas acerca do papel do Direito para a imposição de deveres de prevenção a desastres. Eventos como este mostram frequentemente uma convergência de falta de uma adequada gestão de riscos, seja na análise da magnitude seja no diagnóstico das probabilidades do evento ocorrido. Este déficit regulatório passa, em grande medida, pela ausência de uma consciente imposição de *deveres de prevenção*, personificados na gestão circular do risco.

Neste sentido, ao menos dois pontos parecem merecer destaque no caso do desastre ambiental de Mariana ocorrido em novembro de 2015. *Primeiramente,* a necessária sensibilização do Direito à circularidade no processo de gestão de riscos exponenciais. *De outro lado* e diretamente ligado ao último, tem-se a necessária atenção ao *estado da arte* científica e a construção de sólidos Planos de Emergência para atividades de *riscos anormais* ou *muito graves,* além dos casos em que as leis específicas já preveem a sua necessidade para obtenção de licenças e autorizações ambientais.

Constata-se sem dificuldades uma intensa dificuldade de dimensionamento proporcional dos riscos ambientais, por vezes com uma baixa sensibilidade institucional aos riscos ambientais graves, sendo que, em outros casos, há um superdimensionamento destes. Digno de destaque o fato de que, no caso do acidente aqui estudado, consta um subdimensionamento do risco inerente à atividade. Segundo consta em matéria jornalística, o Plano de Emergência *entregue* ao órgão ambiental previa, em caso de acidente, a chegada da lama *apenas* até a "área urbanizada do distrito de Bento Rodrigues", ou seja, ha 2,5 km da área da empresa. O que se constatou posteriormente ao acidente foi um cenário muito diverso, com a lama de rejeitos percorrendo aproximadamente 700 km. Os autores do referido estudo, contudo, alegam que o cenário pós-acidente compreendia também hipótese da lama chegar até Barra Longa (75 km da barragem).[45] Ora, apesar das possíveis imprecisões das versões aqui trazidas, é indubitável o déficit na administração e no

---

[45] "O estudo que consta da licença da barragem de Fundão, de 2008, apresenta três cenários para o caso de rompimento, com diferenças na velocidade, na largura e na altura que a onda de lama atingiria. Mas em todos os casos, só é citada a "área urbanizada do distrito de Bento Rodrigues." Disponível em: <http://g1.globo.com/minas-gerais/desastre-ambiental-em-mariana/noticia/2015/12/plano-de-emergencia-da-samarco-previa-lama-so-em-bento-rodrigues.html>. Acesso em 06/01/2016.

dimensionamento dos riscos catastróficos no caso, sendo o cenário de risco que permeou o licenciamento ambiental absolutamente discrepante dos riscos reais do empreendimento. No caso, apenas para se ter uma ideia, a discrepância entre a distância de percurso da lama que descreve o risco apresentado ao órgão ambiental é de *0,35%* do percurso da lama configurado no pós-desastre. Mesmo que tivesse sido adotado, como parâmetro para o estudo apresentado, o percurso da lama até a cidade de Barra Longa (75 km de distância), ainda se estaria diante de uma avaliação de risco de apenas 10% do trajeto efetivamente percorrido pelos rejeitos armazenados na barragem! Mesmo admitindo possíveis variáveis entre os prognósticos de probabilidades e a realidade pós-evento, discrepâncias tão significativas denotam, no mínimo, carências graves nos processos de governança dos riscos ambientais. Não obstante a precariedade de informações jornalísticas aqui apresentadas e seu possível contraditório, inegável o fato de não ter sido adotado no caso em estudo um *padrão razoável precaucional*. Tem-se aí, inegavelmente, uma demonstração da baixa sensibilidade dos órgãos ambientais à necessária gestão de riscos graves, tratando-se esta de uma verdadeira receita para a ocorrência periódica de desastres ambientais.

Neste diapasão, fundamental atentarmos na função preventiva e preparatória exercida pelos Planos de Emergência. Tais *medidas não estruturais* apresentam uma destacada índole construtivista, exigindo uma dinâmica reflexão antecipada sobre os possíveis cenários, medidas a serem adotadas em cada um dos cenários, delimitação de competências, critérios para decisões e composição de gabinetes de crise. Estes planos devem ser objeto de revisão periódica e estarem em constante evolução.

Apesar de ainda ser cedo para conclusões de qualquer natureza, o desastre de Mariana parece deixar lições claras, entre estas, a necessidade de consolidação de uma cultura de gestão circular dos riscos ambientais e a necessidade de institucionalização do dever de confecção e apresentação de Planos de Emergência. Estes últimos, verdadeiros guias estratégicos para momentos de caos, devendo seu conteúdo ser composto pelo *estado da técnica*, em constante dinâmica e mutação, porém, sem jamais perder o caráter normativo que lhe fornece estabilidade e segurança jurídica.

— V —

A interculturalidade como paradigma de diálogo para o sul global

FERNANDA FRIZZO BRAGATO[1]

O diálogo intercultural aponta tanto para a admissão quanto para o compromisso com a construção de um mundo pluriversal e, por isso, deve ser epistemológica e ontologicamente um diálogo francamente global. É o que sugere Dussel (2015, p. 81), ao mesmo tempo em que nos lembra que a desproporção no exercício do poder pelo Norte sobre o Sul torna necessário que as comunidades pós-coloniais estabeleçam entre si tal diálogo. Para designar o Sul, reportamo-nos à definição de Santos e Meneses:

> O Sul é aqui concebido metaforicamente como um campo de desafios epistêmicos, que procuram reparar os danos e impactos historicamente causados pelo capitalismo na sua relação colonial com o mundo. Esta concepção do Sul sobrepõe-se em parte com o Sul Geográfico, o conjunto de países e regiões do mundo que foram submetidos ao colonialismo europeu e que, com exceção da Austrália e da Nova Zelândia, não atingiram níveis de desenvolvimento econômico semelhantes ao do Norte Global (Europa e América do Norte). A sobreposição não é total porque, por um lado, no interior do Norte Geográfico classes e grupos sociais muito vastos (trabalhadores, mulheres, indígenas, afro-descendentes) foram sujeitos à dominação capitalista e colonial, e, por outro, porque no interior do Sul Geográfico houve sempre as "pequenas Europas", pequenas elites locais que beneficiaram da dominação capitalista e colonial e que depois das independências a exerceram e continuam a exercer, por suas próprias mãos, contra as classes e grupos sociais subordinados (SANTOS; MENESES, 2009, p. 13).

Estabelecer um diálogo entre o Sul e levar em conta os conhecimentos que aí se produzem não é tão fácil quanto parece. O Sul é historicamente um espaço onde a produção do conhecimento é amplamente restrita ao paradigma eurocêntrico: "o colonialismo [...] foi também uma dominação epistemológica, uma relação extremamente desigual de saber-poder que conduziu à supressão de muitas formas de saber próprias dos povos e/ou nações colonizadas" (SANTOS; MENESES, 2009, p. 13). Típico aqui é uma lógica de dependência epistêmica que

---

[1] Doutora em Direto.

dificulta a construção de autênticos discursos de legitimação para nossas demandas peculiares e a valorização de nossas experiências culturais e que acaba reproduzindo modelos de conhecimento pouco responsivos aos nossos processos de constituição social, econômica, política e cultural. Somos educados a obedecer e a (mal) copiar.

É sob essa lógica que se estrutura a compreensão dos direitos humanos no Sul Global: transplantes filosóficos, enquanto ideia, e jurídicos, enquanto expressão normativa. Geralmente vistos como mais um produto importado do Norte Global, que os produziu a partir dos grandes episódios revolucionários do século XVIII e como desdobramentos das ideias iluministas, direitos humanos não parecem uma ideia convincente no contexto latino-americano. Positivamo-los e os reconhecemos formalmente sem que isso determine um compromisso dos Estados e das pessoas em direção à sua proteção, sobretudo quando os sujeitos e grupos violados não são identificados com os clássicos sujeitos de direitos das revoluções liberais euroamericanas.

O domínio do paradigma eurocêntrico nas ciências sociais explica o distanciamento entre os pensadores e políticos do Sul Global, que historicamente favoreceram suas respectivas relações com o Ocidente (Europa e Estados Unidos) e o apego exclusivo ao seu conjunto de saberes. O diálogo sobre problemas e desafios comuns aos povos e sociedades do Sul, em grande parte derivado do seu passado colonial, mesmo que necessário, ainda é parco. No entanto, as perspectivas desse diálogo serão mais promissoras se as lacunas da perspectiva eurocêntrica forem finalmente reconhecidas e *loci* alternativos de produção epistemológica empreenderem a tarefa de interpretar e falar dessas realidades marginais no marco do que foi chamado, a partir da obra de Anibal Quijano, Walter Mignolo, Nelson Maldonado-Torres e Catherine Walsh, de descolonialidade do conhecimento.

O eurocentrismo é um conceito que expressa a racionalidade específica do padrão global de poder estabelecido na modernidade através das relações coloniais (Quijano, 2005). Trata-se de uma perspectiva binária e dualista das relações intersubjetivas e culturais entre a Europa e o resto do mundo, codificada num conjunto de categorias (Oriente-Ocidente, primitivo-civilizado, mágico/mítico-científico, irracional-racional, tradicional-moderno). Essas categorias foram impostas como globalmente hegemônicas no mesmo fluxo de dominação colonial da Europa sobre o resto do mundo. Sob o pretexto de que todos os mitos e histórias religiosas são irracionais, a modernidade negou qualquer validade aos relatos filosóficos das culturas do Sul, o que foi aceito e introjetado por suas populações. O eurocentrismo tornou-se uma perspectiva hegemônica da produção do conhecimento e baseia-se em dois mitos principais: a história da civilização humana é um caminho linear para o progresso cujo apogeu é a Europa; as diferenças entre a Europa e a não Europa são naturais e não resultantes das relações assimétricas de poder (QUIJANO, 2005).

O fim das administrações coloniais e o surgimento dos Estados--Nação na periferia não significam, contudo, que vivamos em um mundo descolonizado e pós-colonial. A colonialidade e o colonialismo não são fenômenos ultrapassados do passado histórico, mas marcas contemporâneas que permanecem recalcadas. No entanto, colonialidade não é o mesmo que colonialismo. Como Maldonado-Torres (2007, p. 243) explica, "o colonialismo denota uma relação política e econômica em que a soberania de uma nação ou de um povo repousa sobre o poder de outra nação, o que torna essa nação um império". E este foi um processo eminentemente moderno, que tornou possível a emergência do sistema-mundo global. Por outro lado, "colonialidade refere-se a padrões de poder de longa data que surgiram como resultado do colonialismo, mas que definem a cultura, o trabalho, as relações intersubjetivas e a produção de conhecimento muito além dos limites rígidos das administrações coloniais".

Mesmo que o colonialismo tenha praticamente chegado ao fim, a colonialidade sobrevive a ele. Os processos de exclusão social, que geram pobreza e marginalização, têm relação direta com a colonialidade, na medida em que o colonialismo foi legitimado e consolidado através de um discurso de superioridade europeu-ocidental que desumanizou seres humanos e desprezou o conhecimento e as formas de organização social e expressão cultural de outros povos. A colonialidade ainda está presente não só nas relações políticas, sociais e econômicas globais, mas também na maneira como se constrói e se adere ao conhecimento.

O giro descolonial propõe uma crítica radical ao projeto euromoderno a partir das experiências do colonialismo. Reconhece que a euromodernidade é marcada pelo avanço da tecnociência e das ideias liberais, ao mesmo tempo em que é marcada pela escravidão negra, pelo extermínio de povos indígenas, pelo totalitarismo, pelo aprofundamento da desigualdade social e pela pobreza extrema. Sob a ótica descolonial, a modernidade é um fenômeno global cujo lado obscuro e necessário é a colonialidade. É a outra face, que permanece invisível para a maioria de nós, mas que foi a condição de possibilidade para a centralidade e o poder do Ocidente.

Num mundo onde a modernidade está associada a ideias como racionalismo, progresso, ciência, todas as outras formas de conhecimento são desacreditadas e descartadas como um sinal de primitividade e atraso e não há possibilidade de diálogo simétrico. O conhecimento é hierárquico e, portanto, aqueles que são considerados superiores se impõem. Há supressão do diálogo. Não há diálogo intercultural.

É verdade que desde que o Ocidente reivindicou sua posição central e transformou o resto do mundo em sua periferia, as culturas não ocidentais foram colonizadas e, como resultado, excluídas, desprezadas, negadas e ignoradas, mas não aniquiladas. Tal desprezo não as impediu de continuar em silêncio, sobrevivendo na escuridão, como negação da exterioridade. Estas culturas do Sul têm sobrevivido como a alteridade que lentamente reaparece das cinzas do colonialismo (Dussel, 2015: 282) e cujos conhecimentos possivelmente se tornarão cada vez mais necessários na medida em que os projetos filosóficos da euromodernidade vão se esgotando.

Para um diálogo fértil é necessário, como aponta Dussel (2015), que os pensadores do Sul discutam profundamente e por muito tempo quais são os problemas, as questões, as hipóteses de sua reflexão. Mas é difícil ter um verdadeiro diálogo num contexto dependente e colonial. A perspectiva teórica descolonial adquiriu relevância acadêmica nas últimas décadas, porque propõe uma ruptura com as formas dominantes de entendimento e de relação com o mundo, reivindicando a necessidade de um processo de descolonização em diferentes níveis disciplinares e sociais. Esse diálogo implica a desobediência epistêmica contra os regimes coloniais de conhecimento: por um lado, desafia a hegemonia das grandes narrativas da euromodernidade; por outro, coloca as próprias perguntas nas fronteiras dos sistemas de pensamento até a possibilidade de modos de pensar não eurocêntricos.

Mas em que consistiria a interculturalidade para pautar esse diálogo?

A ideia de interculturalidade surgiu no contexto latino-americano, principalmente como uma resposta à imposição cultural e como "alternativa ético-política frente ao fracasso do assimilacionismo homogeneizante dos estados nacionais" (TUBINO, 2001, p. 190). A construção desse conceito é intrinsecamente ligada à "relação com a própria cultura e com as demais culturas, em especial, com a cultura hegemônica em um contexto de dominação" (ANSION, 2007, p. 37). Para Fidel Tubino (2001), a opção intercultural apareceu de maneira concreta no âmbito da educação indígena como um modo diverso à educação uniforme e convencional dos estados em geral. No entanto, referir-se à interculturalidade na América Latina é, de fato, um horizonte mais amplo, que primordialmente transcende o multiculturalismo[2] e com este não se confunde.

---

[2] Para aprofundamento da crítica ao multiculturalismo em relação à interculturalidade, consultar: BRAGATO, Fernanda Frizzo; BARRETTO, Vicente de Paulo; SILVEIRA FILHO, Alex Sandro da.

Para Antônio Carlos Wolkmer, a interculturalidade, entendida como uma "filosofia crítico-cultural, como horizonte de diálogo equitativo", abrange "em sua dimensão pluralista o caráter dialógico, hermenêutico e interdisciplinar" (WOLKMER, 2006, p. 120), pois é nesse espaço propenso a transformações "que se buscam formas alternativas de fundamentação, quer de um pluralismo jurídico de tipo progressista, quer dos direitos humanos como processo intercultural." (WOLKMER, 2006, p. 120).

Walsh vê a interculturalidade em três perspectivas distintas (2012, p. 63), quais sejam, uma relacional, uma funcional e uma crítica. A perspectiva relacional faz referência, de forma geral, ao contato e intercâmbio entre culturas, ou seja, entre pessoas, práticas, saberes, valores e tradições culturais distintas, algo que sempre ocorreu na América Latina, especialmente após sua colonização, por força da diversidade cultural. Porém, tal perspectiva é ineficaz, pois oculta ou minimiza a conflitividade e os contextos de poder nos quais as relações interculturais acontecem, bem como deixa a interculturalidade apenas no âmbito das relações, olvidando-se das estruturas sociais que as pautam, e que, em certa medida, as inviabilizam (WALSH, 2012, p. 63-64).

Tanto para Catherine Walsh quanto para Fidel Tubino, a interculturalidade se diferencia, ainda, em outros dois modos: o funcional e o crítico, demonstrando que uma perspectiva que pretende ser inclusiva pode, na realidade, tão somente reconhecer a diversidade nos limites de uma adequação ou tolerância à cultura hegemônica.

A postulação por um diálogo intercultural, ou seja, por uma comunicação equitativa entre culturas sem contestar as relações de poder e domínio é, nas palavras de Tubino, o interculturalismo funcional, que compõe uma proposta descontextualizada que substitui o reconhecimento da realidade. O interculturalismo funcional, desse modo, oculta a razão pela qual a predominância de uma cultura sobre a outra existe e consagra a diferença cultural em classificação de superioridade e inferioridade, deixando de lado a crítica sobre a estrutura econômica-social que exclui sistematicamente os subalternos. Assim é a lógica funcional do interculturalismo: não considerar o ponto cerne contido na assimetria, na incomunicação e no conflito existente entre os setores sociais. Ademais, Tubino sustenta que, nesta perspectiva da interculturalidade, a injustiça distributiva é tida como algo além da injustiça cultural, uma vez que o discurso sobre a pobreza é substituído pelo discurso sobre a cultura. (TUBINO, 2015, p. 253 e 254)

A interculturalidade como possibilidade para a construção de uma visão de direitos humanos a partir das realidades plurais da América-Latina. *Revista da Faculdade de Direito* (UFPR)., v. 62, p. 33-59, 2017.

Não há, desse modo, um combate de forma focal das desigualdades econômicas e as relações de poder intraculturais e interculturais, o que as invisibiliza e garante funcionalismo ao modo de operação do sistema, pois não se rompe com a lógica que domina e oprime os extratos subalternos e periféricos de uma mesma sociedade. (CIRESE, *apud* TUBINO, 2015, p. 254) O caráter funcional ainda é acrescido por Catherine Walsh (2012) por ser direcionado ao desenvolvimento do bem-estar individual, no sentido de pertença dos indivíduos a um projeto comum, tão somente reconhecendo a diversidade e diferença cultural com o objetivo meramente integrativo do "outro" ao sistema social vigente. A interculturalidade funcional assemelha-se muito ao projeto multicultural, seja em sua vertente comunitária, seja na liberal.

A proposta da interculturalidade que Walsh e Tubino defenderão não se confunde com o multiculturalismo, pois

> Mientras que el multiculturalismo sustenta la producción y administración de la diferencia dentro del orden nacional [liberal] volviéndola funcional a la expansión del neoliberalismo, la interculturalidad entendida desde su significación por el movimiento indígena, apunta cambios radicales a este orden. Su afán no es simplemente reconocer, tolerar ni tampoco incorporar lo diferente dentro de la matriz y estructuras establecidas. Por el contrario, es implosionar desde la diferencia en las estructuras coloniales del poder como reto, propuesta, proceso y proyecto; es hacer reconceptualizar y re-fundar estructuras que ponen en escena y en relación equitativa lógicas, prácticas y modos culturales diversos de pensar, actuar y vivir. Así sugiere un proceso activo y permanente de negociación e interrelación donde lo propio y particular no pierdan su diferencia, sino que tengan la oportunidad y capacidad para aportar desde esta diferencia a la creación de nuevas comprensiones, convivencias, colaboraciones y solidaridades. Por eso la interculturalidad no es un hecho dado sino algo en permanente camino, insurgencia y construcción. (WALSH, 2008, p. 141)

Walsh (2007, p. 55) pontua que os prometidos reconhecimento e tolerância multiculturais em relação aos outros não somente mantêm a desigualdade social, como deixam intacta a estrutura social e institucional que constrói, reproduz e mantém essas desigualdades. A interculturalidade, enquanto projeto, não se limita a propor tolerância porque não está comprometida com o Estado liberal, senão com a própria refundação do Estado por meio do diálogo intercultural articulado a partir da sociedade, e não o contrário, como prevê o multiculturalismo. (WALSH, 2008, p. 142).

Portanto, a interculturalidade crítica se substancia no questionamento da lógica-colonial moderna, pois, para Catherine Walsh (2012), o problema estrutural-colonial-racial e a ligação com o capitalismo de mercado é o que constitui os pilares sociais e ordenamentos que inferiorizam e desumanizam indivíduos não correspondentes ao padrão ocidental europeu, assim como o purismo cultural, a partir da matriz colonial presente, principalmente, no poder e no saber. (WALSH, 2012, p. 65) A interculturalidade crítica, portanto, interroga as bases sistemáticas da sociedade, operando na contramão da interculturalidade funcional, pois além de analisar o que é ocultado por esta, o diálogo parte justamente do ato de contestar os fatores econômicos, políticos e estruturais do sistema social. (FORNET-BETANCOURT *apud* TUBINO, 2015, p. 255) Assim, assume a posição de processo e projeto social e político a ser construído e que ainda não existe, já que objetiva "transgredir, interromper e desmontar a matriz colonial ainda presente e criar outras condições de poder saber, ser, estar e viver que se distanciam do capitalismo e sua razão única". (WALSH, 2012)

Assim, o paradigma crítico da interculturalidade, defendido de maneira inequívoca por Catherine Walsh, é analisado em estreita relação com colonialismo e colonialidade, por encontrar seu sustento e razão no horizonte colonial da modernidade, e especificamente na colonialidade do poder, como um "pensamento alternativo que proporciona relacionar a classificação étnico-racial, a dominação estrutural e a descolonização", o que abrange a interculturalidade estrategicamente na linha de metas políticas. (WALSH, 2012, p. 54 e 55) Nesse sentido, em razão deste paradigma ser configurado de sentido principalmente pelo movimento étnico-social indígena equatoriano, como um "princípio ideológico", e não restrito ao meio acadêmico, a interculturalidade se desprende das bases eurocêntricas e convencionais euromodernas justamente por não se originar em centros geopolíticos de produção de conhecimento acadêmico do norte, mas sim da experiência empírica "desde baixo" do sul global. (WALSH, 2012, p. 54)

Outorgando aos processos de subalternização provenientes da colonialidade uma linha diametral ao conceito, a interculturalidade "oferece um caminho para pensar desde a diferença no sentido da descolonização, da decolonialidade e da construção e constituição de uma sociedade radicalmente distinta", (WALSH, 2012, p. 76) transpassando a diferença colonial e viabilizando novas políticas de subjetividade sob uma lógica diferente da colonial-moderna de dominação. Nas palavras da autora, o projeto de interculturalidade é necessariamente decolonial por trazer à tona a matriz colonial de poder e enfrentá-la, tendo em conta a relação entre "a ideia de raça como instrumento de classificação e controle social, e o desenvolvimento do capitalismo mundial (moderno, colonial, eurocentrado), que se iniciou como parte constitutiva da constituição histórica da América". (WALSH, 2012, p. 173) Nesse sentido:

> Partir do problema estrutural-colonial-racial e dirigir-se à transformação das estruturas, instituições e relações sociais e à construção de condições racialmente distintas, a interculturalidade crítica – como prática política-educativa desenha um caminho muito distinto que não se limita às esferas políticas, sociais e culturais, como também se cruza as do saber, ser e da própria vida. É dizer, se preocupa também por/com a exclusão, negação e subalternização ontológica e epistêmico--cognitiva dos grupos e sujeitos racializados: pelas práticas de desumanização e de subordinação de conhecimentos – que privilegiam uns sobre outros, "naturalizando" a diferença e ocultando as desigualdades que se estruturam e se mantêm em seu interior. (WALSH, 2012, p. 173)

Desse modo, é possível verificar a pertinência da proposta crítica da interculturalidade para atuar na colonialidade enraizada em nível cultural, fundamentadas a partir da colonialidade do poder e do saber, que subalternizam determinados grupos sociais e propiciam a conjuntura de desigualdade social da América Latina. Isso porque o argumento de Walsh para justificar a pertinência da interculturalidade crítica também se baseia na classificação das categorias binárias, que se expressam polos opostos representativos de posição de superioridade *versus* inferioridade, colocando em dúvida o valor humano dos sujeitos que ocupam o polo negativo do binarismo. (WALSH, 2012, p. 173)

Ademais, Fidel Tubino tece uma contribuição em relação às atribuições de identidade para justificar a necessidade da interculturalidade, também crítica, com base na valoração do diferente. O autor sustenta que, no caso dos indígenas, a imagem de inferioridade e não civilidade projetada e imposta desde 1492 na conquista foi interiorizado nos colonizados, sendo "o instrumento mais poderoso de sua opressão". Isso porque, segundo o autor, a "razão de fundo" de formação da identidade dos sujeitos apresenta gênese dialógica, por ser construída em múltiplos espaços, na medida em que o indivíduo se integra nos âmbitos da vida social, assumindo funções diversificadas. Assim, a maneira como o sujeito elabora sua própria identidade é construída pela maneira como os demais integrantes o percebem nos espaços privados e públicos, o que permite afirmar que "a percepção de outro determina a autopercepção do eu", já que "a imagem que os outros possuem de nós mesmos determina a autoimagem que manejamos de nós mesmos". (TUBINO, 2001, p. 189)

Na mesma linha de Walsh e Tubino, Ansion (2007, p. 41) define a interculturalidade, inicialmente, num sentido descritivo; antes de ser um projeto, constitui-se como relações interculturais que existam de fato, que sejam realmente existentes. Para ele, *"cuando se encuentran grupos de orígenes culturales distintos se produce aprendizaje – y aprendizaje de ambas partes"*. (ANSION, 2007, p. 41) Nesse contexto, segundo o autor, há difusão e incremento de tecnologias, circulação de ideias e relatos que vão se tecendo até que as visões de mundos de uns e outros se influenciem e se transformem. (ANSION, 2007, p. 42) Ansion segue a análise da interculturalidade "de fato" assinalando que, num primeiro momento, ela busca centrar-se na análise das formas pelas quais as relações mútuas entre as culturas acontecem, mas não se destina tão somente a isso. Na visão do professor peruano,

> Si reconocemos que cualquier cultura es el producto, entre otras cosas, de una larga historia de intercambios, el concepto de interculturalidad llegaría prácticamente a identificarse con el de cultura y, por tanto, se volvería inútil y redundante. Por ello, proponemos reservarlo para señalar situaciones de influencias mutuas particulares: aquellas en las que grupos culturalmente diferentes se ven

obligados por las circunstancias a convivir, a compartir espacios geográficos y sociales comunes de modo cotidiano, permanente, duradero, intensivo. Esta situación se ha dado, por ejemplo, en la España de moros, cristianos y judíos y se dio, de modo mucho más general, en las sociedades del Mediterráneo. También se daba en los andes prehispánicos y siguió dándose, en un contexto ciertamente muy distinto, luego de la invasión española. Basta mirar los grandes cambios actuales producidos por las migraciones internacionales masivas para constatar que el mundo se está volviendo, en ese sentido, cada vez más intercultural. (ANSION, 2007, p. 42)

A segunda acepção de interculturalidade, na análise de Ansion, é no sentido de projeto, que se define, inicialmente, como um "processo de convivência em paz". (2007, p. 43) Ansion vê o projeto intercultural como sendo a luta por reconhecimento das mais diversas culturas, e, sobretudo, como uma forma de enfrentamento a todas as formas de desprezo e marginalização presentes tanto na vida cotidiana, quanto nas instituições do Estado. (2007, p. 44) Assim, o primeiro ponto de um projeto intercultural consistiria em *"trabajar por la creación de condiciones de mayor equidad para los grupos subordinados. Esto significa promover concretamente el respeto por el otro cultural, especialmente por aquel que ha sido despreciado".* (ANSION, 2007, p. 44)

Mas esse respeito pelo outro deve permitir que se leve a sério as outras culturas, dando às pessoas que lhe compõem a oportunidade de desenvolver sua interação com as demais formas de cultura, o que só é possível, para o professor peruano se as culturas tiverem *status* público. (ANSION, 2007, p. 44-45)

Além das distinções já apresentadas no tocante à interculturalidade, vale acrescentar a visão de Xavier Albó, que, inicialmente, nivelou a interculturalidade em diversas escalas que poderiam separar uma interculturalidade negativa de outra positiva (2012, p. 9). Assim, o diálogo intercultural, na concepção de Albó, poderia ser cindido em cinco níveis, quais sejam: a) a destruição de uma das partes; b) a diminuição de uma das partes, por subjugá-la ou por criar dependências que impeçam o seu crescimento; c) limitar as relações, sem um justo motivo para isso; d) simples tolerância, onde os grupos distintos se aguentam sem se prejudicar um ao outro; e) mútuo entendimento e intercâmbio, que leva ao enriquecimento cultural de ambas as partes.

O professor catalão entende que tais níveis podem levar algum tempo para avançar, dadas as antropologicamente comprovadas dificuldades num primeiro contato entre grupos sociais distintos, mas, ainda assim, por mais que a relação possa se dar numa conotação negativa, ambas as partes estão se desenvolvendo com o contato, o que é positivo. (2012, p. 9-10)

Além disso, Albó desenvolveu a distinção entre microinterculturalidade e macrointerculturalidade, que seriam atinentes aos níveis de complexidade que a interculturalidade pode alcançar. (2012, p. 10) Nessa distinção, Albó define a microinterculturalidade como a que prevalece nas relações interpessoais, como as entre indivíduos e pequenos grupos, ou entre grupos maiores que habitam uma mesma região; e a macrointerculturalidade caracteriza-se por incidir nas estruturas e sistemas da sociedade, como grupos de alcance social nacional ou maior, instituições de alcance social nacional ou maior, como as de educação e comunicação, nas relações internacionais e na confrontação, intercâmbio ou articulação entre sistemas, civilizações e lógicas culturalmente contrapostas. (2012, p. 10-11)

Na interpretação de Tubino, (2002, p. 76) não existe relação de causa e efeito entre essas duas categorias, mas sim, complementariedade e simultaneidade, o que o leva a afirmar que *"las políticas de Estado, sin bien son acondicionamientos importantes de las relaciones interpersonales entre personas de culturas diferentes en el espacio micro y contribuyen a estructurarlas, éstas no son resultados de aquéllas"*. (TUBINO, 2002, p. 76-77) Por fim, Tubino conclui que, tendo em vista os níveis do diálogo intercultural que já apresentamos, tanto no nível macro, quanto no nível micro, as ações transformativas com o intuito de promover a interculturalidade positiva devem ser constantemente impulsionadas. (2002, p. 77)

Portanto, a interculturalidade nos indica um caminho. Um caminho de inclusão, de encontro qualitativo e solidário com o outro diferente, um encontro que deve possibilitar a aceitação do diferente como uma oportunidade de enriquecimento e transformação de ambas as partes. Assim, a via intercultural se coloca como crítica tanto à cultura hegemônica excludente quanto ao multiculturalismo, e se apresenta como um projeto ético-político libertador, renovador e aberto, cujo objetivo inconteste é a busca pela convivência – entre indivíduos e povos ou nações – em paz.

Interculturalidade é um paradigma filosófico-político situado no horizonte utópico. Não existe. Deve ser construído. No que diz respeito às possibilidades de estabelecimento de um diálogo intercultural que potencialize as vozes e os conhecimentos do Sul Global, o pensamento descolonial tem muito a contribuir. O giro descolonial propõe uma alternativa ao discurso hegemônico para ampliar o conhecimento com outra perspectiva: aquela de quem sempre foi objeto de conhecimento e não seu protagonista. A proposta é abrir novas possibilidades de conhecimento, de modo a liberá-lo da necessidade de se referir a um *locus* de enunciação privilegiado e pré-concebido como condição para sua legitimidade. Ele procura "descolonizar" o conhecimento, a fim de permitir a inclusão de outras falas, diferentes visões de mundo, histórias esquecidas, outros valores que não apenas os ocidentais. Ou seja, procura diversificar o *locus* epistemológico da enunciação, substituindo-o por um campo interdiscursivo, intercultural e complexo.

E o que poderá resultar desse diálogo? Dussel propõe o conceito de transmodernidade como o horizonte que resultará desse diálogo intercultural simétrico que se estabelecerá entre as culturas que, como exterioridade, estão irrompendo. Trata-se de uma nova idade, para além da modernidade, que se anuncia diante do esgotamento do eurocentrismo, do capitalismo e do colonialismo, todos intrínsecos ao projeto euromoderno. Esta nova idade se constituirá como um pluriverso onde cada cultura dialogará com as outras desde uma semelhança comum, recriando continuamente sua própria distinção analógica, vertendo-se em um espaço dialógico, mutuamente criativo. (Dussel, 2015: 100) A pluriversidade seria o resultado de um diálogo intercultural autêntico que deve levar claramente em conta as assimetrias de poder. (Dussel, 2015: 283)

O paradigma intercultural abre possibilidades promissoras para a aceitação, autoidentificação e respeito aos direitos humanos no contexto desigual e plural do Sul Global. Muito além do multiculturalismo, a interculturalidade apresenta a vantagem de revalorizar os saberes historicamente desprestigiados e, portanto, outras leituras e outras histórias para os direitos humanos podem surgir. Leituras e histórias condizentes com as reivindicações de sujeitos e grupos a quem não se reconhece poder: negros, mulheres, indígenas etc. Além disso, no paradigma intercultural, a hegemonia dá lugar à simetria: não há uma cultura ditando padrões e perfis capazes de converter a diferença em inferioridade, como hoje ocorre. Hoje, sociedades plurais e diferentes dão margem não ao reconhecimento e à convivência, mas à desigualdade, inclusive e sobretudo diante da lei. A diferença em relação ao padrão considerado superior é fator de ausência ou debilidade de poder que vulnerabiliza e expõe sujeitos e grupos às mais diversas violações e essa é uma barreira invisível que o Direito não tem conseguido transpor. Em última análise, no horizonte transmoderno e pluriverso, redefinem-se profundamente a distribuição e a titularidade do poder, e isso tem efeitos transformadores no efetivo reconhecimento e garantia dos direitos humanos.

Referências

ALBÓ, Xavier. *Interculturalidad en el desarollo rural sostenible*: el caso de Bolivia. La Paz: Centro de Investigación y Promoción del Campesinado, 2012.

ANSION, Juan. La interculturalidad y los desafios de una nueva forma de ciudadanía. In: ——; TUBINO, Fidel (orgs.). *Educar en Ciudadania Intercultural*. Lima, Fondo Editorial de la Pontificia Universidad Catolica del Peru, 2007. p. 37-63.

BRAGATO, Fernanda Frizzo; BARRETTO, Vicente de Paulo; SILVEIRA FILHO, Alex Sandro Da. A Interculturalidade Como Possibilidade Para A Construção De Uma Visão De Direitos Humanos A Partir Das Realidades Plurais Da América Latina. *Revista da Faculdade de Direito (UFPR).* , v.62, p.33 – 59, 2017.

DUSSEL, Enrique. *Filosofías de Sur*. Descolonización y Transmodernidad. Mexico, D.F.: Akal, 2015.

MALDONADO-TORRES, Nelson. Sobre la colonialidad del ser: contribuciones al desarrollo de un concepto. In: CASTRO-GÓMEZ, S.; GROSFOGUEL, R. (ed.). *El giro decolonial*. Reflexiones para una diversidad epistémica más allá del capitalismo global. Bogotá: Iesco-Pensar-Siglo del Hombre Editores, 2007. pp.127-167.

QUIJANO, Anibal. Colonialidade do poder, eurocentrismo e América Latina. In: LANDER, Edgardo (org). *A colonialidade do saber:* eurocentrismo e ciências sociais. Perspectivas latino-americanas. Buenos Aires: Colección Sur Sur, CLACSO, 2005. p.227-278.

SANTOS, Boaventura de Sousa; MENESES, Maria Paula (Org.). Introdução. In ——. *Epistemologias do Sul*. Coimbra: Edições Almedina, 2009.

TUBINO, Fidel. Entre el multiculturalismo y la interculturalidad: mas allá de la discriminación positiva. In: FULLER, Norma (ed.). *Interculturalidad y política*: desafios y posibilidades. Lima: Red para el Desarrollo de las Ciencias Sociales en Peru, 2002.

——. *La interculturalidad em cuestión*. Lima: Fondo Editorial – Pontificia Universidad Católica del Peru, 2015.

——. Interculturalizando el multiculturalismo. In: *Interculturael*: balance y perspectivas. Encuentro internacional, sobre interculturalidad. Barcelona: Fundación CIDOB, 2001.

WALSH, Catherine. *Interculturalidad, plurinacionalidad y decolonialidad*: las insurgencias político-epistémicas de refundar el Estado. Tabula Rasa. Bogotá, N. 9: p. 131-152, jul-dez 2008.

——. Interculturalidad y colonialidad del poder. Un pensamiento y posicionamiento "otro" desde la diferencia colonial. In: CASTRO-GÓMEZ, S.; GROSFOGUEL, R. (ed.). *El giro decolonial*. Reflexiones para una diversidad epistémica más allá del capitalismo global. Bogotá: Iesco-Pensar-Siglo del Hombre Editores, 2007. P. 47-62

——. Interculturalidad y (de)colonialidad: perspectivas críticas y politicas. *Visão Global*. Joaçaba, Vol. 15, No 1-2, p. 61-74, jan-dez 2012.

WOLKMER, Antônio Carlos. Pluralismo jurídico, direitos humanos e interculturalidade. *Revista Sequência*. Florianópolis, n. 53, p. 113-128, dez 2006.

— VI —

Os dois sistemas jurídicos contemporâneos – o *common law* e o da Europa continental – e um caso especial: a bioética

GERSON NEVES PINTO[1]

Sumário: Introdução; 1. Um caso especial: a bioética; 2. Os fundamentos filosóficos dos dois sistemas contemporâneos; Conclusão; Referências bibliográficas.

Introdução

Nesta temática dos Sistemas Jurídicos Contemporâneos – suas relações com o direito e a sociedade atual –, devemos enfocar tanto o ponto de vista teórico quanto o prático do pensamento contemporâneo. Diante dos vários problemas jurídicos atuais, tanto a literatura do *common law* como da Europa continental propõem uma teorização nova do direito. Como bem nos assinala Goyard-Fabre (2009, 85), "no mundo 'desencantado' onde nós vivemos, o direito, privado dos alicerces sagrados – religiosos ou metafísicos – retira ainda sua inspiração no racionalismo dos filósofos modernos. Ora, muitos hoje são os autores que se negam a pensar o direito como um sistema normativo axiologicamente fundados – Carl Schmitt, por exemplo, fala em 'a tirania dos valores' e outros pensam que considerar o direito como uma ordem prescritiva baseada em exigências racionais puras é uma atitude obsoleta". Assim, podemos afirmar que, no universo jurídico atual, tornou-se inevitável uma retomada da investigação dos fundamentos no que diz respeito aos paradigmas da racionalidade moderna, a fim de renunciar, total ou parcialmente, aos seus propósitos e, desse modo, substituí-los por paradigmas novos, mais congruentes com a situação das sociedades contemporâneas.

Com relação ao tópico contemporaneidade e Sistemas Jurídicos, a aplicação do conceito de sistema ao âmbito do Direito não é nova.

---

[1] Possui doutorado na *École Pratique Des Hautes Etudes* – Sorbonne, Paris. Professor adjunto do PPG-Direito da Escola de Direito da Universidade do Vale do Rio dos Sinos – UNISINOS.

Paralelamente aos estudos que descrevem conjuntos de normas isoladas, existem muitos autores que explicam o direito como um sistema. (LUGAN, 1991) Assim, sustentar que o direito se produz como um sistema é uma afirmação geralmente aceita. Por outro lado, o conceito de "contemporaneidade" envolve uma gama de significados. O aspecto essencial da contemporaneidade vem da ideia de "modernidade" que é a irrupção da racionalidade como um princípio maior da organização da vida social. Junto com a racionalidade, a "modernidade" se caracteriza pela *secularização*. Podemos entender a *secularização* como significando que as experiências, o conhecimento e os conceitos – tradicionalmente vinculadas ao universo religioso – passem ao campo da razão. O homem adquire sua soberania [autonomia] e se afasta do finalismo religioso. Eis a autonomia do sujeito, aberta filosoficamente por Descartes (1992, 25) com a sua exigência de recusa e colocação em dúvida de tudo aquilo que recebeu como mais verdadeiro e certo (as lembranças da infância, as tradições aceitas sem exame, etc.) e a sua refundação do saber sobre a certeza subjetiva. Neste sentido, a racionalização e sua consequência imediata, a *secularização*, permitiram a emergência do indivíduo, ou melhor, do sujeito. Com o indivíduo aparecem os conceitos de dignidade do homem, a autonomia da vontade, a liberdade e a responsabilidade, eixos centrais do pensamento moderno. Podemos ver, na bioética, um bom exemplo de como a *secularização* e autonomia permitiram a construção do conceito de subjetividade, onde o sujeito é o ator da história. É este conceito de *autonomia* que se construiu em oposição ao de *heteronomia* que Kant muito bem resumiu em sua obra sobre *as Luzes*: "Ne raisonnez pás, óbices!". (KANT, 1853, 283) Kant evoca diversas figuras desta atitude: desde o chefe militar autoritário até o padre dogmático. Esta última figura, do padre, não é por acaso: o conceito de autonomia que se construiu assim têm estreitos laços com a representação da modernidade como *secularização*.

1. Um caso especial: a bioética

Desde a criação do nome [*Bio-Ethik*] esta nova disciplina encerra uma ambiguidade fundamental: ela é ao mesmo tempo antiga e moderna, pois dizer "Ética" é evocar a genealogia do pensamento ocidental, onde é possível colocar "a nu as estruturas do Ocidente", como afirma o jurista Pierre Legendre (1985, 13). Por outro lado, ela é mesmo pós--moderna naquilo que investiga, pois o seu objeto de saber são as novas tecnologias que por intermédio de pesquisas e experiências prometem trazer grandes benefícios ao gênero humano. A noção de bioética que aparece somente na década de 70 do Século XX nos EUA remete, primeiramente, a um conjunto de procedimentos e práticas que colocavam em dúvida os avanços das técnicas biomédicas. Esta postura cética e também crítica é sem dúvida uma característica da modernidade. A inovação propõe um novo ideal: uma ética nova, um mundo novo, um novo homem. Como se o espaço entre a vida e a morte, a saúde e a doença, a dor e a esperança, a anamnese e o tratamento dispensado ao homem pela ética médica não fosse mais o mesmo, nem fossem as mesmas noções da ética grega antiga as hoje utilizadas pela bioética. Enfim, como sustenta Engelhardt, (2003, 438) "O súbito surgimento da bioética é um enigma: ela veio aparentemente do nada".

Para entender este enigma, Habermas defende que todos os avanços nas técnicas e pesquisas constituem uma nova espécie de desafio, pois eles modificam aquilo que "somos por natureza" e, citando Kant, Habermas (2004, 38) afirma: "Aquilo que Kant incluíra no 'reino da necessidade' transformou-se com a visão teórico-evolucionista num 'reino do acaso'".

Nesta perspectiva, a bioética é uma realidade e ela diz respeito a todos os setores da atividade humana: o início e o fim da vida, a engenharia genética, a biotecnologia moderna, a medicina e os medicamentos, etc. O desafio agora é saber como devemos nos conduzir para uma adequada utilização destas inovações e ter a consciência de que cabe à bioética tratar dos problemas atuais e futuros de ordem ambiental e ética que, fundamentalmente, dizem respeito às liberdades individuais. É uma discussão, portanto, que transcende o plano meramente técnico e científico, dizendo respeito ao conjunto da sociedade a qual se vê frente à possibilidade de sofrer benefícios e malefícios que envolvem o indivíduo livre, seus direitos e deveres, onde a bioética transformou-se na mais recente fonte de direitos. Esta transcendência da bioética foi além da área restrita das técnicas médicas e tornou-se tema a ser analisado na órbita do espaço público democrático.

O trânsito da bioética para o biodireito no âmbito das comunidades internacionais materializou-se no curso da segunda metade do século XX através de uma série de textos da ONU e da Unesco, os quais exprimem a necessidade de uma atenção crescente aos desenvolvimentos e possíveis avanços tecnocientíficos dentro do espírito da filosofia geral dos Direitos do Homem. Exemplo do resultado das reflexões acerca das questões da bioética e do biodireito, o artigo 18 da Proclamação de Teerã (ONU, 1968) sinala: "Se os recentes avanços e descobertas científicas abriram amplas perspectivas para o progresso econômico, social e cultural, esta evolução pode também comprometer os direitos humanos e as liberdades dos indivíduos e assim exigirá uma permanente atenção". O artigo 30 da Carta dos direitos e dos deveres econômicos dos Estados (ONU, 1974): "A proteção, preservação e valorização do ambiente para as gerações presentes e futuras é da responsabilidade de todos os Estados. Todos os Estados diligerenciarão no sentido de estabelecerem as suas políticas de ambiente e desenvolvimento em conformidade essa responsabilidade". A formulação do texto da ONU (1982) intitulado *Humain Rights and Scientific and Technological Development* que declara: "Durante o século XIX e no início do século XX, o avanço científico foi amplamente interpretado como inevitavelmente favorável ao progresso humano e geralmente não era visto nenhum conflito essencial entre os dois. Entretanto, acontecimentos posteriores [...] suscitaram dúvidas quanto à existência dessa aliança necessária entre o avanço científico e o progresso humano". Ainda o conteúdo muito semelhante do artigo 192 da Convenção das Nações Unidas Sobre o Direito do Mar, também de 1982: "Os Estados têm a obrigação de proteger e preservar o meio marinho".

No direito internacional, a maior parte das normas internacionais relativas à bioética possui um caráter não obrigatório, não vinculante. É desta forma que muitas instâncias internacionais estabeleceram normativas que têm por vocação inspirar as disposições nacionais desde o célebre "Código de Nuremberg" (1947), reforçado pela Declaração de Helsinque (1964), cujos princípios serviram de fundamento para um direito comum na área de bioética.

Num período mais recente, as ações da Unesco, os excelentes trabalhos de seus comitês de bioética e as declarações deles emanados, embora sem caráter obrigatório, constituem-se em verdadeiras tentativas de universalização de princípios éticos pelo viés dos Direitos do Homem. Em 2005, a Conferência Geral da UNESCO adotou por aclamação a Declaração Universal sobre Bioética e Direitos Humanos (DUBDH). Por meio dela, pela primeira vez na história da bioética, os Estados-Membros comprometeram-se, perante a comunidade internacional, a respeitar e aplicar os princípios fundamentais da bioética condensados num texto único, reportando-se ao Ato Constitutivo da UNESCO, datado de 1945, cujos fragmentos transcrevo: "Considerando que a UNESCO tem um papel a desempenhar na promoção de princípios universais assentes em valores éticos comuns que orientem o desenvolvimento científico e tecnológico e bem assim as transformações sociais, [...] e que é necessário tratar as questões de bioética, que têm necessariamente uma dimensão internacional, no seu conjunto, aplicando os princípios já enunciados na Declaração Universal sobre o Genoma Humano e os Direitos Humanos e a Declaração Internacional sobre os Dados Genéticos Humanos". Nesta última Declaração podemos ver, ao mesmo tempo, referências a conceitos tradicionais da ética (dignidade da pessoa humana), mas também a aplicação de princípios oriundos da chamada "macroética", tais como o respeito à diversidade cultural e ao pluralismo, à noção de responsabilidade social em matéria de saúde, à proteção das gerações futuras e à proteção ao meio ambiente, da biosfera e da diversidade biológica. As diversas declarações da Unesco criaram uma nova categoria de direitos humanos e de direitos do meio ambiente. Os princípios éticos instituídos pelas declarações revestem-se de um caráter universal de onde emana a natureza ético-racional do direito. Isso fica explícito quando a Declaração Universal sobre Bioética e Direitos Humanos instituiu os princípios comuns e universais, próprios do discurso ético, de tal forma que, no (bio)direito, se consubstanciam os Direitos Humanos, os quais funcionam como eixo na passagem entre a ética e a ordem jurídica.

As demandas na esfera da bioética e sua correlação com o direito tornam-se matéria a ser debatida pela sociedade civil, sendo necessária a utilização de critérios éticos racionais para a busca de soluções. Se o papel da ética na aplicação da regra de direito deve ainda evoluir, não resta dúvida também que a ética pode fornecer uma pista interessante para resolução de problemas práticos extremamente delicados e complicados. Para além da solução do caso concreto, faz-se necessário que o jurista reflita sobre as novas questões que a ética lhe traz e, deste modo, possibilite a intervenção do direito através da legislação. A ética que é impotente por si só para tornar o direito aplicável de modo adequado, no entanto será novamente o motor e inspiração de uma reforma da legislação. Da ética ao direito e do direito à ética, observamos, pois um movimento dialético permanente, no qual podemos esperar uma melhora na relação com os direitos humanos, no sentido da sua universalização.

Em que pesem os avanços da normativa constitucional, notadamente a consolidação de princípios e direitos fundamentais, que o país conquistou a partir de 1988, diversos são os desafios a serem enfrentados, principalmente no que tange ao diálogo entre o texto constitucional e as normativas internacionais. Estes documentos pertencentes à comunidade internacional representam uma tentativa de criar uma ordem ético-jurídica universal que relacione os princípios da bioética com a ordem jurídica positiva, conduzindo os países signatários, como no caso o Brasil, a incorporar os seus enunciados no sistema jurídico nacional, tal como preceitua a Constituição Federal de 1988, em seu artigo 5º, parágrafo 2º. Considerando a relevância dos temas concernentes à bioética e suas implicações no biodireito, este projeto pretende, preliminarmente, mapear o contexto destas inovações em suas múltiplas dimensões e refletir acerca das possíveis relações entre a ética contemporânea e a ética tradicional, tendo o Direito como ponto central de gravitação.

Percebemos deste modo os diversos tipos de problemas que podemos encontrar nos Sistemas Jurídicos Contemporâneos, notadamente no que se refere ao uso da racionalidade nos conceitos de autonomia

Os dois sistemas jurídicos contemporâneos – o *common law* e o da Europa continental –
e um caso especial: a bioética

e de sujeito de direitos. Contudo, como o progresso das ciências e das técnicas outorgou aos homens um poder cada vez maior de autonomia sobre o curso [natural] das coisas, multiplicou os problemas éticos e criou situações até então inimagináveis, nos deparamos com a necessidade de repensar os novos dilemas morais e novas questões éticas que nunca haviam sido cogitadas pelo gênero humano. A ética, a moral e o direito, a partir deste quadro situacional de novas tecnologias, têm que formular alternativas de limites e proteções jurídicas na regulação, produção e utilização destas inovações. Nesta senda, faz-se necessário refletir acerca da adequação e validade dos princípios ético-filosóficos que a tradição estabeleceu, como também sua habilidade ou inabilidade para tratar de questões atuais e cada vez mais prementes da bioética e do biodireito.

As divergências de entendimentos acerca das questões da bioética contemporânea residem tanto em posicionamentos teóricos como em posturas políticas. Podemos estabelecer duas linhas de investigação no estudo da bioética contemporânea: uma diferenciação entre os pensadores liberais e os pensadores conservadores (VALENZUELA, 2008, 221-222) ou entre dois modelos, o americano e o europeu, (HOTTOIS, 1999, 60) que passamos a expor a seguir.

2. Os fundamentos filosóficos dos dois sistemas contemporâneos

Os EUA e a Europa [o sistema jurídico do *common Law* e o da Europa continental] aparecem com posicionamentos díspares em vários temas no campo da bioética. Para tanto, basta citarmos o entendimento do jusfilósofo Ronald Dworkin, que considerou "patéticas" as novas formas jurídicas de regulamentação da clonagem humana pelo Parlamento Europeu, expressas da seguinte forma: "Essa instituição declarou sua "firme convicção de que a clonagem de seres humanos, tanto experimental, no contexto do tratamento de fertilidade, diagnósticos pré--implantes, para tratamentos de tecidos, quanto para qualquer outra finalidade, é antiético, moralmente repugnante, contrário ao respeito pela pessoa e grave violação dos direitos humanos fundamentais, o que não pode, em hipótese alguma ser justificado ou aceito". (DWORKIN, 2005, 625 e segs.) A discordância de Dworkin com relação à posição do Parlamento Europeu consiste em refutar os três argumentos que serviriam de base para tal regulamentação. O primeiro é o risco alegado na prática da clonagem, afastado por Dworkin ao afirmar que "o balanço dos riscos pode muito bem pender para o lado favorável às experiências". (DWORKIN, 2005, 627) O segundo é o critério da justiça, criticado por Dworkin ao afirmar "o remédio para a injustiça é a redistribuição e não a recusa dos benefícios para alguns sem ganhos correspondentes para outros" (DWORKIN, 2005, 628). O terceiro é o argumento da estética, também rechaçado por Dworkin ao afirmar que "a escolha por si só das características físicas, não justifica suficientemente a interrupção das experiências no campo genético" (DWORKIN, 2005, 629).

É claro que esta oposição é muitas vezes caricatural, pois nem sempre encontramos uma homogeneidade de posições, tampouco estas questões relativas a este debate comportam este tipo de simplificação.

O pano de fundo da bioética e da filosofia dominante na comunidade europeia é de clara inspiração kantiana. Primeiramente, temos o interdito bioético da objetivação e da instrumentalização do indivíduo em nome da dignidade da pessoa que é de origem kantiana. Segundo Kant, o exercício da liberdade individual não pode entrar em conflito com o exercício da razão que é universal: tal é o princípio da autonomia da razão. Assim, este respeito e dignidade associados à pessoa se transferem automaticamente ao corpo da pessoa. Podemos assim afirmar que de certo modo a indivisibilidade do corpo e da pessoa aparece como o tema central dos estudos sobre a bioética, onde o corpo instituído de forma digna é inviolável, indisponível, inacessível, não passível de apropriação e, portanto, não podendo ser considerado uma mercadoria. Ressalte-se que alguns destes interditos somente podem ser afastados por consentimento expresso do indivíduo ou com o seu consentimento presumido.

A posição americana [sistema jurídico do *common Law*] tem como inspiração de cunho filosófico o pensamento de John Locke. Segundo Locke, os indivíduos possuem direitos naturais inalienáveis, entre os quais encontramos o direito de propriedade, o qual é sobretudo um direito de apropriação: "Tudo o que um homem pode utilizar de maneira a retirar uma vantagem qualquer para sua existência sem desperdício, eis o que seu trabalho pode fixar como sua propriedade" (LOCKE, 2001,100). O trabalho que instaura o processo que transforma a posse em propriedade não consiste senão no momento da igualdade moral dos homens em sua condição originária no estado de natureza. Podemos dizer que o trabalho de seu corpo e a obra produzida por suas mãos são propriedade sua. Sempre, conclui Locke, que o homem tira um objeto do estado em que a natureza o colocou e deixou, mistura nisso o seu trabalho e a isso acrescenta algo que lhe pertence, por isso tornando-o sua propriedade.

Nesta perspectiva, as coisas naturais pertencem em comum a todos os homens. Mas uma coisa torna-se propriedade legítima de uma pessoa na medida em que esta coisa foi objeto da atividade exercida por esta pessoa. De uma maneira geral, é pelo trabalho que uma coisa sem dono encontra o seu proprietário. A coisa assim apropriada torna-se um bem suscetível de ser livremente trocada ou vendida. Esta abordagem inspirada em Locke permite compreender mais facilmente a forma como as questões concernentes à pesquisa envolvendo o corpo humano poderiam ser pensadas como um fator de mercado na visão liberal. Ela permite entender que o corpo de uma pessoa é ele mesmo o produto desta atividade, do trabalho, deste cuidado que a própria pessoa despendeu, e que ela pode agora, livremente, dispor assim como os demais bens que a sua atividade laboral lhe permitiu adquirir, desenvolver.

São estes, grosso modo, os dois grandes Sistemas Jurídicos Contemporâneos (o *common law* e o da Europa continental), os quais se refletem nos dois modelos de pensamento atual da bioética: a) o europeu, um modelo mais conservador, onde o Estado interfere diretamente nos rumos e diretivas da pesquisa e avanço das técnicas de saúde e meio ambiente; b) o americano, mais liberal e voltado para questões pragmáticas de mercado e do progresso que as novas tecnologias propiciam ao gênero humano.

Conclusão

Deste modo, temos que os dois modelos apresentam uma característica em comum, qual seja, que em função do progresso das ciências e das técnicas, nos encontramos apreensivos e inseguros quanto à adequação de nossas convicções morais arraigadas na tradição ética ocidental. A insegurança moral atual quanto às questões suscitadas pela biotecnologia moderna, nas palavras de um autor contemporâneo como Dworkin, seria a sensação de que muitas de nossas convicções morais venham a ser solapadas e, desta forma, venhamos a sofrer "uma espécie de queda-livre moral", (DWORKIN, 2005, 633), onde tenhamos que pensar sobre novos dilemas morais tendo um novo pano de fundo e com resultados incertos, bem como sobre questões éticas que nunca haviam sido pensadas pela humanidade.

As reflexões atinentes às linhas norteadoras da bioética se fazem imprescindíveis, pois somente a partir delas é possível a criação de um substrato teórico capaz de abarcar os princípios norteadores de condutas, estabelecendo referenciais de ampla validade, a fim de atender e adequar-se às diversas sociedades e culturas em face de sua universalidade. Referido substrato se presta a balizar o processo legislativo com fins de parametrizar procedimentos e técnicas atinentes às inovações científicas no campo do manejo da vida concretizando-se no biodireito.

Referências bibliográficas

DESCARTES, René. Les *Méditations métaphysiques*, Paris, GF Flammarion, 1992.

DWORKIN, Ronald. *A virtude soberana: A teoria e a prática da igualdade*. São Paulo: Martins Fontes, 2005.

——. *Domínio da Vida*: aborto, eutanásia e outras liberdades individuais. São Paulo: Martins Fontes, 2003.

ENGELHARDT JR, H. T. *Fundamentos da bioética* . São Paulo: Loyola, 1998.

EUROPEAN COMISSION. *25 recommendations on the ethical, legal and social implications of genetic testing*. Brussels: European Comission, 2004.

GOYARD-FABRE, Simone. *Re-penser la pensée du droit*: les doctrines occidentales modernes au tribunal de La raison interrogative-critique. Vrin, Paris, 2007.

HABERMAS, Jürgen. *O Futuro da natureza humana: a caminho de uma eugenia liberal?* Trad. Karina Jannini. São Paulo: Martins Fontes, 2004.

——. *Por una ética de la especie humana*. Clarín, Buenos Aires.

——. *Técnica e ciência como "ideologia"*. Lisboa: Edições 70; Biblioteca de Filosofia Contemporânea, 1968, p. 46-83.

HENETTE-VAUCHEZ, Stéphanie. Le statut juridique du corps humain: de l'indisponibilité du corps humain à sa non-patrimonialité. In : DARMON, Muriel; DÉTREZ, Christine (orgs.). *Corps e société*. n. 907, p.13-25. dez. 2004.

HOTTOIS, Gilbert. *El paradigma bioético*: una ética para la tecnociencia. Barcelona: Anthropos, 1999.

——. *Essais de philosophie bioéthique et biopolitique*. Paris, Vrin, 1999.

——. *Simondon et la philosophie de la «culture technique»* De Boeck-Wesmael Université . Coll . le point philosophique – Bruxelles, 1993.

KANT, Emmanuel. *Éléments métaphysiques de la doctrine du droit*. Ed. Auguste Durand, 1853.

LEGENDRE, P. *L'inestimable objet de la transgression*, étude sur le principe généalogique en Occident, Paris, Fayard, 1985.

LOCKE, John. *Segundo tratado sobre o governo civil*: ensaio sobre a origem, os limites e os fins verdadeiros do governo civil. Trad. de Magda Lopes e Marisa Lobo da Costa. 3 ed. Petrópolis/RJ: Vozes, 2001;

LUGAN, J.C. *La Systémique Sociale*, P.U.F., Paris, 1991.

VALENZUELA, Juliana González. *Dilemas de bioética*, Fondo de Cultura Economica de España, 2008.

— VII —

O fim da *geografia institucional* do Estado. A "crise" do estado de direito![1]

JOSE LUIS BOLZAN DE MORAIS[2]

Sumário: I – Notas inaugurais explicativas; II – Premissas; III – O fim do sistema de direitos e garantias; IV – O fim do estado de direito ante a *surveillance*; V – O fim do próprio estado de direito pelo "estado de direitos"; VI – Para sair do *pot au noir* ... (?); Referências.

> *Pour sortir du Pot au noir,*
> *il faut s'adapter aux sautes de vents,*
> *se laisser porter quand les vents son favorables,*
> *mais aussi louvoyer face aux vents contraires,*
> *survivre au calme plat et résister aux coups de vent.*
> (Mireille Delmas-Marty. *Aux Quatre Vents du Monde...*, p. 143)

I – Notas inaugurais explicativas

Este texto constitui-se como um mosaico. Ele resulta de várias pequenas reflexões produzidas em parceria com membros do Grupo de Pesquisa Estado & Constituição e que foram publicadas em uma versão primeira e pontual na coluna Sconfinato, que mantemos junto ao *site* Empório do Direito (www.emporiododireito.com.br), bem como da continuidade das questões apresentadas no texto "Estado e Constituição e o 'fim da geografia'".[3] Aqui reunimos, com o beneplácito dos coauto-

---

[1] Este texto reúne reflexões produzidas no âmbito do Grupo de Pesquisa CNPq Estado & Constituição, como indicado nas notas seguintes, a partir dos quais se construiu este mosaico provisório e parcial em torno às crises do Estado de Direito, para apresentação e discussão no II Congresso Novos Direitos: a interdisciplinariedade do Direito na sociedade contemporânea, em outubro de 2017, na UFSCAR. Aqui se desenvolvem aspectos ligados ao desenvolvimento do projeto de pesquisa financiado pelo CNPq por meio de bolsa de pesquisa – PQ.

[2] Professor do Programa de Pós-Graduação em Direito da UNISINOS/RS. Pequisador Produtividade CNPQ. Procurador do Estado do Rio Grande do Sul.

[3] Ver: BOLZAN DE MORAIS, Jose Luis. *Estado e Constituição e o "fim da geografia"*. In: STRECK, Lenio Luiz; ROCHA, Leonel Severo; ENGELMANN, Wilson. Constituição, Sistemas Sociais e Hermenêutica. *Anuário do Programa de Pós-Graduação em Direito*. n. 12. Porto Alegre: Livraria do Advogado. 2016. p. 69-82

res dos textos primitivos, três pequenas abordagens, a partir das quais podemos dar a conhecer aquilo que estamos nomeando como *o fim da geografia institucional do Estado* com a consequente *crise do estado de direito*.

Assim, no tópico III (O Fim do Sistema de Direitos e Garantias) recuperamos um texto intitulado "REPE&C 21 – Poderes Selvagens: ocaso da Constituição e da Política!", no qual repercutimos a ideia dos *poderes selvagens* de Luigi Ferrajoli[4] e dela fazemos surgir a ideia de um déficit de capacidade regulatória e de garantias como limites à ação do Estado e, particularmente, suas instituições de garantia. Já, no tópico IV (O Fim do Estado de Direito e a exceção como regra), enfrentamos a questão do combate ao terror e as novas formas de *surveillance*[5] a partir das quais o Estado de Direito parece ser subvertido em Estado de Medo, em que a *sécurité* confronta todo o sistema de garantias que lhe caracteriza, e o indivíduo mediatizado e securitizado[6] aceita a supremacia da segurança (aparente) sobre as liberdades. Por fim, no tópico V (O fim do próprio Estado Direito pelo "estado de direitos"), confrontamos a repercussão das fórmulas da globalização econômica neoliberal sobre o modelo tradicional de Estado de Direito, com a subversão do sistema de fontes e a supremacia dos *standards* e indicadores[7] e a concorrência entre ordens jurídicas.

De tudo isso, podemos propor, ao final (VI – Para sair do *pot au noir*...), a necessidade de, diante da inafastabilidade daquilo que constitui a complexidade da experiência contemporânea, buscar um equi-

---

[4] Este tema foi inauguralmente tratado em: BOLZAN DE MORAIS, Jose Luis; COPETTI NETO, Alfredo. *REPE&C 21 – Poderes Selvagens: ocaso da Constituição e da Política!*. Disponível em: <http://emporiododireito.com.br/repec-21-poderes-selvagens/>. Publicado em 04/04/2016. Ver, também: BOLZAN DE MORAIS, Jose Luis; BRUM, Guilherme Vale. *REPE&C 25 – Bom Governo, Poderes Selvagens e Juristocracia*. Disponível em: <http://emporiododireito.com.br/repec-25/>. Publicado em 07/06/2016. Também: BOLZAN DE MORAIS, Jose Luis; COPETTI NETO, Alfredo; BRUM, Guilherme Valle. Crisis (del poder) constituyente, Corte (in)constitucional y poderes salvajes. Ensayo sobre Estado y Constitución. In: Alfonso de Julios Campuzano. (Org.). *Itinerarios Constitucionales para un Nuevo Mundo Convulso*. Madrid: Dykinson SL, 2016, v. 1, p. 95-111.

[5] Aqui, ver: BOLZAN DE MORAIS, Jose Luis; MENEZES NETO, Elias Jacob de. *Liberté, egalité, fraternité et ... "surveillé": O leviatã contra-ataca*. Disponível em: <http://emporiododireito.com.br/liberte-egalite-fraternite-et-surveille-o-leviata-contra-ataca-por-jose-luis-bolzan-de-morais-e-elias-jacob-de-menezes-neto/>. Publicado em 18/05/2015. Ver, dos mesmos autores: *A "liquidez" da surveillance cabe nos limites da "solidez" do marco civil da Internet?* Disponível em: <http://emporiododireito.com.br/a-liquidez-da-surveillance-cabe-nos-limites-da-solidez-do-marco-civil-da-internet-por-jose-luis-bolzan-de-morais-e-elias-jacob-de-menezes-neto/>. Publicado em 08/05/2016

[6] Ver: HARDT, Michael; NEGRI, Antonio. *Declaração. Isto não é um manifesto*. São Paulo. N-1 Editores. 2014.

[7] Neste ponto, ver: BOLZAN DE MORAIS, Jose Luis; MOURA, Marcelo Oliveira. REPE&C 30 – O *"fim" do estado de direito(?)*. Disponível em: <http://emporiododireito.com.br/repec-29-o-fim-do-estado-de-direito-por-jose-luis-bolzan-de-morais-e-marcelo-oliveira-de-moura/>. Publicado em 04/10/2016.

líbrio que permita a sobrevivência da ideia de Estado de Direito como instrumento civilizatório.

II – Premissas

Desde algum tempo, o tema da "geografia" do Estado tem sido confrontado com algumas questões que afetam diretamente a fórmula estatal da modernidade, alicerçada que está, dentre outros pilares – soberania e povo –, em uma base territorial definida como um espaço físico delimitado e segmentado por fronteiras rígidas. O território tem servido não apenas para fixar o exercício do poder político como também para estabelecer os limites de aplicação de sua ordem jurídica e de fixação da própria segurança interna pela possibilidade de evitar ou afastar quaisquer riscos advindos do "mundo exterior", do "estrangeiro".

Com a voga global, em suas diversas vertentes, tem-se uma afetação profunda da territorialidade, podendo-se dizer que esta perde significado, sugerindo a ideia de "fim da geografia", como bem apanhado por Stefano Rodotà (2013), quando chama a atenção para as transformações que se operam, sobretudo com a perda dos "confins" ou dos limites tradicionalmente reconhecidos ao Estado, em especial, para ele, com a "Revolução da Internet", como já identificados no texto anterior.[8]

Esta "perda de limites", para este autor, sugere a possibilidade de uma "outra globalização possível", na qual se poderia pensar os direitos, eles também, *in una dimensione sconfinata*" (RODOTÀ, 2013, 22,23), tendo presente que, mesmo fragmentado, o território, como "espaço local" dialoga com o âmbito ilimitado do global. Haveria uma coimplicação babélica, onde "tempos e lugares distintos" convivem, mesmo se separados por uma distância física, agora apenas aparente em razão das possibilidades de instantaneidade tecnológica.

A Babel, como tratado por Giacomo Marramao,[9] interconecta lugares, pessoas e formas político-jurídicas com linguagens distintas, pondo lado a lado o que está "separado" por quilômetros ou por eras de experiências jurídico-políticas diversas.

Com isso, poder-se-ia falar em um Estado de Direito Global, ainda não adequadamente desenhado e, muito menos, estruturado tal e qual a fórmula do Estado de Direito conexa à do Estado Nacional na tradição liberal? Ou seja, a perda dos limites geográficos (territoriais) abriria

---

[8] Ver: BOLZAN DE MORAIS, Jose Luis. *Estado e Constituição e o "fim da geografia"*. In: STRECK, Lenio Luiz; ROCHA, Leonel Severo; ENGELMANN, Wilson. Constituição, Sistemas Sociais e Hermnêutica. *Anuário do Programa de Pós-Graduação em Direito*. n. 12. Porto Alegre: Livraria do Advogado. 2016. p. 69-82.

[9] MARRAMAO, Giacomo. Dopo babele. Per un cosmopolitismo della differenza. *Eikasia. Revista de Filosofía*, año IV, 25 (Mayo 2009). Disponível em: <http://www.revistadefilosofia.org>.

a possibilidade para uma "expansão" do *rule of law*, a sua "globalização"?

Ou seja, a fragmentação da territorialidade abriria espaço – literalmente – para a expansão da fórmula Estado de Direito, deixando esta de estar "confinada" pelas fronteiras do Estado Nação? Ou, por outro viés, seria a expressão de sua inviabilidade contemporânea.

Esta seria a oportunidade para a universalização da experiência do *Rule of Law*, com sua "imposição" como modelo definitivo de projeto civilizatório ou, assistimos ao fim da geografia institucional do Estado de Direito? Esta é a questão geral aqui posta.

No ambiente dos Estados Nacionais, para o que aqui importa, o que se percebe é uma ruptura da fórmula liberal do Estado de Direito, o que produz um fenômeno que podemos nomear de *"fim da geografia institucional"*, tomando-se aqui o termo *geografia* para dar o significado de limitação, classicamente incorporado a este modelo, agora no que respeita às possibilidades de atuação da "autoridade pública", como limitação político-jurídica para e ao exercício do poder (político).

Desde a dinâmica expansionista e contraditória, própria da história do Estado de Direito que experimentou a passagem da ideia de proteção (Estado de Direito Clássico) para a de promoção (Estado Social de Direito) e, por fim, para a de transformação (Estado Democrático de Direito),[10] nos confrontamos, hoje, para além da incapacidade de ser tornado efetivo, em termos de promoção e transformação social – por nós nomeada "crise estrutural",[11] com a afetação – fratura – de sua fórmula de garantias tradicionais.

Dito de outra forma, sequer o "velho" Estado de Direito Clássico, como Estado de Garantias, já não tem seus limites protetivos observados. Em nome do combate à corrupção, ao terror – assim como, no campo dos direitos sociais, da eficiência econômica –, até mesmo aos fluxos migratórios, põe-se abaixo o sistema de direitos e garantias advindos das revoluções liberais.

Ou seja, o Estado de Direito, como "Estado de limites" já não limita. A sua institucionalidade já não se presta a proteger o cidadão em face de uma autoridade pública que subverte direitos e garantias reconhecidos constitucionalmente.

E isto fica bem caracterizado não só por sua incapacidade de funcionar como fórmula de controle, como também diante da subversão de

---

[10] Ver: BOLZAN DE MORAIS, Jose Luis; STRECK, Lenio Luiz. *Ciencia Política e Teoria do Estado*. 8. ed. Porto Alegre: Livraria do Advogado. 2013.

[11] Desde 1996 temos tratado deste tema. Para tanto, ver: BOLZAN DE MORAIS, Jose Luis. *As crises do Estado Contemporâneo*. In: VENTURA, Deisy de Freitas Lima (Org.). *América Latina*: cidadania, desenvolvimento e Estado. Porto Alegre: Livraria do Advogado. 1996.

sua estrutura normativa tradicional, como se constata, exemplificativamente, na retomada da fórmula do Estado de Exceção que ganha força e, em nome de uma excepcionalidade subvertida, afasta os limites até mesmo daquela fórmula clássica do Estado de Direito, como Estado de Garantias.

O combate à corrupção e ao terror têm, inclusive com o beneplácito de novas subjetividades, oportunizado que, até mesmo instituições de garantia se utilizem da "exceção" como regra. Os "securitizados" e os "mediatizados", na concepção de Hardt e Negri,[12] têm legitimado tal "perda dos confins" do Estado de Direito, aceitando a produção de legislações que subvertem direitos e garantias,[13] da mesma forma que subscrevendo práticas postas em ação pelo Sistema de Justiça que desrespeitam limites do Estado de Direito e recepcionam estas fraturas ao sistema de direitos e garantias, como, e.g., na experiência brasileira da nomeada "operação lava-jato".

Além disso, com a fratura do "sistema de fontes" emergem formas regulatórias cuja legitimação não se submete aos esquemas subsuntivos da democracia moderna.

Estas circunstâncias nos confrontam com o estereótipo do Estado de Direito da tradição liberal, exigindo um enfrentamento que permita, compreendendo o(s) fenômeno(s), que não são isolados, perceber, de um lado, os limites do próprio Estado de Direito e, de outro, buscar alternativas possíveis.

III – O fim do sistema de direitos e garantias[14]

Como sustenta Luigi Ferrajoli, tomando emprestada a análise que fez da era Berlusconi na Itália, vive-se hoje um *processo de desconstitucionalização*.[15]

Para Ferrajoli, esse *processo de desconstitucionalização* se instaura, grosso modo, pela ausência de uma verdadeira esfera pública,

---

[12] Ver: HARDT, Michael; NEGRI, Antonio. *Declaração. Isto não é um manifesto*. São Paulo. N-1 Editores. 2014.

[13] "Uniting and Strengthening America by Providing Appropriate Tools Required to Intercept and Obstruct Terrorism (USA PATRIOT ACT) Act of 2001". Também, no caso francês: LOI n°2015-912 du 24 juillet 2015 e alterações da LOI n° 2016-731 du 3 juin 2016 – Livre VIII: Du Renseignement. Disponível em: <https://www.legifrance.gouv.fr/affichCode.do;jsessionid=228894118E43224521 9704D44B00FBED.tpdila14v_3?idSectionTA=LEGISCTA000030934655&cidTexte=LEGITEXT0000 25503132&dateTexte=20161124>.

[14] Sobre esse tema, há uma versão ampliada desta discussão em: BOLZAN DE MORAIS, Jose Luis; COPETTI NETO, Alfredo; BRUM, Guilherme Valle. Crisis (del poder) constituyente, Corte (in) constitucional y poderes salvajes. Ensayo sobre Estado y Constitución. In: Alfonso de Julios Campuzano. (Org.). *Itinerarios Constitucionales para un Nuevo Mundo Convulso*. Madrid: Dykinson SL, 2016, v. 1, p. 95-111.

[15] FERRAJOLI, Luigi. *Poteri Selvaggi. La crisi dela democrazia italiana*. Roma-Bari: Laterza. 2011.

autônoma e supraordenada à esfera privada. Com isso, tem-se um esfacelamento dos parâmetros de atuação das diversas instâncias de poder e, particularmente, para o problema aqui posto, daquelas instituições que, originariamente, compõem o que o mesmo autor denomina "instituições de garantia", tal qual o Poder Judiciário e, com a ênfase que dá Ferrajoli – tomando como referência as atribuições constitucionais – o Ministério Público.

Em sua análise, Ferrajoli chama a atenção para uma longa série de violações da letra ou do próprio espírito da Constituição italiana de 1948, na era Berlusconi. Na verdade, ele ressalta que a questão está inclusive para além da Constituição de 1948, e se instaura na ideia de constitucionalismo mesmo, isto é, nos limites e nos vínculos constitucionais impostos às instituições, públicas (representativas) e privadas (negociais).[16]

Como reitera, ainda, Ferrajoli:

L'intero edificio della democrazia costituzionale ne risulta minato alla radice: dall'insofferenza per il pluralismo politico e istituzionale; dalla sovravalutazione delle regole; dagli attachi alla separazione dei poteri, alle istituzioni di garanzia, all'opposizione parlamentare, al sindacato e alla libera stampa; dal rifiuto, in breve, del paradigma dello Stato costituzionale di diritto quale sistema di vincoli legali imposti a qualunque potere...Il processo decostituente si è d'altro canto sviluppato anche a livello sociale e culturale, con il venir meno dei valori costituzionali nelle coscienze di una larga parte dell'elettorato; per indifferenza, per mancanza di senso civico o per il mutamento nell'immaginario collettivo della concezione stessa della democrazia.[17]

Conjugando uma concepção formal de democracia àquela substancial, Ferrajoli vai, ao longo deste trabalho, expor o que nomeia como *crises da democracia política* – "do alto" e "de baixo". "Do alto" refere o populismo e a ideia do líder como encarnação da vontade popular, o patrimonialismo populista, a perda do papel dos partidos políticos e o controle da informação. "De baixo" aponta a despolitização das massas e a dissolução da opinião pública, a crise na participação política, a manipulação das informações etc. E, conjugando-as, apresenta, ao final, um conjunto de possibilidades – remédios – para superá-las.

Agregando à reflexão de Ferrajoli, a partir da experiência brasileira contemporânea, podemos sugerir incluir um outro viés dessas *crises* – algo que não vem "do alto" nem "de baixo", nos sentidos postos por Ferrajoli, mas "do lado", uma vez serem, os ataques à democracia constitucional e, consequentemente, ao seu sistema de direitos e garantias, ao Estado de Direito, enfim, provenientes daquelas instituições, como

---

[16] FERRAJOLI, Luigi. *Poteri Selvaggi. La crisi dela democrazia italiana*. Roma-Bari: Laterza. 2011, p. VII

[17] Ibid. p. VIII

dito, responsáveis por sua proteção, a partir da garantia de seus próprios limites – as nomeadas *instituições de garantia*.[18]

Temos, na experiência brasileira recente, assim, um esgarçamento das fórmulas e conteúdos do Estado de Direito, patrocinado, inclusive por instituições de garantia caras a Ferrajoli, como o Ministério Público, ladeado por um sistema de meios de comunicação que operam numa órbita empresarial, e não republicana, manipulando as informações e fabricando consensos – produzindo aqueles *sujeitos mediatizados*, como nomeados por Hardt e Negri, que, incapazes de perceber os riscos, assumem uma postura messiânica frente às desventuras da vida pública.[19]

Desta perspectiva, a "corrupção" do sistema constitucional, fortemente expressa nas práticas institucionais inconstitucionais que, em nome do combate à corrupção – como condutas tipificadas ou previstas pelo direito pátrio, é por dever de ofício, objeto de persecução por todos aqueles a quem incumbe fazer funcionar o sistema jurídico, desde as polícias até a magistratura – pode ser útil para entendermos as práticas dos "poderes selvagens" e a prática dos novos "golpes" à Constituição e ao constitucionalismo – às garantias constitucionais.

O resultado parcial desta situação atual é, na verdade, o retorno a uma nova *Grundnorm* civilizacional. Se a crise não é mais meramente econômica, mas democrática; se é uma crise do próprio modelo constitucional contemporâneo, temos é que, na verdade, construir um diagnóstico que passa, necessariamente, por um duplo aspecto: por um lado, pela *impotência da política* para resolver problemas de caráter cultural e econômico; por outro, pela *onipotência da política* com vista a construir uma esfera pública de interesses privados, esfacelando a própria *Constituição* e desenvolvendo um populismo regido por aquilo que se pode chamar de *antipolítica*.

O descredito para com a classe política é evidente e com ele se esfacela o próprio papel de garantia do Direito. A ideia de redução das promessas constitucionais e a própria ventilação da tentação à remoção da Constituição para que seja resolvido o problema da (in)governabilidade são extremamente significativos e apontam para um vazio de direito público e para a exacerbação desse *processo desconstituinte*.

---

[18] Se confrontarmos, de um lado, o tema do combate à corrupção com o apoio às práticas inconstitucionais e, de outro, a ausência de um sistema democrático de acesso e de construção da informação podemos antever as crises da democracia constitucional brasileira – e que, de resto, não se restringem ao Brasil.

[19] Para Michael Hardt e Antonio Negri, dentre outras, temos quatro formas dominantes de subjetividade produzidas no contexto da crise social e política atual: o endividado, o mediatizado, o representado e o securitizado. Ver: HARDT, Michael; NEGRI, Antonio. *Declaração. Isto não é um manifesto*. São Paulo. N-1 Editores. 2014.

Tal como Ferrajoli (2011) percebeu na "era Berlusconi", na experiência brasileira atual percebe-se com clareza a ocorrência deste fenômeno – crise do sistema de garantias próprio ao Estado de Direito, com o quanto o fim de sua geografia institucional – de afetação de todo o sistema de direitos e garantias, produzindo-se fraturas, inclusive, por aquelas instituições de garantia que deveriam ser os seus asseguradores.[20]

Cabe, assim, nos perguntarmos: o que sobra do sistema constitucional, em especial quando nos confrontamos com uma perda dos "limites" do constitucionalismo, pela "corrupção" do sistema de reconhecimento de direitos e de garantias nela estabelecido, ladeado pela "manipulação" da informação patrocinada pelos grandes meios de comunicação?

Diante de tais poderes "selvagens", seja por agirem corrompendo o sistema constitucional, seja por atuarem como foco de construção de consensos, o combate que se tem pela frente impõe a luta pela *(re)civilização* do Estado (de Direito). Há que se combater a "corrupção" da Constituição e do constitucionalismo com mais Constituição e constitucionalismo. Contra "poderes selvagens", como alerta Ferrajoli, é preciso *rafforzare la rigidità costituzionale* (FERRAJOLI, 2012, p. 85).[21]

Dito de outra forma, diante da perda de limites é preciso restaurá-los, sendo, para isso, talvez, necessário "inventar" novos instrumentos, para além de reforçar aqueles já consagrados. O que não se pode é deixar sucumbir o sistema de garantias em nome de quaisquer que sejam os valores circunstanciais que pareçam prevalecer.

IV – O fim do estado de direito ante a *surveillance*

Se, de um lado, o Estado de Direito se confronta com sua corrupção, por poderes selvagens, de outro vê-se a sua subversão, sobretudo em nome do combate ao terror, em nome da segurança. E isto fica evi-

---

[20] A releitura desta obra nos permite traçar alguns paralelos com a situação vivenciada no Brasil nestes dias interessantemente trágicos – a tragédia como modelo literário tem muito a nos ensinar acerca das existência humana e de suas catástrofes – quando, em nome do combate à corrupção, no particular, temos vivenciado um sem número de práticas em desrespeito ao sistema de direitos e garantias, a ponto de constituir-se uma "legitimação" baseada na excepcionalidade – Estado de Exceção –, como decidiu o Judiciário federal (TRF4) no caso P.A. CORTE ESPECIAL nº 0003021-32.2016.4.04.8000/RS ou, como quando Juíza Estadual autorizou que a polícia faça buscas e apreensões coletivas na Cidade de Deus, bairro do Rio de Janeiro.

[21] *Il superamento dela crisi attuale richiede lo sviluppo, a livello politico e sociale, di una cultura costituzionale e di una concezione della democrazia come sistema fragile e complesso di separazioni e di equilibri tra poteri, di limiti e garanzie, alternativa a quella della destra, oggi purtoppo egemone perché in gran parte condivisa anche da molti esponenti della sinistra. Richiede, in secondo luogo, che il nesso tra forma e sostanza della democrazia, che caratteriza il paradigma normativo della democrazia costituzionale, venga quanto più compiutamente realizzato attraverso la costruzione di un sistema di garanzie e di istituzioni di garanzia in grado di colmar ela divaricazione, in questi anni diventata patológica, tra il "dover essere costituzionale" e l'"essere" effettivo del diritto e del sistema politico.*

dente quando nos confrontamos com as estratégias de combate ao terrorismo no pós-11 de setembro de 2001.

O que se tem visto nestes últimos tempos é o uso massivo de estratégias que se valem, para o combate a este "medo generalizado", de novos mecanismos tecnológicos para suprimirem ou submeterem as garantias do Estado de Direito, seja pelas restrições à liberdade, seja pelas estratégias preditivas de catalogação para evitar o risco, tudo em perfeito diálogo com a conhecida fórmula do Estado de Exceção, de regra expresso como Estado de Urgência, que se tornou a regra. A exceção e a urgência se tornaram permanentes, inaugurando uma nova fase: a da *surveillance.*

A *surveillance*[22] é, mais que simples vigilância, uma característica intrínseca das sociedades contemporâneas hiperconectadas.[23] Nesse sentido, há uma desestabilização das tradicionais estruturas estatais (cuja força depende de um esquema centrípeto), uma vez que o poder acaba sendo "dispersado" em uma rede extremamente flexível e em constante modificação.

Com a "revolução da internet", como dito antes, ignoram-se as tradicionais fronteiras do Estado-Nação, uma vez que a localização de uma informação armazenada não necessariamente corresponde ao local de violação de um direito fundamental ou ao lugar de sede da empresa que guarda esses dados. Na realidade, na maioria das vezes, esses dados são armazenados simultaneamente em diversos pontos do globo com o intuito de fornecer redundância e acesso mais rápido aos usuários, independente de onde eles estejam localizados geograficamente.

Neste quadro, desde as denúncias de Edward Snowden, o mundo percebeu não apenas uma assimetria na capacidade de interceptar e utilizar os dados que circulam pela internet, como também se viu confrontado com as possibilidades daí advindas.[24]

O *motto* para a coleta e análise massiva de dados naquele país, como se sabe, é a "guerra contra o terror", muito embora não se tenham evidências de nenhum caso concreto em que esse uso da tecnologia tenha

---

[22] Sobre este tema, ver: MENEZES NETO, Elias. *Surveillance, Democracia e Direitos Humanos*: os limites do Estado de Direito na Era do Big Data. Tese de Doutorado. UNISINOS. Programa de Pós-Graduação em Direito.. 2016.

[23] Ver: BOLZAN DE MORAIS, Jose Luis; MENEZES NETO, Elias Jacob de. *A "liquidez" da surveillance cabe nos limites da "solidez" do marco civil da Internet?* Disponível em: <http://emporiododireito.com.br/a-liquidez-da-surveillance-cabe-nos-limites-da-solidez-do-marco-civil-da-internet-por-jose-luis-bolzan-de-morais-e-elias-jacob-de-menezes-neto/>.

[24] Os Estados Unidos, em virtude de sua posição militar e tecnológica estratégica, demonstrou ser uma exceção à regra da "incontrolabilidade" dos fluxos de dados, ou, conforme Manuel Castells, induzindo a uma situação de desequilíbrio que só pode ser temporária, em virtude da estrutura de respostas fornecidas pela rede dos *players* globais da tecnologia da informação. Ver: CASTELLS, Manuel. *The power of identity*. Wiley-Blackwell Publishing, 2010.

efetivamente abortado uma ameaça terrorista iminente, embora tenha servido para outros fins.

Embora tenha demonstrado ser pouco eficiente para prever e neutralizar ataques terroristas, esse mau exemplo parece ter-se espalhado pelo globo.

A Alemanha, por exemplo, país que foi considerado "vítima" da coleta massiva de dados pela NSA – inclusive com diversos discursos de autoridades públicas de repúdio ao fato – foi também acusada de não só realizar o mesmo tipo de atividade, mas de ser uma parceira desse organismo no fornecimento dessas informações.[25] Nesse caso em particular, ficou evidente que a *Bundesnachrichtendienst* (BND), a agência de inteligência alemã, coletou, armazenou e catalogou – com critérios desconhecidos – os metadados[26] de comunicações telefônicas e de internet de usuários dentro e fora da Alemanha.

Além disso, no próprio escândalo envolvendo Edward Snowden ficou claro que outros países, como o Reino Unido, a Austrália, o Canadá e a Nova Zelândia, participam dessa coleta massiva de dados, compartilham e utilizam essas informações.

Essas posturas baseiam-se em atividades dos serviços secretos, muitas vezes sem amparo legal ou, quando este existe, fundamentam-se em legislações de exceção, de regra produzidas em períodos de grande comoção social possuindo, como traço comum, as ideias de "segurança nacional" e "proteção contra o terror", além de estarem calcadas no dualismo "nós *versus* eles", amigo/inimigo. Nesse sentido, três exemplos são de grande relevância para análise do fenômeno: Brasil, Rússia e França.

O caso brasileiro é bem peculiar. Após o escândalo envolvendo Edward Snowden no início de 2013, ficou-se sabendo que virtualmente todo o tráfego da internet no Brasil era processado em servidores nos EUA pela NSA e, com isso, além da análise massiva dos dados, alguns alvos específicos recebiam atenção especial, inclusive com o acesso não

---

[25] Disponível em: <http://www.theregister.co.uk/2015/02/04/germany_bnd_muscles_in_on_metadata_mass_surveillance/>.

[26] Metadados são informações a respeito de outras informações. De modo grosseiro, é possível utilizar a metáfora de uma carta ordinária. Assim, enquanto os dados seriam o conteúdo da correspondência – e, portanto, protegidos contra violação –, os metadados seriam informações sobre aquela carta: tipo do papel utilizado, tamanho do envelope, dados do remetente e destinatário, data e local de postagem, traços de DNA e impressões digital encontrados na carta, tipo e cor da tinta utilizada para escrever a carta, tamanho da correspondência, número de letras e palavras, peso da carta, traços de substâncias impregnadas no papel, informações sobre quaisquer outras correspondências similares no sistema postal, nome do carteiro que fez a entrega etc. Ver: KOSINSKI, Michal *et al*. Private traits and attributes are predictable from digital records of human behavior. *Proceedings of the National Academy of Sciences of the United States of America*, Washington, v. 110, n. 15, p. 5802-5805, 9 abr. 2013).

autorizado às comunicações da Presidente da República e de agentes públicos e empregados de empresas estatais, como a Petrobrás.

Diante dos fatos, o Senado Federal resolveu abrir uma "CPI da Espionagem", que concluiu que seria necessário investir em agências de inteligência. Particularmente relevante foi que a proposta de lei resultado da CPI também envolvia a mesma ideia que existia no anteprojeto do Marco Civil da internet e que não logrou êxito: a obrigação que provedores de conteúdo e serviços de internet tivessem servidores em território nacional. Obviamente, a justificativa era que, com servidores no Brasil, seria possível controlar o uso que tais empresas fariam desses dados.[27]

No mesmo sentido, a Rússia aprovou em julho de 2014 a Lei Federal n° 242-FZ alterando, dentre outras, a Lei Federal n° 152-FZ, exigindo que os operadores de internet mantivessem exclusivamente em território russo a gravação, sistematização, acumulação, guarda, atualização e acesso aos bancos de dados dos cidadãos russos.

Esta parece se tratar de uma expansão do SORM (Система Оперативно-Розыскных Мероприятий), o "primo" russo do PRISM. Ocorre que, ao contrário do PRISM, o SORM tem abrangência limitada aos servidores que, por lei, são obrigados a instalar *backdoors*, ou seja, aqueles fisicamente localizados na Rússia. Porém, com a Lei Federal n° 242-FZ, ampliaram-se incrivelmente as capacidades de intervenção estatal nos dados das grandes empresas da internet, uma vez que estas serão obrigadas a cumprir os requisitos técnicos que possibilitam a interceptação de dados pelo governo russo, ou seja, a instalação de *blackboxes*.

Um dos casos mais emblemáticos, todavia, vem da França. Lá, por iniciativa do Chefe de Governo, promoveram-se mudanças na legislação de segurança interna, incorporando um novo livro, intitulado «Du renseignement», com a justificativa de, através da coleta de informações, conhecer os desafios e prevenir os riscos a que estão submetidos os franceses, cuja garantia dos direitos fundamentais depende da manutenção da ordem pública, sendo que, no atual contexto das políticas nacional e internacional, é imprescindível reforçar as políticas de inteligência de dados.[28]

---

[27] Grandes empresas como Facebook, Google, Apple, Dropbox e Amazon, por exemplo, contam com múltiplos servidores em diversos locais do mundo. Isso garante que, em caso de falha catastrófica do sistema em um determinado lugar, a integridade dos dados possa ser mantida. Em outras palavras: um conjunto de dados armazenados em um servidor no Brasil, por exemplo, está também armazenado na Islândia, Austrália, EUA etc. Assim, pouco importa, para fins de proteção de dados dos brasileiros, se existe um servidor dessas empresas no Brasil. Disso podemos inferir que o motivo para "nacionalizar" servidores não pode ser jamais o de "proteção dos dados brasileiros".

[28] *Le renseignement permet de connaître et de prévenir les risques et les menaces pesant sur notre pays et sa population, ainsi que de mieux appréhender les grands enjeux auxquels ils sont confrontés. Par là-même, il*

Com isso, os órgãos de inteligência franceses podem grampear telefones, interceptar comunicações eletrônicas e forçar empresas de internet a viabilizar maneiras para que a autoridade estatal intercepte todas as informações dos seus usuários (franceses ou estrangeiros, dentro ou fora da França), assim como ocorre na Rússia.

A legislação também permite a coleta e o uso massivo de metadados nos mesmos moldes da NSA, mas indo muito além dela, já que também indica que aqueles mesmos órgãos de inteligência poderão instalar microfones escondidos em objetos, veículos e residências, além de instalar dispositivos capazes de interceptar comunicações de celulares e mensagens de texto, inclusive com abrangência extraterritorial. Ainda, cria uma agência reguladora – como autoridade administrativa independente – para "gerir" o sistema (dispositivo).

O que se vê nos três casos mencionados (Brasil, Rússia, França) é que as situações de emergência estão "contaminando" as legislações de controle de coleta e uso de dados por parte dos Estados. O recurso amplo e indiscriminado à "guerra contra o terror" possibilita um campo fértil para a multiplicação desse tipo de legislação. Afinal, em virtude da indeterminação do terrorismo, todos são potencialmente suspeitos, e a única forma de "filtrar" essa ameaça é através da análise de todos, independente de existir uma suspeita anterior. A análise prévia de todos os dados, sob essa perspectiva, é a forma de antecipar os resultados desastrosos e impedir ameaças terroristas, o que não se comprovou diante da recorrência de atos classificados como terroristas nos últimos tempos.

Ao que parece, o combate ao terrorismo inaugurou uma nova era, aquela da urgência e da exceção transformadas em permanentes, em que os instrumentos tecnológicos desempenham um papel fundamental, aumentando os poderes do Estado na coleta e processamento de informações e, indo de encontro aos limites do próprio Estado de Direito.

Uma novidade[29] que, utilizando-se de instrumentos legais, põe em xeque as garantias, fazendo surgir uma nova subjetividade – aquela do *securitizado*. Este *sujeito*, como dizem Hardt e Negri, aceita estar numa sociedade prisional porque fora parece mais perigoso, uma figura oprimida pelo medo e sequiosa de proteção – "atualmente..., a vigilância total é cada vez mais a condição geral da sociedade..." – que, com isso,

---

participe de la garantie des droits des citoyens, qui dépend notamment de l'ordre public pour être pleinement assurée. Dans le contexte actuel, international aussi bien qu'intérieur, le renforcement de la politique du renseignement, dans le strict respect des libertés individuelles, est nécessaire.

[29] Aqui vale a ideia de Saskia Sassen, para quem "the 'new' in history is rarely simply ex nihilum. It is deeply imbricated with the past, notably through path dependence, and, I will argue, through a tipping dynamic that obscures such connections to the past. The new is messier, more conditioned, and with older lineages than the grand new global institutions and globalizing capabilities suggest." SASSEN, Saskia. *Territory, Authority, Rights: From Medieval to Global Assemblages*. Princeton University Press, 2006. p. 4.

justifica e aceita um estado de exceção que se constrói por sobre "nossa servidão voluntária".[30]

Tal circunstância leva a crer que a produção destas legislações dialoga, muitas vezes, e utiliza este "medo generalizado" e, a partir dele, forja um modelo de *surveillance* em tudo contraditório com as conquistas produzidas ao longo dos últimos séculos, em particular no que respeita às garantias presentes na concepção substancial de Estado de Direito.

Mais do que isso, em nome da segurança, instala-se um regime de exceção, quando o *inimigo* pode ser qualquer um e estar em qualquer lugar. Por meios tecnológicos, todos podem se tornar suspeitos, perigosos, bastando o uso de uma palavra catalogada nas "caixas pretas" a serem instaladas pelos fornecedores de acesso às redes de informação. E tudo sem a "intromissão" dos sistemas de garantia. Legalizam-se os serviços de informação, vinculados apenas a uma autoridade administrativa independente, a promoverem todo o tipo de "classificação" dos cidadãos, utilizando-se, para isso, de interceptação das comunicações, dos acessos à Internet, da radiografia dos telefones celulares, da instalação de microfones em áreas privadas, da supervisão dos metadados, da instalação de aparelhos nos carros e até recorrer aos chamados IMSI Catcher.[31]

Onde foram parar as garantias constitucionais, tão duramente conquistadas? Em nome da "securitização do cotidiano" assiste-se "bestializado" à produção – legitimada por representantes eleitos – de leis que transformam e autorizam o que até agora tínhamos como conquistas civilizatórias da modernidade para assegurar um padrão mínimo de convívio. A "ordem constitucional" usada contra a própria "ordem constitucional".

Assim, estamos entre a incapacidade de as instituições político-jurídicas funcionarem como limites, respeitando as garantias (*poderes selvagens*) e a instalação de uma "sociedade da *surveillance*", onde afastam-se as garantias e as instituições que lhe devem assegurar em troca de uma aparente *sécurité* e, em nome do próprio Estado de Direito, tudo sob a complacência da cidadania deste sujeito (mediatizado) securitizado.

---

[30] Ver: HARDT, Michael e NEGRI, Antonio. *Declaração. Isto não é um manifesto*. São Paulo. N-1 Editores. 2014, p. 34, 21 e 35.

[31] (...) *a geografia da lei é tão ampla e os serviços de inteligência têm as mãos tão livres que é lícito se perguntar o que acontecerá com um empresário que vier fazer negócios em Paris e se comunicar com a sede de sua empresa. Por acaso, não será espionado em nome dos "interesses econômicos, industriais e científicos" da França? E as empresas instaladas em Paris que competem com empresas francesas no mercado internacional não são, por acaso, um perigo para esses interesses? O impacto da barbárie terrorista serviu de bandeja para a construção de uma lei totalmente assimétrica, sem garantias de que seus extensos meios não sejam utilizados contra inocentes, sindicalistas, militantes pelos direitos civis, científicos ou empresariais de qualquer parte do planeta que, por uma ou outra razão, vem à França. O Grande Irmão será no futuro nosso mais zeloso guardião.* Retirado da reportagem publicada no Página/12, de 06/05/15, cuja tradução foi veiculada no IHU on line, de 07/05/15.

Ao mesmo tempo em que ingressamos em uma nova "era dos direitos" – dos bens comuns[32] – deixamo-nos submeter ao fim da era do Estado de Direito?

V – O fim do próprio estado de direito pelo "estado de direitos"

Para além destas "práticas selvagens" é preciso incluir um outro aspecto, talvez ainda mais significativo. Algo que até mesmo poderia ser inserido na previsão de Ferrajoli deste processo de desconstitucionalização, na ausência de uma esfera pública.

Como apontam Dardot e Laval em seu *The New Way Of The World: On Neoliberal Society*, setores significativos dos movimentos de resistência ao neoliberalismo incorreram em um erro de diagnóstico, constituído a partir do obscurecimento de sua dimensão regulatória ou governamental, no sentido atribuído por Michel Foucault. Equivocada apreciação que se conformou com base em uma percepção de que a ideologia neoliberal, fundada na fé fanática na naturalidade do mercado, se materializaria como um programa anti-intervencionista, de políticas de destruição das regulamentações e instituições, revitalizando as perspectivas liberais clássicas e o minimalismo estatal,[33] em contradição às formas de Estado Social (de Direito) incorporadas ao constitucionalismo com as mudanças introduzidas para o trato da "questão social", desde as primeiras décadas do século XX.

Esse olhar redutor da complexidade do processo de globalização (neoliberal) contemporâneo, que é compartilhado por amplos setores da ciência jurídica, repercute de maneira significativa nas reflexões sobre o conjunto de transformações do Estado e do Direito, impedindo de alcançar sua radicalidade, em especial como Estado de Direito.

O neoliberalismo em sua real complexidade não destrói apenas regras, instituições, direitos transformados em serviços e submetidos à regra do lucro. Ele tem uma dimensão prescritiva. Trata-se de uma racionalidade (conjunto de discursos, práticas e dispositivos) que faz da lógica do mercado uma lógica normativa, regendo desde o Estado até o mais íntimo da subjetividade humana. Por meio da generalização da concorrência, como norma de conduta, e da empresa, como modelo de subjetivação, avança como uma razão constitutiva da existência humana: uma nova razão do mundo. Nesse cenário, deve-se reconhecer que ele "não procura tanto à retirada do Estado e ampliação dos domínios

---

[32] Ver, exemplificativamente: FERRAJOLI, Lugi. Por uma Teoria dos Direitos e dos Bens Fundamentais. In: *Estado e Constituição*. n. 11. Porto Alegre: Livraria do Advogado. 2011.

[33] Na edição brasileira: DARDOT, Pierre; LAVAL, Christian. *A nova razão do mundo*: ensaio sobre a sociedade neoliberal. São Paulo: Boitempo. 2016. p. 15-16.

da acumulação do capitalismo quanto à *transformação da ação pública*",[34] sua fratura, sua fragmentação, sua transversalidade por formas e fórmulas regulatórias originadas em lugares diversos daqueles peculiares à esfera pública estatal.

A principal instituição político-jurídica da modernidade, neste contexto, vem passando por uma "mutação empresarial", que se faz com a transposição das normas do mercado para o setor público, processo no qual se "subverte radicalmente os fundamentos modernos da democracia".[35] E, assim, do próprio Estado de Direito.

Estas novas regulações, advindas de atores privados, especialmente, daqueles globais, contribuem para aquilo que vimos nomeando como fraturas do e no Estado de Direito, como resultado de uma ação pública compartilhada e construída democraticamente.

Deste modo, o "Estado neoliberal é "governamentalizado", no sentido de que os novos dispositivos institucionais que o distinguem, visam criar situações de concorrência, introduzir lógicas de escolha, desenvolver medidas de desempenho, cujo efeito é modificar a conduta dos indivíduos, mudar sua relação com as instituições e, mais precisamente, transformá-los em consumidores e empreendedores".[36]

Vale destacar, que tal processo é dinamizado na esteira de mudanças significativas da estrutura do Estado de Direito, especialmente, em sua característica de supremacia da lei no cenário da regulação, princípio fundante da estrutura de governo *per legis e sub legis*. O "velho" *Rule of Law* se vê constrangido por algo novo, algo que poderíamos em paralelo nomear *Rule of Standards and Indicators*(?), para além da submissão do "velho" Estado de Bem-Estar Social – em suas diversas e distintas formulações – por seu enxugamento em nome do equilíbrio das contas públicas em detrimento das políticas de pleno emprego que o caracterizavam.[37]

Como nos alerta Benoit Frydman, em sua obra "O fim do Estado de Direito: governar por *standards e indicadores*", observamos, no atual contexto, a lógica empresarial, sem substituir às regras do direito e de processo, sobrepor-se a elas para cumprir os objetivos de racionalização

---

[34] Ver: idem, p. 272.

[35] Idem, p. 274.

[36] Ver: ANDRADE, Daniel Pereira; OTA, Nilton Ken. Uma Alternativa ao neoliberalismo. Entrevista com Pierre Dardot e Christian Laval. Tempo Social. *Revista de Sociologia da USP*. Vol. 27. n.1. 2015. p. 288.

[37] Sobre isso, ver: AVELÃS NUNES, António José. *O capitalismo e suas máscaras*. 2. ed. Rio de Janeiro: Lumen Juris, 2013.

administrativa, impondo-se às formas clássicas do Estado de Direito sob o pretexto de reforçar sua *eficiência*.[38]

Assim, confirma-se a perspectiva de "governança-*management*", na qual em um plano da internormatividade (concorrência regulatória) promove-se a potencialização da força normativa das normas de gestão "que depois de terem sido por muito tempo auxiliares das regras jurídicas, encarregadas das medidas técnicas e dos detalhes, tornaram presentes instrumentos de pilotagem do próprio direito".[39]

Nesse sentido, pode-se acrescentar que:

> Le management n'est pas, en dépit du modeste costume dans lequel il s'est présenté souvent jusqu'ici, une simple technique, une collection de recettes. C'est une nouvelle logique, un ensemble organisé de dispositifs stratégiques, qui a la vocation et peut-être la puissance de réguler l'ensemble des comportements, par le recours à des normes et à des instruments radicalement différents des règles et des procédures juridiques. En d'autres termes, le management pourrait constituer un « équivalent fonctionnel » du droit pour reprendre en l'élargissant un concept des comparatistes[40]

O *Rule of Law*, deste modo, vai sendo sucedido por um modelo de "governança" no qual a sustentação dos atos do poder é conferida pelo respeito a *standars* e indicadores administrativos, e não mais aos conteúdos tradicionais do Estado de Direito estabelecidos por meio de procedimentos legitimados democraticamente.

Assim, no seio do *mathematical turn*,[41] dá-se o aprofundamento da mercadorização da instituição pública.

A *eficiência* neoliberal vem contribuindo para uma redefinição da justiça, a qual se torna um produto desta "imensa empresa de serviços" que está transformando o Estado. Tudo isso desde um "modelo de compreensão" que apresenta o efeito perverso de reduzir toda avaliação por aquilo que é mensurável pelo tempo e pelo dinheiro. Os limites

---

[38] Ver: FRYDMAN, Benoit. O fim do Estado de Direito: governar por standards e indicadores. In: *Estado e Constituição*. n. 17. Porto Alegre: Livraria do Advogado, 2016. p. 72.

[39] Iswm, p. 76.

[40] FRYDMAN. Benoit. *Le management comme alternative à la procédure*. Disponível em: <https://www.google.com.br/#q=Le+management+comme+alternative+%C3%A0+la+proc%C3%A9dure>. Acesso em 28 de setembro de 2016.

[41] "On constate une tendance de plus en plus marquée vers la quan-tification du droit et le calcul de sa performance. Nous pensons que cette évolution est si importante qu'on peut l'apparenter à um mathematical turn qui s'inscrirait dans le prolongement des tournants linguistique, interprétatif et historiographique qui ont dominé la théorie et la philosophie du droit au cours des deux derniers siècles. Ce mathematical turn fait appel à plusieurs techniques de recherche parmi lesquelles les méthodologies quantitatives des sciences sociales et les modèles statistiques et économétriques occupent une place cen-trale. Toutefois, il est surtout caractérisé par la montée en puissance de la rationalité mathématique dont nous supposons un développe-ment similaire à celui constaté dans les sciences exactes. AMARILES. Restrepo. *The mathematical turn : l'indicateur Rule of Law dans la politique de développement de la Banque Mondiale*." Disponível em: <https://www.academia.edu/5751766/The_Mathematical_Turn_Lindicator_Rule_of_Law_dans_la_politique_de_d%C3%A9veloppement_de_la_Banque_Mondiale?auto=download>. Acesso em 29 de setembro de 2016.

do Estado de Direito constrangidos pelas imposições econômicas; suas garantias fraturadas por valores; sua efetividade avaliada por indicadores etc.

Nesta perspectiva, pode-se dizer que o modelo neoliberal "substitui traiçoeiramente aos princípios da justiça clássica, por outros critérios como a eficiência, as vantagens comparativas ou a segurança. Nessa competição entre o direito e a eficiência, essa última tem uma vantagem certa, haja vista que ela é metamoral. Como consequência, ela conserva seu próprio princípio de justiça: o princípio do interesse ou da utilidade se apresenta como o princípio normativo supremo, como o único natural, o único possível, o único evidente. Ele se impõe às sociedades e aos homens e deve-se tornar o guia da reforma geral das instituições. [...] A racionalidade neoliberal instala, inevitavelmente, uma laicização das instituições, revaloradas com uma racionalidade que lhe é totalmente estranha – a concorrência e o empreendimento".[42]

Sob o olhar de Hinkelammert pode-se ver esse fenômeno a partir de um quadro de critérios que orientam, em termos axiológicos, o mundo das relações modernas, quais sejam, valores da competitividade, da eficiência, da racionalização e funcionalização dos processos institucionais e técnicos: os valores da ética do mercado. Diretrizes que marcam uma racionalidade reduzida à dimensão econômica que se *"han impuesto en nuestra sociedad actual con su estrategia de globalización como nunca antes en ninguna sociedad humana, inclusive el período capitalista anterior"*.[43] Aquilo que pode ser sintetizado como valor do *cálculo de utilidade própria*, que parte do pressuposto de monetarização de todos os espaços da vida, no qual tudo é transformado em objeto – tudo é reduzido a um preço. Tal cálculo surge no interior da contabilidade empresarial onde impera uma visão do mundo como mecanismo de funcionamento: a empresa e seu cálculo de custos e benefícios.[44]

Nesse contexto, todas as instituições são mecanismos de funcionamento por aperfeiçoar. Não apenas a empresa, mas o Estado (como Estado de Direito) – assim como a família, a Igreja e, mesmo, os indivíduos em suas relações – "calcula" suas possibilidades em termos de

---

[42] Ver: GARAPON, Antoine. *O guardador de promessas*: justiça e democracia. Lisboa: Instituto Piaget, 1996. p. 23.

[43] Ver: HIKELAMMERT, Franz. *Lo indispensable es inútil*: hacia una espiritualidad de la liberación. San José: Editorial Arlekín, 2012. p. 176.

[44] Como afirma HIKELAMMERT (2012): Este surgimiento de los mecanismos de funcionamiento da al cálculo de utilidad propia una nueva especificación. Surge ahora como cálculo de perfeccionamiento de estos mecanismos y este perfeccionamiento se llama *eficiencia*. Aparece como cálculo de eficiencia en función del perfeccionamiento del mecanismo de funcionamiento, que opera por medio *del cálculo de costo y beneficio*. Surgido desde la empresa económica, transforma toda la institucionalidad. (p. 190) (grifamos).

custo benefício, regulados por *standards* e indicadores e não mais submetido aos conteúdos da clássica fórmula do *Rule of Law*.

Assim, são resignificados o Estado, o Direito e o próprio Estado de Direito, pelo discurso da gestão empresarial pautado por uma visão formal, abstrata e hedonista da eficiência, que despreza qualquer elemento que transcende a esfera econômica e monetária.

Aqui, substituem-se as regras (do Direito) pelas normas (da Técnica), e o Estado de Direito se confronta com a perda de sua legitimidade clássica, talvez com o seu desaparecimento como tal, substituído por um "estado de direitos" – em minúsculas – cuja legitimação não está nem nas suas formas de produção, muito menos em seus conteúdos, sobretudo, de garantias, mas na eficiência dos resultados e na origem de seus regramentos e dispositivos.

VI – Para sair do *pot au noir*... (?)

Tudo isso nos põe frente a três, dentre outras, situações limites: 1) o Estado de Direito não submete sua própria autoridade, sob o signo de *poderes selvagens*; 2) o Estado de Direito é submetido ao medo e à urgência e, com isso, admite sua própria redução, sob o signo da *sécurité* e da *surveillance*; 3) o Estado de Direito é transformado em "estado de direitos" inaugurados sob o signo neoliberal da eficiência.

No seu último livro – *Aux quatre vents du monde. Petit guide de navigation sur l'océan de la mondialisation* (Paris: Seuil. 2016) – Mireille Delmas-Marty constrói sua reflexão partindo da representação feita por navegadores, já no período das Grandes Navegações, e por aviadores, quando confrontados com a completa ausência de ventos ou, diversamente, quando submetidos a um turbilhão de ventos contrários. Nesta situação, a incapacidade de lidar com a situação pode levar ao afundamento do navio ou à queda da aeronave. Por isso, velejadores e aviadores precisam ser capazes de fazer a "composição" destes ventos para manterem seus equipamentos singrando os mares ou cruzando os céus.

Desde esta perspectiva, constrói a autora um conjunto de reflexões que nos seriam úteis para a compreensão e o enfrentamento dos tensionamentos que se apresentam em razão dos "ventos" contraditórios que compõem não só o fenômeno da mundialização – objeto das reflexões da autora – mas, também, a experiência do Estado de Direito, como antes desenhada.

Para ela, contemporaneamente nos vemos confrontados com quatro "ventos" principais e contraditórios – liberdade, segurança (*sécurité*...), competição e cooperação – aos quais se interpõem quatro "espíritos" – inovação, conservação, exclusão e integração –, também eles em oposição. E, isto, tanto quanto para os navegadores e aviadores, põe em pauta – para os juristas, em especial – a necessidade de sermos capazes de contornar estes tensionamentos, forjando uma composição entre estes "ventos" e "espíritos" em contradição, a partir de "princípios" – dignidade humana, solidariedade planetária, precaução/antecipação e pluralismo ordenado –, que permitam que se ajuste a tensão, promovendo o equilíbrio desta "rosa dos ventos" jurídica. Para isso, diz a autora, não se pode pretender sobrevalorizar um em detrimento do outro, pois a cada situação ter-se-iam, como consequência, resultados trágicos.

Contudo, para que se possa fazer esta composição é preciso, desde logo, o reconhecimento de que as fórmulas tradicionais do Direito, como pensado nos últimos séculos, não conseguem mais dar respostas adequadas e suficientes. Não se pode mais pensá-las a partir de esquemas conceituais assentados em pressupostos de estabilidade, quando vivemos na *instabilidade*, de hierarquia, quando o que se tem é a *interatividade*, em um contexto de interdependências e diversidade de atores, o que dá origem a *formas complexas*.

Ou seja, os campos jurídicos encontram-se profundamente transformados, não mais podendo ser pensados em termos conceituais, mas *processuais*; estáticos, mas *dinâmicos*; a partir de modelos, mas *em movimento*.

E isto tudo implicaria a transformação do Direito, não mais vigorando sua clássica fórmula precisa, obrigatória e sancionadora, agora substituída por um direito *impreciso, facultativo* e *não sancionado*.

A fórmula construída pela autora advém do reconhecimento das transformações experimentadas pela complexa sociedade contemporânea, que se vê confrontada com a "expiração" de suas fórmulas e incapaz de lidar com as crises e dilemas que lhe são impostos pelo contexto da mundialização.

Como enfrentar a crise ambiental, o terrorismo, o desenvolvimento tecnológico, o problema social consectário da economia globalizada, entre outros, se não nos permitirmos pensar estratégias mais flexíveis de regulação que consigam tirar proveito dos momentos de *calmaria* e, também, sejam capazes de enfrentar os *golpes* de ventos contraditórios.

Ao longo do livro ela se questiona e vai construindo respostas, a partir dos *princípios* que elenca, por exemplo, de como evitar que uma sobrevalorização da segurança em face da liberdade, como se percebe na dita "guerra ao terror", leve a formas totalitárias, assim como, ao contrário, um privilegiamento da liberdade...

O fim da *geografia institucional* do Estado. A "crise" do estado de direito!

Por outro viés, seja importante retomar a questão democrática como elemento fundante de uma sociedade nova, não apenas em sua ambiência global, como sugerem Garapon e Rosenfeld. Para eles, há que substituir à dialética da guerra e do estado de exceção uma experiência democrática inédita, ...*qui met sous pression (stress) la constitution, les institutions et, plus profondément encore, les formes de la coexistence politique.* Para os autores, esta é uma "prova" de natureza política que ultrapassa a perspectiva securitária ou, mesmo, do equilíbrio entre *sécurité* e liberdades.[45]

E talvez estes sejam bons caminhos para enfrentar a crise do Estado de Direito – sua corrupção pelos "poderes selvagens", sua subversão pela *surveillance* e sua extinção pelo neoliberalismo.

Referências

AMARILES. Restrepo. *The mathematical turn: l'indicateur Rule of Law dans la politique de développement de la Banque Mondiale.*" Disponível em: <https://www.academia.edu/5751766/The_Mathematical_Turn_Lindicator_Rule_of_Law_dans_la_politique_de_d%C3%A9veloppement_de_la_Banque_Mondiale?auto=download>. Acesso em 29 de setembro de 2016.

ANDRADE, Daniel Pereira; OTA, Nilton Ken. *Uma Alternativa ao neoliberalismo. Entrevista com Pierre Dardot e Christian Laval.* Tempo Social. Revista de Sociologia da USP. Vol. 27. N.1. 2015.

AVELÃS NUNES, António José. *O capitalismo e suas máscaras.* 2. ed. Rio de Janeiro: Lumen Juris, 2013.

BOLZAN DE MORAIS, Jose Luis. *Costituzione o Barbarie.* Collana Costituzionalimi difficili. Lecce: Pensa editore. 2004

——. As crises do Estado e da Constituição e a transformação espaço-temporal dos direitos humanos. 2. ed. Col. *Estado e Constituição.* Porto Alegre: Livraria do Advogado. 2011.

——. Estado e Constituição e o "fim da geografia". In: STRECK, Lenio Luiz; ROCHA, Leonel Severo; ENGELMANN, Wilson. Constituição, Sistemas Sociais e Hermnêutica. *Anuário do Programa de Pós-Graduação em Direito da Unisinos.* n. 12. Porto Alegre: Livraria do Advogado. 2016. p. 69-82

——. As crises do Estado Contemporâneo. In: VENTURA, Deisy de Freitas Lima (Org.). *América Latina*: cidadania, desenvolvimento e Estado. Porto Alegre: Livraria do Advogado. 1996

——; COPETTI NETO, Alfredo. REPE&C 21 – Poderes Selvagens: ocaso da Constituição e da Política!. Coluna Sconfinato. Disponível em: <http://emporiododireito.com.br/repec-21-poderes-selvagens/> Publicado em 04/04/2016.

——; BRUM, Guilherme Vale. REPE&C 25 – Bom Governo, Poderes Selvagens e Juristocracia. Coluna Sconfinato. Disponível em: <http://emporiododireito.com.br/repec-25/>. Publicado em 07/06/2016

——; COPETTI NETO, Alfredo; BRUM, Guilherme Valle. Crisis (del poder) constituyente, Corte (in)constitucional y poderes salvajes. Ensayo sobre Estado y Constitución. In: Alfonso de Julios Campuzano. (Org.). *Itinerarios Constitucionales para un Nuevo Mundo Convulso.* Madrid: Dykinson SL, 2016, v. 1, p. 95-111.

——; MENEZES NETO, Elias Jacob de. A "liquidez" da surveillance cabe nos limites da "solidez" do marco civil da Internet? Disponível em: <http://emporiododireito.com.br/a-liquidez-da-surveillance-cabe-nos-limites-da-solidez-do-marco-civil-da-internet-por-jose-luis-bolzan-de-morais-e-elias-jacob-de-menezes-neto/>. Publicado em 08/05/2016

——; MENEZES NETO, Elias Jacob de. Liberté, egalité, fraternité et ... "surveillé": O leviatã contra-ataca. Disponível em: <http://emporiododireito.com.br/liberte-egalite-fraternite-et-surveille-o-leviata-contra-ataca-por-jose-luis-bolzan-de-morais-e-elias-jacob-de-menezes-neto/. Coluna Sconfinato>. Publicado em 18/05/2015.

——; MOURA, Marcelo Oliveira. REPE&C 30 – O "fim" do estado de direito(?). Coluna Sconfinato. Disponível em: <http://emporiododireito.com.br/repec-29-o-fim-do-estado-de-direito-por-jose-luis-bolzan-de-morais-e-marcelo-oliveira-de-moura/>. Publicado em 04/10/2016

---

[45] Este tema vem tratado em: GARAPON, Antoine; ROSENFELD, Michel. *Démocraites sous stress. Les défis du terrorisme global.* Paris: PUF. 2016. Especificamente, ver p. 6.

————; STRECK, Lenio Luiz. *Ciencia Política e Teoria do Estado*. 8. ed. Porto Alegre: Livraria do Advogado. 2013.

CASTELLS, Manuel. *The power of identity*. Wiley-Blackwell Publishing, 2010.

DARDOT, Pierre. LAVAL, Christian. *The New Way of the World: On Neoliberal Society*. London: Verso. 2013.

————. ————. *A nova razão do mundo*: ensaio sobre a sociedade neoliberal. São Paulo: Boitempo. 2016.

DELMAS-MARTY, Mireille. *Aux quatre vents du monde*. Petit guide de navigation sur l'océan de la mondialisation. Paris: Seuil. 2016.

FERRAJOLI, Luigi. Poteri Selvaggi. *La crisi dela democrazia italiana*. Roma-Bari: Laterza. 2011.

————. *Por uma Teoria dos Direitos e dos Bens Fundamentais*. Col. Estado e Constituição. n. 11. Porto Alegre: Livraria do Advogado. 2011.

————; MANERO, Juan Ruiz. *Dos modelos de constitucionalismo*. Uma conversación. Madrid: Trotta, 2012.

FRYDMAN, Benoit. O fim do Estado de Direito: governar por standards e indicadores. In: *Estado e Constituição*. n. 17. Porto Alegre: Livraria do Advogado. 2016.

————. *Le management comme alternative à la procédure*. Disponível em: <https://www.google.com.br/#q=Le+management+comme+alternative+%C3%A0+la+proc%C3%A9dure>. Acesso em 28 de setembro de 2016.

GARAPON, Antoine. *O guardador de promessas*: justiça e democracia. Lisboa: Instituto Piaget, 1996.

————; ROSENFELD, Michel. *Démocraites sous stress. Les défis du terrorisme global*. Paris: PUF. 2016.

HARDT, M.; NEGRI, A. *Comune. Oltre il privato e il pubblico*. Milano: Rizzoli. 2010.

————. *Declaration*. Kindle edition. amazon.com. 2013.

————; ————. *Declaração. Isto não é um manifesto*. São Paulo. N-1 editores. 2014.

HIKELAMMERT, Franz. *Lo indispensable es inútil*: hacia una espiritualidad de la liberación. San José: Editorial Arlekín, 2012.

KOSINSKI, Michal *et al*. Private traits and attributes are predictable from digital records of human behavior. *Proceedings of the National Academy of Sciences of the United States of America*, Washington, v. 110, n. 15, p. 5802-5805, 9 abr. 2013.

MARRAMAO, Giacomo. Dopo babele. Per un cosmopolitismo della differenza. *Eikasia. Revista de Filosofía*, año IV, 25 (Mayo 2009). Disponível em: <http://www.revistadefilosofia.org>.

MENEZES NETO, Elias. *Surveillance, Democracia e Direitos Humanos: os limites do Estado de Direito na Era do Big Data*. Tese de Doutorado. UNISINOS. Programa de Pós-Graduação em Direito. 2016.

RODOTÀ, Stefano. *Il diritto di avere diritti*. Laterza: Roma, 2013.

SASSEN, Saskia. *Territory, Authority, Rights*: From Medieval to Global Assemblages. Princeton University Press, 2006.

TEUBNER, Gunther. *Nuovi conflitti costituzionali*. Tradução de Ludovica Zampino. Milano: Pearson Italia, 2012.

— VIII —

Teoria, sociologia e dogmática jurídicas: em busca de convergências[1]

JOSÉ RODRIGO RODRIGUEZ

Sumário: Um diagnóstico de sucesso; A banalização da crítica: em busca de alternativas; Referências.

Um diagnóstico de sucesso

A reflexão sobre teoria e sociologia do Direito desenvolveu-se no Brasil, em grande parte, em conflito aberto com a dogmática jurídica, ao menos com os modelos mais tradicionais de dogmática, marcados pelo pensamento sistemático ou por uma visão naturalizante do direito, denominados por José Eduardo Faria (1987, 202-203), respectivamente, de "positivismo normativista" e "positivismo transcendente".

O nome de uma revista emblemática para o campo do Direito nas décadas de 80 e 90, a Revista "Contradogmáticas", dava o tom da relação tensa entre estes campos da reflexão sobre o Direito. Para ampliar um pouco o âmbito de aplicação das afirmações de Leonel Severo Rocha a respeito da Sociologia Jurídica no Brasil (ROCHA, 2005: 46), podemos dizer que, tanto a teoria quanto a sociologia jurídica afirmaram-se por aqui mais como espaços de crítica à dogmática jurídica do que como campos de pesquisa bem delimitados, dotados de metodologias específicas e de um acúmulo de debates sobre determinados temas.

E uma crítica que não costumava (e não costuma, ainda) deixar pedra sobre pedra: em várias de suas versões, a dogmática jurídica, aos olhos da teoria e da sociologia, era vista como um obstáculo praticamente intransponível para nosso desenvolvimento econômico e para a democratização de nosso Estado. Em duas de suas mais influentes versões, uma praticada por José Eduardo Faria em São Paulo e a outra praticada por Luis Alberto Warat no Sul do país, inicialmente em

---

[1] Fala no *Congresso Sociology of Law* realizado em Canoas, Rio Grande do Sul, na UNILASSALE em 02/06/2017.

Santa Catarina, a dogmática jurídica ocupava o lugar, respectivamente, de fator de insegurança jurídica, e de um instrumento de poder autoritário que contribuía para barrar o nosso desenvolvimento econômico e a democratização de nossa forma de viver, mais especificamente, a relação entre sociedade e Estado. Em suas versões mais radicais, a crítica à dogmática chegou a imaginar que "a simples supressão teórica da dogmática e a postulação de uma teoria crítica (politizada) solucionaria todos os problemas do direito" (ROCHA, 2005: 65).

Como nos explica Faria em um texto sobre ensino jurídico de 1987, significativo por ter sido escrito para intervir no debate interno sobre a reforma da grade curricular do curso de Direito da Universidade de São Paulo:

> (...) não mais se deve confinar o ensino jurídico aos limites estreitos e formalistas de uma estrutura curricular excessivamente dogmática, na qual a autoridade do professor representa a autoridade da lei e o tom da aula magistral permite ao aluno adaptar-se à linguagem da autoridade. Não se trata, é óbvio, de desprezar o conhecimento jurídico especializado, porém de conciliá-lo com um saber genético sobre a produção, a função e as condições de aplicação do direito positivo.
>
> Tal conciliação está a exigir dos cursos jurídicos uma reflexão multidisciplinar capaz de (a) desvendar as relações sociais subjacentes quer às normas quer às relações jurídicas, e (b) fornecer aos estudantes não só métodos de trabalho mais estimulantes e eficazes, mas, igualmente, disciplinas novas e/ou reformuladas. É o caso, por exemplo, da inserção do estudo do direito nas ciências sociais, de maior ênfase à História do Direito, da introdução de Metodologia do Ensino Jurídico e Metodologia do Ensino do Direito como matérias obrigatórias, da revalorização da Filosofia do Direito, especialmente na parte relativa à hermenêutica jurídica, e da análise adensada das relações de natureza complexa (conflitos do tipo "capital x trabalho"; "governo x comunidade"; "produtores x consumidores"). Não se trata de agregar de modo a-sistemático mais disciplinas a um currículo já sobrecarregado, mas de resgatar a própria organicidade do curso. Entre outras razões porque o desafio de um ensino formativo e inter-disciplinar não se limita ao mero relacionamento do direito com a economia, a sociologia, e a ciência política, sendo indispensável valorizar o estudo do direito num marco teórico em condições de oferecer uma perspectiva e crítica dos institutos jurídicos e das relações sócio-econômicas que lhes deram origem e função.
>
> (...)
>
> Como impedir que o curso jurídico se limite somente a informar o corpo discente sobre o estado atual da jurisprudência, não o estimulando a identificar e discutir os diferentes modos por meio dos quais vão surgindo esquemas inéditos para problemas não previstos nem pela doutrina nem pelos tribunais? A meu ver, tais mudanças somente poderão ser efetuadas com um mínimo de rigor metodológico se, a partir de uma reflexão mais cuidadosa em torno do tipo de direito ensinado em nossas escolas, formos capazes de discutir sem preconceitos ideológicos a função social do jurista, o caráter instrumental da dogmática jurídica e as influências ideológicas na formação do conhecimento jurídico (FARIA: 1987, 200-2001).

De acordo com Faria, o problema central da dogmática é transformar o direito em um campo fechado às modificações necessárias para promover o desenvolvimento de nossa sociedade, especialmente nosso desenvolvimento econômico. O positivismo normativista, em sua descrição, vê o direito como produto exclusivo do Estado, e o papel do jurista como o de sistematizar as normas jurídicas em um todo coerente e fechado, capaz de solucionar os problemas por simples subsunção.

Nessa versão, a dogmática jurídica tende a deixar fora de si qualquer consideração de natureza social, política ou econômica, necessária para atualizá-la com as demandas e características da nossa sociedade. Já, o positivismo transcendente, ainda segundo Faria, considera que o direito positivo é um direito natural inerente ao homem e por isso deve ser preservado contra as mudanças sociais (FARIA: 1987, 202-203). Em livro mais recente, Faria retoma este tema para afirmar que o funcionamento dos paradigmas jurídicos vigentes gera as seguintes consequências:

> (...) as instituições judiciais revelam-se cada vez mais superadas, em termos burocráticos, organizacionais e administrativos, e incapazes de decidir de modo minimamente coerente, uniforme e previsível no plano funcional. O resultado inevitável acaba sendo o aumento dos níveis de incerteza jurídica, o que introduz fatores adicionais de risco nos negócios, aumenta os *spreads* bancários, encarece o custo do dinheiro, quer para os agentes econômicos, quer para os consumidores, e desestimula as aplicações não-especulativas e os investimentos de médio e longo prazos. (FARIA, 2008: 53).

Nas palavras de Warat, citado por Faria no texto que estamos analisando, "as faculdades de direito foram limitadas a simples "escolas de legalidade", por meio das quais são reproduzidas soluções pré-elaboradas a partir de casos exemplares. Isso permite (a) que se resguardem acriticamente determinadas opiniões tidas como "juízos científicos", e (b) que, graças a um saber pretensamente "humanista" e supostamente não ideológico, com a falsa aparência de um conhecimento sistemático e coerente, sejam transmitidas as crenças que sustentam a dogmática jurídica. Ao forjar uma mentalidade estritamente legalista em progressiva contradição com uma realidade crescentemente não legalista, em cujo âmbito a "racionalidade" material cada vez mais se sobrepõe à "racionalidade formal", esse tipo de "ciência" praticado em nossos cursos de direito reduz o saber normativo a um estereotipado "senso comum teórico dos juristas de ofício"" (WARAT: 1982). Ainda de acordo com Faria:

> Em vez de apresentar institutos jurídicos como formas de soluções de conflitos com raízes no processo das relações sociais, valoriza-se quase que exclusivamente uma abordagem sistemática e lógico-dedutiva, privilegiando-se o princípio da autoridade – isto é, a opinião dos "preclaros mestres" e "insignes doutores", todos citados aos borbotões como pretexto para demonstração de uma erudição sem peso teórico, recheando manuais e livros – isto quando não servindo para engrossar teses acadêmicas de professores pouco criativos e sem inspiração, abrindo caminho para que o "pedantismo da ligeireza" sirva de critério para o prevalecimento, no âmbito do corpo docente, de um tipo modal de mestre acrílico, burocrático e subserviente aos clichês predominantes entre os juristas de ofício (FARIA: 1987, 206).

Esta forma de pensar e agir, na visão de Faria, resultou numa crise da dogmática jurídica *per se*, que perde cada vez mais espaço como instrumento de regulação dos problemas sociais diante da complexidade dos desafios contemporâneos, tanto do ponto de vista do tipo de conflito submetido ao Poder Judiciário, quanto das formas de ação do Estado

(FARIA: 1987: 209). Nesse sentido, a globalização resulta em uma verdadeira "deslegalização" em razão da perda do poder dos estados de produzir e controlar o direito (FARIA, 2008).

Conceitos dogmáticos individualistas e estáticos tendem a ser destruídos por decisões que precisam enfrentar conflitos mais complexos, alguns deles classistas e de massa. Por exemplo, ainda de acordo com Faria, a aplicação da cláusula *rebus sic stantibus* em uma sociedade altamente dinâmica, e a manutenção da ideia de separação de Poderes diante dos conflitos entre Legislativo, Executivo e Judiciário. Por isso mesmo, as decisões judiciais tornam-se cada vez mais materiais, mais influenciadas pelas peculiaridades dos problemas em concreto, o que abre espaço para um maior protagonismo de juízes e juízas em detrimento do texto das leis.

Além disso, segue o autor (FARIA, 1987: 210-211), surgem novas formas de regulação e controle social que apostam na prevenção ao invés da repressão, deslocando o debate regulatório do âmbito de atuação da dogmática jurídica e dos tribunais para o âmbito do Executivo. Ganha mais espaço, também, a regulação no âmbito social, em instituições como a escola, a empresa e a igreja, que tomam espaço das leis, subtraindo do Estado o poder de regular em favor de um poder mais atomizado, móvel e múltiplo. Por todas estas razões, a dogmática jurídica, de acordo com Faria, já em 1987, parecia ter perdido completamente a sua razão de ser.

Na visão de Warat, em seu excelente "Sobre la Dogmatica Juridica", texto de 1980, a dogmática é incapaz de manter a sua neutralidade em relação aos demais campos da sociedade. Ela passa a recorrer a eles para decidir, ainda que de forma velada, por exemplo, por meio de *topos*, o que acaba reduzindo este modo de pensar à mera aparência:

> La dogmática jurídica, practicada como ciencia, limita ab-initios u campo de investigación al derecho positivo vigente. Tal es la premisa fundamental de la dogmática, que, portal razón, no ha podido, ni puede producirotro conocimiento, que tautológico o auto-reproductor, que no permite avance científico le asigna, *de regular y cotrolar el comportamiento, de evitar, en lo posible,* los conflictos y resolver los problemas. Es, por ello, que la dogmática tuvo que recurrir, aunque en forma encubierta, y no siempre confesada, a otros domínios cognoscitivos, para poder dar cumplimiento a sus objetivos. Apelo a la razón, a la historia, al interés protegido, al fin del derecho, a la naturaleza del hombre, a la función social y a la justicia, en busca de su revitalización. La aporia fundamental de la tópica, que es la justicia, se incorpora a la dogmática, pero con ei compromiso de respetar sus dogmas fundamentales, considerados como intocables. La tópica no sustituye a la dogmática, sine que la realimenta, le da nuevos conceptos, pero no logra realizarse plenamente en su interior. Demuestra la problematicidad de la realidad jurídica, pero no se adentra en la misma en busca de los condicionantes y determinantes que la conforman, y que deben constituir el objeto de la actividad científica del jurista. (WARAT, 1980: 17-18)

No mesmo sentido do texto de Faria, Warat já mostrava, alguns anos antes, que o pensamento dogmático deixava de se pautar pela referência às leis ou a conceitos capazes de sistematizar o material jurídico, para fundar suas decisões em argumentos como "a razão", "a justiça", "a finalidade do direito", "a natureza do homem", mudança que transformava o pensamento dogmático em mera manipulação *ad hoc* de argumentos, sob a forma de lugares comuns escolhidos conforme a conveniência de cada caso.

A banalização da crítica: em busca de alternativas

Parece razoável dizer que, em linhas gerais, o diagnóstico sobre o caráter "atrasado" e "inadequado" da dogmática jurídica teve enorme sucesso e tornou-se uma espécie de "novo senso comum teórico" dos pesquisadores e pesquisadoras em Teoria do Direito e em Sociologia Jurídica, fato que levou Warat, na década de 90, a criticar acidamente os críticos da dogmática jurídica:

> Os movimentos contra-dogmáticos dos anos 90 alimentam-se do passado, simulam atacar os horrores do passado revivendo um combate inexistente, para com isso "ajustar-se as formas atuais do sinistro". Seu desejo revolucionário acabou prisioneiro da morte. Um desejo que não conseguem faze-lo memória, o repetem como neurose do esquecido. Na contra-dogmática dos anos 90 não se produzem acontecimentos, só palavras e idealizações. Críticos, no mau sentido da palavra. (WARAT, 1997, 139.)

> Todos os pensadores contra-dogmáticos trataram de reprimir uma consideração do recurso dogmático como uma referência poética, uma fantasia que permita pensar as relações do homem com a lei de direito. Assim, reprimiram um lado romântico do dogmatismo jurídico, ou o banalizaram como expressão de uma forma de dominação. De diferentes maneiras as tendências contra-dogmáticas negara a visualizar o caráter performance das fantasias dogmáticos. Elas também fizeram e fazem marchar o mundo. Uma proposta feita ao homem para que não abandone totalmente sua proximidade com o horizonte da paixão e do sentimento. A dogmática como afirmação estética de uma igualdade e uma lei para que se assegure não retorno à figura de um grande pai onipotente. (WARAT, 1997, 143).

Como nos mostra Warat, a crítica à dogmática tornou-se uma espécie de recurso repetido e banalizado, um maneirismo trivial que impede que os pesquisadores e pesquisadoras pensem construtivamente sobre a dogmática jurídica e procurem modelos alternativos para estruturar esta forma de pensar. Afinal, diga-se, nem Warat, nem Faria foram capazes de oferecer um modelo de racionalidade jurídica adequado para democratizar o Estado e enfrentar os problemas do mundo contemporâneo. É provável que esse nunca tenha sido o objetivo destes autores, à exceção, talvez, do Warat tardio, pensador da mediação. Em obras como *O Ofício do Mediador*, Warat parece estar em busca de um novo modelo de Judiciário e de raciocínio jurídico, apto a ser aplicado a situações reais, um modelo que, diga-se, parece afastar-se muito da dogmática jurídica como a conhecemos.

No entanto, mesmo assim, esta parte de sua obra não teve, ao menos até o presente momento, o mesmo sucesso do que a sua crítica à dogmática. Foi a crítica que se tornou, por assim dizer, o método padrão de uma grande parte dos trabalhos de pesquisa contemporâneos no campo da Teoria e da Sociologia Jurídica. O resultado desta situação, a meu ver, é que o fosso entre os diversos campos dogmáticos, a teoria e a sociologia jurídica está se tornando cada vez maior, à exceção, talvez, do direito constitucional, que tem dialogado com as teorias da interpretação mais contemporâneas.

Os trabalhos de pesquisa em Teoria e Sociologia costumam adotar uma postura de confronto e denúncia em relação à dogmática, não sem razão, mas sem desenvolver uma agenda positiva de colaboração e possível transformação do pensamento dogmático, agenda esta que, me parece cada vez mais urgente diante do aumento do número de ações judiciais e do grau de cobrança de produtividade sobre juízes e juízas, o que dificulta, cada vez mais, a prática de uma reflexão mais complexa no processo decisório. Dados do relatório Justiça em Números do CNJ (p. 44) apontam que, em média, um Juiz ou uma Juíza de primeiro grau no Brasil acumula 6.577 processos.

Para puxar um pouco este fio, diga-se, não temos ainda boas descrições sociológicas do trabalho de juízes e juízas contemporâneos que permitam avaliar as possibilidades reais de desenvolver na prática um pensamento dogmático mais complexo que leve em conta a quantidade de ações e o tempo disponível para gerir os processos, especialmente nas varas de primeiro grau. Tal descrição do trabalho de Juízes e Juízas, que ainda está para ser feita, deverá levar em conta uma série de transformações em nosso processo judicial, as quais têm procurado uniformizar a jurisprudência dos Tribunais, bem como conferir mais força aos julgados de segundo grau, por exemplo, proibindo recursos em desacordo com Súmulas e Enunciados. Também deverá levar em conta as metas de produtividade, hoje, impostas e juízes e juízas pelo Conselho Nacional de Justiça, que não se preocupam com a qualidade da prestação jurisdicional, apenas com a quantidade de sentenças proferidas no tempo.

Essas transformações, a conferir, podem vir a transformar as Varas em instrumentos de gestão de massas de casos, vários deles repetitivos, funcionando como meros elos de uma cadeia de transmissão dos ditames de juízes e juízas dos Tribunais superiores, os quais passariam a deter uma espécie de monopólio de fato e de direito do poder de refletir sobre os casos mais complexos; um monopólio sobre o pensamento jurídico propriamente dito. Afinal, por hipótese, diante de uma grande quantidade de trabalho, Juízes e Juízas de primeiro grau serão incentivados a julgar mecanicamente de acordo com a jurisprudência dos Tribunais para dar conta, com maior velocidade, dos inúmeros casos a julgar.

Os Tribunais concentrariam, assim, cada vez mais poder em suas mãos, um poder não sujeito a mecanismos de controle eficazes, posto que as decisões dos tribunais superiores, normalmente, não estão sujeitas a recurso algum e não há clareza nem controle público do procedimento de criação de Enunciados e Súmulas. E se lembrarmos que, em casos difíceis, o espaço para a interpretação é sempre mais alargado, e que a composição e atuação dos Tribunais superiores têm maior carga política, fica mais nítido ainda o quadro de expropriação da possibilidade de realizar uma reflexão jurídica mais complexa da segunda instância em relação à primeira, a despeito da necessidade real de padronizar o entendimento do Judiciário, especialmente em casos repetitivos.

A partir de análises com estas características, seria possível construir alternativas para o pensamento jurídico que levassem em conta a realidade do trabalho dos Juízes e Juízas, a partir das quais seria possível compreender e criticar a tão comentada falta de reflexão e de crítica em boa parte do material doutrinário produzido contemporaneamente, o qual, muitas vezes, parece se limitar a compilar a opinião dos vários estudiosos sobre aquele tema e a organizar a jurisprudência dos tribunais superiores, sem desenvolver análises mais elaboradas, por exemplo, com a incorporação de elementos de outras disciplinas.

Em vez de se engajar em agendas deste jaez, o trabalho teórico e sociológico em Direito parece estar se desenvolvendo de costas para a dogmática, limitando-se a marcar sua diferença em relação a este campo por intermédio de fórmulas banalizadas da crítica à dogmática jurídica. Não cabe aqui, desenvolver uma análise mais extensa da pesquisa nestes campos do saber, marcada por uma complexidade compatível com o tamanho do Brasil e com a expansão de nosso sistema de pós-graduação em Direito.

Mas, se qualquer forma, meu trabalho pessoal, "Como decidem as Cortes? Para uma crítica ao Direito (brasileiro)" (RODRIGUEZ, 2013), sugere que a pesquisa em teoria do direito tem vivido uma fase excessivamente filosofante, buscando construir modelos de racionalidade jurídica "corretos", "verdadeiros" a partir de sistemas jurídicos estranhos ao brasileiro, os quais servem de padrão para diagnosticar a suposta miséria de nossas instituições, sem levar em conta a realidade de seu funcionamento e sua racionalidade específica. Além disso, no "Manual de Sociologia Jurídica", que ajudei a organizar (RODRIGUEZ & GONÇALVES, 2017), estão reunidos textos de uma boa quantidade de pesquisadores e pesquisadoras deste campo, com representação minoritária, quase que insignificante, de trabalhos que dialoguem com a dogmática jurídica.

De outro lado, como já mencionamos acima, soa razoável afirmar que a dogmática jurídica, em linhas gerais, permanece excessivamente formalista e alienada em relação às mudanças sociais, deixando de incorporar em suas construções categoriais reflexões a respeito das transformações sociais, especialmente se levarmos em conta as publicações direcionadas aos concursos públicos, que dominam o mercado editorial e o ensino jurídico contemporâneo. Posso citar como exemplo a dificuldade do direito comercial em tematizar e compreender o caráter colaborativo e sistêmico das redes comerciais, as quais dominam os mais diversos campos da atividade econômica, como o comércio varejista, dominado por redes de *franchising*; tema desenvolvido por Arnaldo Rizzardo Filho em seu trabalho de mestrado, sob minha orientação.

É importante, para encerrar esta reflexão, que este estado de coisas não se deve à uma suposta falha acadêmica, destes dois campos do saber jurídico, em colaborar e produzir alternativas operacionais e reflexivas para o pensamento jurídico no Brasil. Afinal, tal estado de coisas ajuda a reproduzir e perpetuar uma certa maneira de fazer dogmática e crítica à dogmática, a qual implica uma certa divisão de poder entre representantes dos dois campos, além de sua relevância no campo do Direito em geral.

De um lado, para um crítico da dogmática jurídica, nos termos descritos neste texto, quanto mais este campo permanecer afastado de uma reflexão sobre a realidade, e sobre as transformações da função do Direito no mundo contemporâneo, melhor para quem pratica a crítica. Quanto pior for o desempenho da dogmática, mais urgente e necessário parecerá criticá-la, circunstância esta que ajuda a ampliar a audiência e o alcance de uma atividade intelectual deste tipo e a justificar a adoção de modelos de regulação que deixem de lado a arena estatal e os tribunais. Em uma palavra, de um ponto de vista estritamente pragmático, que leve em conta apenas o impacto da crítica à dogmática jurídica no mundo do Direito e na esfera pública em geral, quanto pior for o seu desempenho, melhor para a crítica.

De outro lado, do ponto de vista de quem pratica dogmática jurídica, qualquer espécie de controle racional e de reflexão organizada sobre a maneira de interpretar e aplicar o direito consistirá em um entrave significativo para a emissão de opiniões jurídicas individuais. Quanto mais organizada, racional, sistemática e reflexiva for a dogmática jurídica, menos poder individual terá o intérprete, seja ele juiz, advogado, promotor ou professor, posto diante do caso concreto, de construir os seus raciocínios com ampla liberdade subjetiva. Em uma palavra, quanto melhor for o desempenho da dogmática jurídica, menos arbítrio terá o profissional do Direito de emitir a sua opinião sobre a solução dos diversos problemas jurídicos em debate na sociedade.

O desenvolvimento de uma reflexão doutrinária que se propusesse a criticar e controlar a racionalidade das decisões tomadas pelas instâncias de poder seria um mecanismo importante para incrementar a racionalidade do direito, tanto por mostrar seus pontos cegos, quanto por propor modelos decisórios capazes de oferecer boas justificações para os profissionais do Direito; justificações estas que poderiam incorporar raciocínios interdisciplinares e com pretensões sistemáticas, ajudando a conferir velocidade e qualidade para a prestação jurisdicional.

Mas, para que uma doutrina com tais feições surgisse, seria necessária uma diferenciação mais marcada entre professores de direito e operadores do sistema jurídico. Afinal, a doutrina produzida por advogados, juízes e promotores, salvo exceções, tende a enviesar os raciocínios em favor da posição que eles ocupam no campo do Direito. Por exemplo, em direito penal, direito tributário e direito do trabalho, é relativamente fácil identificar a doutrina escrita por um advogado ou advogada, por um juiz ou juíza, por uma promotora ou promotor, por um ou uma profissional que trabalhe para o Fisco ou não. Raramente encontramos trabalhos que procurem explorar diversas possibilidades de decisão, levando em conta as eventuais repercussões econômicas, sociais e políticas desta ou daquela alternativa.

Como é possível perceber, mesmo a partir desta análise preliminar do problema, a transformação da crítica à dogmática jurídica e do modo de se fazer dogmática jurídica implicarão, necessariamente, a perda de boa parte do poder simbólico e econômico dos atuais protagonistas destes dois campos, tendo em vista os incentivos existentes para que tudo permaneça exatamente como está.

Nesse sentido, o debate sobre este problema não pode ser apresentado e/ou praticado como uma empreitada estritamente teórica e acadêmica. Transformar o direito não é um problema exclusivamente de transformação epistemológica. Esta tarefa exige, também, uma análise e uma transformação política dos mecanismos de reprodução de poder no campo do Direito, especialmente o controle sobre as Universidades, Escolas de Magistratura, Ministério Público e Advocacia; sobre as associações acadêmicas, profissionais e os seus Congressos e Simpósios, ainda, sobre os modelos de recrutamento, formação e aperfeiçoamento profissional de professores e de outros profissionais do Direito, além dos modelos de organização da Justiça, especialmente dos Tribunais.

Ademais, é crucial levar em conta, também, a atual ampliação do impacto do Direito sobre a esfera pública não especializada. Afinal, nos últimos anos, o debate sobre o caráter personalista e opinativo de nosso Direito, e de nossa crítica ao Direito, diga-se, tem deixado as esferas especializadas, nas quais ele tradicionalmente se desenvolvia, para ganhar a arena central do debate sobre os principais problemas nacionais, muito em razão do surgimento de casos judiciais de ampla repercussão, como o processo do Mensalão e todos os embates jurídicos relacionados à Operação Lava-Jato.

É possível que a exposição de nosso Direito, aos olhos da opinião pública em geral, ajude a construir e impulsionar uma crítica mais radical ao seu modelo de racionalidade, e motive a adoção de reformas institucionais que transformem nosso Judiciário, com consequências sobre a dogmática jurídica e sobre o nosso modo de estudar e criticar o Direito. Mas trata-se apenas de uma possibilidade, de um fator, entre tantos outros, que ajudam a determinar o nosso modo de pensar, reproduzir e criticar o Direito brasileiro.

Referências

FARIA, José Eduardo. *Direito e Conjuntura*. São Paulo: Saraiva, 2008.

——. "A Realidade Política e o Ensino Jurídico", *Revista da Faculdade de Direito da Universidade de São Paulo*, v. 82, pp. 198-212, 1987.

JUSTIÇA em números 2016, Conselho Nacional de Justiça – Brasília: CNJ, 2016.

ROCHA, Leonel Severo. *Epistemologia Jurídica e Democracia*. São Leopoldo: UNISINOS, 2003.

RODRIGUEZ, José Rodrigo. *Como decidem as Cortes? Para uma crítica do Direito (brasileiro)*. Rio de Janeiro: Editora da FGV, 2013.

——; GONÇALVES, Felipe (orgs.). *Manual de Sociologia Jurídica*. São Paulo: Saraiva, 2017.

WARAT, Luis Alberto. *Introdução Geral ao Direito – III*. Porto Alegre: Sergio Fabris, 1997.

——. "Saber crítico e senso comum teórico dos juristas", *Revista Sequência*, v.3, n, 5, p. 48-57, 1982.

——. "Sobre la Dogmatica Juridica", *Revista Sequência*, v.1, n. 1, p. 33-55, 1980.

— IX —

Ainda e sempre a discussão acerca do positivismo kelseniano

LENIO LUIZ STRECK

Sumário: 1. A pureza do olhar, e não do objeto olhado; 2. Kelsen e o neopositivismo; 3. Kelsen e a metaética; Considerações finais; Referências.

1. A pureza do olhar, e não do objeto olhado

Propalou-se nos meios jurídicos práticos e acadêmicos uma vulgata acerca do positivismo kelseniano. Ainda hoje (ou cada vez mais) se ouve nas salas de aula e em sentenças e acórdãos que Kelsen separa o Direito da moral e que preconiza a aplicação neutra da lei (ou da letra fria da lei). Nada mais falso.

Para compreender adequadamente a teoria kelseniana, é necessário insistir em um ponto: em Kelsen, há uma cisão entre Direito e Ciência do Direito que irá determinar, de maneira crucial, seu conceito de interpretação. Kelsen separa a Ciência do Direito da Moral. Como sempre ensinou Luis Alberto Warat, a pureza está no olhar, e não no objeto olhado. Ou seja, a "pureza" em Kelsen é da Ciência do Direito (que descreve), e não do Direito (descrito). Bem observado, isso já pode ser percebido no título do seu livro que é a *"teoria pura do Direito"* e não a *"teoria do Direito puro"*. Por isso, a interpretação, em Kelsen, será fruto de uma cisão: interpretação como ato de vontade (aqui entra moral, política, ideologia, etc.) e interpretação como ato de conhecimento (neutralidade, pureza no olhar). Sendo mais claro: A interpretação como ato de vontade produz, no momento de sua "aplicação", normas. Já a descrição das normas jurídicas deve ser feita de forma objetiva e neutral, a que Kelsen chamará de ato de conhecimento, que produz proposições.

Devido à característica relativista da moral kelseniana, as normas – que exsurgem de um ato de vontade (do legislador e do juiz na sentença) – terão sempre um espaço de mobilidade sob o qual se movimentará o intérprete. Esse espaço de movimentação é derivado, exatamente, do problema semântico que existe na aplicação de um signo linguístico – por meio do qual a norma superior se manifesta – aos objetos do mundo concreto, que serão afetados pela criação de uma nova norma.

Por outro lado, a interpretação como ato de conhecimento – que descreve, no plano de uma metalinguagem, as normas produzidas pelas autoridades jurídicas – produz proposições que se inter-relacionam de maneira estritamente lógico-formal. Vale dizer: a relação entre as proposições é, essa sim, meramente sintática. A preocupação do pesquisador do Direito não deve pretender, contudo, dar conta dos problemas sistemáticos que envolvem o projeto kelseniano de ciência jurídica, mas, sim, explorar e enfrentar o problema lançado por Kelsen e que perdura de modo difuso e, por vezes, inconsciente no imaginário dos juristas: a ideia de discricionariedade do intérprete ou do decisionismo presente na metáfora da "moldura da norma".

No fundo, Kelsen estava convicto de que não era possível fazer ciência sobre uma casuística razão prática. Desse modo, todas as questões que exsurgem dos problemas práticos que envolvem a cotidianidade do Direito são menosprezadas por sua teoria na perspectiva de extrair da produção desse manancial jurídico algo que possa ser cientificamente analisado. Aqui reside o ponto fulcral, cujas consequências podem ser sentidas mesmo em "tempos pós-positivistas": um dos fenômenos relegados a esta espécie de "segundo nível" foi exatamente o problema da aplicação judicial do Direito. Não há uma preocupação de Kelsen nem com a interpretação, nem com a aplicação do Direito.

Com efeito, não é sem razão que a interpretação judicial é tratada como um apêndice em sua *Teoria Pura do Direito* no oitavo capítulo e apenas apresenta interesse para auxiliar a diferenciação entre a interpretação que o cientista do Direito realiza e aquela que os órgãos jurídicos proferem em suas decisões. Daí as conclusões de todos conhecidas: a interpretação dos órgãos jurídicos (dos tribunais, por exemplo) é um problema de vontade (interpretação como ato de vontade), no qual o intérprete sempre possui um espaço que poderá preencher no momento da aplicação da norma (é a chamada "moldura da norma", que, no limite, pode até ser ultrapassada); mas a interpretação que o cientista do Direito realiza é um ato de conhecimento que pergunta – logicamente – pela validade dos enunciados jurídicos. Dessa forma, as proposições conhecidas pelo cientista do Direito visam tão somente a reduzir, nas palavras de Kelsen, a *inevitável* pluralidade de significações, de modo que possam fornecer o maior grau possível de segurança jurídica (*der größtmögliche Grad von Rechtssicherheit*).

É nesse segundo nível, o da aplicação, que reside o cerne do paradigma da filosofia da consciência. É também nesse nível – o da aplicação a ser feita pelos juízes – que faz morada a discricionariedade positivista. Kelsen jamais negou que a interpretação do Direito (e não da Ciência do Direito) está eivada de subjetivismos provenientes de uma razão prática solipsista. Para ele, esse "desvio" era impossível de ser corrigido. O único modo de corrigir essa inevitável indeterminação do sentido do Direito somente poderia ser realizado a partir de uma terapia lógica – da ordem do *a priori* – que garantisse que o Direito se movimentasse em um solo lógico rigoroso. Esse campo seria o lugar da teoria do Direito ou, em termos kelsenianos, da ciência do Direito. E isso possui uma relação direta com os resultados das pesquisas levadas a cabo pelo Círculo de Viena.

Kelsen tem um tributo epistemológico principalmente com Rudolf Carnap e isso fica muito claro quando escolhe fazer ciência apenas na ordem das proposições jurídicas (ciência), deixando de lado o espaço da "realização concreta do Direito". Com efeito, para Carnap, apenas a sintaxe e a semântica eram as dimensões da linguagem que interessavam ao labor filosófico. A pragmática, lócus dos valores e da ideologia, estava excluída da filosofia. Kelsen, portanto, privilegiou, em seus esforços teóricos, as dimensões semânticas e sintáticas dos enunciados jurídicos, deixando a pragmática para um segundo plano: o da discricionariedade do intérprete.

Esse ponto é fundamental para podermos compreender o positivismo que se desenvolveu no século XX.[1] Trata-se de chamar a atenção desse positivismo normativista, não de um exegetismo que já havia dado sinais de exaustão no início do século passado. Indubitavelmente, Kelsen já havia superado o positivismo exegético, mas abandonou o principal problema do Direito: a interpretação concreta, no nível da "aplicação". E nisso reside a "maldição" de sua tese. Não foi bem entendido quando ainda hoje se pensa que, para ele, o juiz deve fazer uma interpretação "pura da lei". A sua pureza nunca esteve na lei e, sim, na ciência descritiva do Direito.

Na verdade, Kelsen é o corifeu radical do normativismo jurídico, porque concebe o Direito como um conjunto de normas jurídicas. Eleva a imputação ao seu mais alto grau. Reelabora, desse modo, a tradição positivista dominante até então. O Direito não está composto somente de leis (normas), mas é um conceito mais amplo. Por isso ele faz uma concessão, deixando de lado a preocupação com a interpretação e com a decisão, rendendo-se ao fato de que juiz também produz normas. Na teoria kelseniana isso se torna lógico e evidente: para manter a separação entre Direito e Ciência do Direito, ele tem de aceitar que a aplicação

---

[1] NOGUEIRA DIAS, Gabriel. *Positivismo jurídico e a teoria geral do Direito:* na obra de Hans Kelsen. São Paulo: Revista dos Tribunais, 2010.

do Direito é um ato de política jurídica, envolvendo moral, política, ideologia, enfim, admitindo que, no plano da aplicação, o juiz faz um ato de vontade.

Leonel Severo Rocha acentua que Kelsen, ao contrário do que pensam seus leitores *desavisados*, por filiar-se à tradição alemã da Teoria do Conhecimento, assume como inevitável a complexidade do mundo em si. Para Kelsen, o social (e o Direito) são devidos às suas heteróclitas manifestações, constituídos por aspectos políticos, éticos, religiosos, psicológicos, históricos, etc. Desse modo, Rocha demonstrou que na Teoria Pura do Direito existem dois níveis de linguagem: o nível linguístico N1, que representa o ordenamento jurídico; e o nível linguístico N2, que representa a ciência do direito.[2] A partir desta constatação é que Kelsen vai procurar, assim como Kant, depurar essa complexidade, elaborando um *topos* científico de inteligibilidade do Direito: "uma coisa é o Direito, outra bem distinta é a ciência do Direito. O Direito é a linguagem-objeto, a ciência do Direito a metalinguagem: dois planos distintos e incomunicáveis".[3]

É preciso compreender, em síntese, que, enquanto as demais teorias positivistas tratavam diretamente da lei, Kelsen deu um salto e preferiu tratar do discurso científico sobre a lei e o Direito. E isso só foi possível com os pressupostos neopositivistas, reconhecidos por autores como Luiz Alberto Warat e Norberto Bobbio. Nessa construção da ciência como metalinguagem reside a diferença fulcral de sua teoria em relação aos demais positivismos.

2. Kelsen e o neopositivismo

Aqui é importante uma advertência, no que toca a afirmações doutrinárias de que Kelsen e sua TPD nada teriam a ver ou dever ao neopositivismo lógico ou ao empirismo contemporâneo/lógico. Já esclareci essa questão em outros livros, mormente no *Hermenêutica e Jurisdição – Diálogos com Lenio Streck, Verdade e Consenso* e no meu *Dicionário de Hermenêutica*.[4] De todo modo, vamos deixar isso ainda mais claro. Com efeito, acerca da influência do neopositivismo lógico na obra kelseniana, bem observa Warat – que fez a sua tese de titularidade baseada em

---

[2] ROCHA, Leonel Severo. *O Sentido Político da Teoria Pura do Direito*. Sequência (Florianópolis), Florianópolis, v. 9, 1984, p. 67.

[3] ROCHA, Leonel Severo. *Epistemologia jurídica e democracia*. 2. ed. São Leopoldo: Ed. UNISINOS, 2003, p. 72.

[4] STRECK, Lenio Luiz. *Hermenêutica e jurisdição*: diálogos com Lenio Streck. Porto Alegre: Livraria do Advogado, 2017; STRECK, Lenio Luiz. *Verdade e consenso*: constituição, hermenêutica e teorias discursivas. 6. ed. ver. e ampliada. São Paulo: Saraiva, 2017; STRECK, Lenio Luiz. *Dicionário de Hermenêutica*: quarenta temas fundamentais da teoria do Direito à luz da Crítica Hermenêutica do Direito. Belo Horizonte: Casa do Direito, 2017.

Kelsen com o título *A Pureza do Poder* – possivelmente, se não o melhor trabalho sobre a TPD, um dos mais relevantes: "Kelsen sofre influência de uma dupla fonte de inspiração em suas ideias metodológicas vertebrais: Kant e o positivismo científico, respectivamente redefinidos pelo neokantismo e o neopositivismo lógico. A fusão de algumas ideias do kantismo com outras do positivismo determinou um processo dialético entre ambas as posturas, cuja síntese é a teoria pura do Direito".[5]

No mesmo sentido, Arthur Ferreira Neto, com apoio em Arthur Kaufmann e Winfried Hassemer, afirma que "mesmo que não se possa generalizar tal influência em relação a todas as vertentes do positivismo jurídico, não há dúvidas de que o Círculo de Viena representou um ambiente intelectual que causou grande impacto na formação da proposta positivista que veio a ser de moldada por Hans Kelsen".[6] Tais constatações partem do fato de que os neopositivistas do Círculo de Viena – Círculo este que Kelsen inclusive frequentou – buscaram a construção de uma linguagem lógica ou de segundo nível (metalinguagem) que não fosse refém da subjetividade da linguagem natural (linguagem objeto). Nesse aspecto, fica evidente a influência que Kelsen sofre quando busca edificar a ciência do Direito em um segundo nível, libertando-a de todos os elementos que, nas suas próprias palavras, lhe são "estranhos": a psicologia, sociologia, ética e teoria política. Com isso, o objeto da ciência jurídica passa a ser o Direito, que é, assim, a linguagem-objeto, descrito por uma metalinguagem, a Ciência Jurídica (esse é o lugar da teoria pura). O caráter lógico – outra característica marcante do Círculo de Viena – ganha importância para Kelsen na medida em que pode ser aplicado senão direta, indiretamente às normas jurídicas, pois "podem ser aplicados às proposições jurídicas que descrevem estas normas e que, por sua vez, podem ser verdadeiras ou falsas".[7] Não há como desvencilhar a TPD do neopositivismo lógico.[8] Mais do que isso, é impossível bem compreender a dimensão da TPD sem os pressupostos do neopositivismo lógico. Aliás, por que se chamaria "neopositivismo"? E por que Kelsen, mesmo superando o positivismo exegético, chamaria a sua teoria de "positivismo"? Porque se trata de um positivismo redefinido, exatamente a partir da atmosfera criada (também) pelo movimento do neopositivismo lógico. Assim como os neopositivistas superaram

---

[5] WARAT, Luis Alberto. *Introdução geral ao Direito II*: a epistemologia jurídica da modernidade. Porto Alegre: Sergio Antonio Fabris, 1995, p. 131.

[6] FERREIRA NETO, Arthur. *Metaética e a fundamentação do direito*. Porto Alegre: Elegantia Juris, 2015, p. 225-226.

[7] KELSEN, Hans. *Teoria Pura do Direito*. Trad. João Baptista Machado. 8. ed. São Paulo: WMF Martins Fontes, 2009, cap. III.

[8] Sobre o tema também vale consultar STADLER, F. *Logischer Empirismus und reine Rechtlehre*. Wien-New York: Springer, 2001.

o positivismo científico, de modo similar, Kelsen superou o positivismo jurídico clássico.

Nesse contexto, é importante destacar que, embora Kelsen tenha dito que *não pertenceu e não teve influência* do Círculo de Viena, trata-se de um esclarecimento que fez em um dado contexto e em uma carta (trata-se de uma resposta a Henk Mulder, em maio de 1963). No entanto, nessa mesma carta, Kelsen reconhece que os escritos de Philipp Frank e Hans Reichenbach sobre a causalidade *influenciaram*, sim, sua visão. O teor da carta é encontrado em texto de Clemens Jabloner, que afirma que, embora as ideias de Kelsen não estivessem livres da metafísica, o jurista de Viena seguiu uma tendência que pode-se encaixar na teoria neopositivista lógica.[9] E isso é evidente. No capítulo II de *Teoria Pura do Direito*, ao tratar da moral, Kelsen reconhece que existem normas que "regulam a conduta dos homens", que atuam ao lado das normas jurídicas. Tais normas fazem parte da Moral, que deve ser alvo de descrição da Ética. Então, para Kelsen, assim como o Direito (linguagem objeto) deve ser descrito pela ciência do Direito (metalinguagem), a moral é alvo de descrição pela Ética. E é justamente nesse ponto que surge a pequena divergência kelseniana com o Empirismo lógico. Com efeito, em nota de rodapé,[10] Kelsen critica Schlick pelo fato de que este interpreta, de forma equivocada, a norma como *reprodução de um fato de realidade*. Ou seja, para Schlick, a própria valoração de uma norma depende necessariamente do "empiricamente verificável". Depende, portanto, de um fato. Kelsen tem, sim, uma pequena divergência com o nepositivismo pelo fato de que as normas jurídicas não se encontram no âmbito do ser, mas sim no dever-ser. Mas isso apenas reforça a temática. Por isso que Jabloner acerta ao afirmar que Kelsen não está livre da metafísica. A norma é, para Kelsen, o sentido objetivo (significação) ligado a um ato (de vontade). Mas, nesse ponto está a grande questão que passa despercebida por aqueles que negam o influxo neopositivista na TPD: o ato de vontade encontra-se sempre no âmbito do ser, e não do dever-ser. Eis a dependência do "empiricamente verificável". Observem-se as palavras do próprio Kelsen: "a norma é um dever-ser e o ato de vontade de que ela constitui o sentido é um ser".[11] Ou seja, o sentido desse ato de vontade – a norma – passa ao dever-ser, mas o ato de vontade em si encontra-se, para Kelsen, no ser. Sem a dicotomia ser e dever-ser do neokantismo (apropriada pelo neopositivismo), Kelsen

---

[9] JABLONER, Clemens. Kelsen and his Circle: The Viennese Years. *European Journal of International Law*. n. 9, 1998. p. 378-380.

[10] KELSEN, Hans. *Teoria Pura do Direito*. Trad. João Baptista Machado. 8. ed. São Paulo: WMF Martins Fontes, 2009, nota n.º 01 do capítulo II.

[11] Idem, p. 6.

não teria conseguido trabalhar a cisão "ciência do direito-moral" (eis a questão descrição-prescrição).

Assim, o projeto da TPD dirá que a Ética, assim como a ciência jurídica, "tem por objeto normas do dever-ser como conteúdos de sentido, e não os atos da ordem do ser insertos no nexo causal, cujo sentido são as normas". Entretanto, arremata Kelsen, "isso não significa de forma alguma que as normas, como na Ética de Kant sejam comandos sem um comandar, exigências sem um exigir, isto é, normas sem atos que as *ponham*".[12] Veja-se assim mais uma vez a dependência do empirismo. Alguém precisa *pôr* (colocar) algo. O ato de vontade é o positivo, aqui. A ciência jurídica então passará a se preocupar com o sentido deste ato posto através de um ato de vontade, que é causalidade. Com isso, Kelsen reconhece abertamente – na ética – o mérito do neopositivismo: "A tentativa do positivismo lógico de representar a Ética como ciência empírica de fatos provém claramente do legítimo empenho de a subtrair ao domínio da *especulação metafísica. Mas tal empenho já é bastante respeitado quando as normas que formam objeto da Ética são conhecidas como conteúdos de sentido de fatos empíricos postos pelos homens no mundo da realidade, e não como comandos de entidades transcendentes*. Se as normas da Moral, assim como as normas do Direito positivo, são o sentido de fatos empíricos, tanto a Ética como a ciência jurídica podem ser designadas como ciências empíricas – em contraposição à *especulação metafísica* – mesmo que não tenham por objeto fatos mas sim normas".[13]

Veja-se que, assim, Kelsen reconhece no positivismo lógico as vantagens de um afastamento de especulações metafísicas. É isso que Kelsen traz para a ciência do Direito, que é a metalinguagem do Direito: "A ciência jurídica permanece dentro do domínio da experiência na medida em que apenas tem por objeto normas que são estabelecidas por atos humanos e se não refere a norma procedentes de instâncias supra-humanas transcendentes, isto e, na medida em que exclui toda a *especulação metafísica*".[14] Com tudo isso, ficam pouco mais do que evidentes pelo menos três grandes influências do neopositivismo na teoria kelseniana, a saber (i) a cisão entre linguagem objeto e metalinguagem; (ii) a aposta em critérios lógicos na construção da metalinguagem e, por fim, (iii) o afastamento de toda "especulação metafísica", tendo como base sempre o empírico. Ademais, Mario Losano[15] ainda aponta que a ideia de que a ciência constrói a unidade do seu objeto, invariavelmente

---

[12] KELSEN, Hans. *Teoria Pura do Direito*. Trad. João Baptista Machado. 8. ed. São Paulo: WMF Martins Fontes, 2009, nota n.º 01 do capítulo II.

[13] Ibidem.

[14] Idem, nota n.º 07 do capítulo III.

[15] LOSANO, Mario. *Sistema e Estrutura no Direito*, volume 2: o Século XX. São Paulo: Editora WMF, Martins Fontes, 2010. p. 53.

fundamentando o sistema em um princípio, poderia ser considerada um sinal da influência que o Círculo de Viena exerceu sobre Kelsen, em especial, por Otto Von Neurath.

Com isso, é correto dizer – como sempre fiz, junto com Warat, Leonel Rocha[16] e tantos outros autores, inclusive Bobbio e Ferrajoli – que Kelsen sofreu sim a *influência* do Círculo de Viena. Poder-se-ia, talvez, dizer que Kelsen deu "toques" neokantianos ao neopositivismo lógico, e o fruto disso é a TPD. Vale ressaltar: Jamais se disse que Kelsen é um neopositivista na integralidade, mas, sim, que sofreu fortes influências do neopositivismo lógico. Um estudo muito importante acerca dos pontos que unem a TPD e o neopositivismo lógico também podem ser encontrados em erudito artigo de Vladimir de Carvalho Luz, intitulado "Neopositivismo e Teoria Pura do Direito – Notas sobre a influência do verificacionismo lógico no pensamento de Hans Kelsen".[17] No mesmo sentido, Manoel da Nave Pires, em excelente Dissertação intitulada *Tensões no Liberalismo de Kelsen,* aponta nesse sentido. Vale a pena ainda conferir Juan Cofré.[18] Desse modo, penso que argumentar em sentido contrário baseado no fato de que Kelsen não admite tal questão abertamente não parece ser um monumento à melhor leitura da questão. Trata-se de idêntica discussão que se faz entre Dworkin e Gadamer. Há quem insista na tese de que Gadamer não exerceu influência em Dworkin.

Além do mais, tendo Kelsen participado ou sofrido influência do Círculo de Viena, a pergunta que fica é: no que essa circunstância histórica altera o modo da melhor compreensão da TPD e o do papel exercido por essa teoria? Talvez a insistência nesse ponto de vista possa colaborar para uma compreensão incorreta da obra do mestre de Viena. Isto porque os melhores e mais importantes intérpretes da obra TPD são uníssonos em apontar a relação umbilical entre o positivismo advogado por Kelsen e os diversos elementos que ele capturou do neokantismo e do empirismo contemporâneo/lógico. Ou seja, importa, mesmo, é a melhor interpretação a ser feita sobre o pessimismo kelseniano e seu relativismo moral, reconhecido amplamente por autores como Philippe Chanial,[19] em relação ao sujeito da modernidade e às impossibilidades de falar do Direito – sob uma ótica positivista – desde o lugar contaminado pela ideologia e valores, que era o caso do positivismo científico

---

[16] ROCHA, Leonel Severo. Matrizes Teórico-Politicas da Teoria Jurídica Contemporânea. *Sequência* (Florianópolis), Florianópolis, v. 24, p. 10-24, 1992.

[17] LUZ, Vladimir de Carvalho. Neopositivismo e Teoria Pura do Direito – Notas sobre a influência do verificacionismo lógico no pensamento de Hans Kelsen. *Revista Sequencia.* n. 47, 2003, p. 11-31.

[18] COFRÉ, Juan. Kelsen, el formalismo y el "Círculo de Viena". *Revista de Derecho da Universidad de Valdivia* – Chile, Vol. VI, diciembre 1995, p. 29-37.

[19] CAILLÉ, Alain; LAZZERI, Christian; SENELLART, Michel (Org.). *História Argumentada da Filosofia, Moral e Política*: a felicidade e o útil. São Leopoldo: Editora Unisinos, 2004, p. 640.

que teve que se reciclar com o nome de neopositivismo lógico. Do mesmo modo que os neopositivistas chegaram à conclusão de que não era mais possível descrever os dados do mundo face à poluição semântica, Kelsen igualmente se deu conta de que o positivismo clássico-jurídico não dava conta da relação ser e dever-ser. Os neopositivistas resolveram seu problema com a construção de linguagens lógicas, aptas a descrever objetivamente os dados do mundo; Kelsen, para continuar a ser positivista, teve que criar um "andar de cima" no Direito, cindindo a Ciência Jurídica da moral, sob o preço de não cindir Direito e moral. Dessa forma, Kelsen jamais pregou a vinculação do juiz à "literalidade da lei" conforme sustenta o senso comum teórico dos juristas".

3. Kelsen e a metaética

Para separar o joio do trigo, penso ser importante analisar Kelsen no plano da metaética. E considero relevante se disso podemos tirar proveito para situar as diversas teorias do direito. Importante para separá-las entre aquelas que acreditam em alguma objetividade e/ou verdades e as céticas ou meramente retóricas. É a diferença entre cognitivismo e não cognitivismo, conceito muito bem trabalhado por Arthur Ferreira Neto.[20]

Começando pelo mais fácil, não cognitivistas seriam aquelas correntes ou posições céticas. Por elas, não é possível exercer controle racional de decisões. Direito, por exemplo, será aquilo que a decisão judicial disser que é. E isso resultará de um ato de verificação empírica. Um ato de poder. E de vontade. Direito vira fato, de novo. Uma nova forma de positivismo. Para essa postura, decisões jurídicas sempre podem ser variadas. Portanto, para os realistas jurídicos ou empiristas, não há resposta correta. Tampouco existe, para eles, a melhor ou uma resposta melhor que outra. Uma postura não cognitivista – um bom exemplo são as posturas realistas jurídicas – não concebe a possibilidade de existir nenhuma forma de realidade moral objetiva; aproxima-se do relativismo; não é possível, por elas, dizer que uma coisa é ruim em qualquer lugar; somente a dimensão empírica é capaz de influenciar a formação do direito. Real e existente é aquilo que o agente pode manejar e dispor. O decisionismo é uma forma não cognitivista. Niilismo, do mesmo modo, é uma forma não cognitivista, assim como uma corrente chamada emotivista.

Um realista moral é diferente de um realista-empirista jurídico. O primeiro acredita que valores e direitos existem objetivamente. O segundo flerta sempre com o ceticismo. Com o relativismo moral. Mas

---

[20] FERREIRA NETO, Arthur. *Metaética e a fundamentação do direito.* Porto Alegre: Elegantia Juris, 2015, *passim.*

vamos para a definição do cognitivismo no Direito: acredita na possibilidade de controlar decisões judiciais. Acredita que é possível que um discurso moral seja verdadeiro ou possa ser verdadeiro. Dworkin é um típico cognitivista. Cognitivismo quer dizer que é possível fazer juízos de certo e errado sobre um determinado agir, e que estes juízos podem ser transmitidos a outras pessoas. Há uma crença em um grau de objetividade. Acreditar em respostas corretas é um modo de se dizer cognitivista.

Fazer essa distinção é relevante, talvez não tanto para a *Crítica Hermenêutica do Direito* – que de há muito trabalha com critérios para a verificação da correção (ou não) de uma decisão judicial sem nunca ter necessitado adentar no debate cognitivismo *vs.* não cognitivismo da metaética –, mas para que possamos identificar determinados discursos. É bom saber que um decisionista não se importa com juízos de certo ou errado, mesmo que ele diga que sim. Mas, se decide como quer, naquilo que, em seu íntimo acha justo, agirá de forma não cognitivista. Se alguém se diz pragmático no direito, querendo assim dizer que cada decisão deve levar em conta só aquele caso, só aquele problema, está (na prática) diante de um não cognitivista, porque é uma espécie de nominalista ou neonominalista.

Veja-se que mobilizamos as classificações da metaética mais como pontos de partida para um debate a ser travado *no* direito. E não apenas *sobre* o direito. Por que isto? Porque precisamos mapear nossos pressupostos sobre existência, cognoscibilidade e veracidade de juízos normativos, mas sem deixar de discutir como isso se sustenta na prática jurídica. Certas posições intrincadas até se sustentariam metaeticamente, ou na filosofia moral, mas exporiam o jurista ao ridículo se continuasse a falar em direito depois de se comprometer com elas.

Portanto, os conceitos de cognitivismo e não cognitivismo também são úteis para mostrar que uma dogmática jurídica que não se preocupa com critérios ou de buscar discursos de verdade, é igualmente não cognitivista. Bingo. Para mim, não há saída para o Direito a partir da adoção de posturas não cognitivistas. Podem-se até adoçar as teses não cognitivistas. Mas é impossível esconder seu caráter cético. Vou mais fundo nisso. Para dizer que, no Brasil, autores como Luis Roberto Barroso, Ana Paula de Barcellos, Daniel Sarmento, para falar apenas destes, são não cognitivistas, nesse exato sentido. Aqui o conceito de não cognitivismo do Arthur Ferreira Neto se aproxima ao que o Claudio Michelon diz sobre as posturas realistas (jurídicas) e os positivismos descritivos: são as posturas segundo as quais ou bem valores de verdade não podem ser atribuídos a qualquer enunciado sobre o direito ou bem valores de verdade são irrelevantes no que diz respeito aos enunciados jurídicos. Por isso, no Brasil a dogmática jurídica está sempre mais próxima do não cognitivismo ético, porque suas respostas são de acordo com o que pensa o autor. Logo, nisso não reside qualquer critério de coerência e integridade e tampouco a necessária preocupação com a verdade. Como diz Ernildo Stein, quem nos protege dos subjetivismos? Quem nos protege dos pragmatismos?

Vejamos mais. Não cognitivismo quer dizer que o intérprete não se preocupa com respostas verdadeiras. E isso representa uma autocontradição. Transforma o direito em um jogo de poder. É Kelsen redivivo, que transferiu o conteúdo do Direito para um ato de vontade. No Supremo Tribunal Federal, o Ministro Marco Aurélio encampa essa postura não cognitivista, ao dizer que a interpretação é um ato de vontade. Que é um ato de poder, ao fim e ao cabo. Mas isso não quer dizer que, no plano da identificação do que seja direito, Kelsen não seja também cognitivista. Só que ele não é um cognitivista moral. É um cognitivista epistêmico, como veremos a seguir. Afinal, para ele, há uma hierarquia jurídica a ser observada. Mas, ao mesmo tempo, o Kelsen cientista, ao separar a ciência jurídica da moral, é um não cognitivista.

No plano de um estudo metaético, Kelsen pode ser considerado um não cognitivista no nível da política jurídica (nível da aplicação do Direito pelos juízes, em que se coloca no nível similar ao empirismo jurídico). Isto porque, no ato de interpretação de um órgão aplicador, a definição de sentido vincula-se a um ato de vontade suspenso no espaço e no tempo. Essa definição, diz Kelsen, é produto de *um ato de vontade*. E Ferraz Jr complementa: "Trata-se de um 'eu quero' e não de um 'eu sei'. E sua força vinculante, a capacidade de o sentido definido ser aceito por todos, repousa na competência do órgão (que pode ser o juiz, o próprio legislador quando interpreta o conteúdo de uma norma constitucional, as partes contratantes, quando num contrato interpretam a lei etc.). Havendo dúvidas sobre o sentido estabelecido, recorre-se a uma autoridade superior até que uma última e decisiva competência o estabeleça definitivamente. A sequência é de um ato de vontade para outro de competência superior".[21]

Já no nível da ciência jurídica, ele é um cognitivista epistêmico, porque acredita na possibilidade de conhecermos aquilo que as normas jurídicas prescrevem. Entretanto, por não acreditar que elas são boas ou ruins, justas ou injustas, Kelsen acaba sendo um não cognitivista ético no nível da ciência jurídica também. Observe-se que norma jurídica, para Kelsen, é o sentido objetivo de um ato de vontade dirigido à conduta de outrem. É o dever ser que dá sentido ao ser. Não há mal em si, ele diz. Matar não é bom, nem ruim. É apenas proibido ou permitido.

---

[21] FERRAZ JR., Tércio Sampaio. *Introdução ao estudo do direito*: técnica, decisão, dominação. 6. ed. rev. e atual. São Paulo: Atlas, 2010, p. 228.

Eis aí, no plano da meta-ética, o não cognitivismo de sua teoria pura. Puramente não cognitivista.

Já a norma fundamental proposta por Kelsen é o fundamento do seu cognitivismo epistêmico.[22] Esse cognitivismo – epistêmico – está assentado em uma imputação, e não de uma relação de causalidade. Para ingressar no ordenamento, uma norma tem de passar por esse filtro. Mas uma vez incorporado como Direito, já não haverá juízo moral por parte do cientista. Como a própria realidade já é um conglomerado entre descrição e prescrição (ex: uma briga entre duas pessoas não é apenas o braço em direção ao rosto do outro), Kelsen fugiu da realidade para construir uma ciência jurídica. Isto é, construiu seu próprio objeto de conhecimento: a ciência jurídica.

Considerações finais

Kelsen escreveu a *Teoria Pura do Direito* em 1934. Como se pôde observar nesse curto ensaio, trata-se de uma obra construída sob densas e sofisticadas bases filosóficas. Verificou-se que Kelsen teve pesados influxos do neopositivismo lógico além dos neokantianos. Fora isso, em Kelsen é possível se verificar três níveis de cognitivismo, a saber, um não cognitivismo ético no plano da linguagem objeto (Direito) e no plano da metalinguagem (ciência do Direito); e um cognitivismo epistêmico no âmbito da ciência do Direito.

Por isso que – ainda e sempre – deve-se revisitar a *Teoria Pura do Direito*. Muitos positivismos contemporâneos como, por exemplo, o positivismo exclusivo de Scott Shapiro ou o positivismo inclusivo de Jules Coleman acabam se tornando teorias deficientes se comparadas ao normativismo kelseniano. Até hoje, pela falta dos influxos do neopositivismo, nenhum autor positivista conseguiu construir um nível descritivo de forma tão sofisticada como Kelsen. E quem duvida disso deve-se lembrar que o pai do positivismo anglo-saxão, Herbert Hart, admite em um ensaio que a obra de Kelsen é de extrema complexidade e que muitos pontos que ali estão não foram por ele compreendidos.[23]

À evidência que a *Crítica Hermenêutica do Direito* tem muitas restrições com o normativismo kelseniano. Por outro lado, depois de 1934, o

---

[22] A análise dos níveis de cognitivismo em Kelsen também é feita por Arthur Ferreira Neto, com algumas distinções da análise aqui proposta. Ver FERREIRA NETO, Arthur. *Metaética e a fundamentação do direito*. Porto Alegre: Elegantia Juris, 2015, p. 237 e ss.

[23] Nas palavras de Hart: "In November 1961 I had the enjoyable and instructive experience of meeting Hans Kelsen and debating with him at the Law School of the University of California in Berkeley [...] it made me understand better the point of certain Kelsenian doctrines which had long perplexed me, even if it did not finally dispel my perplexities. I am reluctant to believe that I am alone in finding these difficulties in Kelsen's work". HART, Herbert. Kelsen visited. *Essays in jurisprudence and philosophy*. Oxford: Clarendon Press, 1983, p. 286.

positivismo jurídico tomou um rumo muito mais sofisticado. Por isso que *ainda* é preciso estudar Kelsen pelo fato de que até hoje nenhum positivista conseguiu construir algo mais consistente que ele e; *sempre* é preciso estar atento ao normativismo kelseniano, pelo fato de que é ele que permeia a dogmática jurídica, quase que de forma homogênea.

Referências

CAILLÉ, Alain; LAZZERI, Christian; SENELLART, Michel (Org.). *História Argumentada da Filosofia, Moral e Política*: a felicidade e o útil. São Leopoldo: Editora Unisinos, 2004.

COFRÉ, Juan. Kelsen, el formalismo y el "Círculo de Viena". *Revista de Derecho da Universidad de Valdivia* – Chile, Vol. VI, diciembre 1995.

FERRAZ JR., Tércio Sampaio. *Introdução ao estudo do direito*: técnica, decisão, dominação. 6. ed. rev. e atual. São Paulo: Atlas, 2010.

FERREIRA NETO, Arthur. *Metaética e a fundamentação do direito*. Porto Alegre: Elegantia Juris, 2015.

HART, Herbert. Kelsen visited. *Essays in jurisprudence and philosophy*. Oxford: Clarendon Press, 1983.

JABLONER, Clemens. Kelsen and his Circle: The Viennese Years. *European Journal of International Law*. n. 9, 1998.

KELSEN, Hans. *Teoria Pura do Direito*. Trad. João Baptista Machado. 8. ed. São Paulo: WMF Martins Fontes, 2009.

LOSANO, Mario. *Sistema e Estrutura no Direito*, volume 2: o Século XX. São Paulo: Editora WMF Martins Fontes, 2010.

LUZ, Vladimir de Carvalho. Neopositivismo e Teoria Pura do Direito – Notas sobre a influência do verificacionismo lógico no pensamento de Hans Kelsen. *Revista Sequência*. n. 47, 2003.

NOGUEIRA DIAS, Gabriel. *Positivismo jurídico e a teoria geral do Direito:* na obra de Hans Kelsen. São Paulo: Editora Revista dos Tribunais, 2010.

ROCHA, Leonel Severo. *Epistemologia jurídica e democracia*. 2. ed. São Leopoldo: Ed. UNISINOS, 2003.

——. Matrizes Teórico-Politicas da Teoria Jurídica Contemporânea. *Sequência* (Florianópolis), Florianópolis, v. 24, p. 10-24, 1992.

——. O Sentido Político da Teoria Pura do Direito. *Sequência*. Florianópolis, v. 9, 1984

STADLER, F. *Logischer Empirismus und reine Rechtlehre*. Wien-New York: Springer, 2001.

STRECK, Lenio Luiz. *Dicionário de Hermenêutica*: quarenta temas fundamentais da teoria do Direito à luz da Crítica Hermenêutica do Direito. Belo Horizonte: Casa do Direito, 2017.

——. *Hermenêutica e jurisdição*: diálogos com Lenio Streck. Porto Alegre: Livraria do Advogado, 2017.

——. *Verdade e consenso*: constituição, hermenêutica e teorias discursivas. 6. ed. ver. e ampliada. São Paulo: Saraiva, 2017.

WARAT, Luis Alberto. *Introdução geral ao Direito II*: a epistemologia jurídica da modernidade. Porto Alegre: Sergio Antonio Fabris, 1995.

— X —

Direito e autopoiese[1]

LEONEL SEVERO ROCHA[2]

Sumário: 1. Introdução; 2. Autopoiese em Maturana; 3. Autopoiese em Luhmann; 4. Autopoiese em Gunther Teubner; 5. Autopoiese em Jean Clam; 6. Considerações finais; Referências.

1. Introdução

A Autopoiese caracteriza-se pela redefinição da perspectiva de produção do sentido originária da linguagem-signo, para uma ênfase na Comunicação e Autorreprodução com autonomia perante o ambiente a partir da ideia de sistema. Iremos abordar, a seguir, as posturas teóricas exemplares de Maturana, Luhmann, Teubner e Clam. O tema continua bem atual, tendo em vista a publicação recente de importantes textos de Febbrajo[3] e Teubner,[4] por isso retomamos neste ensaio a conceituação clássica de Maturana e as leituras de Luhmann e Teubner.

2. Autopoiese em Maturana

Humberto Maturana, juntamente com Francisco Varela, foi o primeiro a utilizar contemporaneamente, com sucesso, a ideia de autopoiese. Por isso toda a discussão deve necessariamente levar em consideração este marco inicial. Maturana surpreende os observadores mais tradicionais pela afirmação e confirmação dos obstáculos necessários para o conhecimento do conhecimento. As relações entre a biologia e cognição nunca mais serão as mesmas depois da autopoiese.

---

[1] O texto dá continuidade às pesquisas que estamos desenvolvendo no âmbito do PPG em Direito da UNISINOS, no Projeto de Pesquisa intitulado "Teoria do Direito e Diferenciação Social na América Latina", que conta com o apoio do CNPq.

[2] Dr. EHESS-Paris-França, Pós-Dr. UNILECCE-Itália e Professor Titular da UNISINOS-RS.

[3] FEBBRAJO, Alberto. *Sociologia do Constitucionalismo. Constituição e Teoria dos Sistemas*. Curitiba: Juruá, 2016.

[4] TEUBNER, Gunther. *Fragmentos Constitucionais. Constitucionalismo Social na Globalização*. São Paulo: Saraiva, 2016.

Maturana inicia suas reflexões sobre a autopoiese a partir das ideias de *organização e estrutura*, entendendo por *organização* as relações que devem dar-se entre os componentes de algo para que os reconheça como membros de uma classe específica, e por *estrutura* de algo os componentes e relações que concretamente constituem uma unidade particular realizando sua organização.[5] O reconhecer que caracteriza os seres vivos é, portanto, sua organização, que permite relacionar uma grande quantidade de dados empíricos sobre o funcionamento celular e sua bioquímica.

A noção de autopoiese, deste modo, não está em contradição com este corpo de dados ao contrário: apoia-se neles, e propõe, explicitamente, interpretar tais dados desde um ponto de vista específico que enfatiza o fato de que os seres vivos são entidades autônomas. Estamos utilizando a palavra *autonomia* em seu sentido corrente, isto é, um sistema é autônomo se é capaz de especificar sua própria legalidade, o que é próprio dele. Nesse sentido, Maturana ainda entende que, "para comprender la autonomia del ser vivo, debemos comprender la organización que lo define como unidad".[6]

Para Maturana o *sentido* é produzido por distinções. O ato de assinalar qualquer ente, coisa ou unidade, está ligado à realização de um ato de distinção que separa o assinalado como distinto de um fundo. Cada vez que nos referimos a algo, explícita ou implicitamente, estamos especificando um critério de distinção que assinala aquilo do que falamos, e especifica suas propriedades como ente, unidade ou objeto.[7]

Conforme Maturana, "el modo particular como se realiza la organización de un sistema particular (clase de componentes y las relaciones concretas que se dan entre ellos) es su estructura".[8] Assim, a organização de um sistema é necessariamente invariante, sua estrutura pode mudar. Nessa ótica, a organização que define um sistema como ser vivo é uma organização autopoiética. A íntima relação entre *organização* e *estrutura* fica clara quando Maturana afirma que um ser vivo permanece vivo enquanto sua estrutura, "cualesquiera sean sus cambios, realiza su organización autopoiética, y muere si en sus cambios estructurales no se conserva esta organización".[9]

---

[5] MATURANA ROMESÍN, Humberto; VARELA, Francisco. *El Árbol del Conocimiento*. Las bases biológicas del entendimiento humano. Buenos Aires: Lumen, 2003, p. 28.

[6] Ibidem.

[7] Idem, p. 24.

[8] MATURANA ROMESÍN, Humberto. *Biología del Fenómeno Social*. Disponível em: <http://www.ecovisiones.cl.>. Acesso em: 25 de jul. de 2009.

[9] Ibidem.

Outra ideia igualmente importante na teoria de Maturana, que está intimamente ligada às noções de organização e de estrutura, é a de *cognição*. Como vimos, os sistemas vivos são sistemas determinados pela estrutura. Estes sistemas, quando interagem entre si, não permitem, portanto, interações instrutivas, o que significa afirmar que tudo o que acontece em seu interior ocorre como mudança estrutural.[10] Nesse sentido a importância, para Maturana, de que nós, observadores, entendamos por cognição, aquilo que revele "lo que hacemos o cómo operamos en esas coordinaciones de acciones y relaciones cuando generamos nuestras declaraciones cognitivas".[11]

Para chegar à definição do conceito biológico de autopoiese, Maturana precisa erigir como três pilares básicos os conceitos de *observador, organização* e *estrutura*. Quanto à organização e à estrutura já se falou acima. O *observador*, por sua vez, na obra de Maturana, pode ser considerado "un ser humano, una persona; alguien que puede hacer distinciones y especificar lo que distingue como una entidad (un algo) diferente de sí mismo, y puede hacerlo con sus propias acciones y pensamientos recursivamente, siendo capaz siempre de operar como alguien externo (distinto) de las circunstancias en las que se encuentra él mismo".[12] Os observadores são, em última análise, *sistemas vivos*. E sistemas vivos são sistemas autopoiéticos, uma vez que "la organización de un sistema autopoiético es la organización autopoiética. Un sistema autopoiético que existe en el espacio físico es un sistema vivo".[13]

De qualquer maneira, Maturana estabelece claramente a importância do construtivismo para a metalinguagem da cognição da sociedade moderna. Isto lhe permite, como se sabe, propor uma análise pragmática radical da comunicação e da linguagem, vendo a cognição como um acoplamento estrutural adequado dos sistemas vivos a seu aspecto ecológico. Para Maturana, "viver é conhecer". Ele aponta para um paradoxo, que será retomado por Luhmann de uma forma crítica, que será chamado "ontologia do observador".

3. Autopoiese em Luhmann

A metodologia de Niklas Luhmann parte do pressuposto de que é possível comparar em uma teoria da sociedade diversos sistemas

---

[10] MATURANA ROMESÍN, Humberto. *La Realidad*: ¿Objetiva o construida? Vol. I – Fundamentos biológicos de la realidad. México: Universidad Iberoamericana/Iteso, 1997, p. 65-66.

[11] Idem, p. 66.

[12] Idem, p. 228-229.

[13] Idem, p. 232.

voltados para uma determinada função. Esta estratégia foi iniciada por Talcott Parsons.[14] Para Luhmann, no prefácio do livro "Sociedade da Sociedade",[15] a importância da ideia de comparação aumenta na medida "em que se admite que não é possível deduzir a sociedade de um princípio ou de uma norma transcendente – seja na maneira antiga de justiça, da solidariedade ou do consenso racional". Por isso, Luhmann afirma que é possível analisar-se campos heterogêneos como a Ciência, o Direito, a Economia e a Política colocando-se de manifesto estruturas que podem ser comparadas. Não recorrendo ao conceito de ação e de sua decomposição analítica, como fez Parsons, mas exatamente a *observação* da diversidade desses campos onde pode ser aplicado o mesmo aparato conceitual.

Niklas Luhmann assume, portanto, a proposta de um construtivismo voltado à produção do sentido desde critérios de autorreferência e auto-organização introduzidos pela autopoiese. Porém, a formação luhmanniana inspira-se na metodologia sistêmica. A autopoiese aparece, assim, como uma diferença importante entre Luhmann e Parsons. Para Luhmann, a grande questão que relaciona o Direito e a Sociedade é caracterizada pela oposição entre autorreferência e heterorreferência, ou entre sistemas fechados e sistemas abertos. Luhmann aponta para a questão colocada por Tarski de que a identidade é sempre o desdobramento de uma tautologia. No caso do Direito, o Direito enfrenta o problema da ruptura de sua identidade do Direito com o próprio Direito, ou seja, a unidade da própria distinção.

Luhmann, no livro *Direito da Sociedade*, afirma que "o sistema jurídico deve então observar aquilo que tem que ser manejado no sistema como comunicação especificamente jurídica".[16] Niklas Luhmann indica, nesse momento, o tema que é objeto de toda nossa reflexão, dizendo que com a ajuda da Teoria dos Sistemas operativamente fechados se pode superar o debate entre "a semiótica e a análise linguística que por certo também se aplica no Direito. No que se refere aos signos ou a linguagem, a tradição francesa surgida a partir de Saussure tem salientado, sobretudo, os aspectos estruturais; a tradição americana está baseada em Peirce, onde ao contrário, tem se acentuado os aspectos pragmáticos".[17]

---

[14] PARSONS, Talcott *and* SHILS, Edward A. *Toward a General Theory of Action*. Theoretical Foundations for the Social Sciences. New Brunswick: Transaction Publishers, 2007.

[15] LUHMANN, Niklas. *La Sociedad de la Sociedad*. Tradução de Javier Torres Nafarrate. México: Herder/Universidad Iberoamericana, 2007.

[16] LUHMANN, Niklas, *El Derecho de la Sociedad*. Trad. Javier Torres Nafarrate. México: Universidad Iberoamericana/Colección Teoría Social, 2002, p. 90.

[17] Ibidem.

De todo modo, para Luhmann, tanto em um caso como em outro, acentua-se a intenção do falante nos *speech acts* no sentido de Austin e Searle. Luhmann salienta, nesse sentido, que nem a análise estruturalista, nem a dos atos de fala, aplicados ao Direito, tiveram resultados interessantes. Por isso a iniciativa deste autor de avançar além de Saussure e Pierce em direção de uma teoria da comunicação, que permitiria à Teoria do Direito acesso a novos problemas.

Para Luhmann, na comunicação não se pode prescindir nem de operações comunicativas nem das estruturas. Não obstante, a própria comunicação não é possível de ser reduzida à ação comunicativa, pois ela abarca também a informação e o ato de comunicar. "Entre estrutura e operação existe uma relação circular, de tal sorte que as estruturas só podem ser criadas e mudadas por meio destas operações que, a sua vez, se especificam mediante as estruturas. Nestes dois aspectos a Teoria da Sociedade considerada como sistema operativamente fechado é a mais omni-compreensiva e, se entendermos o sistema do Direito como um sistema parcial da sociedade, então ficam excluídas tanto as pretensões pragmáticas de domínio como as estruturalistas".[18]

Em meio a essas reflexões, já podemos situar o conceito de autopoiesis em Luhmann. Conforme este autor, "el concepto de producción (o más bien de *poiesis*) siempre designa sólo una parte de las causas que un observador puede identificar como necesarias; a saber, aquella parte que puede obtenerse mediante el entrelazamiento interno de operaciones del sistema, aquella parte con la cual el sistema determina su proprio estado. Luego, reproducción significa – en el antiguo sentido de este concepto – producción a partir de productos, determinación de estados del sistema como punto de partida de toda determinación posterior de estados del sistema. Y dado que esta producción/reproducción exige distinguir entre condiciones internas y externas, con ello el sistema también efectúa la permanente reproducción de sus límites, es decir, la reproducción de su unidad. En este sentido, autopoiesis significa: producción del sistema por sí mismo".[19]

Como a proposta deste ensaio é observar a produção do sentido e a autopoiese do Direito, é importante situar que, em Luhmann, "el sentido se produce exclusivamente como sentido de las operaciones que lo utilizan; se produce por tanto sólo en el momento en que las operaciones lo determinan, ni antes, ni después".[20] Diferentemente do que se poderia pensar, a problemática do sentido não cai em uma ontologia,

---

[18] LUHMANN, Niklas. *El Derecho de la Sociedad*. Op. cit., p. 91.

[19] LUHMANN, Niklas. *La Sociedad de la Sociedad*. Tradução de Javier Torres Nafarrate. México: Herder/Universidad Iberoamericana, 2007, p. 69-70.

[20] Idem, p. 27.

uma vez que "el sentido es entonces un *producto* de las operaciones que lo usan y no una cualidad del mundo debida a una creación, fundación u origen", o que nos leva a afirmar que com a tese do sentido se restringe tudo o que é possível resolver através da sociedade, pois a sociedade é um sistema que estabelece sentido.[21]

4. Autopoiese em Gunther Teubner

Gunther Teubner, embora se insira em seus primeiros trabalhos na vertente luhmanniana, tem elaborado recentemente pesquisas bastante originais, onde tem apontado para a importância de uma reflexão autopoiética na globalização. Nesse sentido, ele retoma uma questão apontada rapidamente por Luhmann no final do livro *Direito da Sociedade*, que é a *policontexturalidade*. Esta se torna, em um mundo onde o Direito é fragmentado em um pluralismo em que o Estado é apenas mais uma de suas organizações, um referente decisivo para a configuração do sentido. Teubner, assim, pode ser considerado o autor do "Direito Híbrido". De um Direito da periferia mundial que às vezes poderia até possuir, segundo nosso autor, uma espécie de Constituição Civil, como por exemplo, a Lex Esportiva e a Constituição Digital.[22]

Teubner, no que nos interessa enfocar neste ensaio, possui um conceito de sentido ligado à pluralidade. Isto pode ser observado em sua relação entre a noção de paradoxo e produção de sentido, em seu texto "As Múltiplas Alienações do Direito",[23] onde afirma: "Oásis no deserto ou miragem? Lá onde na luz ofuscante do sol do deserto Jacques Derrida discerne o poder mítico da auto(justificação) fundação do direito, lá onde Hans Kelsen viu a norma fundamental e Herbert Hart 'a ultimate rule of recognition', Niklas Luhmann vê o camelo do cadi que pasta em plena natureza. Todo o tratamento da questão da justificação última do direito parte do fato de que, para Luhmann, esta significa descobrir os paradoxos internos do direito, a relação problemática de um direito que encara a si mesmo".[24]

---

[21] LUHMANN, Niklas. *La Sociedad de la Sociedad*. Tradução de Javier Torres Nafarrate. México: Herder/Universidad Iberoamericana, 2007, p. 27-32.

[22] Sobre isso, ver ROCHA, Leonel Severo; LUZ, Cícero K. Lex Mercatoria and Governance. The polycontexturality between Law and State. In: *Revista da Faculdade de Direito do Sul de Minas*. Ano XXV. n. 28. jan./jun. 2009, Pouso Alegre/MG: FDSM, 2009, como também, ROCHA, Leonel; ATZ, Ana Paula; MENNA BARRETO, Ricardo. Publicidade no Ciberespaço: Aspectos Jurídico-Sistêmicos da Contratação Eletrônica. In: *Novos Estudos Jurídicos*. Vol. 13, n. 2. jul.-dez., 2008 (2009).

[23] TEUBNER, Gunther. As Múltiplas Alienações do Direito: sobre a mais-valia social do décimo segundo camelo. In: ARNAUD, André-Jean; LOPES JR. Dalmir (Org.). *Niklas Luhmann:* Do Sistema Social à Sociologia Jurídica. Rio de Janeiro: Lumen Juris, 2004, p. 109.

[24] Ibidem.

A parábola dos camelos em Luhmann é bastante conhecida. Nela três irmãos receberam de herança do pai onze camelos e não conseguem realizar a operação matemática da divisão devido ao fato de que o primeiro irmão tem direito à metade; o segundo, a um quarto, e o terceiro, a um sexto. Um terceiro observador propõe a solução do paradoxo a partir do empréstimo de um décimo segundo camelo. Para Luhmann, este décimo segundo camelo é resultante da produção de sentido e abertura para a autopoiese dos paradoxos do Direito. Teubner aproveita para ampliar a perspectiva ao introduzir uma noção própria de autopoiese.

Para Teubner, já em seus primeiros textos, o Direito "determina-se a ele mesmo por autorreferência, baseando-se na sua própria positividade".[25] Isto implica a aceitação da ideia de circularidade: "a realidade social do Direito é feita de um grande número de relações circulares. Os elementos componentes do sistema jurídico – acções, normas, processos, identidade, realidade jurídica – constituem-se a si mesmos de forma circular (...)".[26] Tudo isso leva Teubner a propor uma ideia de autopoiese em evolução permanente, onde o Direito teria vários estágios, gerando um hiperciclo: "se aplicarmos tentativamente a ideia de hiperciclo ao direito, vemos que autonomia jurídica se desenvolve em três fases. Numa fase inicial – 'dita de direito socialmente difuso' –, elementos, estruturas, processos e limites do discurso jurídico são idênticos aos da comunicação social geral ou, pelo menos, determinados heteronomamente por esta última. Uma segunda fase de um 'direito parcialmente autônomo' tem lugar quando um discurso jurídico começa a definir os seus próprios componentes e a usá-los operativamente. O direito apenas entra numa terceira e última fase, tornando-se 'autopoiético', quando os componentes do sistema são articulados entre si num hiperciclo".[27] O conceito de autopoiese desde a ideia de hiperciclo é representado por Teubner a partir do seguinte gráfico na página seguinte:

---

[25] TEUBNER, Gunther. *O Direito como Sistema Autopoiético*. Lisboa: Calouste Gulbekian, 1993, p. 2.

[26] Idem, p. 19.

[27] Idem, p. 77.

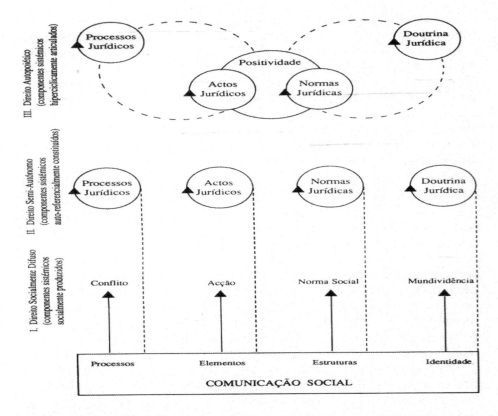

Fig. I – Graus da Autonomia Jurídica. In: TEUBNER, G. *O Direito como Sistema Autopoiético*. Lisboa: Calouste Gulbekian, 1993, p. 78.

Nessa perspectiva, para Teubner, os subsistemas sociais "constituem unidades que vivem em clausura operacional, mas também em abertura informacional-cognitiva em relação ao respectivo meio envolvente".[28] O sentido, em Teubner, termina se configurando como uma construção evolutiva da comunicação social que, gradativamente, se transforma em comunicação jurídica. Assim: "se reconstruirmos as operações do sistema jurídico na base do modelo construtivista, teremos então a seguinte imagem. As comunicações jurídicas constroem a 'realidade jurídica' no chamado tipo ou hipótese legal de uma norma jurídica".[29] Em suma, para Teubner, o sentido é possível graças à policontexturalidade do Direito.

---

[28] TEUBNER, Gunther. *O Direito como Sistema Autopoiético*. Lisboa: Calouste Gulbekian, 1993, p. 140.
[29] Idem, p. 157.

5. Autopoiese em Jean Clam

Jean Clam, por sua vez, tematiza a autopoiese de Niklas Luhmann como sendo preponderantemente epistemológica, possuindo uma grande contribuição para a elaboração de novos sentidos teóricos para o Sistema do Direito. Nesse sentido, Jean Clam aponta para a reflexão luhmanniana como sendo muito além de uma mera análise refinada da dogmática jurídica, indicando uma perspectiva teórica profundamente inovadora. Jean Clam assinala, com toda a razão, que Niklas Luhmann é um dos maiores pensadores do século XX. Para demonstrar isso, Clam, num primeiro momento de sua obra, no livro *Droit et Sociètè chez Niklas Luhmann*,[30] coloca que "a ideia de autopoiese dos sistemas sociais renova fundamentalmente a figura, elaborada até então, de uma autonomia sistêmica fundada sobre a diferenciação de sistemas de ação e crescimento simultâneo de dependência e de independência de sistemas inversos às suas sociedades. Ele (Luhmann) tratará de nos explicitar, a princípio, seu exame da transformação da teoria, para preparar o acesso à 'segunda' sociologia jurídica luhmanniana tal como ela é exposta nos artigos da sociologia jurídica desde a metade dos anos oitenta e no *Direito da sociedade (Das Recht der Gesellschaft)*".[31]

Entendemos que essa perspectiva de Jean Clam pode ser comparada com a tentativa do corte epistemológico de Bachelard. A autopoiese permite a redefinição da ideia de diferenciação como forma de se enfrentar os paradoxos, que nesta linha passam a ser a condição para a construção, como diria Gaston Bachelard, de uma *dialectique de la durée*.[32] Ou seja, Bachelard indo além de Paul Valéry, que afirmou "*Oh! qui me dira comment au travers de l'existence ma personnne tout entière s'est conservée, et quelle chose m'a porté, inerte, plein de vie et chargé d'esprit, d'un bord à l'autre du néant?*", afirma que existe uma forma entre *la détente et néant*, que será a *intuição do instante*. Jean Clam, não obstante, prefere relacionar o tema do paradoxo com outros autores. Ele retoma então com outros temas, como a nossa parábola do décimo segundo camelo.[33] Nessa parábola, Clam relembra a fenomenologia da aritmética de Husserl. Para Clam, o paradoxo é um processo de expansão medial.[34]

Clam redefine a noção de sentido como um paradoxo, mas "contra a dialética hegeliana de uma assimilação circular formal da contradição, gerando um mecanismo conceitual" e também "contra a lógica de

---

[30] CLAM, Jean. *Droit et Sociètè chez Niklas Luhmann*. La contingence des normes. Paris: PUF, 1997.

[31] Idem, p. 201.

[32] BACHELARD, Gaston. *La dialectique de la durée*. Paris: Quadrige/Puff, 2006.

[33] LUHMANN, Niklas. A Restituição do Décimo Segundo Camelo.

[34] CLAM, Jean. *Questões fundamentais de uma teoria da sociedade*: contingência, paradoxo, só-efetuação. São Leopoldo: UNISINOS, 2006, p. 106.

Russel, que tenta 'desparadoxalizar' a teoria pela introdução de uma hierarquia de anúncios e de suas referências". Pois para ele ambas "inscrevem-se em falso as teorias que *aceitam a inconsistência* não ultrapassável da lógica e colocam precisamente em evidência as *circularidades* *'paradoxais'* e as estratégias de invisibilidade pelas quais a teorização científica pensa se precaver. Elas mostram a necessidade, mas também a fertilidade desse fechamento circular, da reinjeção do paradoxo, ou da distinção arbitrária da partida (a qual ele mesmo abriu espaço lógico), na teoria em si. Elas fazem, em suma, aparecer a *estrutura* essencialmente *autorreferencialista* e fundamentalmente não desparadoxalizável (da lógica) de toda teorização".[35]

Nesse sentido, para Jean Clam, a paradoxalidade passa a ser a gênese do sistema. Isto será retomado pelo autor no livro *Sciences du sens. Perspectives Théoriques*, de 2006,[36] quando ele explica que normalmente existe um contraste entre objetos ou estruturas que determinam uma oposição entre explicação e causalidade, de um lado, e compreensão, de outro. Isto poderia ser observado sob outra perspectiva, relendo-se Simmel e Saussure, que permitiriam a inserção de uma terceira figura midiática, que seria a de Freud. Com isso, poder-se-ia analisar a pluralização da observação e se rever a perspectiva semiológica de Saussure e seus esquematismos de articulação onde se poderia compreender a produção de sentido como um processo de dois lados. "De um lado, como relações diferenciais que tornam impossível uma identificação unívoca do sentido, e o descrevem como sendo já disseminados; de outro lado, como a realização de um mundo atual que se articula nas complementações dele mesmo".[37] Ou seja, a abertura dos horizontes de compreensão do sentido. A partir desta perspectiva, podemos apontar para uma retomada das questões tradicionais da Teoria do Direito como abertas para pontos de vista jamais antes alcançados na dogmática jurídica.

6. Considerações finais

Nesta linha de ideias, pode-se dizer que a policontexturalidade, como salientamos em nosso texto "Observações sobre a observação

---

[35] CLAM, Jean. A Autopoiese do Direito. In: ROCHA, Leonel; SCHWARTZ, Germano; CLAM, Jeam. *Introdução à Teoria do Sistema Autopoiético do Direito*. Porto Alegre: Livraria do Advogado, 2005, p. 89-155.

[36] CLAM, Jean. *Sciences du sens*. Perspectives théoriques. Strasbourg: Presses Universitaires de Strasbourg, 2006.

[37] CLAM, Jean. *Sciences du sens*. Perspectives théoriques. Strasbourg: Presses Universitaires de Strasbourg, 2006. p. 12.

luhmanniana",[38] é a forma contemporânea de se encaminhar a problemática do sentido do Direito. Por isso a importância do recurso ao conceito de autopoiese e seu elemento principal, a *comunicação*, como maneira de aprofundar os estudos sobre o sentido historicamente elaborados por Saussure e Peirce.

Maturana, como analisamos, cristalizou o ponto de partida de toda observação desde a autopoiese dos seres vivos, centrada na organização e na estrutura. Ora, para Maturana, o *sentido* é produzido por distinções. O ato de assinalar qualquer ente, coisa ou unidade, está ligado à realização de um ato de distinção que separa o assinalado como distinto de um fundo. Cada vez que nos referimos a algo, explícita ou implicitamente, estamos especificando um critério de distinção que assinala aquilo do que falamos, e especifica suas propriedades como ente, unidade ou objeto.[39] Esse é o caminho necessário para chegar à definição do conceito de autopoiese. Para tanto, Maturana erigiu três pilares básicos, quais sejam: os conceitos de *observador, organização* e *estrutura*.

Niklas Luhmann, por sua vez, indica que se deve usar o conceito de autopoiese elaborado por Maturana para biologia na análise da sociedade, a partir do conceito de equivalência sistêmica. Luhmann, para realizar tal passagem, substitui a unidade autorreferencial principal do sistema de Maturana, que é a vida, para a noção de comunicação. Deste modo, Luhmann permite que se aplique a autopoiese à problemática da produção de sentido no Direito e na sociedade. Assim sendo, em relação ao tema que é objeto de toda nossa reflexão, Luhmann entende que, com a ajuda da Teoria dos Sistemas operativamente fechados, se pode superar o debate entre "a semiótica e a análise linguística que por certo também se aplica no Direito. No que se refere aos signos ou a linguagem, a tradição francesa surgida a partir de Saussure tem salientado, sobretudo, os aspectos estruturais; a tradição americana está baseada em Peirce, onde ao contrário, tem se acentuado os aspectos pragmáticos".[40] De todo modo, Luhmann, com a autopoiese, pretende, além de Saussure e Pierce, dirigir-se a uma teoria da comunicação, que permitiria à Teoria do Direito acesso a novas questões de sentido. É claro que esta perspectiva luhmanniana, que prefere a autopoiese à filosofia, não se aproxima, de modo algum, das tendências denominadas de *Contre-histoire de*

---

[38] ROCHA, Leonel Severo. Observações sobre a observação luhmanniana. In: ROCHA, Leonel Severo; KING, Michael; SCHWARTZ, Germano. *A Verdade sobre a Autopoiese no Direito*. Porto Alegre: Livraria do Advogado, 2009, p. 11-40.

[39] MATURANA ROMESÍN, Humberto; VARELA, Francisco. *El Árbol del Conocimiento*. Las bases biológicas del entendimiento humano. Buenos Aires: Lumen, 2003, p. 24.

[40] LUHMANN, Niklas, *El Derecho de la Sociedad*. Trad. Javier Torres Nafarrate. México: Universidad Iberoamericana/Colección Teoría Social, 2002, p. 90.

la philosophie, de Michel Onfray.[41] Em última análise, para Luhmann, o sentido é produzido pela autopoiese, e a comunicação passa a ser o elemento principal do Direito da sociedade, sendo esta uma síntese de três momentos: informação, ato de comunicação e compreensão.[42]

Na atualidade, a questão da autopoiese tem sido retomada em uma perspectiva internacional, na chamada globalização,[43] por autores que seguem de forma própria o caminho aberto por esses autores. O próprio Teubner[44] tem aprofundado o seu trabalho, no que é seguido, entre outros por Alberto Febbrajo[45] na Itália, Marcelo Neves[46] no Brasil, e por Chris Tornhill[47] na Inglaterra.

Nessa linha de raciocínio, Teubner adiciona à reflexão luhmanniana o conceito de policontexturalidade e de Direito Hipercíclico como possibilidade de se examinar a evolução da autonomia do sistema do Direito (visto hoje como Constitucionalismo Social). Percebe-se, dessa maneira, que existe uma crise dos poderes, e do Direito Estatal, como bem salienta Mireille Delmas-Marty.[48] Já Jean Clam radicaliza a autopoiese, insistindo que a produção do sentido possui margens, como salienta Derrida,[49] que serão sempre relacionadas às noções de tempo e espaço contingentes e paradoxais.

Referências

BACHELARD, Gaston. *La dialectique de la durée*. Paris: Quadrige/Puff, 2006.

CARNAP, Rudolf. *The Logical Syntax of Language*. Chicago: Open Court, 1934.

CLAM, Jean. A Autopoiese do Direito. In: ROCHA, Leonel; SCHWARTZ, Germano; CLAM, Jean. *Introdução à Teoria do Sistema Autopoiético do Direito*. Porto Alegre: Livraria do Advogado, 2005.

———. *Droit et Sociètè chez Niklas Luhmann*. La contingence des normes. Paris: PUF, 1997.

———. *Questões fundamentais de uma teoria da sociedade*: contingência, paradoxo, só-efetuação. São Leopoldo: UNISINOS, 2006.

———. *Sciences du sens*. Perspectives théoriques. Strasbourg: Presses Universitaires de Strasbourg, 2006.

DELMAS-MARTY, Mireille. Les Forces Imaginantes du Droit (III). *La Refondation des Pouvoirs*. Paris: Seuil, 2007.

DERRIDA, Jacques. *Marges de la Philosophie*. Paris: Les Editions de Minuit, 1972.

FEBBRAJO, Alberto. *Sociologia do Constitucionalismo. Constituição e Teoria dos Sistemas*. Curitiba:Juruá, 2016.

---

[41] ONFRAY, Michel. *L'eudémonisme social*. Contre-histoire de la philosophie. Vol. 5. Paris: Grasset, 2008.

[42] LUHMANN, Niklas. *A Improbabilidade da Comunicação*. Trad.: Anabela Carvalho. Lisboa: Vega, limitada, 3. ed., 2001, p. 50-54.

[43] ZOLO, Danilo. Globalização: Um mapa de seus problemas. Florianópolis: Conceito, 2010.

[44] TEUBNER, op.cit., 2016.

[45] FEBBRAJO, op.cit., 2016.

[46] NEVES, Marcelo. *Transconstitucionalismo*. São Paulo: Martins Fontes.

[47] TORNHILL, Chris. *A Sociology of Constitutions. Constitutions and State Legitimacy*. New York: Cambridge University Press, 2011.

[48] DELMAS-MARTY, Mireille. Les Forces Imaginantes du Droit (III). *La Refondation des Pouvoirs*. Paris: Seuil, 2007.

[49] DERRIDA, Jacques. *Marges de la Philosophie*. Paris: Les Editions de Minuit, 1972.

LUHMANN, Niklas, *El Derecho de la Sociedad*. Trad. Javier Torres Nafarrate. México: Universidad Iberoamericana/ Colección Teoría Social, 2002.

——. *La Sociedad de la Sociedad*. Tradução de Javier Torres Nafarrate. México: Ed. Herder/Universidad Iberoamericana, 2007.

——. *A Improbabilidade da Comunicação*. Trad.: Anabela Carvalho. Lisboa: Vega, limitada, 3. ed., 2001.

MATURANA ROMESÍN, Humberto. *Biología del Fenómeno Social*. Disponível em: <http://www.ecovisiones.cl.>. Acesso em: 25 de jul. de 2009.

——. *La Realidad*: ¿Objetiva o construida? Vol. I – Fundamentos biológicos de la realidad. México: Universidad Iberoamericana/Iteso, 1997.

——. *La Realidad*: ¿Objetiva o construida? Vol. II – Fundamentos biológicos del conocimiento. México: Universidad Iberoamericana/Iteso, 1997.

——; VARELA, Francisco. *El Árbol del Conocimiento*. Las bases biológicas del entendimiento humano. Buenos Aires: Lumen, 2003.

NEVES, Marcelo. *Transconstitucionalismo*. São Paulo: Martins Fontes.

NUSSBAUM, Martha C. *The Frontiers of Justice*. Cambridge: Harvard University Press, 2006.

ONFRAY, Michel. *L'eudémonisme social*. Contre-histoire de la philosophie. Vol. 5. Paris: Grasset, 2008.

OST, François. *Raconter la Loi*. Aux Sources de L'imaginaire juridique. Paris: Odile Jacob, 2004.

PARSONS, Talcott *and* SHILS, Edward A. *Toward a General Theory of Action*. Theoretical Foundations for the Social Sciences. New Brunswick: Transaction Publishers, 2007.

PEIERCE, Charles Sanders. *Semiótica e Filosofia*. São Paulo: Cultrix/Ed. da USP, 1979.

POSNER, Richard A. *How Judges Think*. Cambridge: Harvard University Press, 2008.

——. *Law and Literature*. Cambridge: Harvard University Press, 1998.

ROCHA, Leonel Severo. *Epistemologia Jurídica e Democracia*. 2ª ed. São Leopoldo: Unisinos, 2003.

——; LUZ, Cícero K. Lex Mercatoria and Governance. The polycontexturality between Law and State. In: *Revista da Faculdade de Direito do Sul de Minas*. Ano XXV. N. 28. jan./jun. 2009, Pouso Alegre/MG: FDSM, 2009.

——. Da Epistemologia Jurídica Normativista ao Construtivismo Sistêmico. Coimbra: *Boletim da Faculdade de Direito*, Stvdia Ivridica, 90, Ad Honorem – 3, 2007.

——. Observações sobre a observação luhmanniana. In: ROCHA, Leonel Severo; KING, Michael; SCHWARTZ, Germano. *A Verdade sobre a Autopoiese no Direito*. Porto Alegre: Livraria do Advogado, 2009, pp. 11-40.

——; ATZ, Ana Paula; MENNA BARRETO, Ricardo. Publicidade no Ciberespaço: Aspectos Jurídico-Sistêmicos da Contratação Eletrônica. In: *Novos Estudos Jurídicos*. Vol. 13, n. 2. Jul. – Dez., 2008 (2009).

TEUBNER, Gunther. As Múltiplas Alienações do Direito: sobre a mais-valia social do décimo segundo camelo. In: ARNAUD, André-Jean; LOPES JR. Dalmir (Org.). *Niklas Luhmann*: Do Sistema Social à Sociologia Jurídica. Rio de Janeiro: Lumen Juris, 2004, p. 109.

——. *O Direito como Sistema Autopoiético*. Lisboa: Calouste Gulbekian, 1993.

——. *Fragmentos Constitucionais*. Constitucionalismo Social na Globalização. São Paulo: Saraiva, 2016.

WARAT, Luis Alberto; ROCHA, Leonel Severo. *O Direito e sua Linguagem*. 2ª versão. Porto Alegre: SAFE, 1995.

——. *A Definição Jurídica*. Porto Alegre: Síntese, 1977.

WITTGENSTEIN, L. *Tractatus Logico-Philosophicus*. Paris: Gallimard, 1961.

— XI —

O diálogo entre o tribunal permanente de revisão e os tribunais constitucionais nacionais: o mecanismo da opinião consultiva e o direito mercosurenho de terceira dimensão

LUCIANE KLEIN VIEIRA[1]

Sumário: 1. Introdução; 2. A globalização, o patrimônio ambiental, o consumo sustentável e os tratados regionais de integração; 3. O MERCOSUL e a sua faceta jurídica; 4. O sistema de solução de controvérsias do MERCOSUL e as opiniões consultivas; 5. O direito ambiental do MERCOSUL; 6. O direito do consumidor do MERCOSUL; 7. Considerações finais: o convite aberto ao diálogo institucional entre o TPR e o juiz nacional; Referências.

1. Introdução

Os direitos fundamentais e os direitos humanos são categorizados em até cinco distintas dimensões, já bastante debatidas e exploradas pela doutrina.[2] Entre elas, destacam-se os direitos de terceira dimensão, que se referem, sobretudo, à defesa do meio ambiente e do consumidor, numa perspectiva de solidariedade e de fraternidade, que transcende o indivíduo, na medida em que expressam uma preocupação com o coletivo, com o bem-estar comum, sendo, portanto, chamados de direitos transindividuais ou direitos metaindividuais.[3]

---

[1] Professora do Programa de Pós-Graduação em Direito da Universidade do Vale do Rio dos Sinos – UNISINOS. Doutora e Mestre em Direito Internacional Privado pela Universidad de Buenos Aires – UBA. Mestre em Direito da Integração Econômica pela Universidad del Salvador – USAL e Universitè Paris I – Panthéon Sorbonne. Bacharel em Direito pela UNISINOS. Advogada e consultora. Membro da Diretoria da ASADIP (Asociación Americana de Derecho Internacional Privado). Diretora Adjunta para o MERCOSUL do BRASILCON (Instituto Brasileiro de Política e Direito do Consumidor). E-mail: lucianekleinvieira@yahoo.com.br.

[2] Ver, por exemplo: BOBBIO, Norberto. *A Era dos Direitos*. 9ª ed. Rio de Janeiro: Elsevier, 2004; SARLET, Ingo W. *A Eficácia dos Direitos Fundamentais*: uma teoria geral dos direitos fundamentais na perspectiva constitucional. 12ª ed. Porto Alegre: Livraria do Advogado, 2015; LAFER, Celso. *A Reconstrução dos Direitos Humanos*: um diálogo com o pensamento de Hannah Arendt. São Paulo: Cia. das Letras, 1998; BONAVIDES, Paulo. *Curso de Direito Constitucional*. 31ª ed. São Paulo: Malheiros, 2016.

[3] Sobre o termo meta-individuais, ver: WOLKMER, Antonio Carlos. "Direitos humanos: novas dimensões e novas fundamentações". In: *Direito em Debate*, nº 16/17, jan./jul. 2002. p. 16-19.

Sob esta ótica, o Mercado Comum do Sul (MERCOSUL), já desde a sua criação, vem se debruçando, ainda que com muitas dificuldades, na positivação de regras destinadas a brindar proteção ao consumidor transfronteiriço e que igualmente determinem a preservação do meio ambiente para as futuras gerações. Neste cenário, debate-se a adoção de normas e políticas regionais de desenvolvimento sustentável que, ao mesmo tempo, zele pelo estabelecimento de um padrão ou standard mínimo de proteção ao sujeito vulnerável da relação internacional de consumo.

Este artigo, tendo como base o direito ao meio ambiente e à defesa do consumidor, propõe o uso de ferramentas que estão à disposição da comunidade jurídica, para obter uma interpretação e aplicação uniforme, no território dos Estados-Partes, destes direitos de terceira dimensão, produzidos pelo MERCOSUL. A adoção de parâmetros comuns de interpretação do Direito do MERCOSUL auxiliará o bloco a resgatar a sua importância na agenda dos Estados e na vida dos destinatários destes direitos, como medida para a efetivação da tutela a que se destinam.

2. A globalização, o patrimônio ambiental, o consumo sustentável e os tratados regionais de integração

A globalização dos problemas de ordem ambiental é um fenômeno que se estabelece paralelamente à globalização da economia mundial. As ações e os comportamentos ambientais globais e transnacionais de cada Estado produzem efeitos extrajurisdicionais sobre o patrimônio ambiental compartilhado pela comunidade internacional.

Neste cenário, os acordos bilaterais ou multilaterais sobre o comércio internacional, geralmente pensados sob a estrutura dos princípios fundamentais do GATT (*General Agreement on Tariffs and Trade*), são criados para serem consistentes com o regime global do comércio internacional e, em geral, contemplam exceções que demostram uma certa preocupação com o desenvolvimento sustentável. Aqui, por exemplo, a União Europeia e o MERCOSUL, entre outros blocos de integração econômica, constituem-se em amostras do novo tratamento regional dispensado às questões ambientais e ao desenvolvimento econômico,[4] dando vazão ao constante processo de valorização econômica do ambiente. Este processo, inevitavelmente, precisa levar em consideração o impacto produzido pelas atividades humanas – principalmente relacio-

---

[4] FERNÁNDEZ VILA, María Fernanda. "La variable ambiental en el MERCOSUR". In: SANTOS, Ricardo Soares Stersi dos; NEGRO, Sandra (Orgs.). *Relações Internacionais, Comércio e Desenvolvimento*. Florianópolis: Editora da UFSC – Fundação Boiteux, 2011. p. 379.

nadas à produção, distribuição e consumo de bens e serviços – no meio ambiente.

A preocupação com a necessidade de alteração dos padrões de produção, distribuição e consumo, diante da iminência da escassez de recursos naturais, tem assolado a sociedade internacional. Sobre o tema, a Agenda 2030 para o Desenvolvimento Sustentável,[5] aprovada em 2015, que contempla os 17 objetivos das Nações Unidas para os próximos anos, dá um destaque central para o consumo e a produção responsáveis, entre outras ações destinadas a enfrentar, por exemplo, a mudança global do clima e a promover o desenvolvimento de uma agricultura sustentável, a disponibilização de energia limpa e acessível, o combate à pobreza, etc.

No MERCOSUL, o tema de alcance transnacional, antes referido, adquire especial relevância, dada a extraordinária diversidade biológica existente nos países que integram o bloco, que se vê por ora ameaçada pelos problemas ambientais gerados pela industrialização e pelo aumento desenfreado do consumo, associados ao desmatamento, degradação do solo, desertificação, poluição da água e do ar, tratamento inadequado dos resíduos sólidos, etc. Neste sentido, ou se alteram os padrões de produção, distribuição e consumo, ou não haverá mais recursos para as próximas gerações. Preocupado com este cenário, em 28 de junho de 2007, o Conselho do Mercado Comum (CMC) aprovou a Decisão nº 26,[6] que contempla a Política de Promoção e Cooperação em Produção e Consumo Sustentáveis[7] no MERCOSUL. A norma referida estabelece alguns lineamentos estratégicos destinados a: a) alcançar o adequado desempenho ambiental para a melhoria da competitividade e eficiência dos setores produtivos; b) otimizar os recursos naturais, matérias-primas e insumo; c) substituir materiais por outros menos contaminantes, a fim de minimizar a emissão de gases e resíduos; d) implementar e aplicar metodologias e tecnologias ambientais preventivas; e) desenvolver produtos e serviços que gerem menor impacto ambiental, etc.[8]

Como se pode observar, há uma estreita relação ou interconexão entre o Direito Ambiental e o Direito do Consumidor, ambos direitos de terceira dimensão, que são os principais eixos temáticos que deverão

---

[5] A Agenda referida pode ser consultada em: <https://nacoesunidas.org/pos2015/. Acesso em: 12 de junho de 2017>.

[6] O inteiro teor da Decisão referida pode ser consultado em: www.mercosur.int.

[7] No Anexo da Política de Promoção e Cooperação mencionada, a norma qualifica o que se entende por "consumo sustentável", nos seguintes termos: "o uso de bens e serviços que respondem às necessidades do ser humano e proporcionam uma melhor qualidade de vida e, ao mesmo tempo, minimizam o uso de recursos naturais, de materiais perigosos e a geração de desperdícios e contaminantes, sem colocar em risco as necessidades das gerações futuras".

[8] Art. 5º do Anexo constante na Decisão nº 26/2007.

ser observados nas agendas dos processos de integração regional, como medida a ser tomada em prol da coletividade, pautada na solidariedade e no direito ao desenvolvimento equilibrado e sustentável.

3. O MERCOSUL e a sua faceta jurídica

A ideia da integração regional, entre os países que compõem o MERCOSUL, não é recente. Desde 19 de outubro de 1979, quando foi firmado o Acordo Tripartite sobre Corpus e Itaipu,[9] entre Argentina, Brasil e Paraguai, destinado a solucionar o conflito entre as represas referidas, fala-se em cooperação internacional, desenvolvimento econômico e solução de conflitos na região.

A partir de então, uma série de antecedentes históricos de índole integracionista contribuíram para que em 26 de março de 1991, através do Tratado de Assunção, fosse levada a cabo a decisão de criar um mercado comum entre a Argentina, o Brasil, o Paraguai e o Uruguai, com o objetivo de alcançar as quatro liberdades de circulação – de pessoas, de mercadorias, de serviços e de investimentos estrangeiros –, coordenar políticas macroeconômicas e harmonizar a legislação dos Estados--Partes.[10] Para viabilizar a construção do espaço integrado, o Tratado de Assunção, em seu Preâmbulo, fez referência expressa à integração como condição para a aceleração do desenvolvimento econômico, mediante o aproveitamento mais eficaz dos recursos disponíveis, a preservação do meio ambiente, e a ampliação da oferta e da qualidade dos bens e serviços disponíveis, como medidas destinadas a melhorar as condições de vida dos habitantes da região.

Na atualidade, o bloco conta com mais dois membros, incorporados nos últimos anos – Venezuela (2012) e Bolívia (2015)[11] – estando aberto à

---

[9] SCOTTI, Luciana B. "El derecho de la integración en el MERCOSUR". In: NEGRO, Sandra (Dir.). *Derecho de la Integración. Manual.* 2ª ed. Buenos Aires/Montevideo: BdeF, 2013. p. 62.

[10] Conforme o art. 1º do Tratado de Assunção: (...) "Este Mercado Comum implica: a livre circulação de bens, serviços e fatores produtivos entre os países, através, entre outros, da eliminação dos direitos alfandegários e restrições não tarifárias à circulação de mercadorias e de qualquer outra medida de efeito equivalente; o estabelecimento de uma tarifa externa comum e a adoção de uma política comercial comum em relação a terceiros Estados ou agrupamentos de Estados e a coordenação de posições em foros econômico-comerciais regionais e internacionais; a coordenação de políticas macroeconômicas e setoriais entre os Estados Partes de comércio exterior, agrícola, industrial, fiscal, monetária, cambial e de capitais, de serviços, alfandegárias, de transporte e comunicações e outras que se acordem, a fim de assegurar condições adequadas de concorrência entre os Estados Partes; e o compromisso dos Estados Partes de harmonizar suas legislações, nas áreas pertinentes, para lograr o fortalecimento do processo de integração".

[11] Cabe destacar que a Bolívia, até a presente data, não finalizou o seu processo de adesão ao MERCOSUL, já que o tratado que formaliza o ingresso do Estado referido ao bloco, de 17 de julho de 2015, ainda não foi ratificado pelo Brasil, pelo Paraguai e pela própria Bolívia. (Para maiores informações sobre o estado de firmas e ratificações, ver: <http://www.mre.gov.py/tratados/pu-

adesão de outros Estados vinculados à Associação Latino-Americana de Integração (ALADI), criada pelo Tratado de Montevidéu de 1980.

Em que pese a ampliação ocorrida e os objetivos buscados pelo Tratado de Assunção, a organização internacional referida ainda se encontra numa etapa incipiente de desenvolvimento, com diversas assimetrias entre os Estados e períodos de estancamento das negociações, da produção normativa, e do comércio internacional *intra* bloco, sendo considerada ora uma união aduaneira imperfeita ora uma zona de livre comércio, etapas econômicas bastante distantes do mercado comum, que deveria haver sido conformado, conforme o art. 1º do Tratado de Assunção, em 31 de dezembro de 1994.

Diante deste cenário preocupante, um dos motivos apontados para o estancamento do bloco se deve à sua dimensão jurídica, especialmente, à falta de uma interpretação e aplicação uniforme do direito gerado em seu âmago. A importância da questão trazida à colação se justifica porque, atualmente, no MERCOSUL, não é difícil encontrar decisões de qualquer um dos tribunais internos dos Estados Partes que, tomando como base uma mesma norma mercosurenha, dão-lhe uma interpretação divergente, que muitas vezes não coincide com o objetivo buscado no momento de sua criação, o que termina por impedir a consecução dos propósitos expressados no Tratado de Assunção, impossibilitando, sobretudo, o alcance das quatro liberdades e a harmonização de legislações.

Em outras palavras, se cada juiz interpreta o Direito do MERCO-SUL conforme os seus próprios interesses nacionais e sem uma pauta de interpretação comum, a efetividade do sistema estará em risco e os destinatários diretos das decisões estarão submersos numa esfera de instabilidade e insegurança jurídica.

Prevendo esta dificuldade, a União Europeia, desde seus primórdios,[12] criou um Tribunal de Justiça, com sede em Luxemburgo, instituição responsável pela interpretação do Direito produzido pelo bloco europeu, que atua em cooperação com os juízes nacionais dos Estados Membros, por meio do mecanismo da questão prejudicial. Por meio dela, os juízes nacionais de última instância, especialmente as autoridades judiciais que integram os tribunais constitucionais, antes de

---

blic_web/DetallesTratado.aspx?id=wPEBvbgLt4cMYaxJfUrS%2fw%3d%3d&em=lc4aLYHVB0dF+kNrtEvsmZ96BovjLlz0mcrZruYPcn8%3d>. Acesso em: 12/06/2017.)

[12] Em 1952, quando da constituição da Comunidade Econômica do Carvão e do Aço, foi criado um tribunal de justiça comunitário, com a função de garantir o respeito do Direito na interpretação e aplicação dos Tratados. Esta instituição seguiu fazendo parte dos tratados constitutivos da Comunidade Econômica Europeia, de 1957, e da União Europeia, de 1992. Atualmente, desde o último ano referido, este tribunal se chama Tribunal de Justiça da União Europeia. (RIECHENBERG, Kurt. "El proceso prejudicial en la Unión Europea". In: *Anuario de Derecho Constitucional Latinoamericano*, tomo II, 2004. p. 1011).

aplicarem o Direito da União Europeia, deverão obrigatoriamente consultar o Tribunal de Justiça referido, para que interprete a norma comunitária que será aplicada ao caso concreto. A resposta brindada pelo Tribunal de Justiça do bloco vincula não somente ao juiz consultante, mas a todos os juízes dos 28 Estados -Membros da União Europeia. Esta solução permitiu que a organização internacional uniformizasse a interpretação e aplicação do Direito por ela produzido, criando princípios basilares do Direito Comunitário, tais como o efeito direito, a aplicabilidade imediata e a primazia do Direito da União, que contribuíram para que o bloco chegasse à atual etapa de desenvolvimento, constituindo-se no esquema de integração econômica mais avançado do qual se tem notícias.

Agora, pensando no atual estágio de desenvolvimento do MERCOSUL, é possível alcançar uma interpretação uniforme do Direito do bloco?[13] Que mecanismo se faz necessário para efetivar este propósito? Como os juízes nacionais podem ter acesso à interpretação do Direito do MERCOSUL, a fim de poder aplicá-la diante do caso concreto? Quem é o responsável pela interpretação do Direito do MERCOSUL? Como pode ser estabelecida a comunicação entre o juiz nacional e o responsável pela interpretação do Direito referido? Qual é a relação entre essa interpretação do Direito Mercosurenho com o Direito Ambiental e com o Direito do Consumidor produzidos pelo bloco e aplicados pelos juízes nacionais? Como alcançar o tão almejado desenvolvimento sustentável a partir da cooperação entre instituições nacionais e regionais? Estes e outros interrogantes nos conduzem a analisar a estrutura atual de desenvolvimento do sistema de solução de controvérsias do MERCOSUL, dando especial destaque ao mecanismo denominado "opinião consultiva".

4. O sistema de solução de controvérsias do MERCOSUL e as opiniões consultivas

Para auxiliar o bloco em seu crescimento, e a fim de dirimir os conflitos que ocorrem entre os Estados signatários do tratado constitutivo – derivados do descumprimento da normativa mercosurenha – foi criado um sistema de solução de controvérsias, com diferentes funções e etapas, que desde 2005 conta com um tribunal arbitral de convocatória permanente.

Este tribunal, denominado Tribunal Permanente de Revisão do MERCOSUL (TPR), foi criado pelo Protocolo de Olivos para a Solução

---

[13] Sobre o impacto da questão prejudicial na conformação do Direito do MERCOSUL, ver: GARCÍA, Ricardo Alonso. "Un paseo por la jurisprudencia supranacional europea y su reflejo en los sistemas interamericanos de integración." In: *Cuadernos de Derecho Público*. n° 1. 2008. p. 17-93.

de Controvérsias, de 2002, tendo sua sede na cidade de Assunção. Este órgão possui quatro competências em matéria jurisdicional, das quais a emissão de opiniões consultivas[14] é uma das mais importantes ferramentas para o desenvolvimento do esquema de integração[15] e, paradoxalmente, a menos utilizada.

A exemplo dos mecanismos existentes na União Europeia e também na Comunidade Andina e no Sistema da Integração Centro-americana, a opinião consultiva[16] constitui-se como um instrumento que tem por objetivo alcançar a unificação da interpretação do Direito mercosurenho, descobrindo o seu alcance e o sentido das normas regionais, para unificar critérios hermenêuticos e gerar um clima de maior previsibilidade e certeza jurídica,[17] já que o Direito do bloco terá, por esta via, uma aplicação idêntica em todas as jurisdições nacionais onde produz os seus efeitos.[18]

A importância do uso deste instrumento jurídico está relacionada ao fato de que a aplicação do Direito do MERCOSUL se produz em distintos Estados, por meio de autoridades nacionais com distintos critérios interpretativos – que advêm de idiossincrasias, histórias, tradições e realidades jurídicas diferentes –, que coexistem ao mesmo tempo e que aplicam o mesmo Direito. Ou seja, a pluralidade de interpretações à qual fica submetido o Direito da Integração conduz a uma falta de unidade interpretativa que poderia "violentar princípios que sustentam o

---

[14] Ver: VIEIRA, Luciane Klein. "El rol de las opiniones consultivas en el MERCOSUR para uniformizar la interpretación de la normativa regional". In: SCOTTI, Luciana (Dir.). *Balances y Perspectivas a 20 años de la Constitución del MERCOSUR*. Buenos Aires: EUDEBA, 2013. p. 119-149.

[15] As demais competências designadas para o TPR são: a) intervir, por acesso direto, nas controvérsias que um Estado Parte possa propor contra outro Estado Parte; b) entender nos recursos de revisão de laudos arbitrais emitidos pelos tribunais arbitrais *ad hoc*; c) ditar medidas excepcionais e de urgência contra um Estado Parte, baseadas num presumível descumprimento do Direito do MERCOSUL, a fim de evitar danos irreparáveis ao Estado peticionante.

[16] É interessante destacar a crítica feita ao nome empregado para o mecanismo da opinião consultiva, erigida por Diego P. Fernández Arroyo, para quem: "la terminología de 'opinión consultiva' escogida en el ámbito mercosureño, más allá de que ya fuera conocida, no parece del todo satisfactoria, aunque lo es más, sin dudas, que la otra, proveniente de la experiencia comunitaria europea, de 'cuestión prejudicial'. De lo que se trata, en todos los casos, es de una consulta que determinados órganos pueden o deben (en las reglas actualmente vigentes en el MERCOSUR no es obligatoria) someter al tribunal común para que éste se pronuncie, con carácter vinculante o no (en el MERCOSUR no es vinculante), acerca de la interpretación correcta del derecho del bloque. De ahí que 'consulta interpretativa' o 'consulta sobre la correcta interpretación' serían expresiones más ajustadas a la figura que ahora nos ocupa." (FERNÁNDEZ ARROYO, Diego P. "La Respuesta del Tribunal Permanente de Revisión del MERCOSUR a la Primera 'Consulta Interpretativa': escoba nueva siempre barre más o menos". In: *Jurisprudencia Argentina*, tomo III, 2007. p. 984.)

[17] DREYZIN DE KLOR, Adriana; HARRINGTON, Carolina. "Las opiniones consultivas en el MERCOSUR: el debut del mecanismo jurídico". In: *Revista de Derecho Privado y Comunitario*, n° 2, 2007. p. 573.

[18] CZAR DE ZALDUENDO, Susana. "El Protocolo de Olivos y la interpretación uniforme de la normativa MERCOSUR". In: DREYZIN DE KLOR, Adriana; *et all. Solução de Controvérsias no MERCOSUL*. Brasília: Câmara dos Deputados, 2003. p. 213.

processo",[19] devido às contradições as quais se pode chegar. Isto porque "cuando las instancias nacionales pueden interpretar a su arbitrio los textos comunitarios, se corre el peligro de fraccionar tal ordenamiento y de que se generen contradicciones que no conduzcan a los resultados a los cuales se aspira".[20]

Em razão deste cenário que poderia colocar em perigo a própria integração regional, o MERCOSUL, através do Protocolo de Olivos, art. 3º, conferiu ao CMC a faculdade de estabelecer mecanismos que devem ser obedecidos pelos requerentes para solicitar opinião consultiva ao TPR. A partir deste comando geral, o CMC criou dois Regulamentos, que determinam os procedimentos a serem seguidos, dependendo do órgão do qual emana o pedido consultivo.

Assim, se a consulta provém dos Estados-Partes atuando em conjunto ou de um órgão decisório do MERCOSUL – como o são o próprio CMC, o Grupo Mercado Comum (GMC) e ainda a Comissão de Comércio do MERCOSUL –, o pedido deverá obedecer ao procedimento estabelecido no Regulamento do Protocolo de Olivos, Decisão CMC nº 37/2003. No entanto, ainda que não disciplinado pelo Regulamento referido, também se estende ao Parlamento do MERCOSUL – criado em 14 de dezembro de 2006 –, órgão sem capacidade decisória, a legitimidade ativa para solicitar opinião consultiva, por autorização expressa do art. 13 do seu Protocolo Constitutivo.

Em contrapartida, se a opinião consultiva tiver como parte solicitante o Poder Judiciário de um dos Estados-Partes do MERCOSUL, o procedimento de elevação da consulta ao TPR vem definido no Regulamento do Procedimento para Solicitação de Opiniões Consultivas ao Tribunal Permanente de Revisão pelos Tribunais Superiores de Justiça dos Estados-Partes do MERCOSUL – Decisão CMC nº 02/2007. Este Regulamento definiu, por Estado, os órgãos do Poder Judiciário que podem elevar a consulta ao TPR. Deste modo, pela Argentina, tem legitimidade ativa a Suprema Corte de Justicia de la Nación (SCJN); pelo Brasil, o Supremo Tribunal Federal (STF); pelo Paraguai, a Corte Suprema de Justicia (CSJ) e, pelo Uruguai, a Suprema Corte de Justicia (SCJ) e o Tribunal del Contencioso Administrativo (TCA).[21] A Venezuela e a Bolívia ainda não definiram os tribunais internos que têm legitimidade

---

[19] DREYZIN DE KLOR, Adriana. "El Protocolo de Olivos". In: *Revista de Derecho Privado y Comunitario*, nº 1, 2003. p. 608.

[20] DREYZIN DE KLOR, Adriana. "El Reglamento del Protocolo de Olivos: algunas anotaciones". In: *Revista de Derecho Privado y Comunitario*, nº 1, 2004. p. 503.

[21] Sobre o tema, ver: VIEIRA, Luciane Klein. *Interpretação e Aplicação Uniforme do Direito da Integração: União Europeia, Comunidade Andina, Sistema da Integração Centro-americana e MERCOSUL*. Curitiba: Juruá, 2013. p. 137-144.

para a elevação da consulta,[22] assim como não possuem árbitros de sua nacionalidade no TPR, haja vista que ainda não entrou em vigência o Protocolo de Olivos II (Protocolo Modificativo do Protocolo de Olivos para a Solução de Controvérsias no MERCOSUL), que adapta o Protocolo de Olivos às futuras alterações no número de Estados-Partes do MERCOSUL, na medida em que a sua atual redação não permite a designação de árbitros de outras nacionalidades – que não as dos Estados originários – para compor o TPR.[23]

Com relação ao que pode ser objeto da consulta que será elevada ao TPR pelos tribunais supramencionados, cabe destacar que a mesma deverá se referir exclusivamente à interpretação jurídica do Tratado de Assunção, do Protocolo de Ouro Preto, dos protocolos e acordos celebrados no âmbito do Tratado de Assunção, das Decisões do CMC, das Resoluções do Grupo do Mercado Comum (GMC) e das Diretivas da Comissão de Comércio do MERCOSUL (CCM).[24] Em outras palavras, a consulta deverá ter como base o Direito do MERCOSUL, que deverá ser aplicado no caso concreto pelo juiz nacional, quando se trata de pedido proveniente do Poder Judiciário de um dos Estados-Partes.

Nesse diapasão, é de se destacar que apesar de os legitimados ativos serem, em geral, tribunais constitucionais dos Estados, de última instância, a consulta igualmente pode ser dirigida a eles por um juiz ou tribunal de inferior instância. Este procedimento interno de solicitação da opinião consultiva vem regulado autonomamente, por cada Estado, no seu direito de fonte interna. Dos quatro membros originários do MERCOSUL, o primeiro país a regulamentar o referido procedimento de elevação da consulta interpretativa ao TPR foi o Uruguai, por meio da "Acordada" n° 7.604, de 24 de agosto de 2007, da SCJ. Em 18 de junho de 2008, a Argentina, através da "Acordada" n° 13 da CJSN, regulamentou a tramitação interna prévia à remissão dos pedidos consultivos ao TPR. Em 11 de novembro de 2008, foi a vez do Paraguai regulamentar o procedimento nacional, por meio da "Acordada" n° 549 da CSJ e, finalmente, em 03 de abril de 2012, por meio da Emenda Regimental n° 48,

---

[22] Com relação à Venezuela, que é membro pleno do MERCOSUL, a falta de definição de tribunais internos, assim como a inexistência de um árbitro de sua nacionalidade no TPR, não impede que seja elevada consulta, por parte do Judiciário venezuelano, ao tribunal do bloco, por ausência de disposições normativas.

[23] Especificamente sobre a situação da Venezuela e as dificuldades para adaptar-se ao sistema de solução de controvérsias do MERCOSUL, ver: NEGRO, Sandra C.; VIEIRA, Luciane Klein. "Transformaciones en la integración regional. Venezuela y el sistema de solución de diferencias del MERCOSUR". In: UZCÁTEGUI, Astrid; DE JESÚS, María Inés (Comp.). *Venezuela ante el MERCOSUR*. Vol. II. Serie Estudios. Caracas: Academia de Ciencias Políticas y Sociales. Universidad de Los Andes, Universidad Católica Andrés Bello, 2015. pp. 45-61.

[24] Artigo 4.1 do Regulamento do Protocolo de Olivos, Decisão CMC n° 37/2003.

do STF, o Brasil regulamentou o seu procedimento interno de elevação da consulta.[25]

De fato, como funciona essa consulta que os tribunais nacionais (cortes constitucionais) dos Estados-Partes podem fazer ao TPR? É possível, através dela, estabelecer um diálogo institucional em termos de cooperação jurídica horizontal, entre os tribunais internos e o tribunal do bloco? O Direito Ambiental e o Direito do Consumidor do MERCO-SUL também poderiam ser objeto dessa consulta? Essa consulta poderia servir como um instrumento para o fortalecimento dos direitos de terceira dimensão na região?

Estes interrogantes nos conduzem a refletir sobre a base jurídica na qual está erigida a opinião consultiva, no bloco, a fim de encontrar alternativas para a efetivação de seus propósitos.

Nesta seara, o principal problema que se apresenta, ademais da falta de conhecimento dos profissionais do Direito a respeito da existência deste mecanismo, é que, por exemplo, ao contrário do que existe em termos de União Europeia,[26] no MERCOSUL, não há obrigatoriedade de elevação da consulta ao TPR, mesmo sendo um órgão do Poder Judiciário de última instância, que precisa aplicar ao caso concreto o Direito do MERCOSUL, a fim de solucioná-lo. Igualmente, e mais grave ainda, a resposta brindada pelo TPR, conforme determina o art. 11 do Regulamento do Protocolo de Olivos, não é vinculante, nem obrigatória. Em outras palavras, mesmo que o tribunal interno de um Estado-Parte haja efetuado a consulta ao TPR, o mesmo não é obrigado a seguir a interpretação dada pelo tribunal do bloco. A este respeito, são pertinentes as críticas trazidas à colação:

> (...) esta opción del RPO se aleja de la filosofía y del espíritu de los sistemas de solución de controversias de un proceso de integración en estado avanzado como el MERCOSUR. Más aún, siendo que la finalidad principal del mecanismo de la OC es garantizar la uniforme interpretación y aplicación del Derecho del bloque, en especial por parte de los jueces nacionales de los Estados, no se comprende la lógica de negar todo efecto vinculante a la sentencia del TPR.[27]

Estas falências do sistema mercosurenho acabam colocando em xeque toda a integração regional, na medida em que possibilitam a

---

[25] Especificamente sobre o caso brasileiro, ver: VIEIRA, Luciane Klein; MARTINS FILHO, Marcos Simões. "As opiniões consultivas do MERCOSUL solicitadas pelo poder judiciário brasileiro". In: *Revista dos Tribunais*, vol. 931, maio/2013. pp. 217-236.

[26] Sobre o tema da questão prejudicial na União Europeia, ver: VIEIRA, Luciane Klein. *Interpretação e Aplicação Uniforme do Direito da Integração: União Europeia, Comunidade Andina, Sistema da Integração Centro-americana e MERCOSUL*. Op. cit. p. 23-67; GARCÍA, Ricardo Alonso; UGARTEMENDIA ECEIZABARRENA, Juan Ignacio (Dirs.). *La Cuestión Prejudicial Europea*. European Inklings (EUi), nº 4, 2014.

[27] PEROTTI, Alejandro Daniel. *Tribunal Permanente de Revisión y Estado de Derecho en el MERCOSUR*. Buenos Aires: Marcial Pons, 2008. p. 77.

existência de interpretações dissimiles que terminam por desviar-se da intenção original dos Estados no momento da adoção das normas integracionistas que são objeto da consulta.

5. O direito ambiental do MERCOSUL

Uma vez detalhado o que é a opinião consultiva como ferramenta que foi posta à disposição dos Estados, no MERCOSUL, para uniformizar critérios interpretativos, é necessário verificar o que compõe, materialmente, os direitos de terceira geração, no bloco. Para tanto, vejamos, primeiramente, como está composto o Direito Ambiental Mercosurenho, para logo verificar se o mesmo pode ser objeto de consulta ao TPR, nos moldes do que foi acima mencionado.

Desta forma, o Preâmbulo do Tratado de Assunção, de 1991, dispõe que os Estados-Partes, através da integração regional, pretendem acelerar o seu processo de desenvolvimento econômico com justiça social, e que este objetivo

deve ser alcançado mediante o aproveitamento mais eficaz dos recursos disponíveis, a preservação do meio ambiente, o melhoramento das interconexões físicas, a coordenação das políticas macroeconômicas, e a complementação dos diferentes setores da economia, com base nos princípios de gradualidade, flexibilidade e equilíbrio.

No mesmo ano da constituição do MERCOSUL, o CMC, por meio da Decisão n° 03/1991, instituiu a possibilidade do estabelecimento de acordos setoriais para a preservação do meio ambiente e deu a conhecer a Declaração Conjunta sobre Meio Ambiente, de 16 de setembro do ano em destaque, que contempla a necessidade de se negociar um tratado sobre a conservação da diversidade biológica e dos recursos hidrobiológicos, prevenção de acidentes e catástrofes, tratamento de dejetos e produtos nocivos ou perigosos, desertificação, atividade humana e meio ambiente, insumos agrícolas, saneamento, resíduos sólidos, contaminação transfronteiriça, entre outros temas.[28]

Em 1992, foi firmada a Declaração de Canela, que estabelece posições comuns sobre meio ambiente e desenvolvimento, para os Estados da região, determinando, entre outras coisas, que as transações comerciais devem incluir os custos ambientais causados nas etapas produtivas, mas sem transferi-los às gerações futuras, e que as normas ambientais não podem servir como barreiras não tarifárias, para impedir ou dificultar a livre circulação de mercadorias, um dos objetivos do Tratado de Assunção. No mesmo ano, na segunda reunião de cúpula

---

[28] CRETELLA NETO, José. *Curso de Direito Internacional do Meio Ambiente*. São Paulo: Saraiva, 2012. p. 515-516.

dos Presidentes dos Estados-Partes, ocorrida em Las Leñas, criou-se a Reunião Especializada em Meio Ambiente (REMA).[29]

Após uma reestruturação, por meio da Resolução n° 20/1995, o GMC criou o Subgrupo de Trabalho n° 6 sobre "Meio Ambiente" (SGT n° 6), composto por representantes dos organismos ambientais nacionais dos Estados-Partes,[30] o qual tem como objetivo promover o desenvolvimento sustentável na região, mediante ações que garantam a transversalidade da temática ambiental no processo de integração, para adoção de medidas ambientais efetivas, economicamente eficientes e socialmente equitativas.

Após a criação do SGT n° 6, a Resolução n° 38/1995 do GMC determinou, entre outras medidas, que fosse inserida na agenda do Subgrupo referido a harmonização de legislações que levasse à elaboração de um Protocolo Adicional sobre o Meio Ambiente, o qual foi finalmente adotado em 1997.

No ano 2000, a Decisão n° 10 do CMC aprovou a complementação do Plano Geral de Cooperação e Coordenação Recíproca para a Segurança Regional entre os Estados-Partes, em matéria de ilícitos ambientais, tais como a poluição do meio ambiente, depredação da biodiversidade, tráfico da fauna, flora e substâncias e produtos perigosos.[31]

Em 22 de junho de 2001, foi firmado o Acordo-Quadro sobre Meio Ambiente do MERCOSUL, principal norma ambiental do bloco.[32] O Acordo referido, incorporado ao direito brasileiro pelo Decreto n° 5.208/2004, estabelece seis princípios gerais[33] destinados à proteção

---

[29] DEVIA, Leila. "La política ambiental en el marco del Tratado de Asunción". In: DEVIA, Leila (Coord.) *MERCOSUR y Medio Ambiente*. 2ª ed. Buenos Aires: Ciudad Argentina, 1998. p. 28.

[30] Este Subgrupo possui os seguintes órgãos temáticos: Grupo Ad Hoc sobre Gestão Ambiental de Resíduos e Responsabilidade Pós-Consumo; Grupo Ad Hoc CyMA – Competitividade e Meio Ambiente; Grupo Ad Hoc de Luta contra a Desertificação e a Seca; Grupo Ad Hoc sobre Bens e Serviços Ambientais; Grupo Ad Hoc sobre Qualidade do Ar; Grupo Ad Hoc sobre Gestão Ambiental de Substâncias e Produtos Químicos; e Grupo Ad Hoc SIAM – Sistema de Informação Ambiental do MERCOSUL.

[31] DEVIA, Leila. "Escenario ambiental internacional". In: DEVIA, Leila (Coord.) *Nuevo Rumbo Ambiental*. Buenos Aires: Ciudad Argentina, 2008. p. 178.

[32] Sobre o Acordo referido, ver: D'ISEP, Clarissa Ferreira Machado. "MERCOSUL e o meio ambiente: análise da tutela regional ambiental". In: *Revista de Direito Internacional. Brazilian Journal of International Law*, vol. 14, n° 1, 2017. pp. 284-294.

[33] Veja-se: "Art. 3º. Em suas ações para alcançar o objetivo deste Acordo e implementar suas disposições, os Estados Partes deverão orientar-se, *inter alia*, pelo seguinte: a) promoção da proteção do meio ambiente e aproveitamento mais eficaz dos recursos disponíveis mediante a coordenação de políticas setoriais, com base nos princípios de gradualidade, flexibilidade e equilíbrio; b) incorporação da componente ambiental nas políticas setoriais e inclusão das considerações ambientais na tomada de decisões que se adotem no âmbito do MERCOSUL para fortalecimento da integração; c) promoção do desenvolvimento sustentável por meio do apoio recíproco entre os setores ambientais e econômicos, evitando a adoção de medidas que restrinjam ou distorçam de maneira arbitrária ou injustificável a livre circulação de bens e serviços no âmbito do MERCOSUL; d) tratamento prioritário e integral às causas e fontes dos problemas ambientais; e) promoção da efetiva participação

do meio ambiente (art. 3º), demonstra a preocupação com a tomada de medidas destinadas ao desenvolvimento sustentável para a melhoria da qualidade de vida da população (art. 4º) e dá prioridade à cooperação entre os Estados para a prevenção do dano ambiental (arts. 5º e 6º).

Em 07 de julho de 2004, foi aprovado o Protocolo Adicional ao Acordo-Quadro sobre Meio Ambiente do MERCOSUL em matéria de cooperação e assistência frente a emergências ambientais, internalizado ao direito brasileiro pelo Decreto nº 7.940/2013, que estabelece medidas para que os Estados possam prestar auxílio recíproco quando ocorrer uma emergência que tenha consequências efetivas ou potenciais ao meio ambiente ou à população de seu território.

Em que pese a adoção das normas e medidas referidas, o Direito Ambiental do MERCOSUL não tem obtido o desenvolvimento esperado e desde meados do ano 2000 se encontra paralisado. Até a presente data, por exemplo, não há normas regulando a importante temática da responsabilidade civil internacional por danos ambientais transfronteiriços. A necessidade do estabelecimento destas normas se faz premente, haja vista que danos ambientais com projeção extraterritorial não se constituem em algo de difícil ocorrência. Como exemplo, podem ser mencionados o caso da fábrica de celulose Botnia, estabelecida às margens do Rio Uruguai, que levou à controvérsia entre a Argentina e o Uruguai no âmbito do sistema de solução de controvérsias do MERCOSUL (2006), assim como o caso dos pneumáticos recauchutados, que suscitou disputas entre o Uruguai e o Brasil (2002) e o Uruguai e a Argentina (2005).

Diante deste cenário, que medidas podem ser tomadas para fortalecer o Direito Ambiental do MERCOSUL? É possível que a partir do diálogo entre os tribunais nacionais – especialmente os tribunais constitucionais – e o TPR se estabeleça a interpretação e aplicação uniforme do Direito Ambiental do MERCOSUL, de modo a preencher lacunas e gerar uma jurisprudência uniforme, na região? Esse diálogo pode proporcionar que os temas ambientais, imprescindíveis para o desenvolvimento do comércio internacional e do consumo sustentáveis, assim como para o bem-estar das gerações atuais e futuras, voltem à agenda oficial do MERCOSUL?

Como se pode rapidamente observar, o Direito Ambiental do MERCOSUL encontra-se numa fase incipiente de desenvolvimento. Existem, no bloco, poucas normas regulando a matéria e quase tudo está por ser feito. Não obstante isso, paradoxalmente, os eventos que geram danos ambientais, envolvendo a atuação transfronteiriça dos Estados-Partes

da sociedade civil no tratamento das questões ambientais; e f) fomento à internalização dos custos ambientais por meio do uso de instrumentos econômicos e regulatórios de gestão".

ou de particulares dos Estados referidos, constituem o cotidiano mercosurenho e demandam respostas jurídicas imediatas, coordenadas e uniformes.

Tal como vimos anteriormente, o MERCOSUL, para solucionar conflitos envolvendo os Estados-Partes, criou o sistema de solução de controvérsias e, a partir da entrada em vigência do Protocolo de Olivos, tem o TPR como instância máxima em termos de interpretação do Direito Mercosurenho. Neste sistema, as questões envolvendo o Direito Ambiental podem sim ser discutidas, por autorização expressa do Acordo-Quadro sobre Meio Ambiente do MERCOSUL, que no seu art. 8º, estabelece que "as controvérsias que surgirem entre os Estados Partes com relação à aplicação, interpretação ou descumprimento das disposições contempladas no presente Acordo serão resolvidas por meio do Sistema de Solução de Controvérsias vigente no MERCOSUL".

Em que pese a autorização expressa referida, até os dias atuais, tivemos poucas causas que utilizaram tal sistema (caso das papeleiras e dos pneumáticos recauchutados) e, a *contrario sensu*, não tivemos nenhum pedido de opinião consultiva sobre matéria ambiental.

6. O direito do consumidor do MERCOSUL

Em matéria de Direito do Consumidor, o MERCOSUL tem experimentado períodos de maior atividade legislativa, se compararmos com a produção normativa no Direito Ambiental.

Sobre o tema, Gabriel Stiglitz alerta que é notório que num mundo globalizado, quando os Estados decidem formar um bloco econômico, como é o caso do MERCOSUL, a proteção sem fronteiras do consumidor é um dos objetivos naturais que derivam da integração econômica.[34]

Ao longo da existência do MERCOSUL, a política de proteção do consumidor transitou por uma evolução dividida em várias etapas.[35]

---

[34] STIGLITZ, Gabriel. "El derecho del consumidor en Argentina y en el MERCOSUR". In: *La Ley*, tomo 1995-B. p. 1371.

[35] Conforme destaca a doutrina, o MERCOSUL passou por cinco etapas de evolução no tratamento do direito do consumidor: a) *a primeira etapa*, conhecida como "fase do esquecimento", durou de 1985, momento anterior à criação do bloco, até 1991, período no qual se verificou a falta de influência da Resolução A/RES/39/248 da Assembleia Geral da ONU, que estabeleceu as diretrizes para que os governos legislassem em matéria de proteção ao consumidor, já na elaboração do Tratado de Assunção; b) *a segunda etapa*, chamada de "era da esperança", compreendida entre 1991 e 1994, engloba o período de criação do bloco, até a edição do Protocolo de Ouro Preto, que criou outras instituições mercosurenhas e estabeleceu a personalidade jurídica de direito internacional, para o MERCOSUL. Neste momento, os Ministros de Justiça dos Estados passaram a traçar pautas básicas de proteção ao consumidor, acreditando na elaboração de uma legislação protetiva comum, a futuro; c) *a terceira etapa*, denominada "idade estranha do ouro", teve começo em 1994, quando, neste então, a Constituição Nacional da Argentina foi modificada para incluir, no seu art. 42, uma lista de direitos do consumidor. De 1994 até 1997, consolidou-se a política de proteção do consumidor, como sendo uma política do MERCOSUL, na qual participa o CT nº 7. Neste momento, foi elaborado o primeiro

Aqui, diversas foram as metodologias de produção normativa empregadas (*hard law* e *soft law*) pelo Comitê Técnico nº 7 (CT nº 7), criado em 15 de fevereiro de 1995, para estabelecer propostas de harmonização legislativa que resultem em padrões elevados de proteção ao consumidor que atua no mercado integrado.

Além do desempenho do CT nº 7, as reuniões de cúpula do MERCOSUL, que reúnem os Chefes de Estado, também optaram por adotar recomendações ou guias de conduta que, como instrumentos de *soft law*, impactaram diretamente na atividade legislativa do bloco. Neste sentido, cabe destacar a importância da Declaração Conjunta dos Presidentes de Argentina, Brasil, Paraguai e Uruguai, de 15 de dezembro de 2000, celebrada em Florianópolis, onde se proclamou que os direitos humanos incluem os direitos do consumidor,[36] e que a sua proteção deve ser considerada como um elemento indissociável do desenvolvimento econômico.[37] Nesta ocasião, foi aprovada a Declaração dos Direitos Fundamentais dos Consumidores do MERCOSUL,[38] que, entre o rol de

---

instrumento de Direito Internacional Privado, na matéria, Resolução nº 126/1994; d) *a quarta etapa*, conhecida como "idade do realismo", durou de 1997 até 2000. Nesta oportunidade, a atuação do CT nº 7 foi revisada, ficando estabelecido que os Estados passariam a trabalhar com questões pontuais vinculadas ao direito do consumidor, em prol de uma harmonização mínima de legislações. Neste período foi elaborado o Protocolo de Santa Maria sobre jurisdição em matéria de contratos internacionais com consumidores. Em 1998 e 1999, Uruguai e Paraguai, respectivamente, adotaram leis de proteção ao consumidor; e) *a quinta etapa*, chamada de "era da investigação", começa no ano 2000, quando o MERCOSUL foi relançado, contando com uma declaração presidencial conjunta que invoca a proteção do consumidor. Em 2003, os países mercosurenhos participaram da convocatória da Organização de Estados Americanos (OEA), para a criação de instrumentos legislativos no âmbito da VII Conferência Interamericana de Direito Internacional Privado (CIDIP VII) para a proteção internacional do consumidor, valendo-se de algumas das bases legislativas do MERCOSUL. Em 2004, foi criado o Foro Permanente de Cortes Supremas do MERCOSUL, em cujo âmbito se debate a proteção do consumidor nos tribunais nacionais. (MARQUES, Cláudia Lima. "Consumer protection policy in MERCOSUR: an evolution". In: BOURGOIGNIE, Thierry. *Regional Economic Integration and Consumer Protection*. Québec: Ivon Blais, 2009. pp. 368-379.) Ainda com relação ao desenvolvimento do Direito do Consumidor no MERCOSUL, podemos apresentar uma *sexta etapa*, que teve começo no ano de 2010, na qual se verifica um intenso movimento legislativo, onde foram apresentadas uma série de projetos em matéria de defesa do consumidor, voltados, principalmente, à sua proteção na esfera internacional. A partir dali, ganha protagonismo a proteção do consumidor turista e o projeto de harmonização legislativa em matéria de lei aplicável aos contratos internacionais de consumo. Ainda, em 2010, cria-se o Estatuto da Cidadania do MERCOSUL, que dá especial destaque à criação da Escola MERCOSUL de Defesa do Consumidor, entre outras políticas públicas que ainda estão em fase de implementação.

[36] Sobre el tema, ver: TAMBUSSI, Carlos Eduardo. *El Consumo como Derecho Humano*. Buenos Aires: Editorial Universidad, 2009. pp. 29-44.

[37] BOURGOIGNIE, Thierry. "Integración regional y la protección del consumidor en las Américas y en Europa". In: BOURGOIGNIE, Thierry (Dir.). *Intégration Économique Régionale et la Protection du Consommateur*. Cowansville-Québec: Éditions Yvon Blais, 2009. p. 47.

[38] Veja-se a lista completa de direitos do consumidor, contidos na Declaração: "a) la protección eficaz de la vida, la salud, y la seguridad del consumidor y del medio ambiente contra los riesgos provocados por prácticas en el suministro de productos y servicios; b) el equilibrio en las relaciones de consumo, asegurando el respeto a los valores de dignidad y lealtad, sobre la base de la buena fe, conforme la legislación de cada país; c) la provisión de servicios, tanto los públicos como los privados y productos en condiciones adecuadas y seguras; d) el acceso al consumo con libertad de

direitos, elenca a necessidade de "proteção eficaz da vida, da saúde, da segurança do consumidor e do meio ambiente contra os riscos provocados por práticas no fornecimento de produtos e serviços".[39]

Já em matéria de *hard law*, a primeira norma surgida no MERCOSUL foi a Resolução n° 126/1994, que constitui o verdadeiro pedestal da política de proteção do consumidor,[40] na medida em que recomenda a adoção de normas que sejam compatíveis com os padrões internacionais e afirma que o processo de harmonização legislativa deve levar em consideração o consumidor como agente econômico vulnerável. Ademais, é a única norma mercosurenha vigente que contém normas de Direito Internacional Privado do Consumidor, pois indiretamente indica a lei do mercado de destino[41] dos produtos e serviços como a aplicável aos conflitos envolvendo o consumidor transfronteiriço.

Posteriormente, em 1996, foram aprovadas cinco Resoluções,[42] fruto do trabalho do CT n° 7, com o objetivo de que integrassem o Regulamento Comum de Defesa do Consumidor. Este Regulamento, que continha um rol extenso e exaustivo de normas materiais, ao final nunca entrou em vigência, mas serviu para reconduzir os trabalhos do CT n° 7

---

elección, sin discriminaciones ni arbitrariedades; e) la efectiva prevención y reparación por daños patrimoniales y extrapatrimoniales al consumidor y la sanción de los responsables; f) la educación para el consumo y fomento en el MERCOSUR del desarrollo de entidades que tengan por objeto la defensa del consumidor; g) la información suficiente, clara y veraz; h) la protección contra la publicidad no permitida, conforme la legislación vigente en cada Estado Parte, de productos y servicios; i) la protección contra prácticas abusivas y métodos coercitivos o desleales; j) la protección contra cláusulas contractuales abusivas, conforme la legislación vigente en cada Estado Parte; k) la facilitación del acceso a los órganos judiciales, administrativos y a medios alternativos de solución de conflictos, mediante procedimientos ágiles y eficaces, para la protección de los intereses individuales y difusos de los consumidores". (Sobre a Declaração, ver: GRASSI NETO, Roberto. "A política de proteção do consumidor no sistema de integração regional do Mercosul". In: MARQUES, Cláudia Lima; MIRAGEM, Bruno (Orgs.) *Direito do Consumidor: fundamentos do direito do consumidor. Doutrinas Essenciais* – Vol. I. São Paulo: Editora Revista dos Tribunais, 2011. p. 1363.

[39] É necessário referir que, não obstante tenha havido a menção à proteção do meio ambiente, na Declaração dos Direitos Fundamentais do Consumidor, a preocupação com o consumo sustentável, – que ganhou destaque em 2007, por meio da Decisão n° 26, referida no item n° 2 deste artigo – parece ter perdido força e o bloco se direcionou a uma produção normativa que praticamente ignora este eixo temático.

[40] BOURGOIGNIE, Thierry. *Op. cit.* p. 48.

[41] MARQUES, Cláudia Lima. *Confiança no Comércio Eletrônico e a Proteção do Consumidor (um estudo dos negócios jurídicos de consumo no comércio eletrônico*. São Paulo: Editora Revista dos Tribunais, 2004. p. 428. No mesmo sentido: PERIN JÚNIOR, Ecio. *A Globalização e o Direito do Consumidor. Aspectos Relevantes sobre a Harmonização Legislativa dentro dos Mercados Regionais*. Barueri: Manole, 2003. p. 122.

[42] Entre as resoluções aprovadas pelo GMC estão: a) Resolução n° 123/1996 sobre a qualificação de consumidor, fornecedor, relação de consumo, produto e serviço; b) Resolução n° 124/1996, que contém uma lista não exaustiva de direitos básicos do consumidor; c) Resolução n° 125/1996, com normas sobre o nível de qualidade, riscos, saúde e segurança dos produtos e serviços postos à disposição no mercado, além de abordar o tema do dever de informação ao consumidor sobre estes riscos; d) Resolução n° 126/1996, que trata da publicidade enganosa e publicidade comparativa; e) Resolução n° 127/1996, que traz normas sobre garantia contratual de produtos e serviços, sem abordar a garantia legal.

na direção da elaboração de instrumentos que contemplem um conjunto de diretrizes mínimas de harmonização e que trabalhem com temas específicos.[43]

Ainda com relação às Resoluções adotadas a partir das propostas do CT nº 7, cabe destacar que, em 1998, foi aprovada a Resolução nº 42 sobre garantia contratual. Em 2004, aprovou-se a Resolução nº 21, que garante aos consumidores o direito à informação clara, precisa, suficiente e de fácil acesso sobre o fornecedor do produto ou serviço, nas transações realizadas eletronicamente. Em 2006, pela Resolução nº 45, finalmente estabeleceu-se a proteção do consumidor frente à publicidade enganosa. Em 2010, por meio da Resolução nº 1, que trata da proteção da saúde e segurança dos consumidores, obrigaram-se os fornecedores que tiverem conhecimento da periculosidade ou nocividade dos produtos e serviços posto à disposição no mercado de consumo a comunicarem imediatamente tal circunstância às autoridades nacionais competentes e aos consumidores, mediante avisos e anúncios publicitários, devendo haver cooperação entre os Estados-Partes para assegurar o intercâmbio de informações. Em 2011, a Resolução nº 34 abordou os conceitos básicos em matéria de defesa do consumidor, trazendo a qualificação de consumidor, fornecedor, relação de consumo, produto e serviço. Já em 2013, foi aprovada a Resolução nº 7 com recomendações para a saúde dos viajantes que adentrem zonas de risco ou transmissão de enfermidades. Mais recentemente, em 2017, aprovou-se a Resolução nº 04, que estabelece o procedimento integrado de alerta e retirada dos produtos e serviços considerados potencialmente nocivos e perigosos (*recall*), no MERCOSUL.

O CT nº 7, além de trabalhar com a harmonização legislativa do direito material do consumidor, igualmente, esforçou-se para a harmonização das normas de conflito, de Direito Internacional Privado, como já destacado. Neste sentido, em 22 de novembro de 1996, foi aprovado o Protocolo de Santa Maria sobre Jurisdição Internacional em Matéria de Relações de Consumo, que, entre outras regras visionárias, adota o foro do domicílio do consumidor como regra geral para estabelecer a jurisdição internacional, reconhecendo as dificuldades e os riscos de um processo judicial levado a cabo no estrangeiro.[44] Em que pese a impor-

---

[43] MARQUES, Cláudia Lima. "Direitos do consumidor no Mercosul: algumas sugestões frente ao impasse". In: *Revista de Direito do Consumidor*, nº 32, out./dez. 1999. p. 29.

[44] Interessante referir que o direito brasileiro de fonte interna somente adotou o critério do domicílio ou residência do consumidor, para abrir a jurisdição do juiz nacional, nas demandas envolvendo o consumidor transfronteiriço, com o advento do Novo Código de Processo Civil, de 2015, art. 22, inciso II. (Ver: AMARAL JÚNIOR, Alberto do; VIEIRA, Luciane Klein. "A jurisdição internacional e a proteção do consumidor transfronteiriço: um estudo comparativo entre as recentes alterações legislativas verificadas no Brasil e na Argentina". In: RAMOS, André de Carvalho (Org.). *Direito Internacional Privado*: questões controvertidas. Belo Horizonte: Arraes, 2016. p. 310-323.)

tância da norma referida, o Protocolo jamais entrou em vigência por estar a mesma condicionada à aprovação do Regulamento Comum de Defesa do Consumidor. Em matéria de lei aplicável, encontra-se, ainda, em fase de aprovação, o Projeto de Decisão do CMC n° 15/2012,[45] que contempla o Acordo MERCOSUL sobre Direito Aplicável em Matéria de Contratos Internacionais de Consumo.[46] O Projeto referido aborda a condição do consumidor transfronteiriço passivo (aquele que não sai do território do Estado de seu domicílio para contratar) e ativo (consumidor turista). Ademais, permite o emprego da autonomia da vontade para a escolha da lei que regerá o contrato, limitando-a a um rol de direitos preestabelecidos, que ficam à disposição do consumidor, fazendo especial preferência pela escolha do direito do Estado de domicílio do consumidor, condicionando a efetividade da eleição realizada a que o direito escolhido seja mais favorável à parte vulnerável do contrato.

Ainda, é digna de menção a Decisão n° 64/2010 sobre o Estatuto da Cidadania do MERCOSUL, que contempla um Plano de Ação com medidas e procedimentos, nas mais diversas esferas, que deverão ser implementados até o trigésimo aniversário do Tratado de Assunção (26 de março de 2021), a fim de consolidar o enfoque multidimensional da integração, em favor dos direitos dos nacionais dos Estados-Partes. Entre os diversos temas abordados, o Plano de Ação destaca, no art. 2°, item 10, a criação do Sistema MERCOSUL de Defesa do Consumidor, composto por: a) um Sistema MERCOSUL de Informação e Defesa do Consumidor; b) uma ação regional de capacitação, representada pela criação da Escola MERCOSUL[47] de Defesa do Consumidor; e c) a elaboração de uma norma MERCOSUL aplicável aos contratos internacionais de consumo. Sem embargo, deve-se registrar que o Estatuto da Cidadania perdeu a oportunidade de pautar diretrizes em matéria de consumo sustentável, em que pese haver determinado, no seu Preâmbulo, que é fundamental avançar no aprofundamento da dimensão social e cidadã do processo de integração, com vistas a alcançar um desenvolvimento sustentável.

Como se pode observar a partir do exposto, a maior parte das normas mercosurenhas em matéria de defesa do consumidor não se

---

[45] O texto da última versão do Projeto encontra-se na Ata n° 3 da LXXXIX Reunião Ordinária do GMC. Cuiabá, 16 e 18/10/2012. Anexo III. Disponível em: <http://www.mercosur.int/innova-portal/v/383/2/innova.front/busqueda_avanzada>. Acesso em: 12/06/2017.

[46] Sobre as diversas versões do Acordo e os temas abordados, ver: VIEIRA, Luciane Klein. "El Proyecto de Acuerdo del MERCOSUR sobre derecho aplicable en materia de contratos internacionales de consumo". In: *Revista de Direito do Consumidor*, n° 99, mai/jun. 2015. p. 159-181.

[47] Na XLVIII Reunião Ordinária do CMC, ocorrida em Brasília, em 17/07/2015, foi lançado o Manual de Defesa do Consumidor do MERCOSUL, bem como foram anunciados os Cursos MERCOSUL *online* de Defesa do Consumidor. A obra pode ser consultada em: MINISTÉRIO DA JUSTIÇA. SECRETARIA NACIONAL DO CONSUMIDOR. *Manual de Defesa do Consumidor MERCOSUL e Peru*. Brasília: MJ, 2015.

encontra vigente, deixando o consumidor transfronteiriço desprotegido quando atua no cenário integrado, o que gera desconfiança nas relações estabelecidas, desacelera o comércio internacional, e, por outro lado, reforça a necessidade de retomada deste direito de terceira geração como eixo central da agenda dos Estados. Tudo isso, sem falar da necessidade de abordagem do consumo sustentável como medida imprescindível ao desenvolvimento econômico.

Somado a esta preocupação está o esforço de lograr que as poucas normas vigentes sejam interpretadas e aplicadas de igual modo no território de todos os Estados-Partes, a fim de eliminar assimetrias e divergências que possam prejudicar a integração regional. Neste sentido e indo ao encontro do que já foi mencionado em matéria ambiental, o Direito do Consumidor produzido pelo MERCOSUL também pode ser objeto de consulta dirigida ao TPR, já que é veiculado por meio de decisões do CMC e, sobretudo, resoluções do GMC, que constituem o Direito desta organização internacional. Para corroborar este entendimento, pode-se trazer à colação o caso da primeira opinião consultiva apresentada no MERCOSUL, OC nº 01/2007,[48] solicitada pelo Poder Judiciário do Paraguai, que se referia a dúvidas surgidas com relação ao alcance e interpretação do Protocolo de Santa Maria sobre jurisdição em matéria de contratos internacionais de consumo e sobre o conceito de consumidor contido no Protocolo de Buenos Aires sobre jurisdição internacional em matéria contratual. Apesar de a resposta brindada pelo TPR não ter efeito vinculante, nem sequer sobre o juiz que formulou a consulta, é salutar destacar que a interpretação das normas, ali vertida, serve como instrumento de orientação para a aplicação futura do Direito Mercosurenho, pelos juízes nacionais dos Estados-Partes,[49] razão pela qual

---

[48] O pedido consultivo foi formulado pela juíza paraguaia María Angélica Calvo, de primeira instância, em virtude de ter ante si causa tramitando, que envolve a aplicação do Direito do MERCOSUL. O caso concreto referia-se a pedido de indenização por perdas e danos e lucros cessantes, derivado do inadimplemento de contrato de distribuição celebrado entre empresa paraguaia (Norte S/A Imp. Exp.) e empresa argentina (Laboratorios Northia). A empresa argentina apresentou exceção de incompetência, sustentando a prevalência do Protocolo de Buenos Aires sobre Jurisdição Internacional em Matéria Contratual sobre a lei nacional paraguaia de nº 194/93, bem como a necessidade de respeito à eleição de foro efetuada no contrato internacional celebrado entre as partes, no qual se optou pela jurisdição dos tribunais da Cidade Autônoma de Buenos Aires. Na defesa, a empresa paraguaia sustentou ser competente o juiz paraguaio, em virtude do caráter irrenunciável da jurisdição nacional e que, ademais, resulta aplicável o Protocolo de Santa Maria sobre relações de consumo, por considerar que o contrato de distribuição é matéria de consumo. O que se debate na opinião consultiva é a questão do conflito de fontes, para determinar qual delas é aplicável (se a fonte convencional ou a nacional), já que a determinação da fonte aplicável levará à conclusão a respeito da validade ou não do acordo de eleição de foro realizado entre as partes e a consequente determinação do juiz competente. (TRIBUNAL PERMANENTE DE REVISÃO DO MERCOSUL. OC nº 01/2007. "Norte S.A. Imp. Exp. c/ Laboratorios Northia Sociedad Anónima, Comercial, Industrial, Financiera, Inmobiliaria y Agropecuaria s/ Indemnización de Daños y Perjuicios y Lucro Cesante". Emitida em 03/04/2007. Publicada em: <http://www.tprmercosur.org/es/docum/opin/OpinCon_01_2007_es.pdf>.)

[49] Sobre o diálogo institucional, ver: KEMELMAJER DE CARLUCCI, Aida. "El juez frente al derecho comunitario". In: *El Derecho*, tomo 148, 1992; KEMELMAJER DE CARLUCCI, Aída. "La relación

pode-se falar, inclusive, na possibilidade de que as opiniões consultivas sejam a cristalização do sistema de precedentes, no bloco.

7. Considerações finais: o convite aberto ao diálogo institucional entre o TPR e o juiz nacional

A cooperação jurídica horizontal entre os tribunais constitucionais dos Estados Partes do MERCOSUL e o TPR é uma saída para auxiliar a organização internacional referida a compor uma jurisprudência regional uniforme em matéria de novos direitos ou direitos de terceira dimensão, entre os quais se inserem tanto o Direito Ambiental, quanto o Direito do Consumidor, produzidos pelo bloco.

Deste modo, a cooperação que se pretende se destina a harmonizar a interpretação e aplicação do Direito do MERCOSUL, de forma a que no território de todos os Estados-Partes estes novos direitos, antes referidos, sejam interpretados e aplicados do mesmo modo, facilitando, assim, o preenchimento de lacunas, bem como a eliminação de divergências de entendimento entre os juízes nacionais.

Essa medida pretende gerar mais segurança jurídica e garantias do efetivo cumprimento do Direito referido, em prol do desenvolvimento da ideia de solidariedade entre os Estados, não somente para fins de cooperação internacional ou diálogo institucional, mas, principalmente, para a preservação do meio ambiente, para a adoção de políticas de consumo sustentável e de proteção do consumidor transfronteiriço, temas tão importantes para o cotidiano mercosurenho e para a agenda dos Estados-Partes, na medida em que transcendem a esfera meramente individual em direção à preocupação com o bem-estar coletivo.

Referências

AMARAL JÚNIOR, Alberto do; VIEIRA, Luciane Klein. "A jurisdição internacional e a proteção do consumidor transfronteiriço: um estudo comparativo entre as recentes alterações legislativas verificadas no Brasil e na Argentina". In: RAMOS, André de Carvalho (Org.). *Direito Internacional Privado:* questões controvertidas. Belo Horizonte: Arraes, 2016.

BOBBIO, Norberto. *A Era dos Direitos.* 9ª ed. Rio de Janeiro: Elsevier, 2004.

BONAVIDES, Paulo. *Curso de Direito Constitucional.* 31ª ed. São Paulo: Malheiros, 2016.

BOURGOIGNIE, Thierry. "Integración regional y la protección del consumidor en las Américas y en Europa". In: BOURGOIGNIE, Thierry (Dir.). *Intégration Économique Régionale et la Protection du Consommateur.* Cowansville-Québec: Éditions Yvon Blais, 2009.

CRETELLA NETO, José. *Curso de Direito Internacional do Meio Ambiente.* São Paulo: Saraiva, 2012.

entre los tribunales nacionales y el Tribunal Permanente de Revisión en el MERCOSUR a través de las opiniones consultivas". In: *La Administración de Justicia en la Unión Europea y el MERCOSUR.* Buenos Aires: Eudeba, 2011; RUIZ DÍAZ LABRANO, Roberto. "Las opiniones consultivas ante el Tribunal Permanente de Revisión del MERCOSUR a través de los tribunales superiores de los Estados Partes". In: *Anuario de Derecho Constitucional Latinoamericano,* tomo I, 2006.

CZAR DE ZALDUENDO, Susana. "El Protocolo de Olivos y la interpretación uniforme de la normativa MERCOSUR". In: DREYZIN DE KLOR, Adriana; *et all. Solução de Controvérsias no MERCOSUL*. Brasília: Câmara dos Deputados, 2003.

D'ISEP, Clarissa Ferreira Machado. "MERCOSUL e o meio ambiente: análise da tutela regional ambiental". In: *Revista de Direito Internacional. Brazilian Journal of International Law*, vol. 14, nº 1, 2017.

DEVIA, Leila. "Escenario ambiental internacional". In: DEVIA, Leila (Coord.) *Nuevo Rumbo Ambiental*. Buenos Aires: Ciudad Argentina, 2008.

———. "La política ambiental en el marco del Tratado de Asunción". In: DEVIA, Leila (Coord.) *MERCOSUR y Medio Ambiente*. 2ª ed. Buenos Aires: Ciudad Argentina, 1998.

DREYZIN DE KLOR, Adriana. "El Protocolo de Olivos". In: *Revista de Derecho Privado y Comunitario*, nº 1, 2003.

———. "El Reglamento del Protocolo de Olivos: algunas anotaciones". In: *Revista de Derecho Privado y Comunitario*, nº 1, 2004.

———; HARRINGTON, Carolina. "Las opiniones consultivas en el MERCOSUR: el debut del mecanismo jurídico". In: *Revista de Derecho Privado y Comunitario*, nº 2, 2007.

FERNÁNDEZ ARROYO, Diego P. "La Respuesta del Tribunal Permanente de Revisión del MERCOSUR a la Primera 'Consulta Interpretativa': escoba nueva siempre barre más o menos". In: *Jurisprudencia Argentina*, tomo III, 2007.

FERNÁNDEZ VILA, María Fernanda. "La variable ambiental en el MERCOSUR". In: SANTOS, Ricardo Soares Stersi dos; NEGRO, Sandra (Orgs.). *Relações Internacionais, Comércio e Desenvolvimento*. Florianópolis: Editora da UFSC – Fundação Boiteux, 2011.

GARCÍA, Ricardo Alonso. "Un paseo por la jurisprudencia supranacional europea y su reflejo en los sistemas interamericanos de integración." In: *Cuadernos de Derecho Público*, nº 1, 2008.

———; UGARTEMENDIA ECEIZABARRENA, Juan Ignacio (Dirs.). *La Cuestión Prejudicial Europea*. European Inklings (EUi), nº 4, 2014.

GRASSI NETO, Roberto. "A política de proteção do consumidor no sistema de integração regional do Mercosul". In: MARQUES, Cláudia Lima; MIRAGEM, Bruno (Orgs.) *Direito do Consumidor: fundamentos do direito do consumidor. Doutrinas Essenciais* – Vol. I. São Paulo: Editora Revista dos Tribunais, 2011.

KEMELMAJER DE CARLUCCI, Aida. "El juez frente al derecho comunitario". In: *El Derecho*, tomo 148, 1992.

———. "La relación entre los tribunales nacionales y el Tribunal Permanente de Revisión en el MERCOSUR a través de las opiniones consultivas". In: *La Administración de Justicia en la Unión Europea y el MERCOSUR*. Buenos Aires: Eudeba, 2011.

LAFER, Celso. *A Reconstrução dos Direitos Humanos:* um diálogo com o pensamento de Hannah Arendt.. São Paulo: Companhia das Letras, 1998.

MARQUES, Cláudia Lima. "Consumer protection policy in MERCOSUR: an evolution". In: BOURGOIGNIE, Thierry. *Regional Economic Integration and Consumer Protection*. Québec: Ivon Blais, 2009.

———. "Direitos do consumidor no Mercosul: algumas sugestões frente ao impasse". In: *Revista de Direito do Consumidor*, nº 32, out./dez. 1999.

———. *Confiança no Comércio Eletrônico e a Proteção do Consumidor* (um estudo dos negócios jurídicos de consumo no comércio eletrônico. São Paulo: Revista dos Tribunais, 2004.

MINISTÉRIO DA JUSTIÇA. SECRETARIA NACIONAL DO CONSUMIDOR. *Manual de Defesa do Consumidor MERCOSUL e Peru*. Brasília: MJ, 2015.

NEGRO, Sandra C.; VIEIRA, Luciane Klein. "Transformaciones en la integración regional. Venezuela y el sistema de solución de diferencias del MERCOSUR". In: UZCÁTEGUI, Astrid; DE JESÚS, María Inés (Comp.). *Venezuela ante el MERCOSUR*. Vol. II. Serie Estudios. Caracas: Academia de Ciencias Políticas y Sociales. Universidad de Los Andes, Universidad Católica Andrés Bello, 2015.

PERIN JÚNIOR, Ecio. *A Globalização e o Direito do Consumidor*. Aspectos Relevantes sobre a Harmonização Legislativa dentro dos Mercados Regionais. Barueri: Manole, 2003.

PEROTTI, Alejandro Daniel. *Tribunal Permanente de Revisión y Estado de Derecho en el MERCOSUR*. Buenos Aires: Marcial Pons, 2008.

RIECHENBERG, Kurt. "El proceso prejudicial en la Unión Europea". In: *Anuario de Derecho Constitucional Latinoamericano*, tomo II, 2004.

RUIZ DÍAZ LABRANO, Roberto. "Las opiniones consultivas ante el Tribunal Permanente de Revisión del MERCOSUR a través de los tribunales superiores de los Estados Partes". In: *Anuario de Derecho Constitucional Latinoamericano*, tomo I, 2006.

SARLET, Ingo Wolfgang. *A Eficácia dos Direitos Fundamentais:* uma teoria geral dos direitos fundamentais na perspectiva constitucional. 12ª ed. Porto Alegre: Livraria do Advogado, 2015.

SCOTTI, Luciana B. "El derecho de la integración en el MERCOSUR". In: NEGRO, Sandra (Dir.). *Derecho de la Integración. Manual.* 2ª ed. Buenos Aires/Montevideo: BdeF, 2013.

STIGLITZ, Gabriel. "El derecho del consumidor en Argentina y en el MERCOSUR". In: *La Ley,* tomo 1995-B.

TAMBUSSI, Carlos Eduardo. *El Consumo como Derecho Humano.* Buenos Aires: Editorial Universidad, 2009.

VIEIRA, Luciane Klein. "El Proyecto de Acuerdo del MERCOSUR sobre derecho aplicable en materia de contratos internacionales de consumo". In: *Revista de Direito do Consumidor,* nº 99, mai/jun. 2015.

——. "El rol de las opiniones consultivas en el MERCOSUR para uniformizar la interpretación de la normativa regional". In: SCOTTI, Luciana (Dir.). *Balances y Perspectivas a 20 años de la Constitución del MERCOSUR.* Buenos Aires: EUDEBA, 2013.

——. *Interpretação e Aplicação Uniforme do Direito da Integração*: União Europeia, Comunidade Andina, Sistema da Integração Centro-americana e MERCOSUL. Curitiba: Juruá, 2013.

——; MARTINS FILHO, Marcos Simões. "As opiniões consultivas do MERCOSUL solicitadas pelo poder judiciário brasileiro". In: *Revista dos Tribunais,* vol. 931, maio/2013.

WOLKMER, Antonio Carlos. "Direitos humanos: novas dimensões e novas fundamentações". In: *Direito em Debate,* nº 16/17, jan./jul. 2002.

— XII —

Tributação no Brasil:
a legitimação pelo gasto social inclusivo

MARCIANO BUFFON[1]

Sumário: 1. Considerações iniciais; 2. O Estado democrático de direito brasileiro: o tributo como elemento central de sua viabilização; 3. O gasto social no Brasil: das causas do pífio efeito inclusivo; 3.1. Austeridade: o combate do déficit público para garantir o superávit primário e evitar inflação (a qualquer custo); 3.2. O gasto público excludente no Brasil; 4. Considerações finais; Referências.

1. Considerações iniciais

Não é necessário um esforço intelectual mais profundo para perceber que, de acordo com uma concepção contemporaneamente adequada de Estado, a razão pela qual este arrecada tributos decorre da necessidade de recursos para que possa atingir os seus fins. Isto é, mediante a arrecadação de tributos, o Estado tem meios para garantir o seu custeio, com vistas à concretização do "bem comum", sendo que este intento, em última análise, consiste a sua razão de existir.

Os contornos conceituais do denominado bem comum não ficam à mercê de programas governamentais circunstancialmente elaborados. Em um Estado Democrático de Direito, a ideia de bem comum está constitucionalmente prevista, por isso existe uma vinculação e um comprometimento de todos os Poderes e em todas as esferas neste sentido. Pode-se dizer que o bem comum corresponde à concretização dos objetivos e princípios constitucionalmente postos, especialmente mediante a realização dos direitos fundamentais.

Portanto, à medida que os direitos fundamentais alcançam um grau satisfatório de realização, automaticamente pode-se afirmar que se está a trilhar o caminho da realização do bem comum, no sentido de dar concretude ao processo de construção de uma sociedade livre, justa e

---

[1] Doutor em Direito pela Universidade do Vale do Rio dos Sinos – UNISINOS. Professor do Programa de Pós-Graduação em Direito (Mestrado/Doutorado) e da graduação na UNISINOS. Advogado na área tributária.

solidária, na qual as desigualdades sociais e regionais sejam minimizadas, a pobreza erradicada, e que a meta do desenvolvimento igualitário, sem quaisquer preconceitos, possa ser satisfatoriamente atingida.

Em vista do exposto, faz-se necessário examinar como a tributação pode servir de instrumento à realização dos direitos fundamentais denominados de segunda e terceira dimensão, ou seja, os direitos sociais, econômicos e culturais. Para este estudo, especificamente a questão a ser discutida, diz respeito à aplicação dos recursos obtidos com a exigência de tributos para concretizar o bem comum, isto é, a fórmula, segundo a qual, os direitos fundamentais sociais, econômicos e culturais são realizados mediante a aplicação dos recursos arrecadados, com vistas ao financiamento de políticas públicas aptas a concretizá-los. Tal se faz necessário, pois trata-se de um caminho factível no sentido de reduzir os históricos índices de desigualdade existentes no Brasil.

No que tange à tributação, invariavelmente há de se ter presente que, ao longo da história, consolidou-se sua tendencial aptidão a ser um instrumento de redução das desigualdades sociais e econômicas, dentro de um modelo de produção capitalista. Entretanto, com o advento do que se convencionou denominar neoliberalismo, tal característica restou minimizada ou até mesmo foi entendida como economicamente disfuncional.

Não obstante a Constituição brasileira preconize a observância do princípio da capacidade contributiva, a carga fiscal vem recaindo prioritariamente sobre o consumo – com seus notórios efeitos regressivos –, além de tributar diferenciadamente a renda proveniente do capital, em detrimento àquela oriunda do trabalho, culminando na pífia incidência sobre o patrimônio. Estas escolhas políticas, que invertem a pirâmide lógica da tributação, já seriam suficientes para torná-la um mecanismo de concentração de renda e patrimônio.

Ocorre que, além de exigir tributos de uma forma diametralmente oposta ao princípio que baliza o sistema constitucional tributário, o Estado brasileiro não vem obtendo êxito na inarredável tarefa de adotar políticas públicas eficazes na realização de um gasto social progressivo e, portanto, tendencialmente inclusivo, mediante a priorização dos direitos fundamentais sociais, econômicos e culturais.

Entre os entraves que obstam um gasto público efetivamente inclusivo, pode-se elencar, num primeiro plano, elementos de ordem ilícita, como os desvios perpetrados pela corrupção ou a própria evasão fiscal. Não bastasse isso, o destino orçamentário dos recursos arrecadados não tem sido pautado por uma lógica inclusiva, uma vez que o Estado brasileiro ainda consome uma parcela expressiva de seus recursos com a rolagem da dívida pública, especialmente com o pagamento de juros em níveis incomparáveis no cenário mundial.

Constrói-se, assim, o cenário perfeito de negação de legitimidade à própria tributação e, por decorrência, do próprio modelo de Estado constitucionalmente posto. O Estado Democrático de Direito formalmente vigente é entendido como disfuncional e, até mesmo, inviável, pois as promessas postas na Carta Magna são compreendidas, por uma parcela expressiva da população, como faticamente inviáveis e, por outra parcela, como palavras retóricas que se repetem a cada pleito eleitoral.

Portanto, este trabalho examina o efetivo destino do gasto público, para que este possa recuperar os contornos constitucionalmente traçados, no sentido de ser um mecanismo viabilizador da inclusão social, logrando seu viés redistributivo. Tendencialmente, este processo pode resultar a recuperação da legitimidade social da tributação, pois assim os direitos fundamentais sociais, econômicos e culturais poderão, enfim, romper com caráter de meras promessas e, por conseguinte, trilhar-se-á o caminho que inexoravelmente conduzirá a uma sociedade menos desigual, injusta e individualista.

Em vista disso, é necessário examinar qual a função da tributação em um modelo de Estado como o adotado pelo Brasil desde 1988, com sua nova Constituição, ou seja, de uma forma singela há de se perquirir em um Estado Democrático de Direito, quem "banca a conta" e para onde devem ser destinados os recursos obtidos com a arrecadação.

2. O estado democrático de direito brasileiro: o tributo como elemento central de sua viabilização

Quando se pensam os fundamentos da tributação brasileira, labora-se no sentido de definir os contornos de uma compreensão que possa ser qualificada como legítima do fenômeno tributário no Brasil, ou seja, um modo de ver que esteja ancorado na tradição, que se sustenta no modelo de Estado adotado pela Constituição.

A Constituição Brasileira de 1988 – a exemplo de muitas outras existentes no cenário internacional – instituiu formalmente um Estado Democrático de Direito, cuja implementação fática está condicionada, fundamentalmente, à busca de uma igualdade substancial, não meramente formal. Ou seja, não basta que todos aqueles que estejam em situação equivalente sejam tratados de forma igual. Faz-se necessário que o tratamento jurídico desigual, aplicável aos desiguais, tenha como norte a redução das desigualdades fáticas (sociais e econômicas).

Essa opção por uma nova concepção de Estado resta evidente na Constituição Brasileira, sendo que bastaria examinar o disposto nos artigos 1º e 3º incisos I e III, para concluir nesse sentido. Não é por acaso que o "caput" desse dispositivo menciona que *constituem objetivos fundamentais da República Federativa do Brasil*" o exposto em seus incisos, a partir dos quais se vislumbra a necessidade de, pelo menos, buscar o equilíbrio social mediante a redução das desigualdades.

Quanto à importância, eficácia e vinculação dos referidos dispositivos constitucionais, cabe lembrar que a constituição de um Estado deve ser entendida como algo que constitui, isto é, um determinado Estado passa a existir – é constituído – por sua constituição.[2] Assim, para que seja eficaz, a constituição não pode ser vista como uma mera "declaração de boas intenções" ou um texto programático, não vinculativo.

Muito embora nem todos os preceitos constitucionais tenham o mesmo grau de concretização, atualmente já não cabe falar das constituições como meras declarações programáticas ou de princípios: toda constituição é uma norma jurídica e como tal goza da qualidade de exigibilidade e coerção para seu cumprimento.[3] Ou ainda, nas palavras de Gregório Robles: "A Constituição não é uma encíclica pastoral. É uma fonte de direito, a de maior grau hierárquico, que, como o Sol, ilumina os bons e os maus, os felizes e os desgraçados". Em vista disso, arremata o autor: "seu papel consiste em integrar todos em convivência, permitindo a estabilidade do sistema político e, consequentemente, também do sistema global da sociedade".[4]

E esse Estado Democrático de Direito tem princípios que lhe são peculiares, dentre os quais, principalmente, o princípio da dignidade da pessoa humana, que pode ser entendido como valor guia do Ordenamento Jurídico de um Estado dessa natureza e corresponde ao elemento comum dos direitos fundamentais.

É certo que o princípio da dignidade da pessoa humana não está diretamente relacionado, na mesma intensidade, com os direitos fundamentais – entendidos estes como "direitos positivados no seio de um ordenamento constitucional". Apesar disso, pode-se entender que – em maior ou menor grau – tal princípio constitui elemento comum dos direitos dessa natureza.

---

[2] STRECK, Lenio Luiz. A Hermenêutica e o Acontecer (Ereignen) da Constituição. In: *Anuário do Programa de Pós-Graduação em Direito – Mestrado / Doutorado*. São Leopoldo: Unisinos – Centro de Ciências Jurídicas, 2000. p. 111.

[3] CHULVI, Cristina Pauner. *El Deber Constitucional de Contribuir al Sostenimiento de los Gastos Públicos*. Madrid: Centro de Estudios Políticos e Constituionales, 2001. p. 51

[4] ROBLES, Gregorio. *Os Direitos Fundamentais e a Ética na Sociedade Atual*. São Paulo: Manole, 2005. p. 121.

Convém ressaltar que a ideia de igualdade, num Estado Democrático de Direito, diverge significativamente da ideia da igualdade concebida num Estado constituído sob os auspícios do tradicional modelo liberal-individualista. Num Estado constituído de acordo com os princípios, a partir dos quais, por exemplo, foi erigido o Estado Brasileiro de 1988, a ideia da igualdade transcende a clássica ideia de igualdade formal, que alicerçou a Revolução Burguesa de 1789, na França.[5]

Essa nova acepção da igualdade está a exigir do Estado não apenas que, formalmente, trate os iguais como iguais e os desiguais como desiguais, mas também que aja no sentido de que as desigualdades econômicas e sociais, que produziram essas diferenças, sejam combatidas, minimizadas e eliminadas. Ou seja, o tratamento formalmente desigual deve visar à redução das desigualdades fáticas ou materiais, o que equivale a uma nova concepção de justiça, a qual sempre esteve intrinsecamente vinculada a ideia de igualdade.

Nessa nova organização social, o Estado assume um papel decisivo no sentido de não apenas assegurar a igualdade formal, mas, sobretudo, de alcançar a igualdade material, isto é, o Estado passa a ter como condição de existência a busca de meios que possam minimizar as desigualdades decorrentes do modelo econômico vigente. Esse dever do Estado é incisivamente cobrado por Dworkin, que deixa muito claro que, inclusive na hipótese de haver conflito com a liberdade, deve sempre a igualdade prevalecer.[6]

A efetivação da igualdade substancial é, dessa forma, tarefa inalienável dos três Poderes, isto é, se cabe ao Executivo desenvolver políticas públicas para reduzir as mazelas sociais, cabe ao Legislativo a óbvia, porém esquecida, tarefa de legislador no sentido de caminhar na direção apontada pela Carta Magna, e cabe ao Judiciário, juntamente com os demais Poderes, a tarefa de, corajosamente, fazer valer os princípios que alicerçam o Estado Democrático de Direito, sobretudo o princípio da dignidade da pessoa humana e a consequente redução

---

[5] Segundo Bonavides (2001): "Deixou a igualdade de ser a igualdade jurídica do liberalismo para se converter na igualdade material da nova forma de Estado. Tem tamanha força na doutrina constitucional vigente que vincula o legislador, tanto o que faz a lei ordinária nos Estados-Membros e na órbita federal, como aquele que no círculo das autonomias estaduais emenda a Constituição ou formula o próprio estatuto básico da unidade federada". BONAVIDES, Paulo. *Curso de Direito Constitucional*. 11. ed. São Paulo: Malheiros, 2001. p. 341.

[6] Nessa linha, Dworkin questiona e responde: Podemos dar as costas à igualdade? Nenhum governo é legítimo a menos que demonstre igual consideração pelo destino de todos os cidadãos sobre os quais afirme seu domínio e aos quais reivindique fidelidade....Qualquer conflito genuíno entre a liberdade e a igualdade – qualquer conflito entre a liberdade e os requisitos da melhor concepção do princípio igualitário abstrato – é uma querela que a liberdade deve perder. Não podemos rejeitar completamente o princípio igualitário, porque é absurdo que o governo não demonstre consideração pela vida de seus cidadãos, e imoral que demonstre mais consideração pela vida de alguns do que pela de outros. DWORKIN, Ronald. *A Virtude Soberana*: a teoria e a prática da igualdade. Trad.: Jussara Simões. São Paulo: Martins Fontes, 2005. p. IX.

das desigualdades econômicas e sociais. Só assim será possível efetivar a Constituição.

Dessa forma, a redução das desigualdades sociais no Estado Democrático de Direito passa a ser a principal condição para a concretização do fundamento que alicerça esse modelo de Estado, que é o princípio da dignidade da pessoa humana. Conforme sustenta Bonavides: "De todos os direitos fundamentais a igualdade é aquele que mais têm subido de importância no Direito Constitucional de nossos dias, sendo, como não poderia deixar de ser, o direito chave, o direito-guardião do Estado Social".[7]

A igualdade tributária, por sua vez, dentro dessa nova concepção, deve ser pensada a partir da ideia de que o Estado Brasileiro só pode ser considerado legítimo se visar a substancializar a igualdade fática. Para tanto, é necessário fazer uso de meios que, embora tradicionalmente estejam à disposição, não foram utilizados de forma adequada, até o momento. Isso porque esses meios continuam sendo pensados de acordo com a anacrônica concepção do Estado Liberal, outrora vigente.

A tributação se constitui num importante instrumento à redução das desigualdades sociais e, por decorrência, à efetivação do próprio (novo) Estado Democrático de Direito. Quando se pensa em igualdade tributária, tem-se em mente que o sentido desse princípio constitucional deve ser construído de acordo com o modelo de Estado ora vigente. A igualdade não pode ser teoricamente justificada sobre alicerces que já não existem. É necessário, pois, livrar-se dos preconceitos construídos a partir de uma realidade que hoje não se faz mais presente.

A igualdade material, enfim, deve ser vislumbrada como um caminho atual, real e factível para a concretização/efetivação do Estado Democrático de Direito e, por consequência, do princípio basilar que o sustenta: dignidade da pessoa humana. Esse novo caminho pode e deve ser construído a partir da utilização de conhecidos instrumentos, tais como em matéria tributária, uma adequada interpretação do princípio da capacidade contributiva e a utilização da extrafiscalidade como meio de concretização dos direitos fundamentais, entre outros.

Dentro dessa linha, Klaus Tipke entende a igualdade tributária como corolário da justiça, razão pela qual o tratamento desigual – *a priori* injusto – apenas se fundamenta quando o objetivo visado é a efetiva busca do bem comum. Neste sentido, afirma que: "o princípio da igualdade é uma decorrência do postulado da justiça". Em vista disso, prossegue o autor "sacrificando-se a justiça por qualquer motivo que não se

---

[7] BONAVIDES, Paulo. *Curso de Direito Constitucional*, p. 341.

considere totalmente irrelevante, então não se lhe conferirá – como se exige em um estado de direito, um valor prioritário, mas secundário".[8]

Pode-se sustentar que, na Constituição Brasileira de 1988, o "bem comum", pensado por Tipke, corresponde aos fundamentos e objetivos positivados no texto da Carta, entre os quais, principalmente, o disposto nos artigos 1 e 3.°, porquanto, em última análise, se pode afirmar que tais fundamentos e objetivos constituem a razão da existência desse Estado.

Dentro dessa linha, mostram-se plenamente compatíveis com esse modelo de Estado o tratamento desigual fundado na manifestação de diversidade de riqueza, isto é, discriminações concretizadas mediante a exigência de tributos, de uma forma mais elevada, em relação aos cidadãos que possuem maior capacidade de contribuir para com a coletividade, e, via de consequência, um tratamento mais favorável para aqueles que possuem uma menor capacidade contributiva.

Paralelamente a isso, outro critério que legitima o tratamento diferenciado reside na extrafiscalidade, isto é, quando – além do objetivo arrecadatório – o Estado utiliza a tributação para atingir determinados fins, os quais, sem demagogia, devem necessariamente ser aqueles que assegurem a concretização dos direitos fundamentais e, por consequência, do princípio da dignidade da pessoa humana.

Enfim, num Estado Democrático de Direito não é suficiente apenas que atividade financeira do Estado seja exercida em observância aos clássicos direitos de defesa, pois a observância dos direitos fundamentais de todas as gerações é condição da dignidade, na medida em que não basta o respeito à propriedade, liberdade e igualdade jurídica; é necessário saúde, educação, trabalho e meio ambiente ecologicamente equilibrado.[9]

É certo que existe um longo caminho a ser percorrido no sentido de concretizar o Estado Democrático de Direito, que hoje, pelo menos formalmente, vige em muitas sociedades, como, por exemplo, a brasileira. Para isso, faz-se necessário romper com os conceitos anacrônicos sobre o próprio Estado e sobre os princípios que o alicerçam.

Tais conceitos – concebidos dentro de uma outra realidade – não podem se perpetuar, como se o tempo fosse possível de ser aprisionado, como se a dinâmica evolucional da humanidade fosse possível de ser travada; como se a realidade, a partir da qual foram construídos, tivesse

---

[8] TIPKE, Klaus. Sobre a Unidade da Ordem Jurídica. In: SCHOUERI, Luiz Eduardo; ZILVETI, Fernando Aurélio (coords.). *Direito Tributário*: Estudos em Homenagem a Brandão Machado. São Paulo: Dialética, 1998. p. 69.

[9] SARLET, Ingo Wolfgang. *A Eficácia dos Direitos Fundamentais*. 3. ed. rev. e ampl. Porto Alegre: Livraria do Advogado, 2003. p. 106.

produzido uma sociedade alicerçada em justiça; enfim, como se os mesmos tivessem edificado um país no qual as desigualdades não naturais não fossem tão vexatórias.

A ideia de Estado Democrático de Direito passa, necessariamente, por uma nova concepção de solidariedade social, pois conforme lembra François Ost, "só o Estado solidário se dedica a garantir a igualdade de oportunidades a longo prazo por meio de políticas apelidadas de desenvolvimento", as quais possam ser, por exemplo, no que tange a saúde e educação "suscetíveis, a prazo, de operar uma certa redistribuição do capital-tempo de cada um (pensemos, por exemplo, na distribuição sempre muito desigual, da esperança de vida e do tempo consagrado a formação)".[10]

Enfim, considerando que o modelo do Estado Democrático de Direito é uma realidade – pelo menos no campo formal – em relação a vários países, faz-se necessário que seja construído um sentido adequado aos princípios, instrumentos e institutos jurídicos já existentes, o qual vá ao encontro do modelo desse Estado.

Os apontamentos acima demonstram a importância e o lugar central que ao tributo outorga a Constituição. O tributo constitui um pressuposto funcional do Estado Democrático de Direito, ou seja, para que possa desenvolver suas funções, está inevitavelmente chamado a retirar uma parte importante dos rendimentos dos cidadãos por meio dos tributos.[11] Portanto, o Estado contemporâneo tem na tributação seu principal meio de financiamento, e por isso passa a ser chamado de Estado fiscal. Sem a arrecadação de recursos, não há como realizar políticas públicas que sirvam à concretização das promessas constitucionais, nem como manter a própria estrutura estatal em funcionamento.

O Estado necessita essencialmente de receitas derivadas para cumprir os seus objetivos, notadamente para a redução das desigualdades sociais e erradicação da pobreza, as quais são obtidas via tributação. Nesse sentido, o sistema fiscal existe porque, conforme Casalta Nabais, "todos os direitos, porque não são dádiva divina nem frutos da natureza, porque não são autorrealizáveis nem podem ser realisticamente protegidos num estado falido ou incapacitado, implicam a cooperação social e a responsabilidade individual". Em vista disso, prossegue o autor luso, "a melhor abordagem para os direitos seja vê-los como liberdades privadas com custos públicos".[12]

---

[10] OST, François. *O Tempo do Direito*. Lisboa: Instituto Piaget, 1999. p. 42.

[11] ESTEVAN, Juan Manuel Barquero. *La función del tributo en el estado social y democrático de derecho*. Madrid: Centro de estudios políticos e constitucionales, 2002. p. 37.

[12] NABAIS, José Casalta. *Por um estado fiscal suportável* – Estudos de Direito Fiscal. Coimbra: Almedina, 2011. p. 21.

Afirmar que o contemporâneo formato do Estado não prescinde da arrecadação de tributos significa reconhecer que um dos principais deveres inerentes à cidadania consiste em pagar tributos, uma vez que, com isso, o Estado assegura os recursos necessários para garantir a realização de programas e políticas direcionadas à obtenção do denominado bem comum – razão da própria existência do Estado.

Além do mais, no âmbito deste modelo de Estado, a tributação adquire nítida função redistributiva, à medida que se fundamenta na solidariedade e na capacidade contributiva. As funções de criar e cobrar tributos estão relacionadas com o Estado Social, no seio do qual, os direitos fundamentais de liberdade e a economia de mercado possibilitam e provocam desigualdades materiais.

Dessa forma, o tributo tem lugar central no Estado Democrático de Direito e se constitui como pressuposto funcional. Para desenvolver suas funções, o Estado precisa de recursos, que são retirados dos cidadãos pelos tributos. Assim, a tributação constitui-se em uma ferramenta para a concretização dos direitos fundamentais. Além do mais, por estar atrelada ao pilar da solidariedade, possui função redistributiva, mediante a efetivação do princípio da capacidade contributiva.

Para fins deste trabalho, no entanto, examina-se apenas uma das faces tendencialmente redistributivas da tributação: o gasto público inclusivo. E, para tal intento, erige-se a seguinte problemática: os valores provenientes da arrecadação de tributos estão sendo empregados para o financiamento de políticas públicas voltadas à realização de direitos fundamentais aptos a construir uma sociedade menos desigual?

É com isso que o trabalho se ocupa a partir de agora, respeitados os limites inerentes a um texto desta natureza.

3. O gasto social no Brasil: das causas do pífio efeito inclusivo

Da análise precedente, constatou-se que o Estado Democrático de Direito está fundado sobre um compromisso inescapável com a construção de uma sociedade menos desigual, sob o ponto de vista econômico e social. Este processo dá-se mediante a concretização de direitos fundamentais, especialmente aqueles mais diretamente conectados com o princípio da dignidade da pessoa humana (saúde, educação, habitação, trabalho, alimentação entre outros).

Uma vez que direitos dessa natureza não prescindem de recursos para serem assegurados, o tributo impõe-se como um elemento central deste modelo de Estado. Dito de outra forma, só será possível construir uma sociedade nos moldes apregoados pelos objetivos fundamentais da existência do Estado Democrático de Direito se, de um lado, os tributos forem exigidos de acordo com a capacidade contributiva do cidadão e, por outro, os recursos arrecadados sejam direcionados ao financiamento de políticas públicas tendencialmente aptas para concretizar os direitos fundamentais.

Como resultado deste processo, caminha-se no sentido de reduzir as desigualdades inerentes ao modelo de produção capitalista, dentro do qual, o próprio Estado Democrático de Direito está inserido, pois, mesmo que cause perplexidade para alguns, tal modelo estatal não foi concebido para ser implementado em uma nação cujos bens de produção estejam estatizados. Noutras palavras, defender direitos fundamentais sociais é uma das formas de defender o próprio capitalismo, até porque o Estado de Bem-Estar Social, na sua originária concepção, foi pensado como uma forma de o sistema "dar os anéis para não perder os dedos", isto é, a realização de direitos dessa natureza é uma condição de manutenção do próprio capitalismo, tornando-o mais palatável e menos "selvagem".

Diante desse quadro formal, e considerando que o Brasil fez esta escolha política perfectibilizada por sua "revolucionária" Constituição de 1988, nada parece mais óbvio do que concluir que a tributação brasileira há de ser formatada, mediante leis que onerem cada cidadão conforme sua capacidade econômica. Por outro lado, com o produto obtido pela imposição fiscal, o Estado adotará políticas públicas que, mediante a realização de direitos fundamentais, sejam potencialmente úteis para reduzir os históricos níveis de desigualdades antes examinados. Ou seja, dito de uma forma singela e direta, os tributos financiam os direitos!

Ocorre que as sucessivas crises do Estado de Bem-Estar Social enfraqueceram os fundamentos de sustentabilidade teórica da tese exposta, como se a efetiva causa da grande crise de 2008 fosse o gasto social excessivo, como se a concepções neoliberais não tivessem qualquer responsabilidade em relação ao cenário instaurado.

Em vista disso, recuperou-se o discurso da austeridade quase como uma verdade inconteste, nos mesmos moldes em que havia sido formatado nos anos 1990, no sentido de que os Estados, tal qual as grandes corporações, deveriam ser superavitários, com vistas a garantir a estabilidade da moeda, conforme abaixo exposto.

3.1. Austeridade: o combate do déficit público para garantir o superávit primário e evitar inflação (a qualquer custo)

Com a eclosão da crise fiscal do Estado do Bem-Estar, em meados dos anos 1970, a questão do déficit público passou a ser entendida como a principal razão das crises econômicas, as quais se tornaram mais visíveis nas décadas de 1980 e 1990, principalmente em países que, paradoxalmente, sequer tinham, de fato, obtido êxito na tarefa de concretizar tal modelo de Estado.

Com ênfase específica nessa questão, os organismos financeiros – braços visíveis do ideário neoliberal que alicerçou o processo de globalização – venderam "mundo afora" a fórmula segundo a qual o Estado deveria ter como principal meta a obtenção de superávit fiscal, mesmo que isso implicasse redução expressiva de investimentos no campo social.

Ou seja, difundiu-se, com grande êxito, a ideia de que o Estado deveria gastar menos do que arrecadasse, para que fosse possível, com isso, produzir o superávit primário, assim denominado por não computar os dispêndios necessários para financiamento da dívida pública.

Por um lado, esse discurso foi altamente sedutor, tendo em vista que havia – e ainda há – uma crescente desconfiança relativamente à qualidade do gasto estatal, especialmente pelos visíveis desperdícios de dinheiro público, com a realização de obras faraônicas, bem como em razão dos escândalos de corrupção.

Por outro lado, os investimentos públicos em políticas sociais também restaram fortemente limitados, sendo que os escassos recursos disponíveis para atender as demandas sociais se mostraram insuficientes ante o advento dos novos riscos sociais.

Por evidência, isso colaborou significativamente para a ampliação das desigualdades sociais e para o fortalecimento do processo de exclusão. A partir dessa constatação, a questão que se colocou residia no seguinte: quais são os custos sociais suportáveis para que a inflação seja controlada?

Como se sabe, o déficit público é um dos elementos mais fortemente presentes num processo inflacionário, à medida que a emissão de moeda passa a ser utilizada como solução para o descompasso entre receitas e despesas públicas. Esse processo, em muitas situações, é controlado com a elevação das taxas de juros, visando, por um lado, a atrair investimentos em títulos públicos e, por outro lado, desestimular o consumo.

A elevação das taxas de juros tem, pois, um custo social altíssimo, já que o Estado passa a ter necessidade de arrecadar cada vez mais, para fazer frente às crescentes exigências do mercado financeiro, relativamente à remuneração do capital investido em títulos públicos. Concomitantemente, o Estado reduz suas possibilidades de carrear recursos para investimentos de caráter social. Além disso, taxas de juros demasiadamente elevadas implicam inequívoca retração no consumo, para não dizer recessão econômica.

O que cabe discutir não é se deveria ou não haver inflação, pois ela é, inegavelmente, fonte de inúmeros problemas sociais, suportados justamente pela parcela da população que tem menos alternativas para evitar seus efeitos. Trata-se de examinar a ênfase absoluta no controle inflacionário, porquanto se verifica que são pífios os efeitos sociais positivos, mesmo onde houve êxito no controle da inflação.

Ou seja, o que se constatou é que nos países nos quais o controle da inflação se deu a partir da radical lógica de se "combater o déficit público a qualquer custo, os efeitos positivos de tal controle – sob o aspecto social – são de, no mínimo, contestável validade.[13]

O que deve ser discutido, pois, é se tem sentido dar prioridade absoluta a um único objetivo, qual seja, o de evitar a inflação (uma prioridade formalizada por muitos bancos centrais), enquanto toleram-se taxas notadamente elevadas de desemprego e baixos índices de desenvolvimento humano.

Segundo já defendia Amartya Sen (e a análise permanece bem atual ante o influxo que se percebe nesta temática), o problema central não reside na necessidade de comedimento financeiro, propriamente dito, "mas a crença subjacente – e com frequência não questionada – que tem sido dominante em alguns círculos políticos de que o desenvolvimento humano é realmente um tipo de luxo que só os países ricos têm condições para bancar". Talvez essa questão seja negligência porque, constata o autor "o desenvolvimento humano é, sobretudo, um aliado dos pobres, e não dos ricos e abastados. Ele proporciona a criação de oportunidades sociais, contribui para a expansão das capacidades humanas e da qualidade de vida". Em vista disso, "a expansão dos serviços de saúde, educação, seguridade social contribui diretamente para a qualidade de vida e seu florescimento". Conforme conclui, não há de se desconsiderar as "evidências que – mesmo com renda relativamente baixa – um país que garante tais serviços básicos obtém resultados notáveis da duração e qualidade de vida de toda a população".[14]

Como já constatava Stiglitz, a austeridade fiscal, quando levada ao extremo e aplicada em circunstâncias erradas, pode causar recessão,

---

[13] Nesse sentido, Stiglitz já alertava no final dos anos 1990: Se a reforma agrária e a regulamentação do setor financeiro foram pouco enfatizadas pelo FMI e pelo Consenso de Washington, em muitos lugares a inflação era superenfatizada. Naturalmente, em regiões como a América Latina, onde a inflação era desenfreada, ela merecia mais atenção. Mas um foco excessivo na inflação por parte do Fundo Monetário Internacional conduzia a altas taxas de juros e de câmbio, gerando desemprego, mas não crescimento. Os mercados financeiros podem ter ficado satisfeitos com os baixos números da inflação, mas os trabalhadores – e todos aqueles que se preocupavam com a pobreza – não estavam nem um pouco felizes com o baixo nível de crescimento e os altos índices de desemprego. STIGLITZ, Joseph E. *A Globalização e seus Malefícios*. Trad.: Balzan Tecnologia e Lingüística. São Paulo: Futura, 2002. p. 117.

[14] SEN, Amartya. *O Desenvolvimento como Liberdade*. Trad.: Laura Teixeira Motta. São Paulo: Companhia das letras, 2000. p. 170

enquanto as altas taxas de juros podem cercear novos empreendimentos comerciais,[15] além de "levar a grande desemprego e um retalhamento do contrato social".[16]

Além disso, ter como primeira – e muitas vezes única – prioridade o controle da inflação implica negligenciar em relação àquelas funções que justificam – ou deveriam justificar – a própria existência do Estado. Assim, é muito mais importante propiciar tranquilidade aos investimentos – boa parte composta de capital especulativo – para, com isso, manter sossegadas as agências de avaliação de riscos, do que canalizar recursos e energias na promoção de políticas públicas que minimizem a vexatória situação de miséria e desigualdades sociais que ainda vige, sobretudo em América Latina, África e parte da Ásia.

Ademais, esse combate intransigente ao déficit público tem se revelado ineficaz, justamente em face das altas taxas de juros, pelas quais o Estado remunera os investidores em títulos públicos, cujos recursos servem para financiar a denominada rolagem da dívida estatal (especialmente no Brasil).

É certo, entretanto, que, em países como o Brasil, o histórico do processo inflacionário representa um verdadeiro "fantasma", sendo que isso fragiliza sobremaneira os argumentos contrários à política segundo a qual o déficit público merece ser combatido como principal meta de governo. Os elevados índices de inflação, bem como o processo inercial que se instalou ao longo da década de oitenta e da primeira metade da década de noventa, tornam bastante discutível a opção de se conviver com índices de inflação controlados – quinze a vinte por cento ao ano, por exemplo.[17]

Enfim, não restam dúvidas de que o fenômeno da inflação não é algo positivo para uma nação. Todavia, é válido discutir se as políticas públicas para o controle de tal fenômeno excluiriam – como até agora excluíram – as possibilidades de que investimentos nas áreas sociais fossem mais generosos e minimamente mais efetivos. Ou seja, não seria possível adotar políticas públicas que fossem tendencialmente aptas a realizar um gasto social mais inclusivo? Ou isso só seria possível se a questão da dívida pública estivesse equacionada?

---

[15] STIGLITZ, Joseph E. *A Globalização e seus Malefícios*. Trad.: Balzan Tecnologia e Lingüística. São Paulo: Futura, 2002. p. 85.

[16] Idem, p. 120.

[17] Lembra Amartya Sen (2000), que os efeitos negativos para o crescimento, quando há processo inflacionário controlado (até vinte por cento ao ano), são, no mínimo, obscuros até o momento. SEN, Amartya. *O Desenvolvimento como Liberdade*. Trad: Laura Teixeira Motta. São Paulo: Companhia das letras, 2000. p. 165. Em que pese isso, a grande dúvida – para alguns certeza – reside no seguinte: no Brasil isso não representaria o ressurgimento de um descontrolado processo de inflação inercial?

Há de se reconhecer, portanto, que um componente que agravou o processo de exclusão social foi a deliberada opção de se combater o déficit público, em detrimento de investimentos que pudessem minimizar os efeitos decorrentes dos novos riscos sociais, muitos deles advindos do modelo de globalização que foi se consolidando, exclusivamente, do aspecto econômico.

Como se pode perceber, a discussão acerca da austeridade trata-se de algo que remonta os anos 1990, os quais foram marcados pela consagração dos dogmas centrais do neoliberalismo, sendo que a referida questão ocupou um espaço privilegiado naquele momento e, desconsiderando o aprendizado que a história deveria legar, apresenta-se agora a austeridade (novamente) como caminho para superação de uma crise que, em larga medida, ela ajudou a construir.

Uma vez esgotada esta abordagem inicial, há de se examinar como tem-se dado o gasto social no Brasil, ou em outras palavras mais singelas: o que tem sido feito dos recursos públicos arrecadados pela máquina estatal brasileira, notadamente mediante a cobrança de tributos.

3.2. O gasto público excludente no Brasil

Da análise anteriormente efetuada, constatou-se que o Estado Democrático de Direito encontra sua legitimação constitucional quando, de um lado, cobra tributos de seus cidadãos levando em consideração a capacidade econômica e, por outro lado, aplica os recursos arrecadados em consonância e em prol do denominado "bem comum". Como visto, a concretização dos objetivos constitucionais, mediante a realização de direitos fundamentais sociais, foi o caminho formalmente eleito para perfectibilizar o bem comum pelo Estado Brasileiro, bastando examinar, entre outros, o disposto nos arts. 3º a 7º da Constituição da República.

Ocorre que, não obstante as normas constitucionais, infelizmente o Brasil vem trilhando um caminho que aponta para um sentido diametralmente oposto. Não se ignora aqui o êxito obtido com as políticas públicas desenvolvidas, especialmente entre 2003 e 2014, as quais resultaram a redução da desigualdade de renda apontada pelo índice GINI e retiraram cerca de trinta milhões de pessoas da pobreza extrema. Entre esses programas, destacam-se o denominado "Bolsa Família", Minha Casa Minha Vida, a majoração do salário-mínimo acima da inflação, etc.

No entanto, dadas as históricas causas, a desigualdade brasileira, embora tenha arrefecido, mantém-se em níveis vexatórios e semelhantes a muitos países extremamente pobres. Constata-se, também, que a curva que apontava para uma crescente redução da desigualdade de renda inverteu-se nos anos mais recentes, de tal forma que, por hora, trilha-se uma jornada que aponta para a "reconquista" dos níveis de desigualdade dos anos 1990.

Quando se examina o orçamento e o gasto público, tem-se um indicativo muito expressivo das causas desta inversão. Embora a mídia nativa venda diariamente a ideia de que o atual déficit fiscal (cerca de 170 bilhões de reais em 2016, com projeção de quase 200 bilhões em 2017) seja decorrente de generosos programas sociais, a realidade a desmente de forma cabal. Basta, para tanto, examinar os dados extraídos do próprio Banco Central, os quais apontam as efetivas causas de tal déficit. Como explica Dowbor,[18] "a política econômica do governo atual está baseada numa imensa farsa". Para tanto, basta examinar os dados relativamente ao resultado primário:[19]

IX – Resultado primário do governo central					
2010	2011	2012	2013	2014	2015
78.723,3	93.035,5	86.086,0	75.290,7	-20.471,7	-116.655,6
2,0%	2,1%	1,8%	1,4%	-0,4%	-2,0%

Como facilmente se pode constatar, o governo central arrecadou mais do que gastou no período de 2010 até 2013. A partir de 2014, passa-se a apurar um déficit, insignificante neste primeiro ano (20 bilhões em 2014) e moderado em 2015 (116 bilhões de reais) e algo próximo a cento em setenta milhões de reais em 2016. Trata-se de um déficit inferior a 3% do PIB, o que, na União Europeia estaria dentro da considerada normalidade, conforme explica Dowbor.

O problema efetivo, portanto, diz respeito a outro elemento. Este sim um elemento central para explicar a atual situação fiscal brasileira. Trata-se dos juros relativamente à rolagem da dívida pública. Via de regra, o financiamento desta rubrica de despesa é suportado pela arrecadação de tributos. Vale dizer que, dificilmente, haverá de se encontrar um país que não tenha dívida pública, sendo que a rolagem desta se dá mediante pagamento de juros, em geral, próximos a 0,5% ao ano, em face ao baixo risco de inadimplemento estatal.

---

[18] Para fins deste trabalho, optou-se por trazer à baila um recente estudo conduzido por Ladislau Dowbor, denominado "Que crise é essa?", pois ele contempla e compila de forma clara e singela os dados que irão fundamentar este tópico. Disponível em: <https://dowbor.org/2017/01/ladislau-dowbor-que-crise-e-esta-ponto-e-virgula-revista-de-ciencias-sociais-puc-sp-2o-semestre-2015-16-p-issn-1982-4807.html/>. Acesso em: 19 jan 2017. As citações abaixo, do autor, referem-se a este trabalho.

[19] Conforme explica Dowbor: "O resultado primário é a conta básica de quanto o governo recolheu com os impostos e acabou gastando nas suas atividades, propriamente de governo, investindo em educação, saúde, segurança etc., ou seja, em políticas públicas".

Não é o caso do Brasil. Desde 1996, o Brasil vem liderando a lista dos países cujos juros da dívida pública são os mais elevados. Mesmo que se leve em conta os remanescentes índices de inflação, a taxa oficial de juros (SELIC), vem sendo mantida pelo próprio devedor (Estado) em percentuais incomparáveis no plano internacional (juros reais já descontada a desvalorização da moeda).

Como explica Dowbor, "instituiu-se assim por lei um sistema de transferência de recursos públicos para os bancos e outros aplicadores financeiros". Em vista disso, "o governo ficou apenas rolando a dívida, pagando o que conseguia de juros, enquanto o que não conseguia pagar aumentava o estoque da dívida". Para constatar isso, basta examinar o montante dos juros nominais. Conforme tabela elaborada pelo autor e extraída dos dados do Banco Central, na qual a primeira linha contém os valores nominais, e a segunda, o percentual que estes valores representam em relação ao Produto Interno Bruto:

X – Juros Nominais					
2010	2011	2012	2013	2014	2015
124.508,7	180.533,1	147.267,6	185.845,7	251.070,2	397.240,4
-3,2%	-4,1%	-3,1%	-3,5%	-4,4%	-6,7%

Constata-se, claramente, que os valores a título de juros nominais vêm crescendo exponencialmente, na proporção da representatividade em relação ao PIB (quase 400 bilhões em 2015). Conforme compara Dowbor, "o rombo criado pelos altos juros da dívida é incomparavelmente superior ao déficit das políticas públicas propriamente ditas", conforme acima examinado. No ano de 2016, o gasto com juros chegou a 304 bilhões, sendo que o orçamento de 2017 prevê um gasto equivalente a 339 bilhões. Vale ressaltar, pois, que estes dados dizem respeito exclusivamente à rubrica "juros", não abarcando os valores que são pagos ou rolados, ao longo de cada exercício.

Da leitura destes dados oficiais, é possível compreender, inequivocamente, "que não se tratou, de maneira alguma, de um governo que gastou demais com as políticas públicas, e sim de um governo em que os recursos foram desviados das políticas públicas para satisfazer o sistema financeiro", conforme enfatiza Dowbor.

A partir do exposto, já de uma forma macro, é possível constatar que os objetivos fundamentais da república foram desconsiderados em prol de interesses de setores financeiros. Outros dados demonstram que os valores investidos para financiamento dos direitos fundamentais entendidos, quase consensualmente, como mais importantes (saúde e educação) são tão pouco expressivos, para um país com a dimensão territorial e populacional brasileira, que o difícil mesmo é entender como é possível ter o mínimo destes direitos, com tão precários recursos.[20]

Segundo dados da Organização Mundial da Saúde – OMS –, o gasto público com a saúde no Brasil em 2014 não chega a ultrapassar nem 4% do Produto Interno Bruto (3,8%); enquanto em educação o Brasil ocupa a penúltima posição num *ranking* de trinta e cinco países elaborado pela OCDE, relativamente ao gasto, *per capita,* por aluno. Isso significa um gasto total em relação ao PIB inferior a 6%.

A partir do exposto, também é incompreensível que em 2016 tenham sido aprovadas duas Emendas Constitucionais que agudizam a já esquálida proteção social. Num primeiro momento, houve a ampliação do mecanismo da Desvinculação das Receitas da União – DRU –, de vinte para **trinta por cento** do orçamento da seguridade social, o que, em termos práticos, resulta a supressão de quase um terço dos valores constitucionalmente assegurados para financiamento de políticas públicas sociais (Emenda Constitucional nº 93/2016).

Não bastasse isso, a Emenda Constitucional 95/2016 contingenciou o gasto público primário para os próximos vinte anos, nos mesmos patamares de 2016, acrescidos dos valores correspondentes à inflação (IPCA). Ou seja, nas próximas duas décadas, os gastos sociais restaram "congelados no tempo", não obstante haja um tendencial crescimento do risco social, fruto do modelo econômico que vem sendo imposto e, principalmente, como se o gasto social precedente já tivesse atingido um patamar que pudesse ser entendido como minimamente satisfatório. Maior perplexidade ainda, tem-se quando se constata que os juros nominais ficarão fora deste congelamento! Justamente o item que deu causa principal ao déficit.

Enfim, resta indubitável a opção pela defesa dos interesses dos setores financeiros, em detrimento das legítimas expectativas criadas a partir do texto constitucional. Não é difícil compreender, pois, como o Estado brasileiro consegue a façanha de tornar-se um verdadeiro agente de redistribuição de renda às avessas, amesquinhando, ainda mais, a insubsistente proteção social (almejada pela Constituição) e conspirando pelo aniquilamento do setor produtivo da economia.

---

[20] Trilhando um caminho diverso do brasileiro, conforme menciona Celia Kerstenetzy: "Os países da OCDE chegam ao final dos anos 1990 com um gasto social médio superior a 50% do gasto público (com pouco menos de 50% estão apenas os Estados Unidos e o Reino Unido). Apesar da pequena redução observada na relação gasto/produto em 2007 em relação a 1998, o montante real de recursos comprometidos, seja *per capita* seja por dependente, aumentou significativamente. Nos dias atuais, prossegue a autora, referindo-se especificamente aos países nórdicos "Entre os países da OCDE, o cluster social-democrata é o que mais enfatiza os serviços sociais em sua estrutura de gastos, chegando a despender cerca de 10% do PIB nesse item (excluindo os gastos em educação)". Kerstenetzky, Celia Lessa. *O estado do bem-estar social na idade da razão:* A Reinvenção do estado social no mundo contemporâneo Rio de Janeiro: Elsevier, 2012. p. 70 e 121.

4. Considerações finais

Neste momento final do trabalho, opta-se por examinar outras consequências indesejáveis da anomalia "à brasileira", consubstanciada na adoção de taxas de juros merecedoras de sucessivas consagrações no Guinness. Não bastasse a substancial absorção de recursos públicos, em detrimento do financiamento de políticas no campo social, há outras decorrências igualmente nefastas.

Em primeiro lugar, as altíssimas taxas de juros cobradas do consumidor final têm um perverso efeito regressivo – idêntico ao da tributação indireta –, pois quando o preço da mercadoria está "contaminado" por taxas de juros, que chegam ao descalabro de 72,33% ao ano, aqueles com maior dependência do crédito tornam-se suas maiores vítimas, sem contar que adquirem pouco e pagam muito, o que colabora para frear concomitantemente a produção e a demanda.

Não fosse suficiente isso, as taxas praticadas pelas administradoras de cartões de crédito ultrapassam quaisquer possibilidades de serem adequadamente adjetivadas, valendo lembrar, ainda, que, as operadoras cobram das empresas comerciais entre 3% e 5% sobre as compras pagas com cartões, o que acaba por assumir características de um cumulativo, regressivo e oneroso "tributo", em prol de uma entidade privada.

No que tange às pessoas jurídicas, as abusivas taxas de juros impõem dois fatores, os quais inequivocamente colaboram para travar o desenvolvimento econômico nacional. De um lado, as altas taxas de juros cobradas pelo sistema financeiro inibem investimentos que poderiam propiciar o incremento das atividades econômicas. Por outro lado, é difícil convencer àqueles que dispõem de capitais a investi-los na atividade produtiva, quando têm como alternativa a remuneração paga por uma aplicação financeira, de baixo risco, como ocorre em relação aos títulos públicos brasileiros.

Ocorre que, a referida remuneração é bancada pelo próprio Estado – mediante arrecadação de tributos – sendo fácil constatar, desta forma, que uma gigantesca parcela de recursos públicos é destinada justamente ao próprio sistema financeiro privado e seus investidores. Essa conta corresponde a algo próximo a 7% do Produto Interno Bruto, ou o equivalente a mais de 20% do total arrecadado, conforme exposto supra.

Não se ignoram as justificativas pelas quais este quadro permanece, com poucas variações, por tantos anos. A dívida pública, o combate à inflação, a inadimplência, a fraude, o risco, etc. são, entre outros, os principais óbices vislumbrados por "especialistas" do setor financeiro, em generosos espaços concedidos pelos meios de comunicação tradicionais. Em vista disso, cria-se uma espécie de verdade inconteste, segundo a qual seria impossível que, no Brasil, fossem praticadas taxas de juros – oficiais ou de mercado – semelhantes às dos demais países.

Como consequência desse quadro, perpetua-se uma espécie de "estado de exceção econômico", que tem de um lado uma esmagadora maioria de perdedores (indústria, comércio, consumidores: cidadãos em geral) e uma pequena minoria de vencedores (sistema financeiro e investidores). Vive-se, assim, no paraíso do rentismo financeiro, à custa de uma Carga Fiscal regressiva e da expropriação, juridicamente aceita, dos recursos daqueles que utilizam o crédito.

A persistência do atual cenário inviabiliza os fundados desejos de desenvolvimento econômico e social e de redução das persistentes desigualdades, com vistas à construção de um futuro próspero e harmonioso para todos. Parece demagogia dizer isso, mas esse exagero retórico merece censura substancialmente menor do que o discurso de sustentação do *status quo,* antes referido, que há tanto tempo vem prevalecendo justamente em prol daqueles que o sustentam. Trata-se, pois, de um amargo remédio prescrito justamente por aqueles que se beneficiam dele; tão absurdo quanto seria se um médico fosse o único beneficiado pelos medicamentos por ele prescritos, enquanto os indesejáveis efeitos colaterais fossem suportados por aqueles que ingerem o medicamento, na ingênua esperança da cura.

Referências

BONAVIDES, Paulo. *Do estado liberal ao estado social.* 9 ed. São Paulo: Malheiros, 2009.

CHULVI, Cristina Pauner. *El Deber Constitucional de Contribuir al Sostenimiento de los Gastos Públicos.* Madrid: Centro de Estudios Políticos e Constituionales, 2001.

DOWBOR, Ladislau. *"Que crise é essa?".*Disponível em: <http://dowbor.org/blog/wp-content/uploads/2016/03/Que-crise-e%CC%81-essa-Ladislau-Dowbor.pdf>. Acesso em: 19 jan 2017.

——. *A esterilização dos recursos do país.* Le Monde Diplomatique Brasil, Ed. 89. dez/2014

DWORKIN, Ronald. *A Virtude Soberana*: a teoria e a prática da igualdade. Trad.: Jussara Simões. São Paulo: Martins Fontes, 2005.

ESTEVAN, Juan Manuel Barquero. *La función del tributo en el estado social y democrático de derecho.* Madrid: Centro de estudios políticos e constitucionales, 2002.

KERSTENETZKY, Celia Lessa. *O estado do bem-estar social na idade da razão*: A Reinvenção do estado social no mundo contemporâneo Rio de Janeiro: Elsevier, 2012.

NABAIS, José Casalta. *Por um estado fiscal suportável* – Estudos de Direito Fiscal. Coimbra: Almedina, 2011.

OST, François. *O Tempo do Direito.* Lisboa: Instituto Piaget, 1999.

ROBLES, Gregorio. *Os Direitos Fundamentais e a Ética na Sociedade Atual.* São Paulo: Manole, 2005. p. 121.

SARLET, Ingo Wolfgang. *A Eficácia dos Direitos Fundamentais.* 3. ed. Porto Alegre: Livraria do Advogado, 2003.

SEN, Amartya. *O Desenvolvimento como Liberdade.* Trad.: Laura Teixeira Motta. São Paulo: Companhia das letras, 2000.

STIGLITZ, Joseph E. *A Globalização e seus Malefícios.* Trad.: Balzan Tecnologia e Lingüística. São Paulo: Futura, 2002.

STRECK, Lenio Luiz. A Hermenêutica e o Acontecer (Ereignen) da Constituição. In: *Anuário do Programa de Pós-Graduação em Direito – Mestrado / Doutorado.* São Leopoldo: Unisinos – Centro de Ciências Jurídicas, 2000.

TIPKE, Klaus. Sobre a Unidade da Ordem Jurídica. In: SCHOUERI, Luiz Eduardo; ZILVETI, Fernando Aurélio (coords.). *Direito Tributário*: Estudos em Homenagem a Brandão Machado. São Paulo: Dialética, 1998.

— XIII —

Transexualidade no STJ: desafios para a despatologização à luz do debate Butler-Fraser[1]

MARIA EUGENIA BUNCHAFT[2]

Sumário: 1. Introdução; 2. O debate Butler-Fraser; 3. A jurisprudência do STJ sobre transexualidade: uma reflexão sobre os desafios da despatologização e da crítica ao binarismo à luz do debate Butler-Fraser; 4. Considerações finais; Referências Bibliográficas.

1. Introdução

A transexualidade é um dos temas mais controversos da bioética. A temática é encoberta por autocompreensões assimétricas de mundo vinculadas a uma moralidade tradicional religiosa que terminam por minimizar a necessidade de desconstrução do binarismo de gênero. O objetivo geral do presente trabalho, portanto, se concentra em investigar a efetivação dos direitos fundamentais de transexuais na jurisprudência do Superior Tribunal de Justiça (STJ), à luz do debate Butler-Fraser.

Diante dessa estrutura conceitual, os estudos contemporâneos sobre sexualidade demonstram que a concepção binária de gênero do Ocidente e o alinhamento automático entre sexo anatômico e identidade sexual configuram categorias construídas culturalmente. A pluralidade de identidades de gênero que não se enquadram no binarismo convencional não pode ser utilizada como fundamento para a sua patologização, a qual potencializa estigmas e incrementa a discriminação.

[1] Esse artigo é resultado da coordenação de dois projetos de pesquisa. O primeiro projeto é intitulado "Direitos fundamentais de grupos estigmatizados na jurisprudência do STJ, STF e Suprema Corte norteamericana à luz da filosofia do reconhecimento", financiado pela UNISINOS. O segundo projeto é relativo à coordenação do Projeto aprovado e financiado pela FAPERGS, intitulado "Judicialização, Deliberação e Minorias LGBT: uma reflexão sobre os contextos brasileiro e norteamericano", relativo ao Edital Pesquisador Gaúcho 02/ 2014.

[2] Professora do Programa de Pós-Graduação em Direito da UNISINOS. Pós-Doutora em Filosofia pela UFSC. Doutora e Mestre em Teoria do Estado e Direito Constitucional pela PUC-Rio. Professora de Direito Constitucional da Graduação em Direito da UNISINOS. Orientadora de Doutorado e Mestrado. Autora do livro "Patriotismo Constitucional: Jürgen Habermas e a Reconstrução da Ideia de Nação na Filosofia Política Contemporânea. Curitiba: Juruá, 2015.

Assim, a filosofia do reconhecimento de Nancy Fraser se desvela como essencial para a desconstrução da concepção binária de gênero. De outro lado, o livro *Problemas de Gênero*, de Judith Butler, traz uma contribuição teórica fundamental que reflete a "terceira onda" do Movimento Feminista. Butler sublinha que a identidade da mulher sustentada pelo movimento feminista assume uma dimensão excludente, posto que inexistem atributos sexuais humanos que sejam estáveis e permanentes. Ademais, analisa as identidades de gênero que se encontram submetidas a estruturas de poder – como *gays*, lésbicas e transgêneros. A ideia é questionar o binarismo de gênero.

Contudo, por que motivo se faz imprescindível a compreensão acerca do debate Butler-Fraser na análise da temática dos direitos de transexuais na jurisprudência do STJ? Recentes decisões judiciais do STJ na regulamentação do direito à mudança de prenome e de sexo por transexuais inspiram uma possível discussão sobre se o reconhecimento seria considerado como uma questão de paridade de participação – como pretende Fraser – ou se o binarismo pode ser desmantelado por meio de práticas desconstrutivas da performatividade, exclusivamente.

Por conseguinte, o objetivo geral do presente trabalho é investigar a temática da efetivação de direitos fundamentais de transexuais na jurisprudência do STJ – especificamente, a temática do binarismo e da despatologização, à luz do debate Butler-Fraser. Em suma, com o relevante aporte dessa discussão, tenciona-se elucidar, no julgamento do Recurso Especial n. 1.008.398-SP, a estratégia argumentativa implícita ao voto da Ministra Nancy Andrighi – que, embora seja um passo no caminho da despatologização na jurisprudência brasileira, ainda consagra o binarismo de gênero como referencial teórico-conceitual. Tal estrutura binária, para Butler,[3] deve ser suscetível à desconstrução, de forma a questionar a regra da heteronormatividade e seus efeitos potencialmente excludentes. Ao ensejo, serão analisados outros julgados, incluindo o pedido de Homologação das Sentenças Estrangeiras n. 01058, n. 002149,[4] n. 004179[5] e n. 002732[6] e o RESP n. 1.043.004/RS à luz do referencial teórico proposto.

Incorporando-se à crítica de Fraser,[7] assume-se a hipótese segundo a qual, embora Butler[8] apresente um relevante diagnóstico da opressão

---

[3] BUTLER, Judith. *Problemas de Gênero:* Feminismo e Subversão da Identidade. Rio de Janeiro: Civilização Brasileira, 2003.

[4] BRASIL. STJ. Presidência. *Sentença Estrangeira* n. 2149. Voto do Relator, Min. Barros Monteiro. Brasília-DF, j. em 01.08.2006b. Disponível em: <www.stj.gov.br>. Acesso em: 04.10.2009.

[5] BRASIL. STJ. *Sentença Estrangeira* n. 4.179. Voto do Relator Min. César Asfor Rocha. Brasília-DF, j. em 07.04.2009a. Disponível em: <www.stj.gov.br>. Acesso em: 04.10.2009.

[6] BRASIL. STJ. *Sentença Estrangeira* n. 002732. Voto do Relator Min. César Asfor Rocha. Brasília-DF, j. em 07.04.2009b. Disponível em: <www.stj.gov.br>. Acesso em 4/10/2009.

[7] FRASER, Nancy. Heterosexism, misrecognition and capitalism: a response to Judith Butler. *New Left Review,* London, n. 228, 1998, p. 140-149.

contra transexuais – e que permite elucidar o discurso implícito ao voto da Ministra Nancy Andrighi no julgamento do RESP nº 1008398/SP[9] – sua abordagem não é capaz de justificar a motivação da crítica. Nessa perspectiva, sustenta-se como segunda hipótese o pressuposto segundo o qual Fraser delineou uma abordagem que revela maior alcance teórico para compreender o discurso implícito da Ministra-Relatora no julgamento do RESP nº 1008398/SP,[10] porquanto se contrapõe ao binarismo de gênero sem anular a autonomia do sujeito, assumindo como objetivos a paridade de participação e um projeto democraticamente informado por meio de contrapúblicos subalternos.

Nesse aspecto, o referencial teórico de Fraser revela maior potencial democrático, pressupondo uma crítica ao binarismo sexual – que é situada e autorreflexiva – e permitindo interpretar o sentido do referido julgamento. Não obstante, defende-se que as teorias de Butler e Fraser se complementam, pois a primeira identifica corretamente o diagnóstico. Fraser, por sua vez, desenvolve uma teoria da democracia baseada na ideia de contrapúblicos subalternos.

Para tanto, o trabalho será estruturado pelo método fenomenológico-hermenêutico, o qual pretende a aproximação entre sujeito e objeto a ser pesquisado. Não se trata de uma análise externa, como se o sujeito e objeto estivessem desconectados, mas diferentemente, o sujeito está implicado diretamente, relacionando-se com seu objeto de estudo, interagindo com ele e sofrendo os efeitos de seus resultados. Dessa feita, o pesquisador está inserido no mundo em que a pesquisa será realizada. No movimento do círculo hermenêutico, a pré-compreensão do pesquisador é anterior à sua compreensão e à sua interpretação, que atribuirá significado aos resultados da pesquisa. Adiciona-se também o método monográfico, tendo como técnica de pesquisa a investigação jurisprudencial de decisões no STJ sobre transexualidade.

2. O debate Butler-Fraser

Butler[11] resgata o pensamento de Foucault, especialmente no livro *História da Sexualidade*, o qual ressalta que o principal atributo da modernidade seria o controle político sobre o corpo, inspirando o fato de a conduta sexual ter assumido papel relevante a partir do momento em

---

[8] BUTLER, Judith. Merely Cultural. *Social Text*, 52-53 (1997b), p. 265-77.

[9] BRASIL, STJ. Terceira Turma. *Recurso Especial 1.008.398/SP*. Voto da Relatora, Ministra Nancy Andrighi. Brasília-DF, j. 15.10.2009. Disponível em: <www.stj.gov.br>. Acesso em: 04.10.2010.

[10] BRASIL, STJ. Terceira turma. *Recurso Especial 1.008.398/SP*. Voto da Relatora, Ministra Nancy Andrighi. Brasília-DF, j. 15.10.2009. Disponível em: <www.stj.gov.br>. Acesso em: 04.10.2010.

[11] BUTLER, Judith. *Problemas de Gênero:* Feminismo e Subversão da Identidade. Rio de Janeiro: Civilização Brasileira, 2003.

que a modernidade converte o crescimento populacional em uma questão política. Segundo Foucault, na modernidade há uma conexão entre ciência e poder, o que suscita uma fusão entre ambos. É no fim do século XVIII que surge uma tecnologia do sexo inteiramente nova, o que se reflete na clara assertiva de Foucault:

> Nova, porque sem ser realmente independente da temática do pecado escapava, basicamente, à instituição eclesiástica. Através da pedagogia, da medicina e da economia, fazia do sexo não somente uma questão leiga, mas negócio de estado; ainda melhor, uma questão que todo o corpo social e quase cada um dos seus indivíduos eram convocados a porem-se em vigilância. Nova, também, porque se desenvolvia ao longo de três eixos: o da pedagogia, tendo como objetivo a sexualidade específica da criança; o da medicina, com a fisiologia sexual própria das mulheres como objetivo; e, enfim, o da demografia, com o objetivo da regulação espontânea ou planejada dos nascimentos.[12]

Nesse panorama, surge a tecnologia disciplinar, pois a técnica científica inspira padrões de conduta, tornando-se um ideal regulatório que estabelece o que é proibido ou é permitido, e que incide sobre o indivíduo e também o constitui. Butler,[13] com base em Foucault, enfatiza que a própria regra científica constrói a identidade do sujeito, o que suscita um processo histórico que expressa uma luta pelo poder, no que se refere à prerrogativa de dizer o que está em consonância com a ciência. Como resultado, surge uma regra hegemônica que regula a construção de identidades. Nesse ponto, o sujeito é produzido pelo poder.

Butler[14] resgata tais reflexões para problematizar a dicotomia sexo/gênero estabelecida por Gayle Rubin,[15] assim como o binarismo de gênero. Propugna que a estratégia do feminismo seria problematizar a estabilidade e a universalidade da identidade de gênero, justamente porque resultam de relações de poder que estabelecem os grupos cujos interesses são contemplados pelo movimento feminista, incitando processos de exclusão.

Destarte, somente é possível superar a exclusão pressupondo que os atributos biológicos não são uma base coerente para fundamentar a identidade. Para Butler, tanto sexo como gênero sintetizam construções socioculturais que decorrem da pretensão dos sujeitos de se ajustarem às normas sociais. E é precisamente nesse aspecto que Butler defende que o gênero é performativo no sentido de ser estabelecido por formas de agir vinculadas à feminilidade e à masculinidade. As identidades de gênero são construídas por meio da linguagem, porquanto não há identidade de gênero que preceda a linguagem: a linguagem constrói o gênero.

---

[12] FOUCAULT, Michel. *História da Sexualidade*. Rio de Janeiro: Paz & Terra. 2015, p. 126-127.

[13] BUTLER, Judith. *Problemas de Gênero*: Feminismo e Subversão da Identidade. Rio de Janeiro: Civilização Brasileira, 2003.

[14] Ibidem.

[15] RUBIN, Gayle. Notes for a Radical Theory of the Politics of Sexuality. *In*: VANCE, Carol. *Pleasure and Danger*: Exploring female sexuality. Boston: Routledge & K. Paul, 1984.

Butler[16] se contrapõe à justiça bidimensional de Fraser,[17] argumentando que esta teria criado uma suposta dicotomia entre cultura e economia. Não seria assim possível considerar as demandas de *gays* e lésbicas como reivindicações meramente culturais, porquanto tais movimentos questionam também o funcionamento da economia política. Aponta ainda que Fraser[18] minimiza o interesse econômico na regulação da heteronormatividade como pressuposto para a produção de uma população numerosa que satisfaça às demandas do capitalismo.

Butler[19] resgata o pensamento do feminismo socialista da década de 1970 – que afirma a importância da família como modo de produção – advogando que a regulação heteronormativa da sexualidade é fundamental para o funcionamento da economia política e que lutas contra tal regulação ameaçam a viabilidade do sistema capitalista. Fraser[20] contra-argumenta que esse raciocínio possui duas variantes: uma conceitual e outra funcionalista.

No primeiro aspecto, para Fraser,[21] Butler[22] estaria minimizando a dimensão histórica da ideia de estrutura econômica e esvaziando sua força conceitual, e assim perderia de vista a compreensão da sociedade capitalista como forma de organização social distinta e particular. Ademais, confundiria a separação entre ordem econômica e de parentesco, entre a família e a vida pessoal, entre hierarquia de classe e *status*. Em suma, Butler[23] estaria cega, ao pressupor a regulação sexual como parte da economia.

Na variante funcionalista, discorda que a regulação sexual seja funcional à expansão da mais-valia, uma vez que o sistema capitalista, para se manter, não necessita desse tipo de normatividade. O reconhecimento de *gays*, de lésbicas e de transexuais não dependeria da destruição do sistema capitalista, pois tais identidades poderiam ser objeto de políticas voltadas para a reestruturação dos padrões de reconhecimento dentro do próprio sistema capitalista.

A produção e a reprodução dos sujeitos não podem partir de uma diferenciação entre ordem, cultura e economia. Na ótica de Butler,[24] a caracterização dos novos movimentos sociais como meras lutas no

---

[16] BUTLER, Judith. Merely Cultural. *Social Text*, 52-53 (1997b), p. 265-77.

[17] FRASER, Nancy. Heterosexism, misrecognition and capitalism: a response to Judith Butler. *New Left Review*, London, n. 228, 1998, p. 140-149.

[18] BUTLER, Judith. Merely Cultural. *Social Text*, 52-53 (1997b), p. 265-77.

[19] Ibidem.

[20] FRASER, Nancy. Heterosexism, misrecognition and capitalism: op. cit. p. 140-149.

[21] Ibidem.

[22] BUTLER, Judith. Merely Cultural. *Social Text*, 52-53 (1997b), p. 265-77.

[23] Ibidem.

[24] Ibidem.

plano cultural tenderia a minimizar a discussão por distribuição e cultura. A questão não é verificar se as políticas sobre sexualidade dizem respeito à esfera cultural ou econômica, mas problematizar tal distinção.[25] Fraser[26] contra-argumenta que, embora minorias sexuais sejam sujeitas à má distribuição, não são afetadas da mesma maneira que grupos que lutam fundamentalmente contra injustiça econômica.

Para Fraser,[27] a ideia de Butler de desconstrução da diferenciação entre reconhecimento e redistribuição implica perda da dimensão histórica – indispensável para uma teoria social – porque estabelece a ação e a crítica social em atributos linguísticos como ressignificação e performatividade. O conceito de atos performativos de gênero se encontra deslocado do tempo e da história.

A historicização contempla uma perspectiva mais adequada de abordagem da teoria social, haja vista que permite analisar o caráter socioestrutural singular e historicamente específico da sociedade capitalista contemporânea. Permite identificar uma transformação social antissistêmica – que é insuscetível de ser concretizada através de uma "propriedade abstrata e trans-histórica" da linguagem, tal como ocorre com a ressignificação – sendo necessário partir do caráter contraditório das relações sociais específicas.

Fraser confirma a centralidade da tensão nas relações sociais, diagnosticando as motivações das lutas. Em contraposição à ideia de que a regulação heteronormativa da sexualidade é econômica, sinaliza que a viabilidade do capitalismo contemporâneo independe do aumento populacional, ponderando que seria mais lógico atribuir às assimetrias econômicas de que sofrem *gays* e lésbicas à ausência de reconhecimento.[28] Posteriormente, em *Scales of Justice*, Fraser acrescentará a esfera "do político" como terceira dimensão da justiça.[29]

No ensaio *Justice Social in the Age of Identity Politics*, Fraser[30] relata que todas as injustiças que afetam os grupos são bidimensionais, no entanto as mulheres e os grupos raciais são tipicamente bidimensionais, já que a má distribuição e o não reconhecimento incidem sobre tais com maior intensidade do que em relação a grupos de minorias sexuais ou a operários. Isso não implica que operários e *gays* não se submetam a

---

[25] BUTLER, Judith. Merely Cultural. *Social Text*, 52-53 (1997b), p. 265-77.

[26] FRASER, Nancy. Heterosexism, misrecognition and capitalism: a response to Judith Butler. *New Left Review*, London, n. 228, 1998, p. 140-149.

[27] Ibidem.

[28] Ibidem.

[29] FRASER, Nancy. *Scales of Justice*: Reimagining political space in a globalizing world. New York: Columbia University Press, 2010.

[30] FRASER, Nancy. Justice Social in the Age of Identity Politics. *In:* FRASER, Nancy; HONNETH, Axel. *Redistribution or Recognition?* A Political Philosophical Exchange. London: Verso, 2003.

injustiças econômicas e de não reconhecimento, mas somente que as classes são afetadas sobretudo por injustiças materiais, e os *gays*, por critérios culturais.

Fraser discorda da crítica de Butler às teorias fundacionais da subjetividade e ressalta que a aliança entre teorias fundacionais da subjetividade e imperialismo cultural não decorre de uma necessidade conceitual, e sim, de circunstâncias históricas. Enfatiza ainda a utilização emancipatória das teorias fundacionais, como a Revolução Francesa ou a independência do Haiti. Em sua percepção, Butler estabeleceria falsas antíteses, como "[...] desreificação versus crítica normativa, desconstrução, *versus* reconstrução",[31] aduzindo que o feminismo requer ambas, ou seja, "[...] a desconstrução e a reconstrução, a desestabilização do significado e a proteção da esperança utópica".[32]

Por conseguinte, Fraser[33] ensina que o diagnóstico da falta de reconhecimento se dá por padrões institucionalizados de valores culturais que subordinam certos atores sociais. Como exemplos dessa subordinação, elenca-se o não reconhecimento entre pessoas do mesmo sexo e as políticas de bem-estar social que estigmatizam mães solteiras como sexualmente irresponsáveis – todos podem ser remediados por políticas de reconhecimento efetivadas não a partir de políticas da identidade, mas garantindo aos grupos estigmatizados a condição de parceiros plenos nas interações sociais.

Na verdade, haveria, para Fraser, uma multiplicidade de formas críticas de comunicação expressas em termos de "contrapúblicos", os quais constituem, pode-se referir, "[...] arenas discursivas paralelas nas quais os membros dos grupos socialmente subordinados inventam e circulam contradiscursos para formular interpretações opostas de suas identidades, interesses e necessidades".[34]

Indubitavelmente, de acordo com Fraser, como os membros dos grupos subordinados nem "[...] sempre teriam arenas para deliberar entre si próprios sobre suas necessidades, objetivos e estratégias",[35] uma pluralidade de públicos concorrentes tem maior potencialidade em promover o princípio da paridade de participação – diferentemente de um público único, compreensivo. Nesse contexto, Fraser pretende demons-

---

[31] FRASER, Nancy. What's Critical about Critical Theory? *In:* MEEHAN, Johann (ed.). *Feminist Read Habermas:* Gendering the Subject of Discourse. New York: Routledge, 1995, p. 71.

[32] Ibidem.

[33] FRASER, Nancy. Justice Social in the Age of Identity Politics. *In:* FRASER, Nancy; HONNETH, Axel. *Redistribution or Recognition?-A Political Philosophical Exchange.* London: Verso, 2003.

[34] FRASER, Nancy. Rethinking the Public Sphere: a Contribution to the Critique of Actually Existing Democracy. *In:* CALHOUN, Craig. *Habermas and the Public Sphere.* Cambridge: Mit Press, 1992, p. 123.

[35] Idem, p. 122-123.

trar como, em processos discursivos da esfera pública, grupos sociais com desigualdade de poder assumem a perspectiva de desenvolver estilos culturais desigualmente valorados.[36] A existência de segmentos do movimento feminista que não concebem mulheres transexuais como tais ilustra as desigualdades nos processos discursivos da esfera pública oficial.

Nesse quadro teórico, conclui-se, com base nos pressupostos de Fraser, pela necessidade de desconstruir a dicotomia hetero-homo, desestabilizando as identidades sexuais, o que somente se efetivaria por meio da constatação de certos públicos alternativos que inspiram a circulação de discursos de oposição de grupos excluídos da esfera pública oficial (cujos exemplos são transexuais e travestis).

Na próxima etapa do estudo, passa-se a investigar a jurisprudência do STJ sobre transexualidade à luz do diálogo Butler-Fraser.

3. A jurisprudência do STJ sobre transexualidade: uma reflexão sobre os desafios da despatologização e da crítica ao binarismo à luz do debate Butler-Fraser

Assim, de acordo com a Ação Global pela Igualdade Trans (GATE) e a Campanha Internacional *Stop TransPathologization* (STP), a Organização Mundial da Saúde (OMS) publicou uma nova proposta sobre saúde trans na versão da *Classificação Internacional de Doenças* (CID)-11, a qual contempla novas categorias reivindicadas pelo Grupo de Trabalho da OMS: incongruência de gênero na adolescência e idade adulta e incongruência de gênero na infância. Ambas as categorias integram um novo capítulo da CID-11: o Capítulo 06, que trata de *condições relacionadas com a saúde sexual*, separado do capítulo sobre *transtornos mentais e de comportamento*.[37] Mas a questão é: como perceber discursos patologizantes implícitos aos votos de Ministros do STJ?

---

[36] FRASER, Nancy. Rethinking the Public Sphere: a Contribution to the Critique of Actually Existing Democracy. *In:* CALHOUN, Craig. *Habermas and the Public Sphere*. Cambridge: Mit Press, 1992.

[37] Nesse sentido, a CID-11 será votada somente na Assembleia Mundial de Saúde no ano de 2018. Conforme preconizam a GATE e a STP, é preciso analisar e debater sobre a questão de a categoria "incongruência" poder repatologizar as questões trans na CID-11. A GATE e a STP defendem que o acesso à saúde e o reconhecimento da identidade de gênero configuram direitos humanos e que seu cumprimento não deve depender de categorias diagnósticas. Em 2017, a Dinamarca tornou-se o primeiro país do mundo a retirar a classificação de pessoas transexuais como doentes mentais. O governo adotou medidas para desconstruir concepções patologizantes, desvinculando a transexualidade de associações com termos como "desordem" ou "disforia". Estabeleceu-se que, na hipótese de inércia da OMS até 1º de janeiro de 2017, a Dinamarca atuaria de forma unilateral. O movimento trans tem denunciado as inconsistências e contradições das normas brasileiras que estabelecem o atendimento à saúde por transexuais. Sustentam a necessidade de substituição do termo "transgenitalismo", a diminuição do requisito da idade para a realização das cirurgias de 21 para 18 anos e a retirada da exigência de dois anos de acompanhamento prévio. O Conselho Federal de Psicologia

No deferimento do pedido de homologação da Sentença Estrangeira n. 01058, o STJ determinou a retificação do registro para atribuir sexo e prenome feminino a determinado transexual. O autor da ação ajuizou pedido de homologação de sentença estrangeira formulada pelo Tribunal de Gênova, na Itália, que estabeleceu a retificação do prenome e do sexo no registro civil, após a realização de cirurgia para mudança de sexo.

Nesse cenário, o Ministro-Presidente Barros Monteiro citou um acórdão paradigmático proferido pelo Tribunal de Justiça de São Paulo na Apelação Civil n. 165.157-4/5, em que o Relator, Desembargador Boris Kaufmann, leciona que "[...] manter-se um ser amorfo, por um lado mulher, psíquica e anatomicamente reajustada, e por outro lado homem, juridicamente, em nada contribuiria para a preservação da ordem social e da moral [...]". Nessa seara, vale a pena transcrever uma passagem do voto do Ministro Dr. Barros Monteiro, que anuncia que:

> Já na Declaração Universal dos Direitos de Homem, adotada e proclamada pela Resolução 217 A (III) da Assembléia (sic) Geral das Nações Unidas em 10 de dezembro de 1948, afirmava-se que a dignidade é inerente a todos os membros da família humana. E a Constituição em vigor inclui, entre os direitos individuais, a inviolabilidade da intimidade, da vida privada, da honra e da imagem das pessoas (art. 5º, X). Reside aqui o fundamento autorizador da mudança do sexo jurídico, pois, sem ela, ofendida estará a intimidade do autor, bem como sua honra. O constrangimento, a cada vez que se identifica, afastou o autor de atos absolutamente normais em qualquer indivíduo, pelo medo da chacota. A busca da felicidade, que é direito de qualquer ser humano, acabou comprometida.[38]

No contexto, o Ministro Barros Monteiro ponderou que a pretensão não ofende a soberania, a ordem pública ou os bons costumes, e que é fundamental conferir ao interessado "[...] uma identidade de gênero que lhe permita resolver a grave dicotomia em sua personalidade, com a possibilidade de garantir-lhe uma vida mais serena e de favorecer a sua integração social em sintonia com sua tendência natural".[39] Verifica-se, por meio da leitura do voto do Ministro Barros Monteiro, que, apesar de o próprio compreender que a pretensão não ofende a ordem pública, ao se referir a uma "grave dicotomia em sua personalidade", subentende um discurso implícito baseado em uma compreensão patologizante da transexualidade com potencial estigmatizante.

Diante da referida estrutura conceitual, o aporte teórico amparado por Butler é essencial para compreender um conjunto de discursos implícitos ao teor do voto do Ministro Barros Monteiro, já que a estudiosa

---

lançou, em 2014, uma campanha em apoio à luta pela despatologização das identidades trans e travestis. A proposta foi polemizar discursos e práticas patologizantes decorrentes de uma estrutura binária que estabelece processos de exclusão e estigmatização das identidades trans.

[38] BRASIL. STJ. Presidência. *Sentença Estrangeira* n. 001058. Voto do Relator, Min. Barros Monteiro. Brasília-DF, DJ 04.12.2006a. Disponível em: <www.stj.gov.br>. Acesso em: 04.10.2009.

[39] Ibidem.

defende que as reivindicações de despatologização da transexualidade pressupõem uma demanda mais profunda pela despatologização do gênero, tendo em vista a atuação proeminente das mulheres trans na tematização e na criação de arenas discursivas renovadas em esferas de debate que tradicionalmente eram atribuídas a mulheres com vagina desde o seu nascimento. De outro lado, o teor do voto, ao pressupor uma interpretação patologizante da sexualidade, anula o *status* dos transexuais como parceiros em interações sociais – o que minimiza a norma da paridade de participação, tal como formula Fraser.

Com efeito, no processo de homologação da Sentença Estrangeira n. 002149,[40] o mesmo Ministro-Relator Barros Monteiro também deferiu o processo de homologação com base nos mesmos argumentos. Nos processos relativos às Sentenças Estrangeiras n. 004179[41] e n. 002732,[42] ambas julgadas em sete de abril de 2009, o Ministro-Relator César Asfor Rocha também deferiu o pedido de homologação, mas determinou que ficasse consignada às margens do registro civil do requerente a observação de que as modificações do nome e do sexo decorrem de decisão judicial.

É mister frisar que o Ministro Marcos Buzzi, no julgamento do RESP n. 1.043.004/RS, deu provimento parcial ao Recurso Especial, a fim de determinar a modificação no registro de sexo e prenome, autorizando a averbação, apenas no livro cartorário e à margem do registro, de que a retificação do prenome e do sexo é oriunda de decisão judicial, vedando qualquer menção a este fato nas certidões do registro público.[43]

Por fim, no julgamento do Recurso Especial n. 1008398/SP,[44] a Terceira Turma do STJ, por unanimidade, deu-lhe provimento em quinze de outubro de 2009, nos termos do voto da Relatora, Ministra Nancy Andrighi, deferindo a alteração de prenome e de sexo de transexual redesignado, com base no princípio da dignidade da pessoa humana. A Ministra-Relatora profere que

> [...] conservar o sexo masculino no assento de nascimento do recorrente, em favor da realidade biológica e em detrimento das realidades psicológica e social, bem como morfológica, pois a aparência do transexual redesignado, em tudo se assemelha ao sexo feminino, equivaleria a manter o recorrente em estado de anomalia, deixando de reconhecer seu direito de viver dignamente. [...][45]

---

[40] BRASIL. STJ. Presidência. *Sentença Estrangeira* n. 2149. Voto do Relator, Min. Barros Monteiro. Brasília-DF, j. em 01.08.2006b. Disponível em: <www.stj.gov.br> Acesso em: 04.10.2009.

[41] BRASIL. STJ. *Sentença Estrangeira* n. 4.179. Voto do Relator Min. César Asfor Rocha. Brasília-DF, j. em 07.04.2009a. Disponível em: <www.stj.gov.br>. Acesso em: 04.10.2009.

[42] BRASIL. STJ. *Sentença Estrangeira* n. 002732. Voto do Relator Min. César Asfor Rocha. Brasília-DF, j. em 07.04.2009b. Disponível em: <www.stj.gov.br> Acesso em 4.10.2009.

[43] BRASIL. STJ. *Recurso Especial* n. 1.043.004. Voto do Ministro Marcos Buzzi. Brasília-DF, j. em 1/08/2013. Disponível em: <www.stj.gov.br> Acesso em 4/10/2015.

[44] BRASIL, STJ. Terceira turma. *Recurso Especial n.* 1.008.398/SP. Voto da Relatora, Ministra Nancy Andrighi. Brasília-DF, j. 15.10.2009c. Disponível em: <www.stj.gov.br>. Acesso em: 04.10.2010.

[45] Ibidem.

Nessa linha de raciocínio, o voto da Ministra Nancy Andrighi, ao se referir às realidades psicológica e social do transexual, assim como à necessidade de não manter o recorrente em estado de anomalia, representa avanço na jurisprudência brasileira, no que tange à superação da concepção patologizante de transexualidade. Todavia, quando a Ministra pondera que "[...] a aparência do transexual redesignado em tudo se assemelha ao sexo feminino",[46] ainda pressupõe uma concepção binária de sexo, que é problematizada tanto por Butler, como por Fraser.

Trata-se de uma estrutura sexual binária que, na perspectiva de Butler, seria decorrente da regra da heteronormatividade. As categorias identitárias, portanto, para a teórica, são produtos ficcionais das estruturas de poder, ou seja, no sentido de que não são preexistentes às estruturas de poder, sendo produtos performativos das instituições, das práticas e dos discursos.

Como já se salientou, para Butler,[47] os atributos biológicos não resumem uma base coerente para fundamentar a identidade, porquanto sexo e gênero são construções socioculturais que pressupõem as aspirações dos sujeitos de se ajustarem a padrões sociais. Portanto, a decisão reflete implicitamente um discurso que incorpora um conjunto de categorias aparentemente fundacionais, mas que são produtos culturais capazes de criar uma aparência de natural, original, inevitável. Nesse ponto de vista, Jagger interpreta que, para Butler, categorias identitárias são "[...] efeitos performativos da linguagem e significação, ao invés de propriedades dos indivíduos, ou expressão linguística do natural, baseadas na materialidade do corpo".[48]

Fraser,[49] por sua vez, através da crítica aos remédios afirmativos, se contrapõe ao binarismo homem-mulher (ou hetero-homo), procurando desestabilizar o sistema binário de diferenciação sexual que foi expresso, por exemplo, no discurso implícito ao voto da decisão da Ministra Nancy Andrighi no RESP nº 1008398/SP.[50] O reconhecimento afirmativo, voltado para reparar a injustiça contra homossexuais e transexuais na cultura, engloba a valorização da cultura LGBT, mas inspira uma reificação identitária, enquanto deixa intacto o código binário

---

[46] BRASIL, STJ. Terceira turma. *Recurso Especial* n. 1.008.398/SP. Voto da Relatora, Ministra Nancy Andrighi. Brasília-DF, j. 15.10.2009c. Disponível em: <www.stj.gov.br>. Acesso em: 04.10.2010.

[47] BUTLER, Judith. *Problemas de Gênero*: Feminismo e Subversão da Identidade. Rio de Janeiro: Civilização Brasileira, 2003.

[48] JAGGER, Gill. *Sexual Politics, Social Change and the Power of Performative*. New York: Routledge, 2008, p. 8.

[49] FRASER, Nancy. Da redistribuição ao reconhecimento? Dilemas da justiça na era pós-socialista. *In:* SOUZA, Jessé (org). *Democracia Hoje*. Novos desafios para a teoria democrática contemporânea. Brasília: Editora UNB, 2001.

[50] BRASIL, STJ. Terceira turma. *Recurso Especial* n. 1.008.398/SP. Voto da Relatora, Ministra Nancy Andrighi. Brasília-DF, j. 15.10.2009c. Disponível em: <www.stj.gov.br>. Acesso em: 04.10.2010.

homem-mulher que atribui sentido à relação. Assim, a decisão da Ministra contém implicitamente discursos que refletem remédios afirmativos – tão criticados por Fraser.

Portanto, sustentamos, à luz de Fraser[51] que, embora Butler (1997b) teorize um relevante diagnóstico da opressão contra minorias que permite compreender (ainda que de forma parcial) o discurso implícito ao voto da Ministra Nancy Andrighi no julgamento supracitado, sua perspectiva é insuscetível de justificar a motivação da crítica porquanto a ideia de identidade não atinge o fim de superar a exclusão.

Nessa perspectiva, Fraser[52] possui recursos conceituais que revelam maior alcance teórico para interpretar o julgamento do RESP nº 1008398/SP,[53] uma vez que sustenta uma teoria feminista que se opõe à essencialização identitária e ao binarismo de gênero, sem, porém, anular a autonomia do sujeito, assumindo como objetivos a descrição das desigualdades e a formulação de um projeto emancipatório, por meio de contrapúblicos subalternos. Aqui, o referencial teórico de Fraser é democraticamente informado, pressupondo uma crítica ao binarismo sexual que é, ao mesmo tempo, situada e autorreflexiva, oportunizando compreender criticamente o teor do verdadeiro sentido do julgamento do RESP n. 1008398/SP.[54]

Postulamos, à luz de Fraser, que a estrutura conceitual delineada por Butler – no sentido de que a reificação da performatividade é negativa, enquanto a desreificação é positiva – não atendem aos objetivos emancipatórios do feminismo. Nas palavras de Fraser, "Butler tem explicitamente renunciado a recursos morais teóricos necessários para a concepção de seus próprios julgamentos normativos implícitos".[55]

No quadro teórico que se deslinda, percebe-se a relevância do pensamento de Fraser, a partir do qual se pode visualizar como a discussão atual sobre o *quem* da temática da transexualidade ultrapassa a moldura keynesiana-westfaliana dos públicos nacionais. As demandas por reconhecimento reivindicadas por transexuais cada vez mais ultrapassam os limites do Estado nacional, visto que os reivindicantes não se restringem a problematizar temáticas relativas apenas às relações entre cidadãos e Estado.

---

[51] FRASER, Nancy. *Heterosexism, misrecognition and capitalism*: a response to Judith Butler. *New Left Review*, London, n. 228, 1998, p. 140-149.

[52] Ibidem.

[53] BRASIL, STJ. Terceira turma. *Recurso Especial* n. 1.008.398/SP. Voto da Relatora, Ministra Nancy Andrighi. Brasília-DF, j. 15.10.2009c. Disponível em: <www.stj.gov.br>. Acesso em: 04.10.2010.

[54] Ibidem.

[55] FRASER, Nancy. *Fortunes of Feminism*. From State Maneged Capitalism to Neoliberal Crisis. London: Verso, 2014, p. 162.

Dessa feita, segundo Fraser,[56] os movimentos sociais, ao reivindicarem o direito de determinar o *quem*, problematizam o *como* hegemônico, tematizando a criação de procedimentos novos e não hegemônicos relativos a disputas de enquadramento de justiça. Tal questão pode ser exemplificada na questão da discussão sobre a transexualidade, no que se refere ao *quem* destinatário de tais benefícios e em relação a quais critérios para a definição do *quem*.

4. Considerações finais

Diante do exposto, sustenta-se que a crítica de Butler quanto à diferenciação dicotômica entre reconhecimento e redistribuição minimiza um aspecto central da teoria de Fraser. Trata-se de dimensões distintas, mas interconectadas, requerendo tal distinção analítica para estabelecer os remédios adequados para cada tipo de injustiça. Segundo Fraser,[57] Butler confunde o dualismo entre classe e *status* com um monismo economicista ligado a uma tradição neomarxista conservadora.

Defende-se, com base no posicionamento de Fraser, que ambas as injustiças são importantes, não sendo necessário provar que o não reconhecimento implica má distribuição para caracterizar uma situação de injustiça. Em suma, as lutas por reconhecimento não precisam demonstrar que constituem uma ameaça ao capitalismo para adquirirem o *status* de lutas justas. As injustiças que decorrem do não reconhecimento são igualmente graves – como as injustiças distributivas – e os danos culturais não são reflexos superestruturais das injustiças econômicas.

De fato, para concretizar os direitos fundamentais de transexuais, é fundamental resgatar as perspectivas teóricas de Butler e Fraser. Sustenta-se que as teorias das autoras se complementam, porquanto a primeira acerta no diagnóstico, enquanto Fraser desenvolve uma teoria democraticamente informada baseada na ideia de contrapúblicos subalternos. Tal modelo permite desconstruir mecanismos institucionais na esfera da distribuição, do reconhecimento e da representação que impedem uma participação efetiva de transexuais como pares nas interações sociais do espaço público – daí a relevância da ideia de *contrapúblicos subalternos* – o que potencializa a desconstrução da dicotomia hetero--homo e desestabiliza todas as identidades sexuais.

Torna-se imprescindível "[...] nomear 'patologização do gênero' em vez de 'psiquiatrização do gênero', por entendermos que há um con-

---

[56] FRASER, Nancy. *Scales of Justice*: Reimagining Political Space in Globalizing World. New York: Columbia University Press, 2010.

[57] FRASER, Nancy. False Antitheses: a response to Seyla Benhabib and Judith Butler. *In*: FRASER, Nancy. *Justice Interruptus:* Critical Reflections on the Postsocialist Condition. Routledge: New York, 1997.

junto de saberes polimorfos que se articulam para produzir as normas e os normais de gênero".[58] Em resumo, nas reivindicações de despatologização da transexualidade, surge, com fundamentação em Butler,[59] uma demanda mais profunda pela despatologização do gênero, tendo em vista a atuação proeminente das mulheres trans na tematização e na criação de arenas discursivas renovadas em esferas de debate que tradicionalmente eram atribuídas a mulheres com vagina desde o seu nascimento.

Referências Bibliográficas

BELTRAN, Soley. *Transexualidad y la Matriz Heterosexual:* un Estudio Critico de Judith Butler. Barcelona: Belaterra, 2009.

BENTO, Berenice e PELÚCIO, Larissa. Despatologização do gênero: a politização das identidades abjetas. *Estudos Feministas*, 20 (2), Florianópolis, 2012, p.569-581.

BRASIL. Superior Tribunal de Justiça. Presidência. *Sentença Estrangeira* n. 001058. Voto do Relator, Min. Barros Monteiro. Brasília-DF, DJ 04.12.2006a. Disponível em: <www.stj.gov.br>. Acesso em: 04.10.2009.

——. Superior Tribunal de Justiça. Presidência. *Sentença Estrangeira* 2149. Voto do Relator, Min. Barros Monteiro. Brasília-DF, j. em 01.08.2006b. Disponível em: <www.stj.gov.br>. Acesso em: 04.10.2009.

——. Superior Tribunal de Justiça. Presidência. *Sentença Estrangeira* 4.179. Voto do Relator Min. César Asfor Rocha. Brasília-DF, j. em 07.04.2009a. Disponível em: <www.stj.gov.br>. Acesso em: 04.10.2009.

——. Superior Tribunal de Justiça. Presidência. *Sentença Estrangeira* 002732. Voto do Relator Min. César Asfor Rocha. Brasília-DF, j. em 07.04.2009b. Disponível em: <www.stj.gov.br>. Acesso em 4/10/2009.

——, Superior Tribunal de Justiça. Terceira turma. *Recurso Especial* n. 1.008.398/SP. Voto da Relatora, Ministra Nancy Andrighi. Brasília-DF, j. 15.10.2009c. Disponível em: <www.stj.gov.br>. Acesso em: 04.10.2010.

——. Superior Tribunal de Justiça. *Recurso Especial* n. 1.043.004. Voto do Ministro Marcos Buzzi. Brasília-DF, j. em 1/08/2013. Disponível em: <www.stj.gov.br>. Acesso em 4/10/2015.

BUTLER, Judith. *The Psychic Life of Power.* Theories in Subjection.Standford, CA: Standford University Press, 1997a

——. Merely Cultural. *Social Text*, 52-53 (1997b), p. 265-77.

——. *Problemas de Gênero:* Feminismo e Subversão da Identidade. Rio de Janeiro: Civilização Brasileira, 2003.

——. *Problemas de Gênero:* Feminismo e Subversão da Identidade. Rio de Janeiro: Civilização Brasileira, 2015.

CHAMBOULEYROUN, Ingrid Cyfer. A tensão entre Modernidade e Pós-modernidade na Crítica à Exclusão no Feminismo. Tese.(Doutorado em Ciência Política) Faculdade de Filosofia, Letras e Ciências Humanas. Universidade de São Paulo, 2009.

FRASER, Nancy. *Unruly Practices:* Power, Discourse and Gender in Contemporary Social Theory. Minneapolis: University of Minnesota Press, 1989.

——. Prioritizing Justice as Participatory Parity: a reply to Kompridis and Forst. *In:* OLSON, Kevin. *Adding Insult to Injury.* Nancy Fraser debates her critics. London: Verso, 2008, p. 327-347.

——. Rethinking the Public Sphere: a Contribution to the Critique of Actually Existing Democracy. *In:* CALHOUN, Craig. *Habermas and the Public Sphere.* Cambridge: Mit Press, 1992.

——. What's Critical about Critical Theory? *In:* MEEHAN, Johann (ed.). *Feminist Read Habermas:* Gendering the Subject of Discourse. New York: Routledge, 1995.

——. False Antitheses: a response toSeylaBenhabiband Judith Butler. *In:* FRASER, Nancy. *Justice Interruptus:* Critical Reflections on the Postsocialist Condition. Routledge: New York, 1997.

——. Heterosexism, misrecognition and capitalism: a response to Judith Butler. *New Left Review*, London, n. 228, 1998, p. 140-149.

---

[58] BENTO, Berenice e PELÚCIO, Larissa. Despatologização do gênero: a politização das identidades abjetas. *Estudos Feministas*, 20 (2), Florianópolis, 2012, p.575.

[59] BUTLER, Judith. *Problemas de Gênero:* Feminismo e Subversão da Identidade. Rio de Janeiro: Civilização Brasileira, 2003.

——. Recognition without Ethics? *In: Theory, Culture & Society,* London, vol. 18, n. 2-3, 2001.

——. Da redistribuição ao reconhecimento? Dilemas da justiça na era pós-socialista. *In:* SOUZA, Jessé (org). *Democracia Hoje.* Novos desafios para a teoria democrática contemporânea.Brasília: Editora UNB, 2001.

——. Distorted Beyound all Recognition: A Rejoinder to Axel Honneth.*In:* FRASER, Nancy; HONNETH, Axel. *Redistribution or Recognition?*-A Political Philosophical Exchange. London: Verso, 2003.

——. Justice Social in the Age of Identity Politics. *In:* FRASER, Nancy; HONNETH, Axel. *Redistribution or Recognition?* A Political Philosophical Exchange. London: Verso, 2003.

——. Repensando a questão do reconhecimento: superar a substituição e a reificação na política cultural. *In:* BALDI, César Augusto (org). *Direitos Humanos na Sociedade Cosmopolita.* Rio de Janeiro: Renovar, 2004.

——. *Scales of Justice*: Reimagining Political Space in Globalizing World. New York: Columbia University Press, 2010.

——. *Fortunes of Feminism.* From State Maneged Capitalism to Neoliberal Crisis. London: Verso, 2014.

FREUD, Sigmund. *Luto e Melancolia.* São Paulo: Cosac Naify, 2011

RUBIN, Gayle. Notes for a Radical Theory of the Politics of Sexuality. *In:* VANCE, Carol. *Pleasure and Danger:* Exploring female sexuality. Boston: Routledge & K. Paul, 1984.

SALIH, Sara. *Judith Butler e a Teoria Queer.* Belo Horizonte: Autêntica, 2012.

— XIV —

A presunção de inocência e a execução provisória da pena

MIGUEL TEDESCO WEDY[1]

Sumário: Introdução; Da ilegalidade e inconstitucionalidade da execução provisória da pena; Bibliografia.

Introdução

Faz muito que, sob o pretexto da adoção de medidas cautelares, têm-se lançado mão de medidas que são autênticas execuções provisórias de pena, de maneira absolutamente inconstitucional, com a violação do princípio da presunção de inocência.

O cerceamento da liberdade do acusado antes do trânsito em julgado da condenação criminal sempre é uma medida gravosa. Uma medida que, ao longo da história, foi objeto de acirrada crítica por inúmeros pensadores.[2] Porém, em que pese a gravidade e o radicalismo desse procedimento, tais medidas são inevitáveis e necessárias, em algumas situações.

Como afirmou Faria Costa, onde há sociedade, há crime e, onde há crime, impõe-se a atuação do direito penal e da forma mais gravosa de sua intervenção, a prisão.[3] Oxalá, no futuro, as gerações vindouras olhem para trás e qualifiquem a realidade que ora enfrentamos como radical e bárbara. Oxalá se consiga, um dia, acabar com o cárcere. Porém, no atual quadrante histórico, seria uma medida que poderia redundar, de forma incontestável, na ineficiência absoluta do ordenamento jurídico-penal, ainda mais quando se leva em conta a complexidade da criminalidade dos tempos atuais. Uma ineficiência que afastaria a ideia de

---

[1] Doutor pela Faculdade de Direito da Universidade de Coimbra. Professor do PPGD da Unisinos. Advogado Criminalista.

[2] Sobre tais críticas, especialmente de Voltaire, Beccaria, Bentham, Filangieri, Carrara e Diderot, ver FERRAJOLI, Luigi. *Direito e razão*: teoria do garantismo penal. São Paulo: RT, 2006, p. 507-511.

[3] FARIA COSTA, José de. *Noções Fundamentais de Direito Penal*. Coimbra: Coimbra Editora, 2007, p. 15.

justiça e, por via de consequência, em movimento de reversão, acabaria, logo adiante, por enfraquecer as próprias garantias penais.

Um ordenamento jurídico-penal eficiente e justo exige, por conseguinte, a previsão das prisões cautelares. Porém, como estamos a sustentar, desde o princípio, essa medida eficiente e que, ao fim e ao cabo, objetiva preservar a verdade e a justiça por intermédio de um processo constitucionalizado, há de estar estruturada sob o manto protetor de garantias claras, de forma que tais medidas sejam concebidas apenas em situações absolutamente necessárias, excepcionais e subsidiárias, o que ficou ainda mais marcado com a alteração recentemente produzida no Código de Processo Penal brasileiro.

Portanto, há de se aceitar as prisões cautelares apenas e tão somente naqueles casos de conexão evidente entre a medida e a necessidade do processo penal. Ou seja, a prisão, antes do trânsito em julgado, há de ser meramente instrumental, não podendo se transformar em execução provisória da pena ou em antecipação da pena.[4]

Daí o motivo pelo qual sempre se deve apreciar, à luz do panorama de uma ideia de eficiência que atenta para garantias e para a ideia de justiça, o princípio da presunção de inocência (art. 5º, LVII, da CF/88), bem como a prisão preventiva prevista nos artigos 311 e 312 do Código de Processo Penal.

Isso em razão de que sempre o cerceamento da liberdade, antes do trânsito em julgado, estará a exigir um requisito (*fumus comissi delicti*) e um fundamento (*periculum libertatis*).[5] O primeiro a ponderar indícios claros de autoria ou participação em um fato criminoso; a probabilidade de existência de um delito. O segundo, a motivação jurisdicional acerca da necessidade, da proporcionalidade, da subsidiariedade, da imprescindibilidade, da eficiência do cerceamento da liberdade. E aí, no caso do *periculum libertatis*, podemos referir aquelas situações de ameaça à instrução processual, por intermédio da corrupção e coação às testemunhas, da destruição de provas ou ainda naquelas situações em que haveria uma ameaça para a aplicação da lei penal, nos casos de indícios concretos de fuga do acusado. Apenas nessas situações é que se poderia permitir, antes do trânsito em julgado, o cerceamento da liberdade de

---

[4] A Lei 12.403/11 não trouxe tais hipóteses, mas o projeto de reforma do CPP brasileiro, que vem sendo retalhado em alterações pontuais, dá um passo decisivo na adoção de penas antecipadas, por consenso, com processos abreviados e dispensa de prova. Para saber mais sobre a justiça consensual no processo penal, ver: FERNANDES, Antonio Scarance. "Os procedimentos no Código Projetado". *Boletim do IBCCRIM*, São Paulo, ano 18, p. 6, ago. 2010. Edição Especial.

[5] De forma mais aprofundada: WEDY, Miguel Tedesco. *Teoria geral da prisão cautelar e estigmatização*. Rio de Janeiro: Lúmen Juris, 2006. p. 78 e ss. E também LOPES JÚNIOR, Aury. "O fundamento da existência do processo penal: a instrumentalidade garantista." *Revista da Ajuris*, n. 76, p. 223 e ss e PALAO, Julio Banacloche. *La libertad prisional y sus limitaciones*. Madrid: McGraw-Hill, 1996. p. 378 e ss.

um cidadão. E, diga-se de forma clara, apenas enquanto tais motivos persistissem. Isto é, uma vez coletada a prova ameaçada, uma vez comparecendo o réu em juízo, uma vez preservada a limpidez da instrução processual, o cerceamento da liberdade deveria desaparecer, em nome da "provisionalidade" da medida restritiva de liberdade. Nessas situações – garantia da instrução processual e garantia da aplicação da lei penal – não se pode negar, há de se aceitar o cerceamento da liberdade, pois os fins são evidentemente instrumentais.

O mesmo não se pode afirmar naquelas hipóteses de prisão em razão da gravidade abstrata do delito, da ordem pública, do clamor público, da integridade das instituições, da ordem econômica, do risco abstrato de cometimento de novos delitos, todos argumentos que não referem, de forma expressa, uma relação com o processo penal. Aliás, são argumentos que violam o princípio fundamental da presunção de inocência (art. 5°, LVII, da CF/88) e instituem uma presunção de periculosidade, como naquelas situações em que um acusado é preso "para evitar que pratique novos delitos", sem elementos concretos. Ou seja, presume-se que um delito ele já cometeu, embora não tenha havido ainda toda a instrução processual, bem como se institui uma presunção de periculosidade de que ele praticará novos delitos.

Da mesma forma ocorre nos casos de ordem pública ou ordem econômica. A lei brasileira não define, de forma objetiva e concreta, quando se dará a ameaça contra a ordem pública ou contra a ordem econômica. No primeiro caso, não é incomum que no bojo da expressão "ordem pública" sejam acolhidas prisões para proteger a "credibilidade do Poder Judiciário",[6] "o clamor público ou social",[7] "o clamor da mídia",[8] "a gravidade do delito",[9] "os antecedentes do criminoso", "o risco de reiteração delitiva",[10] "a repercussão em pequena cidade". Parece, de forma

---

[6] O STF passou a repelir as prisões com essa fundamentação: HC 80.719-4, Rel. Min. Celso de Mello. Também o Superior Tribunal de Justiça (STJ) vem repelindo tais decisões: HC 121548, de 19.04.2010. Em www.stf.jus.br e <www.stj.jus.br>, acessos em 16.12.2015.

[7] Sobre a inconstitucionalidade desse fundamento da prisão: SANGUINÉ, Odone. "A inconstitucionalidade do clamor público como fundamento da prisão". In: SHECAIRA, Sérgio S. (Org.). *Estudos criminais em homenagem a Evandro Lins e Silva*. São Paulo: Método, 2001. p. 257-295.

[8] Fundamento que, ainda que ilegal, também vem sendo utilizado em Portugal, conforme refere Germano Marques da Silva (2003, p. 1367): "É ilegal e abusiva, por exemplo, a aplicação ou manutenção da prisão preventiva com o fundamento de que o processo tem merecido grande destaque na comunicação social".

[9] Já há também jurisprudência sedimentada do STF sobre a impossibilidade do decreto de prisão preventiva pela simples alegação da gravidade abstrata do delito (HC 98966, Rel. Min. Eros Grau). Entretanto, em graus inferiores de jurisdição, esse entendimento não goza do mesmo prestígio. Em <www.stj.jus.br>, acesso em 16.12.2015.

[10] O Supremo Tribunal Federal vem admitindo a prisão preventiva para a garantia da ordem pública nos casos de gravidade concreta do delito e nos casos de correlação da gravidade com a hipótese de reiteração delitiva (HC 100.216, de 20.04.2010, rel. Min. Cármen Lúcia; HC 93.570, de 02.03.2010, rel. Min. Cezar Peluso). Ver em <www.stj.jus.br>, acesso em 06.01.2016.

objetiva, que na falta de um requisito preciso de natureza cautelar, a liberdade seja cerceada a partir de um conceito extremamente aberto e impreciso, como os de ordem pública ou ordem econômica.

Por isso a necessidade de olhar para o art. 312 do CPP[11] com o devido resguardo, a partir do significado da eficiência.[12]

E, por conseguinte, se as decisões que acabam por cercear a liberdade antes do trânsito em julgado não expressam uma relação com a necessidade do processo, do seu bom andamento, da sua higidez e integridade, não possuem natureza cautelar, mas, antes, ao protótipo de uma antecipação da pena ou execução provisória de uma quimérica condenação criminal, ainda não ocorrida.

Da ilegalidade e inconstitucionalidade da execução provisória da pena

E aqui é que se coloca, de maneira essencial, a decisão do Supremo Tribunal Federal no HC 126.292. Uma decisão que esteve sustentada essencialmente em argumentos utilitários e funcionais. O voto condutor asseverou cinco argumentos principais: *antigas decisões do STF, o precedente da Lei da Ficha Limpa na esfera eleitora (como se tivéssemos esquecido que o fundamento do Supremo Tribunal Federal para aceitar a referida lei não fosse o seu caráter não penal, como ficou asseverado na ocasião), a jurisprudência internacional, a circunstância de que após o julgamento de segundo grau não se discutiria mais matéria de fato, mas apenas matéria de direito (o que é um equívoco, como aponta Castanheira Neves, na seu célebre estudo "Questão de facto e Questão de Direito"[13]), a necessidade de prevalência da efetividade da jurisdição sobre a presunção de inocência.*

---

[11] Em Portugal, não são muito diferentes os requisitos, como salienta Germano Marques da Silva (2003, p. 1366): a) fuga ou perigo de fuga; b) o perigo de perturbação do decurso do inquérito ou da instrução do processo e, nomeadamente, perigo para a aquisição, conservação ou veracidade da prova, ou c) perigo, em razão da natureza e das circunstâncias do crime ou da personalidade do arguido, de perturbação da ordem e da tranquilidade públicas ou de continuação da atividade criminosa.

[12] A Lei 12.403/11 nada mudou nesse tópico. Portanto, em que pese tenha sido eficiente para propor novas alternativas cautelares, não avançou sobre o cerne do problema, ao permitir a sequência do jogo semântico com as expressões "ordem pública" e "ordem econômica", que continuarão a "fundamentar" um sem número de prisões, sem uma efetiva e real motivação cautelar.

[13] NEVES, Antônio Castanheira. *Questão-de-facto – Questão-de-direito ou o problema metodológico da juridicidade* (ensaio de uma reposição crítica)I – A crise, Coimbra, 1967. Basta pensar naquelas situações em que o recurso extraordinário estará embasado na violação do art. 5º, LVI, da CF/88, isto é, na alegação de que a condenação esteve baseada numa prova ilícita. Será possível não reapreciar a questão sem a junção da questão de fato e da questão de direito?? E quando a alegação estiver calçada em dispositivo de lei federal que afeta a ampla defesa e o contraditório, como o indeferimento de realização de uma prova? O provimento de eventual recurso especial ou extraordinário, por certo, para que a prova se realize, poderá ocasionar uma nova apreciação da prova, com a consequente absolvição. Como, pois, separar questão de fato e questão de direito em tais situações?

Os argumentos referidos denotam uma mudança de paradigma na apreciação do Supremo Tribunal Federal sobre a matéria. A posição majoritária anterior, observada no HC 84.078, era uma posição essencialmente normativa, constitucional e principiológica, sustentada no voto do então Ministro relator, Eros Grau. Naquela ocasião, a fundamentação *esteve calçada na normatividade da Constituição:*

> (...) O modelo de execução penal consagrado na reforma penal de 1.984 confere concreção ao chamado princípio da presunção de inocência, admitindo o cumprimento da pena apenas após o trânsito em julgado da sentença penal condenatória. A Constituição de 1.988 dispõe regra expressa sobre esta matéria. Aqui, como observou o Ministro Cezar Peluso em voto na Reclamação 2.311, não é relevante indagarmos se a Constituição consagra, ou não, presunção de inocência. O que conta, diz ainda o Ministro Cezar Peluso, é o "enunciado normativo de garantia contra a possibilidade de a lei ou decisão judicial impor ao réu, antes do trânsito em julgado de sentença penal condenatória, qualquer sanção ou conseqüência jurídica gravosa que dependa dessa condição constitucional, ou seja, do trânsito em julgado da sentença condenatória.
>
> E isso porque na hipótese não se manifesta somente antipatia da doutrina em relação à antecipação de execução penal; mais, muito mais do que isso, aqui há oposição, confronto, contraste bem vincado entre o texto expresso da Constituição do Brasil e regras infraconstitucionais que a justificariam, a execução antecipada da pena.
>
> A antecipação da execução penal, ademais de incompatível com o texto da Constituição, apenas poderia ser justificada em nome da conveniência dos magistrados – não do processo penal. A prestigiar-se o princípio constitucional, dizem, os tribunais [leia-se STJ e STF] serão inundados por recursos especiais e recursos extraordinários, e subseqüentes embargos e agravos, além do que "ninguém mais será preso". Eis aí o que poderia ser apontado como incitação à "jurisprudência defensiva", que, no extremo, reduz a amplitude ou mesmo amputa garantias constitucionais. A comodidade, a melhor operacionalidade de funcionamento desta Corte não pode ser lograda a esse preço.
>
> Ora – digo eu agora – a prevalecerem essas razões contra o texto da Constituição melhor será abandonarmos o recinto e sairmos por aí, cada qual com o seu porrete, arrebentando a espinha e a cabeça de quem nos contrariar. Cada qual com o seu porrete! Não recuso significação ao argumento, mas ele não será relevante, no plano normativo, anteriormente a uma possível reforma processual, evidentemente adequada ao que dispuser a Constituição. Antes disso, se prevalecer, melhor recuperarmos nossos porretes.

A posição sustentada no HC 126.292, por sua vez, está alicerçada em uma matriz teórica essencialmente utilitária e funcional. Segundo o Ministro Teori Zavascki,[14] Relator do HC 126.292:

> Tendo havido, em segundo grau, um juízo de incriminação do acusado, fundado em fatos e provas insuscetíveis de reexame pela instância extraordinária, parece inteiramente justificável a relativização e até mesmo a própria inversão, para o caso concreto, do princípio da presunção de inocência até então observado.[15]

Assim, na medida em que o processo se aproxima de sua fase final, a presunção de inocência iria se esvaindo, assim como o conteúdo do comando constitucional. Ao citar a Ministra aposentada Ellen Gracie, o

---

[14] Em que pese a divergência em relação à interpretação sustentada pelo Ministro Teori Zavascki, não se pode deixar de apontar a sua absoluta integridade pessoal, o brilho de sua carreira como jurista, bem como a sua extraordinária lhaneza e humanidade. A sua perda foi irreparável para a Justiça brasileira.

[15] P. 10, HC 126.292/SP.

relator referiu que *"em país nenhum do mundo, depois de observado o duplo grau de jurisdição, a execução de uma condenação fica suspensa, aguardando referendo da Corte Suprema"*.[16] Na verdade, há vários países que possuem disposições semelhantes às do Brasil, como Portugal, Itália, Angola,[17] Moçambique,[18] Cabo Verde,[19] São Tomé e Príncipe,[20] Guiné-Bissau[21] e Timor Leste.[22]

Em Portugal, o art. 32 da Constituição dispõe que: "Todo o argui-do se presume inocente até ao trânsito em julgado da sentença de con-denação, devendo ser julgado no mais curto prazo compatível com as garantias de defesa". Note-se que Portugal e Brasil fizeram Constitui-ções com clara garantia da presunção de inocência, logo após longos go-vernos autoritários, numa evidente tentativa de assegurar direitos que eram espezinhados nos decadentes regimes. Mesmo que tal regra tenha sido flexibilizada em Portugal, em determinadas situações, não se pode comparar, em hipótese alguma, a realidade brasileira com a portuguesa. Deve-se atentar também ao fato de que muitos dos países citados no HC 126.292 possuem tradições jurídicas completamente diversas da nossa, como Estados Unidos, Inglaterra e Canadá. E, para muito além disso, não possuem o mesmo texto constitucional.

Tal argumento foi aduzido, inclusive, no mesmo julgamento, pelo ministro Celso de Mello:

> É por isso que se mostra inadequado invocar-se a prática e a experiência registradas nos Esta-dos Unidos da América e na França, entre outros Estados democráticos, cujas Constituições, ao contrário da nossa, não impõem a necessária observância do trânsito em julgado da condenação criminal.[23]

Um dos argumentos utilizados foi o fato de que a presunção de inocência não poderia ser entendida de forma absoluta, mas deveria ser modulada à luz do princípio da efetividade da jurisdição. Uma inter-pretação aberta acerca dos princípios constitucionais e que, *em nome da inexistência de princípios absolutos, pode acabar por relativizar absolutamen-te todos os princípios e o texto constitucional.* Será que o texto não possui valor? Será que a Constituição é o que o intérprete quer que ela seja ou ela é o que é? É a Constituição que deve obedecer ao intérprete ou o intérprete que deve atentar ao texto expresso da Constituição? Parece

---

[16] HC 85.886.

[17] Art. 67, 2 de sua Constituição.

[18] Art. 59, 2: 2 de sua Constituição.

[19] Art. 34, 1 de sua Constituição.

[20] Art. 40, 2 de sua Constituição.

[21] Art. 42, 2 de sua Constituição.

[22] Art. 34, 1 de sua Constituição.

[23] P. 88, HC 126.292/SP.

claro que num regime democrático a força normativa da Constituição deve prevalecer.

Ora, na nossa Carta Maior, consta claramente que *"ninguém será considerado culpado até o trânsito em julgado"*. Quando se decreta uma medida cautelar, seja prisão temporária ou preventiva, não se está considerando o réu ou investigado como culpado. Há uma diferença crucial na motivação das prisões: as prisões cautelares são motivadas por questões exteriores ao juízo de culpabilidade do sujeito passivo da prisão. Quando se realiza uma prisão cautelar, não se está considerando o réu culpado, mas, simplesmente, como referido, diz-se que há necessidade instrumental da medida, a fim de se proteger o processo ou a aplicação da lei penal.

No caso em apreço, a Ministra Rosa Weber rejeitou devidamente a mudança de entendimento do STF, declarando que: "Tenho alguma dificuldade na revisão da jurisprudência pela só alteração dos integrantes da Corte. Para a sociedade, existe o Poder Judiciário, a instituição, no caso o Supremo Tribunal Federal",[24] pois o princípio da segurança jurídica deveria ser prestigiado.

E, conforme traz também o ministro Ricardo Lewandowski, em seu voto na ADPF 144/DF,

> (...) nessa minha breve intervenção, à consideração dos eminentes pares, um dado estatístico, elaborado a partir de informações veiculadas no portal de informações gerenciais da Secretaria de Tecnologia de Informação do Supremo Tribunal Federal [...]. De 2006, ano em que ingressei no Supremo Tribunal Federal, até a presente data, 25,2% dos recursos extraordinários criminais foram providos por esta Corte, e 3,3% providos parcialmente. Somando-se os parcialmente providos com os integralmente providos, teremos o significativo porcentual de 28,5% de recursos. Quer dizer, quase um terço das decisões criminais oriundas das instâncias inferiores foi total ou parcialmente reformado pelo Supremo Tribunal Federal nesse período.[25]

Na verdade, não há aqui um embate entre princípios, entre presunção de inocência e efetividade da jurisdição. O argumento da ponderação tem sido utilizado como um novo princípio, que tudo pode relativizar, de modo a afetar todas as garantias categóricas expressas na Constituição Federal. Isto é, aquilo que foi positivado como garantia pelo legislador constitucional, em possível retrocesso civilizatório, foi negado pelo Supremo Tribunal Federal. Como o próprio ministro Ricardo Lewandowski argumentou em determinado momento:

> (...) quero reafirmar que não consigo, assim como expressou o ministro Marco Aurélio, ultrapassar a taxatividade desse dispositivo constitucional, que diz que a presunção de inocência se mantém até o trânsito em julgado. Isso é absolutamente taxativo, categórico; não vejo como se possa interpretar esse dispositivo.[26]

---

[24] P. 55, HC 126.292/SP.

[25] P. 93, HC 126.292/SP.

[26] P. 97, HC 126.292/SP.

Não é pueril o argumento acerca da existência de recursos procrastinatórios, mas a própria jurisprudência do Supremo Tribunal Federal já dava a devida solução para tais casos, firmando o entendimento no sentido de determinar a certificação do trânsito em julgado com baixa imediata dos autos, independentemente de publicação do acórdão, sempre que os recursos fossem desprovidos, por serem considerados evidentemente protelatórios. Como bem disse o ministro Teori Zavascki, de fato, os

> (...) apelos extremos, além de não serem vocacionados à resolução de questões relacionadas a fatos e provas, não acarretam a interrupção da contagem do prazo prescricional. Assim, ao invés de constituírem um instrumento de garantia da presunção de não culpabilidade[27] do apenado, acabam representando um mecanismo inibidor da efetividade da jurisdição penal.[28]

O Ministro Luís Roberto Barroso também mencionou outras situações que exemplificam muito bem o problema da prescrição e dos recursos procrastinatórios, como o caso

> (...) envolvendo o superfaturamento da obra do Fórum Trabalhista de São Paulo, o ex-senador Luiz Estêvão foi condenado em 2006 a 31 anos de reclusão, por crime ocorrido em 1992. Diante da interposição de 34 recursos, a execução da sanção só veio a ocorrer agora em 2016, às vésperas da prescrição, quando já transcorridos mais de 23 anos da data dos fatos.[29]

Para enfatizar seu argumento, o ministro ainda diz que:

> Infelizmente, porém, esses casos não constituem exceção, mas a regra. Tome-se, aleatoriamente, outro caso incluído na pauta do mesmo dia do presente julgamento. Refiro-me ao AI 394.065-AgR-ED-EDED-EDv-AgR-AgR-AgR-ED, de relatoria da Ministra Rosa Weber, relativo a crime de homicídio qualificado cometido em 1991. Proferida a sentença de pronúncia, houve recurso em todos os graus de jurisdição até a sua confirmação definitiva. Posteriormente, deu-se a condenação pelo Tribunal do Júri e foi interposto recurso de apelação. Mantida a decisão condenatória, foram apresentados embargos de declaração (EDs). Ainda inconformada, a defesa interpôs recurso especial. Decidido desfavoravelmente o recurso especial, foram manejados novos EDs. Mantida a decisão embargada, foi ajuizado recurso extraordinário, inadmitido pelo eminente Min. Ilmar Galvão. Contra esta decisão monocrática, foi interposto agravo regimental (AgR). O AgR foi desprovido pela Primeira Turma, e, então, foram apresentados EDs, igualmente desprovidos. Desta decisão, foram oferecidos novos EDs, redistribuídos ao Min. Ayres Britto. Rejeitados os embargos de declaração, foram interpostos embargos de divergência, distribuídos ao Min. Gilmar Mendes. Da decisão do Min. Gilmar Mendes, que inadmitiu os EDiv, foi ajuizado AgR, julgado pela Min. Ellen Gracie. Da decisão da Ministra, foram apresentados EDs, conhecidos como AgR, a que a Segunda Turma negou provimento. Não obstante isso, foram manejados novos EDs, pendentes de julgamento pelo Plenário do STF. Portanto, utilizando-se de mais de uma dúzia de recursos, depois de quase 25 anos, a sentença de homicídio cometido em 1991 não transitou em julgado.[30]

Contudo, a realidade é que no Brasil se pune, e muito, determinados fatos e determinados atores sociais. Já somos a quarta população carcerária do mundo, com quase 700 mil presos, dos quais 40% são pre-

---

[27] A jurisprudência do STF oscila, ora falando em presunção de inocência (HC 81.685; HC 80830; HC 81946), ora em não culpabilidade (HC 80.719; HC 80.096-3).

[28] P. 18, HC 126.292/SP.

[29] P. 46, HC 126.292/SP.

[30] P. 46, HC 126.292/SP.

sos provisórios, números que irão aumentar ainda mais com a posição exarada pelo STF. A Constituição não pode ser o que eu quero que ela seja. Ela é o que é e o que o Constituinte quis que ela fosse, independente da minha vontade. Essa foi a vontade do Constituinte, afirmar a presunção de inocência até o trânsito em julgado. Isso custou sangue, suor e lágrimas da sociedade brasileira.

O Ministro Luís Roberto Barroso ainda justificou a prisão provisória com três argumentos essenciais. Como primeiro fundamento, afirmou que

> (...) a Constituição brasileira não condiciona a prisão – mas sim a culpabilidade – ao trânsito em julgado da sentença penal condenatória. O pressuposto para a privação de liberdade é a ordem escrita e fundamentada da autoridade judiciária competente, e não sua irrecorribilidade.[31]

Assim, a Constituição não impediria a prisão antes do trânsito em julgado, mas apenas impediria que alguém fosse considerado culpado antes do trânsito em julgado. Porém, há de se perguntar: tal fato legitimaria, então, toda e qualquer prisão, pela simples ordem escrita e fundamentada de uma autoridade judiciária, mesmo sem motivação cautelar? Tal interpretação não poderia legitimar qualquer prisão antes do trânsito em julgado, desde que escrita e fundamentada com qualquer necessidade?

O segundo fundamento seria o fato de que:

> A presunção de inocência é princípio (e não regra) e, como tal, pode ser aplicada com maior ou menor intensidade, quando ponderada com outros princípios ou bens jurídicos constitucionais colidentes. No caso específico da condenação em segundo grau de jurisdição, na medida em que já houve demonstração segura da responsabilidade penal do réu e finalizou-se a apreciação de fatos e provas, o princípio da presunção de inocência adquire menor peso ao ser ponderado com o interesse constitucional na efetividade da lei penal (CF/1988, arts. 5º, caput e LXXVIII e 144)[32] [...]

A indagação que se deve fazer é: o que o Constituinte quis dizer com a expressão *"ninguém será considerado culpado antes do trânsito em julgado de sentença penal condenatório"*. Sejamos claros: isso não impede prisões cautelares, mas não tolera execuções provisórias e penas antecipadas, sem caráter cautelar. A noção de princípios estabelecida no voto é aberta e permite que, pelo livre convencimento motivado, o intérprete maneje as garantias sem barreiras de controle. Em seu último fundamento, o ministro diz que *"[...] com o acórdão penal condenatório proferido em grau de apelação esgotam-se as instâncias ordinárias e a execução da pena passa a constituir, em regra, exigência de ordem pública".*[33] Aqui, mais uma vez, lança-se mão de um argumento utilitário e funcional, sem arrimo na normatividade constitucional. Não se pode esquecer, como já

---

[31] P. 27, HC 126.292/SP.

[32] P. 27, HC 126.292/SP.

[33] P. 27, HC 126.292/SP.

referido, que o Supremo Tribunal Federal vem admitindo a prisão para a "garantia da ordem pública" em caso de "gravidade concreta" e "reiteração delitiva". Porém, a decisão acabará por legitimar execuções antecipadas de pena em crimes que não são concretamente graves, sem motivação cautelar, sem que se demonstre também a existência de reiteração delitiva. Portanto, o argumento da ordem pública referido no referido voto não está de acordo com a compreensão de "ordem pública" sustentada pelo Supremo Tribunal Federal.

Como bem salientou a Ministra Rosa Weber:

Há questões pragmáticas envolvidas, não tenho a menor dúvida, mas penso que o melhor caminho para solucioná-las não passa pela alteração, por esta Corte, de sua compreensão sobre o texto constitucional no aspecto.[34]

E, para além de tudo o que se disse, se há recurso a ser julgado, ainda que tal recurso verse apenas sobre matéria de direito, o que sempre é discutível, há de se preservar a presunção de inocência, evitando a prisão, exceto no caso de efetiva situação cautelar, como nos casos de prisão para a proteção da instrução processual ou para garantir que seja aplicada, ao final do processo, a lei penal. Isso não impede os Tribunais Superiores de repelirem os recursos meramente protelatórios, como já se tem feito, de maneira exemplar.

Como afirmou Américo de Carvalho (1997, p. 311), no caso de Portugal, mas o que se pode aplicar, agora sim, ao caso brasileiro,

É de recusar – na sequência-imposição constitucional (CRP, art. 32º, 2.-2ª) – uma concepção gradualista da presunção de inocência, segundo a qual esta presunção se ia relativizando, esbatendo, à medida que o processo avançasse (dedução da acusação, decisão instrutória, etc.), de modo que, como alguns pensariam, com a condenação em primeira instância, se não ocorreria a inversão da presunção de inocência em presunção de culpa, desapareceria, contudo, a presunção de inocência. Como é evidente, este "estado neutro" não existe. A presunção de inocência vale e impõe-se, sem quaisquer graduações, até o trânsito em julgado.[35]

Trata-se, pois, de permitir a prisão com absoluta atenção à presunção de inocência. Desse modo, qualquer prisão, antes do trânsito em julgado, que não guarde relação expressa com a instrumentalidade processual, não deve ser aceita.

Como referiu Américo de Carvalho (1997, p. 314/315), citando Guido Salvini,

(...) a tutela de um bem tão delicado como a liberdade pessoal não pode ser sacrificada por circunstâncias que não se ligam com a disponibilidade do tempo adequado, mas que só encontram

---

[34] P. 57, HC 126.292/SP.

[35] Em fevereiro de 2009, o STF tinha pacificado a questão; já dizia o ministro Eros Grau, no HC 84.078/MG: "[...] ofende o princípio da não-culpabilidade a execução da pena privativa de liberdade antes do trânsito em julgado da sentença condenatória, ressalvada a hipótese de prisão cautelar do réu, desde que presentes os requisitos autorizadores previstos no art. 312 do CPP". Ver em<www.stj.jus.br>, acesso 11.12.2015. Porém, em fevereiro de 2016, o STF, por 7 votos a 4, reverteu o entendimento.

justificação na crise da eficácia da administração da justiça, crise da eficiência que não pode transformar-se em prejuízo do arguido.

Não estamos, pois, a repelir a prisão cautelar, mas a defender que ela efetivamente fique restrita àquelas situações excepcionais e necessárias, nas quais se objetiva proteger o bom andamento do processo e a efetiva aplicação da lei penal.

Nessas situações, não apenas se está protegendo garantias do quilate da presunção de inocência, da fundamentação, do devido processo. Mas, também, importante é reconhecer que assim se está buscando estruturar e proteger um processo justo e ético, capaz de alcançar a Justiça sem solapar direitos individuais. Tudo isso de forma eficiente, preservando garantias e protegendo o bom andamento do feito.

É bem verdade que a pressão dos meios de comunicação em algumas situações é irrefreável e poderosa. Entretanto, não cabe ao operador do direito permitir que outros cumpram o seu papel. Concretizar a prática de transformar prisões cautelares em prisões-pena é o que não se pode fazer numa visão de eficiência que entendemos correta e que coloca em primeiro plano a pessoa humana e seus direitos.

Como salienta Ferrajoli (2006, p. 506),

> "esse princípio fundamental da civilidade representa o fruto de uma opção garantista em favor da tutela da imunidade dos inocentes, ainda que ao custo da impunidade de algum culpado. "Basta ao corpo social que os culpados sejam geralmente punidos", escreveu LAUZÉ DI PERET, "pois é seu maior interesse que todos os inocentes sem exceção sejam protegidos". É sobre essa opção que MONTESQUIEU fundou o nexo entre liberdade e segurança dos cidadãos: "a liberdade política consiste na segurança, ou ao menos na convicção que se tem da própria segurança, e "essa segurança nunca é posta em perigo maior do que nas acusações públicas e privadas"; de modo que, "quando a inocência dos cidadãos não é garantida, tampouco o é a liberdade". Disso decorre se é verdade que os direitos dos cidadãos são ameaçados não só pelos delitos, mas também pelas penas arbitrárias – que a presunção de inocência não é apenas uma garantia de liberdade e de verdade, mas também uma garantia de segurança ou, se quisermos, de defesa social: da específica "segurança" fornecida pelo Estado de direito e expressa pela confiança dos cidadãos na justiça, e daquela específica "defesa" destes contra o arbítrio punitivo. Por isso, o sinal inconfundível da perda de legitimidade política da jurisdição, como também de sua involução irracional e autoritária, é o temor que a justiça incute nos cidadãos. Toda vez que um imputado inocente tem razão de temer um juiz, quer dizer que isto está fora da lógica do Estado de Direito: o medo e mesmo só a desconfiança ou a não segurança do inocente assinalam a falência da função mesma da jurisdição penal e a ruptura dos valores políticos que a legitimam.[36]

A luta, pois, que se deve travar, é pela afirmação da presunção de inocência e da Constituição Federal, dos seus direitos, das suas garan-

---

[36] Ferrajoli (2006, p. 507) ainda refere que foi Carrara quem elevou a presunção de inocência a postulado fundamental da ciência processual e a pressuposto de todas as demais garantias. Bem como recorda que partiram de Ferri e Garófalo os primeiros ataques contra a presunção de inocência, como se fosse absurda, vazia e ilógica. Porém, o ataque mais duro veio de Manzini, para quem essa garantia era um "estranho absurdo excogitado pelo empirismo francês", julgando-a "grosseiramente paradoxal e irracional". Ferrajoli defendeu e defende um direito penal mínimo, com garantias claras, e um direito social máximo (o que não é a diuturna e corriqueira violação de garantias que se vê no Brasil, mas efetivas prestações sociais).

tias, a fim de se evitar um retrocesso civilizatório, que mitiga o texto constitucional, em razão da pressão social.[37] O papel do Supremo Tribunal Federal é, nesse contexto controvertido e difícil, cada vez mais relevante, cada vez mais vital, para que continuem firmes os anseios e os sonhos daqueles que entregaram ao país uma democracia, com o sacrifício da própria vida.

Bibliografia

BECCARIA, Cesare. *Dos delitos e das penas*. São Paulo: Hunter Books Editora, 2012.

BELEZA, Teresa Pizarro. "Prisão preventiva e direitos do arguido." In: MONTE, Mário Ferreira et al. (Org.). *Que futuro para o direito processual penal?* Coimbra: Coimbra Editora, 2009.

CARVALHO, Américo Taipa de. *Sucessão de leis penais*. 2. ed. rev. Coimbra: Coimbra Editora, 1997.

COSTA, José de Faria. *Noções Fundamentais de Direito Penal*. Coimbra: Coimbra Editora, 2007.

FERNANDES, Antonio Scarance. "Os procedimentos no Código Projetado". *Boletim do IBCCRIM*, São Paulo, ano 18, p. 6, ago. 2010. Edição Especial.

FERRAJOLI, Luigi. *Direito e razão:* teoria do garantismo penal. Tradução de Ana Paula Sica et al. São Paulo: RT, 2006.

LOPES JÚNIOR, Aury. "O fundamento da existência do processo penal: a instrumentalidade garantista." *Revista da Ajuris*, n. 76, p. 223 e ss

MARQUES, Ivan Luís. "Prisão preventiva com prazo determinado, mas irrazoável". *Boletim do IBCCRIM*, São Paulo, ago. 2010. Edição Especial.

NEVES, Antônio Castanheira. *Questão-de-facto – Questão-de-direito ou o problema metodológico da juridicidade* (ensaio de uma reposição crítica)I – A crise, Coimbra, 1967.

PALAO, Julio Banacloche. *La libertad prisional y sus limitaciones*. Madrid: McGraw-Hill, 1996. p. 378 e ss.

SANGUINÉ, Odone. "A inconstitucionalidade do clamor público como fundamento da prisão". In: SHECAIRA, Sérgio S. (Org.). *Estudos criminais em homenagem a Evandro Lins e Silva*. São Paulo: Método, 2001. p. 257-295.

SILVA, Germano Marques da. "Sobre a liberdade no processo penal ou do culto da liberdade como componente essencial da prática democrática". In: *LIBER Discipulorum para Jorge de Figueiredo Dias*. Coimbra: Coimbra Editora, 2003.

WEDY, Miguel Tedesco. *Teoria geral da prisão cautelar e estigmatização*. Rio de Janeiro: Lúmen Juris, 2006. p. 78 e ss.

——. *A eficiência e sua repercussão no direito penal e no processo penal*. Elegantia Juris: Porto Alegre, 2016.

---

[37] Importa ressaltar que o STF, em decisão do Ministro Marco Aurélio, no HC 141.342, em 2017, repeliu a execução provisória de pena restritiva de direitos: *Ao tomar posse neste Tribunal, há 26 anos, jurei cumprir a Constituição Federal, observar as leis do País, e não a me curvar a pronunciamento que, diga-se, não tem efeito vinculante. De qualquer forma, está-se no Supremo, última trincheira da Cidadania, se é que continua sendo. O julgamento virtual, a discrepar do que ocorre em Colegiado, no verdadeiro Plenário, o foi por 6 votos a 4, e o seria, presumo, por 6 votos a 5, houvesse votado a ministra Rosa Weber, fato a revelar encontrar-se o Tribunal dividido. A minoria reafirmou a óptica anterior – eu próprio e os ministros Celso de Mello, Ricardo Lewandowski e Dias Toffoli. Tempos estranhos os vivenciados nesta sofrida República! Que cada qual faça a sua parte, com desassombro, com pureza d'alma, segundo ciência e consciência possuídas, presente a busca da segurança jurídica. Esta pressupõe a supremacia não de maioria eventual – segundo a composição do Tribunal –, mas da Constituição Federal, que a todos, indistintamente, submete, inclusive o Supremo, seu guarda maior. Em época de crise, impõe-se observar princípios, impõe-se a resistência democrática, a resistência republicana.* Na mesma linha segue a Quinta Turma do Superior Tribunal de Justiça, que também não está admitindo a execução provisória de pena restritiva de direitos (HC 364.073).

— XV —

Cibertransparência: informação pública em rede e o direito ao esquecimento

TÊMIS LIMBERGER[1]

Sumário: 1. Introdução; 2. A divulgação da informação pública e os limites jurídicos; 3. Mutações da privacidade; 4. Fundamentos do direito ao esquecimento; 5. Considerações finais; Referências.

1. Introdução

Na sociedade moderna, as pessoas se exibem constantemente nas redes sociais, conectadas à internet, nestas situações, são divulgadas imagens, disponibilizadas informações e opiniões sobre assuntos diversos, e dados pessoais são facilmente fornecidos. A informação em rede potencializa a divulgação da comunicação, já que pode ser difundida rapidamente por todos os continentes e também armazenada por um tempo indefinido, que pode ser perpétuo, considerando-se os recursos informáticos existentes.

Por isso, na época do advento da comunicação de massa, denominou-se a sociedade do espetáculo[2] e, posteriormente, a civilização do espetáculo.[3] Hodiernamente, na tentativa de democratização universal da cultura, houve um empobrecimento da mesma, pois se tornou superficial. A cultura foi transformada em artigo de consumo de massa, onde o espetáculo é a diversão.

---

[1] Professora do Programa de Pós-Graduação em Direito da Universidade do Vale do Rio dos Sinos – UNISINOS. Pós-Doutora em Direito pela Universidade de Sevilha, doutora em Direito Público pela Universidade Pompeu Fabra – UPF – de Barcelona. Avaliadora "ad hoc" da Revista de Direito do Consumidor, da Revista Brasileira de Direitos Fundamentais e Justiça, da Revista Quaestio Iuris e da Revista Direito Público. Procuradora de Justiça do Ministério Público do Estado do Rio Grande do Sul. Membro do Instituto Brasileiro de Direito Eletrônico – IBDE –, da Federación Iberoamericana de Asociaciones de Derecho e Informática – FIADI – e da Rede Brasileira de Pesquisadores em Direito Internacional. Orientadora de Mestrado e Doutorado.

[2] DEBORD, Guy. *A sociedade do espetáculo*. Rio de Janeiro: Contraponto, 1997.

[3] LLOSA, Mario Vargas. *A civilização do espetáculo*: uma radiografia do nosso tempo e da nossa cultura. Rio de Janeiro: Objetiva, 2013.

Diante deste quadro, o direito à privacidade, que foi concebido inicialmente como o direito a estar só, não é mais reivindicado pela maioria da população contemporânea. Neste contexto, pergunta-se: acabou-se o direito à privacidade (morte da privacidade) ou ocorreu uma mutação da privacidade?

Pretende-se responder à seguinte questão: como compatibilizar as informações públicas em rede e a proteção da privacidade, protegendo-se os dados pessoais dos que navegam na rede?

2. A divulgação da informação pública e os limites jurídicos

A ideia de uma esfera reservada, que não se fizesse pública, é algo recente na história dos direitos humanos. Os antigos não tinham a noção de público e privado.[4] A distinção entre esfera pública e privada era desconhecida e haveria sido incompreendida para o *polítes*. Hannah Arendt[5] chegou a afirmar que: a vontade livre é uma faculdade virtualmente ignorada na antiguidade clássica. Na Grécia e em Roma, a liberdade era exclusivamente um conceito político. A conceituação público e privado é uma noção que se desenvolve, a partir do Estado liberal.

O direito à privacidade, *The right to privacy*, surgiu nos Estados Unidos em 1890 por criação doutrinária de Samuel Warren e Louis Brandeis, publicada na *Harward Law Review*.[6] O direito a ser deixado em paz, da expressão inglesa *the right to be let alone*, surge com a difusão generalizada da imprensa e sua possibilidade de interferir na vida privada. O direito norte-americano tutela o direito à privacidade, de forma ampla, sem distingui-la da intimidade.

A privacidade surge como uma criação do Estado Liberal. O proclamado direito a estar só.[7] Como direito de faceta liberal, o aspecto negativo é evidente. O cidadão se contentava com que o Estado não interferisse na sua esfera de liberdade. Uma reação compreensível em contraposição ao Absolutismo Monárquico, até então vigorante. O Estado social apresenta a dimensão positiva dos direitos. O direito à privacidade não ficou ileso. Passará a ter uma faceta positiva, que se demonstrará, a partir do direito de acesso, retificação e cancelamento

---

[4] SARTORI, Giovanni. *Teoría de la democracia*. Vol. 2. Madrid: Alianza Editorial, 1988, p. 352.

[5] ARENDT, Hannah. *Entre o passado e o futuro*. 6ª ed. São Paulo: Perspectiva, 2009 (Debates; 64/ dirigida por Guinsburg). Que é a liberdade, p. 188/220.

[6] WARREN, Samuel D.; BRANDEIS, Louis D. *The right to privacy*. Harvard Law Review, vol. IV, n° 5, p. 193-220, Dec., 1890.

[7] LIMBERGER, Têmis. *O Direito à intimidade na era da informática: o desafio da proteção dos dados pessoais*. Porto Alegre: Livraria do Advogado, 2007, p. 55. Vide também PROSSER, Willian. Privacy. Califórnia *Law Review*, v. 48, n. 3, 1960, p. 389.

dos dados. O direito espanhol denomina *derecho al olvido,* e os italianos, como um espectro ao *diritto a la riservartezza.* Tal perspectiva é muito importante, pois as informações serão armazenadas por longo tempo. Assim, é essencial que o cidadão possa ter acesso ao conteúdo armazenado, modificá-lo e até mesmo cancelá-lo – direito ao esquecimento.[8]

Frente ao fenômeno informático, desenvolveu-se a noção de autodeterminação informativa,[9] que equivale à liberdade informática com um valor indiscutível na sociedade da informação.[10] Sua função consiste em garantir aos cidadãos direitos de informação, acesso e controle dos dados que lhes concernem. Essa faculdade não é intrassubjetiva, mas sim uma autodeterminação do sujeito no seio de suas relações com os demais cidadãos e o poder público. O livre desenvolvimento da personalidade estaria dividido em duas liberdades. De um lado, a liberdade para decidir realizar ou não determinados atos e a faculdade para comportar-se ou atuar de acordo com essa decisão. De outro, a autodeterminação informativa referente à liberdade do indivíduo para determinar se deseja tornar públicas informações a seu respeito, bem como a quem cedê-las e em que ocasião. Na época, foi paradigmática a sentença do Tribunal Constitucional Federal Alemão com relação à Lei do Censo,[11] em 1983.

Com a expansão das novas tecnologias em rede, em 27/2/2008, o Tribunal Constitucional Federal Alemão atualizou a autodeterminação informativa, a partir do novo direito fundamental à garantia de

---

[8] MARTINS, Guilherme Magalhães. O direito ao esquecimento na Internet. In: MARTINS, Guilherme Magalhães (Coord.). *Direito privado e internet.* São Paulo: Atlas, 2014. p. 3/28.

[9] PÉREZ LUÑO, Antonio Enrique. *Manual de informática y derecho.* Barcelona: Ariel, 1996, p. 44.

[10] Sustentando a mesma posição da tese afirmativa de um direito, a partir do artigo 18.4 da CE: DAVARA RODRIGUEZ, Miguel Ángel. *Manual de Derecho Informático.* Madrid: Aranzadi, 1993, p. 65. MURILLO, Pablo Lucas. *El derecho a la autodeterminación informativa.* Madrid: Tecnos, 1990, p. 157-8 (Temas Clave de la Constitución Española) e Informática y protección de datos personales. Cuadernos e Debates, Madrid nº 43, 1993, p. 47-87. HIGUERAS, Manuel Heredero. *La nueva ley alemana de protección de datos.* Boletín de Información del Ministerio de la Justicia, ano XLVI, nº 1630, 1992, p. 1765. RUIZ MIGUEL, Carlos. *La configuración constitucional del derecho a la intimidad.* Madrid: Tecnos, 1995, p. 94/7. BENDA, Ernesto. Dignidad Humana y derechos de la personalidad. In: *Manual de Derecho Constitucional.* Madrid: Marcial Pons, 1996, p. 132. Em sentido contrário, não reconhecendo o nascimento de um novo direito fundamental: DENNINGER, E.. El derecho a la autodeterminación informativa. In: PÉREZ LUÑO, Antonio E. (Org.). *Problemas actuales de la documentación y la informática jurídica.* Madrid: Tecnos, 1987, p. 271. Vide também LIMBERGER, Têmis. *O Direito à intimidade na era da informática:* o desafio da proteção dos dados pessoais. Porto Alegre: Livraria do Advogado, 2007, p. 63/102.

[11] Sentença de 15/12/1983, do Tribunal Constitucional Alemão, *Boletín de Jurisprudencial Constitucional,* nº 33, janeiro 1984, p. 137. A questão discutida, neste julgamento, que se tornou paradigmático, era com relação à Lei do Censo, que fazia demasiadas perguntas, o que poderia atentar diretamente contra os direitos fundamentais de liberdade de opinião, inviolabilidade de domicílio e liberdade de expressão. O objetivo do Tribunal era aprofundar as bases constitucionais da proteção de dados relativas à pessoa. A norma básica em referência era o direito geral de respeito à personalidade garantido pelo art. 2.1 (Direito Geral de Personalidade), combinado com o art. 1.1 (a dignidade da pessoa humana) da Lei Fundamental de Bonn.

confidencialidade e integridade dos sistemas técnico-informacionais,[12] acentuando a aludida migração das relações sociais e condução da vida do indivíduo para o ambiente técnico-informacional. A decisão ficou restrita à atuação do poder público, mas é amplamente reconhecido o impacto que pode causar no setor privado, igualmente.

A Diretiva Comunitária 95/46 foi o primeiro marco regulatório que aglutinou as disposições principais para assegurar a proteção dos dados pessoais e a livre circulação de dados aos países comunitários. Muitos Estados, na época, tiveram que adequar suas legislações internas, para compatibilizá-las com a regra comunitária unificada.

A discussão teórica a respeito de ser a autodeterminação informativa um novo direito ou faceta do direito à intimidade evoluiu para a positivação do reconhecimento da proteção dos dados pessoais, de forma autônoma. Isto significa a proteção de todos os dados de caráter pessoal que digam respeito ao cidadão. Esses dados devem ser objeto de um tratamento legal, com finalidade específica e com consentimento da pessoa interessada.

Hodiernamente, na Comunidade Europeia, a proteção dos dados pessoais é um direito autônomo com relação à intimidade ou privacidade, nos países europeus, veja-se o Tratado de Lisboa, artigo 16-B,[13] que ratificou a Carta de Nice,[14] contemplando o direito fundamental à proteção dos dados pessoais (artigo 8º), em caráter autônomo à intimidade (artigo 7º). O diploma explicitador dos direitos fundamentais da União Europeia demonstra estar sintonizada com as questões oriundas do ciberespaço.

A atual proposta de Regulamento do Parlamento Europeu e do Conselho (regulamento geral sobre a proteção de dados)[15] estabelece

---

[12] MENKE, Fabiano. A proteção de dados e o novo direito fundamental à garantia de confidencialidade e da integridade dos sistemas técnico-informacionais no direito alemão. In: *Direito, Inovação e Tecnologia*, vol. I. Coordenadores: Gilmar F. Mendes, Ingo W. Sarlet e Alexandre Z. Coelho, São Paulo: Saraiva, 2015, p. 205/230.

[13] UNIÃO EUROPEIA. *Jornal Oficial da União Europeia*. Tratado de Lisboa. C 306, 50º ano, 17 de dezembro de 2007. Disponível em: <http://eur-lex.europa.eu/LexUriServ/LexUriServ.do?uri=OJ:C:2007:306:FULL:PT:PDF>. Acesso em: 25 mar. 2016.

[14] UNIÃO EUROPEIA. *Carta dos Direitos Fundamentais da União Europeia*, de 07 de dezembro de 2000. Carta de Nice. Disponível em: <http://www.europarl.europa.eu/charter/default_pt.htm>. Acesso em: 25 mar. 2016.

[15] Comissão Europeia analisa Proposta de Regulamento do Parlamento Europeu e do Conselho de Bruxelas, de 25/11/2012. Nesse sentido, vide novidades referidas por SÁNCHEZ BRAVO, Álvaro A. Hacia un nuevo marco europeo de protección de datos personales: empoderamiento de los ciudadanos en la sociedad tecnológica. In: Yarina Amoroso Fernández (org.). *Sociocibernética e Infoética: contribuición a una nueva cultura y praxis jurídica*. Habana – Cuba: Editorial UNIJURIS, 2015, v. 1, p. 123, no que diz com a Transparência, como *toda información dirigida al público, debe ser fácilmente acesible y fácil de entender utilizándose un lenguage sencillo y claro. (...) El derecho al olvido, además, del clásico derecho a la "retificación de los datos".* Existe projeto para atualizar as disposições comunitárias. Em palestra proferida na Universidade de Nova Iorque, o executivo da *Google* Eric Schmidt

dentre os direitos do titular dos dados, a retificação e o cancelamento. O artigo 17 confere ao titular dos dados o direito a ser esquecido[16]. Desenvolve e especifica mais detalhadamente o direito de cancelamento já consagrado no artigo 12, alínea "b", da DC 95/46/CE, e prevê as condições do direito a ser esquecido, incluindo a obrigação do responsável pelo tratamento que tornou públicos os dados pessoais de informar os terceiros sobre o pedido em causa de cancelamento de quaisquer ligações para esses dados ou cópias ou reproduções que tenham sido efetuadas.

Dentre os princípios que já eram elencados, anteriormente, são agregados outros, dentre os quais o Princípio da Transparência. O artigo 11 introduz a obrigação de os responsáveis pelo tratamento fornecerem informações transparentes, de fácil acesso e compreensão, que se inspira especialmente na Resolução de Madrid sobre as normas internacionais em matéria de proteção de dados pessoais e da vida privada.[17]

No Brasil, os direitos à intimidade e à privacidade estão referidos no artigo 5º, X, da Constituição Federal, reconhecendo a distinção proveniente da doutrina e da jurisprudência alemãs, da teoria das esferas ou dos *círculos concêntricos*.[18] As esferas da vida privada comportam o grau de interferência que o indivíduo suporta com relação a terceiros. Para tal, leva-se em consideração o grau de reserva do menor para o maior. Assim, no círculo exterior, está a privacidade; no intermediário, a intimidade; e, no interior desta, o sigilo. Deste modo, a proteção legal torna-se mais intensa, à medida que se adentra no interior da última esfera.

A proteção dos dados pessoais não é direito positivado em muitos países latino-americanos,[19] porém se deve conferir-lhe alguma tutela. Se

---

afirmou que a *internet* precisa de um botão de *delete*, (...) A falta de um botão *delete* na *internet* é um problema significativo. (*Google's Schmidt:The internet needs a delete Button*. Google's Executive Chairman Eric *Schmidt says mistakes people make when young can haut them forever*. Disponível em: <http://news.cnet.com/8301-1023_3-57583022-93/googles-schmidt-the-internet-needs-a-delete-button/>. Acesso: em 10 mai. 2013.

[16] A Vice-Presidente da Comissão de Justiça da União Europeia, Viviane Reding, apresentou proposta de revisão das diretivas anteriores, para que se contemple, expressamente, o direito ao esquecimento dos usuários de *internet*, afirmando que *"al modernizar la legislación, quiero clarificar especificamente que las personas deben tener el derecho, y no solo la posibilidad, de retirar su consentimiento al procesamiento de datos [...]"* e que o primeiro pilar da reforma será *el derecho a ser olvidado: "un conjunto completo de reglas nuevas y existentes para afrontar mejor los riesgos para la privacidad en Internet"*. Disponível em: <http://www.20minutos.es/noticia/991340/0/derecho/olvido/facebook/>. Acesso em 2 mai. 2013.

[17] SÁNCHEZ BRAVO, Álvaro A. Hacia un nuevo marco europeo de protección de datos personales: empoderamiento de los ciudadanos en la sociedad tecnológica. In: Yarina Amoroso Fernández (Org.). *Sociocibernética e Infoética*: contribuición a una nueva cultura y praxis jurídica. Habana – Cuba: Editorial UNIJURIS, 2015, v. 1, p. 124.

[18] COSTA JR., Paulo José da. *O direito a estar só: tutela penal da intimidade*. São Paulo: RT, 1970, p. 31, citando HENKEL, Der Strafschutz des Privatlebens.

[19] Pacto de Santa Cruz de La Sierra.

não é possível como direito autônomo, pode-se proteger como consequência do direito à intimidade. No Brasil, o Marco Civil da Internet (Lei n° 12.965/2014) prevê a proteção dos dados pessoais (art. 3°, III) na forma da lei, sem que até o momento exista disposição legislativa para regular a matéria. A necessidade de proteção à privacidade também é estatuída pelo Marco Civil da Internet (art. 3°, II, e art. 8°).

Preocupado em assegurar a privacidade, o art. 21 do Código Civil dispôs expressamente a respeito da vida privada, constituindo-se em uma cláusula geral para conferir efetividade por meio da norma dogmática, às situações fáticas.[20]

3. Mutações da privacidade

Diante da exposição exacerbada das pessoas nos dias de hoje, que constantemente tiram fotos e as expõem na rede, bem como veiculam opiniões a respeito dos mais diversos assuntos, pergunta-se: a privacidade acabou? Quais as suas consequências e limites, na esfera virtual e na esfera da denominada vida real?

Importantes autores fazem reflexões destas consequências na seara jurídica, como a seguir se verá. Trabalhar-se-á, principalmente com marco teórico, no tocante à (in)existência da privacidade, frente ao fenômeno informático, composto pelo trio de autores importantes, que se ocupam desta problemática: Antonio-Enrique Pérez Luño, Stefano Rodotá e Manuel Castells. Em uma síntese apertada: Pérez Luño propugna a Metamorfose da Privacidade, Rodotà, a Reinvenção da Privacidade, e Manuel Castells atualiza o simbolismo do Panótico e diz que se vive sob a vigilância de um Panótico eletrônico, afirmando que a privacidade deixará de existir nas relações virtuais.

Pérez Luño designa *metamorfose da intimidade.*[21] Uma metamorfose no direito à intimidade que se expressa duplamente: do original direito a estar só individualmente à perspectiva de estar no âmbito social e coletivo; e desde o direito à personalidade ao deslocamento que aponta para órbita patrimonial.[22]

O primeiro significado da intimidade (direito a estar só) se situa na esfera de *foro interno*, de solidão, de ensimesmamento e autoconfi-

---

[20] CACHAPUZ, Maria Cláudia. *Intimidade e vida privada no novo Código Civil Brasileiro*: uma leitura orientada no discurso jurídico. Porto Alegre: Fabris, 2006, p. 213.

[21] PÉREZ LUÑO, Antonio Enrique. *Los derechos humanos en la sociedad tecnológica*. Madrid: Universitas, 2012, p. 115.

[22] A respeito da evolução do direito à intimidade, veja-se artigo produzido no Anuário n° 10 da Unisinos. LIMBERGER, Têmis. Acesso à informação pública em rede: a construção da decisão adequada constitucionalmente. In: Lenio Luiz Streck; Leonel Severo Rocha; Wilson Engelmann. (Orgs.). Constituição, sistemas sociais e hermenêutica. *Anuário do Programa de Pós-Graduação em Direito da Unisinos*. Porto Alegre e São Leopoldo: Livraria do Advogado e Unisinos, 2013, p. 259/276.

namento pessoal, consequentemente, este conceito corre o risco de ser inexplicável e carecer de qualquer relevância jurídica; ou se ao contrário, toma-se como ponto de referência suas implicações e projeções intersubjetivas no âmbito do "foro externo", corre-se o risco de deformar a intimidade, de coisificá-la, de diluí-la em um conjunto de tópicos sociais, e vendê-la em seu antônimo, isto é, na sua alteração; ou seja, em que deixe de ser ela mesma para ser traída, levada e tiranizada pelo outro.[23]

Existe algum ponto de mediação nesta polaridade do dilema, aparentemente insolúvel? Antonio Enrique Pérez Luño estima que sim. A concepção de intimidade como isolamento e ensimesmamento não é necessariamente incompatível com suas projeções sociais, caso se coloque como um primeiro momento de seu processo formativo. Esse *intus* ou fase solitária e interna da intimidade se encontraria conformada por ideias, que reclamariam sua posterior exteriorização em ações. O isolamento confinado em si mesmo somente seria capaz de fabricar mundos exteriores, fantasmagóricos, condenados a degenerar em puro solipsismo. A dimensão interna e ensimesmada da intimidade para realizar-se plenamente precisa extroverter-se; a convivência é indispensável na nossa vida, necessita apoiar-se em outras vidas.[24]

Essa abertura da convivência se exercita por formas de comunicação e de linguagem que se integram e socializam no mais íntimo de nosso ser, assim o ser mais íntimo de cada homem já está informado, modelado por uma determinada sociedade. Isto porque, a própria noção de intimidade ou de privacidade é uma categoria cultural, social e histórica.[25]

Assim, o núcleo significativo da intimidade se deslocou, inclusive pode-se afirmar que foi ao seu oposto, desde o âmbito solitário do ensimesmamento à esfera dos usos sociais em que se manifesta e se exterioriza em termos de alteração. A decantação da cultura europeia da intimidade e privacidade, que pretende traduzir a noção anglo-saxã de privacidade, assim como a categoria dos denominados dados pessoais e perfis de personalidade, que se projetam sobre um conjunto mais amplo e global das relações intersubjetivas, refletem esta tendência paradoxal em direção a uma *socialização da intimidade*.[26]

---

[23] ORTEGA Y GASSET, J. El hombre y la gente, en *Obras Completas*, Alianza Editorial & Revista de Occidente, vol.7, Madrid, 1983, *apud* PÉREZ LUÑO, Antonio Enrique. *Los derechos humanos en la sociedad tecnológica*. Madrid: Universitas, 2012, p. 116.

[24] GARCÍA MORENTE. *Ensayo sobre la vida privada* (1935); se cita por la nueva Ed. De la Facultad de Filosofía de la Universidad Complutense, Madrid, 1992, p. 36, *apud* PÉREZ LUÑO, Antonio Enrique. *Los derechos humanos en la sociedad tecnológica*. Madrid: Universitas, 2012, p.116.

[25] ORTEGA Y GASSET, J. El hombre y la gente, op. cit., p. 116.

[26] CABEZUELO ARENAS, A.L. *Derecho a la intimidad*, con Prólogo de L. H. CLAVERÍA GOSÁLBEZ, Tirant to Blanch, Valencia, 1998; CLAVERÍA GOSÁLBEZ, L. H., Reflexiones sobre los dere-

Outro aspecto que merece referência é o fato de que houve um deslocamento do âmbito do direito de personalidade ao âmbito patrimonial, considerando que muitas pessoas recebem quantias patrimoniais expressivas para exporem sua intimidade, negociando esta exposição, principalmente em programas televisivos.[27]

Dentre as contribuições de Savigny está a noção de direito de personalidade, possivelmente alicerçada na filosofia jurídica Kantiana.[28] Um conceito de dignidade humana como valor fundamental das noções de pessoa e personalidade, propôs Kant. A dignidade implica a dimensão moral de personalidade, que tem como fundamento a própria liberdade e autonomia da pessoa. Aí que a dignidade humana representa o princípio legitimador dos denominados direitos de personalidade.

A intimidade, que foi concebida inicialmente, como integrante dos direitos de personalidade e um dos mais destacados exemplos; atualmente, com os novos perfis coletivos e sociais, que conformam o exercício do direito à intimidade, encontra-se condicionada aos acontecimentos sociais. Com isso, a intimidade corre o risco de ser submetida aos modismos e, inclusive, às exigências de mercado.

Por isso, na sociedade da informação e de consumo, a intimidade se converteu, em muitas ocasiões, em uma mercadoria cujo valor se calcula em termos da lei da oferta e da procura. Nestas ocasiões, a intimidade de cada um vale o que os demais, em especial os meios de comunicação, estão dispostos a pagar para publicizá-la.[29]

Diante deste quadro, pergunta-se: o que tem valor? O que as pessoas estão dispostas a pagar para inteirar-se com relação à vida dos demais? Porque o interesse das pessoas na vida alheia não é facilmente perceptível, fica submetido às leis de mercado.[30] Quando houver interesse pela divulgação de algo, estarão dispostos a pagá-lo. Assim, percebe-se que estas modificações práticas têm relevância na esfera jurídica

---

chos de la personalidad a la luz de la LO1/82 de 5 de mayo de 1982, em *Anuario de Derecho Civil*, octubre-deciembre, 1983, p. 1243/1268; M. GALÁN JUAREZ, *Intimidad, Nuevas dimensiones de un nuevo derecho*, Editorial Universitaria Ramón Areces & Servicio de Publicaciones de la Universidad Rey Juan Carlos I, Madrid, 2005, p. 79 ss.; PÉREZ LUÑO, A. E., Intimidad y protección de datos personales: del habeas corpus al habeas data, en *Estudios sobre el derecho a la intimidad*, ed. A cargo de L. GARCÍA SAN MIGUEL, 1982, cit., Tecnos, Madrid, 1992, p. 36 ss.; id., *Libertad informática y leyes de protección de datos personales*, en colab. Con M. G. LOSANGO y M. F. GUERRERO MATEUS, Centro de Estudios Constitucionales, Madrid, 1989.

[27] Programa televisivo exibido por emissora nacional denominado *Big Brother Brasil*.

[28] PREUSS, U., *Die Internalisierung des Subjekts. Zur Kritik der Funktionsqeise des subjektiven Rechts*, Surhrkamp, Frankfurt, 1979, p. 21 ss.

[29] PÉREZ LUÑO, Antonio Enrique. *Los derechos humanos en la sociedad tecnológica*. Madrid: Universitas, 2012, p. 120.

[30] GARCÍA SAN MIGUEL, L. Estudios sobre el derecho a la intimidad. In: PÉREZ LUÑO, Antonio Enrique. *Los derechos humanos en la sociedad tecnológica*. Madrid: Universitas, 2012, p. 120.

e levam ao seu deslocamento, desde a órbita dos direitos de personalidade aos direitos de conteúdo patrimonial.

Deste modo, o direito à intimidade somente se mantém como direito da personalidade dotado dos atributos de inviolabilidade, irrenunciabilidade e inalienabilidade para os menores, enquanto para os maiores pode ser objeto de transações consentidas, de renúncias e cessões, em troca das correspondentes prestações econômicas. Constata-se, então, que para os adultos perdeu sua dimensão de direito da personalidade para integrar-se no sistema de direitos patrimoniais.[31]

Assim, a metamorfose do direito à privacidade, segundo Pérez Luño, trouxe mudanças importantes. Deslocou-se do âmbito interno – direito a estar só a uma perspectiva social e coletiva e da condição de integrante de direito da personalidade passou a direito patrimonial, porque integra a ótica negocial para muitas pessoas, na condição desfrutada pela maioridade, subsistindo apenas para os menores.

A *reinvenção da privacidade* é como Rodotà[32] denomina o fenômeno atual, enquanto a construção da identidade, efetua-se em condições de dependência crescente do exterior. Nesta perspectiva, assume um novo significado a liberdade de expressão como elemento essencial da pessoa e de sua situação na sociedade. Isto modifica a relação entre esfera pública e privada e a própria noção de privacidade. Reforça-se a noção de cidadania com outros poderes que caracterizam a cidadania do novo milênio, a partir da constitucionalização da pessoa humana.

Quando se consideram as questões suscitadas pela inovação tecnológica, ocorre o denominado *tsunami digital*.[33] Como consequência desta transformação, o critério de segurança pública se converte em exclusivo critério de referência.

Isto significa que as pessoas estão cada vez mais transparentes, e os organismos públicos, mais afastados do controle jurídico e político, ocasionando uma nova distribuição de poderes políticos e sociais.

O denominado *tsunami digital* pode ser considerado desde outros pontos de vista, começando pela identidade. Nesta perspectiva, o direito de acesso aos dados representa um aliado forte, em termos de proteção jurídica, que permite manter o controle sobre as próprias informações, seja qual for o sujeito que as gestiona, o local em que se encontrem e as modalidades de sua utilização. Direito fundamental à construção da identidade, já que confere poder para cancelamento nos seguintes

---

[31] PÉREZ LUÑO, Antonio Enrique. *Los derechos humanos en la sociedad tecnológica*. Madrid: Universitas, 2012, p. 121.

[32] RODOTÀ, Stefano. *El derecho a tener derechos*. Madrid: Trotta, 2014, p. 293.

[33] The Future Group: Freedom, Security, Privacy: European Home Affaires in an Open World, junho de 2008, In: RODOTÀ, Stefano. *El derecho a tener derechos*. Madrid: Trotta, 2014, p.298.

casos: dados falsos, ilegitimamente recolhidos, conservados muito além do tempo previsto, os inexatos ou para completação.

O conhece-te a ti mesmo já não é uma operação voltada ao interior, mas devido a esta nova perspectiva, vai-se ao exterior e à suposta necessidade de conhecer quem somos na dimensão eletrônica, onde se desenvolvem questões importantes nas nossas vidas. Considerando hoje a dinâmica que caracteriza a recolhida dos dados e os sujeitos que a utilizam, cada vez é menos verossímil uma identidade como *sou o que digo que sou*, pois que haveria que substituí-la por *tu és o que Google diz que és*.[34]

Por isso, Eliser Pariser,[35] abordando o que você quer, quer queira, quer não, trabalha a questão hipotética ou real, mas que se constitui em ótimo exemplo de seu interesse por uma moça de determinado perfil e com uma foto postada. Surpreendentemente, descobriu que a imagem não era sequer uma fotografia editada, mas uma imagem criada por um programa gráfico *3D*. Aquela pessoa não existia, a nova possível amiga era uma criação de *software*, que ia em busca das ditas novas amizades e que, em realidade, recolhia dados de usuários no *facebook*.

Vive-se diante de um contexto que afeta nossa autonomia e o direito de desenvolver livremente nossa personalidade. Diminui-se a possibilidade de nos conhecermos e nos construirmos. Faz-se mais forte a possibilidade de que outros se apropriem total ou parcialmente do nosso ser.

O propósito de estar *on line* com a vida real. Autenticidade e transparência e – não intervenção e anonimato – são regras fundamentais na internet.

A construção da identidade fica entregue por completo aos algoritmos. A construção da identidade é interior e exterior. O sistema deve então: a) fazer explícito o fluxo de dados para permitir o controle da pessoa interessada, b) respeitar o princípio da minimização dos dados, tratando somente aqueles necessários em um contexto determinado, c) impor limites às conexões entre bancos de dados.

Devido à justificativa do *11 de setembro*, cada vez mais se invade a privacidade por motivos de segurança. Tudo está articulado não para exaltar a pessoa humana e sua singularidade e autonomia, senão para depositar dados em dispositivos tecnológicos, que prescindem de singularidades e de liberdades. A construção dos perfis individuais, familiares e de grupos constitui uma jaula mais repressora que o *status*. A autodeterminação se torna irrelevante face à identidade esculpida

---

[34] RODOTÀ, Stefano. *El derecho a tener derechos*. Madrid: Trotta, 2014, p. 300.

[35] PARISER, Eli. *O filtro invisível: O que a internet está escondendo de você*. Zahar: Rio de Janeiro, 2011, p. 169.

mediante procedimentos automáticos. A nova abstração produz um esvaziamento do humano, de modo que é problemático afirmar que nos encontramos frente a uma nova antropologia.

Manuel Castells[36] – um dos maiores sociólogos da atualidade no estudo das redes sociais e internet – adverte para o perigo da exposição exacerbada nas redes, os programas de vigilância governamentais. Chega a afirmar de forma contundente que a privacidade na rede mundial de computadores acabou, no denominado mundo virtual. Apesar do gasto de bilhões de dólares em segurança eletrônica, tornou-se evidente que, numa rede, a segurança só é tão boa, quando a segurança do elo mais fraco está protegida. Penetrando-se na rede, em qualquer ponto, pode-se percorrer seus nós com relativa facilidade.

A comunicação continuará fluindo imperturbável porque esta é a arquitetura da internet. É necessário, então, que o Estado exerça algum controle e regulamente o ciberespaço. Deste processo, existem duas vítimas dessa retomada do ciberespaço: a soberania e a liberdade. Para exercer a regulação global, os Estados têm de difundir e compartilhar poder. Não segundo o sonho ultrapassado de um governo mundial, mas como um Estado em rede, criatura política engendrada pela Era da Informação (Carnoy e Castells).

Isto envolve a (in)capacidade que tem um Estado de agir sobre um comportamento, que tem lugar em outra jurisdição – isso será limitado pelas velhas formas de poder baseadas na territorialidade.

Castells adverte a respeito do *Panóptico Eletrônico*.[37] Há uma ameaça fundamental à liberdade sob o novo ambiente de policiamento global: a estruturação do comportamento cotidiano pelas normas dominantes da sociedade. A liberdade de expressão era a essência do direito à comunicação irrestrita na época em que a maior parte das atividades diárias não era relacionada à esfera pública. Mas em nosso tempo, uma proporção significativa da vida cotidiana, inclusive o trabalho, o lazer, a interação pessoal, tem lugar na Internet. A maior parte da atividade econômica, social e política é de fato um híbrido de interação *on line* e física. Em muitos casos, estão imbricadas. Assim, viver num panóptico eletrônico equivale a ter metade de nossas vidas permanentemente expostas a monitoramento.

A segunda perda é a liberdade; isto é, o direito de se fazer o que se quer. Por que isso? Por que a ameaça à privacidade traduz-se na redução potencial de liberdade?

---

[36] CASTELLS, Manuel. *A Galáxia da Internet*: reflexões sobre a Internet, os negócios e a sociedade. Rio de janeiro: Zahar, 2003, p. 145 e 152.

[37] Idem, p. 148.

Destarte, é impossível conceber direitos e garantias tendo como referência espaços do passado, especialmente nas dinâmicas sociais, no que diz respeito ao direito à intimidade.

4. Fundamentos do direito ao esquecimento

O direito se constrói conectado com a evolução da sociedade, por isto os institutos de segurança jurídica assentam bases nas relações sociais, constituindo-se em episódios narrados na literatura e estudados pela filosofia.

Livro emblemático que discutiu a invasão da privacidade pelo Estado Totalitário foi *1984*,[38] uma alusão ao futuro, porque foi escrito no ano de 1948. O Big Brother descrito por Orwell[39] ocupa-se de manipular o passado. O ditador orwelliano compreendeu que seu poder somente seria total no dia em que pudesse reescrever o passado a seu favor. Assim, por meio do Ministério da Verdade estabeleceu funcionários guardiões de arquivos, cuja tarefa consistia em atualizar minuto a minuto o passado e apagar todos os traços que pudessem dificultar o poder hoje, revelando, principalmente, suas prevaricações e alianças em busca do poder.

A ideia de que os fatos devem ter um tempo de apreciação é algo já conhecido pelo ordenamento jurídico. A legalidade e a segurança jurídica convivem como princípios em nosso ordenamento jurídico. Por vezes, tem-se um determinado princípio com aplicação preponderante ora outro, a depender dos casos enfrentados.

A legalidade é o grande princípio estruturante do ordenamento jurídico, principalmente no direito público, a partir de sua formação, tomando-se como marco a Revolução Francesa em 1789; mas ocorrem situações em que cede passo à segurança jurídica (mormente nas suas manifestações de Coisa Julgada, Ato Jurídico Perfeito e Direito Adquirido previstas pelo artigo 5°, XXXVI, da CF).

Deve-se atentar que o princípio da segurança jurídica prepondera sobre o princípio da legalidade, quando o destinatário do ato estava de boa-fé. O direito alemão teve a primazia na formulação deste conceito. Posteriormente, este ensinamento foi expandido ao direito comunitário.[40] No Brasil, a incorporação legislativa ocorreu por meio dos

---

[38] ORWELL, George. *1984*. 29. ed. São Paulo: Editora Nacional, 2003, p. 24.

[39] Idem, p. 62/3. "A história seria inteiramente um palimpsesto raspado e reescrito tantas vezes quanto necessárias".

[40] COUTO E SILVA, Almiro do. O Princípio da Segurança Jurídica (proteção à confiança) no direito público brasileiro e o direito da administração pública de anular seus próprios atos administrativos: o prazo decadencial do art. 54 da Lei do Processo Administrativo da União (Lei n° 9.784/99). *RDA*, Rio de Janeiro: 2004.

artigos 2º, *caput*, e 53 da Lei nº 9.784/99 (Lei do Processo Administrativo no âmbito Federal).

Além disso, os institutos da prescrição, decadência, perdão, anistia, irretroatividade da lei, prazo máximo para que os inadimplentes figurem em cadastros restritivos de crédito, reabilitação penal e o direito ao sigilo quanto à folha de antecedentes, relativo àqueles que já cumpriram pena são exemplificações de que existe um tempo em que os fatos devem ser lembrados para produzir efeitos jurídicos e a partir de determinado momento deixam de sê-lo. Configura-se, em realidade, um embate entre o privilegiamento do passado ou o presente com a perspectiva de futuro.

A respeito do tempo presente – como o que existe em realidade – sendo aquele que nos é dado viver, estatui Schopenhauer: A forma de aparecimento da vontade é só o presente, não o passado nem o futuro: estes só existem para o conceito e pelo encadeamento da consciência, submetida ao princípio da razão. Ninguém viveu o passado, ninguém viverá o futuro; *o presente é a forma de toda a vida.*[41]

Assim, para viver o presente não se pode estar demasiado vinculado com o passado e nem tampouco com a mente conectada extremamente ao futuro. Os tempos se influenciam, reciprocamente, na tomada de decisão, mas é necessário que se esteja com foco na perspectiva atual, do tempo presente.

A respeito da impossibilidade humana de recordar todos os fatos, a literatura já se ocupou. Borges escreveu um conto denominado *Funes, o Memorioso*. Aí o autor narra o personagem Funes que lembrava absolutamente todos os detalhes na composição de uma narração e o transtorno que isto lhe causava. *Mais recordações tenho eu sozinho que as que tiveram todos os homens desde que o mundo é mundo. (...) Minha memória, senhor, é como despejadouro de lixos.*[42] Assim, informações em excesso podem comprometer a vida no presente, pois a narrativa inclui todas as representações até então existentes. Deste modo, um simples relato pode consumir todo um dia em sua narrativa, devido a todas as recordações pretéritas.

Caso se recordem absolutamente todos os fatos do passado, isto comprometeria o tempo presente. A memória humana ficaria repleta de informações pretéritas sem possibilitar a construção do tempo presente. Por isso, do ponto de vista jurídico, também se estatui um tempo para

---

[41] SCHOPENHAUER. *O Mundo como vontade e representação*, Primeiro Tomo, p. 54. (Borges, vol. 1, p. 436)

[42] BORGES, Jorge Luis. *Obras Completas*, volume 1. São Paulo: Globo, 2001, p. 543. In: *Ficções* – Funes, o Memorioso, p. 539/546.

que as informações sejam armazenadas. Senão, estar-se-ia eternamente preso ao passado.

Ligar e desligar o tempo; a obra de Ost – *O tempo no direito* –,[43] origina-se deste projeto. Qual seja: a contribuição do direito para esta justa medida que torna livres os cidadãos e harmoniosas as cidades. Por meio da perspectiva do passado: a memória e o perdão; por parte do futuro: a promessa e a retomada da discussão. A memória que liga o passado, garantindo-lhe um registro, uma fundação e uma transmissão. O perdão, que desliga o passado, imprimindo um sentido novo, portador de futuro, como quando ao término de uma reviravolta de jurisprudência, o juiz se libera de uma linhagem de precedentes ultrapassados. A promessa, que liga o futuro por meio dos comprometimentos normativos, desde a convenção individual até a Constituição – promessa que a nação faz a si própria. O questionamento, que em tempo útil desliga o futuro, visando a operar as revisões que se impõem, para que se sobreponham as promessas na hora da mudança. Para Ost são quatro pontos cardeais do quadrante temporal.

Assim, não é suficiente dizer que memória, perdão, promessa e questionamento estão comprometidos nas relações dialéticas. É preciso ir mais longe e mostrar que é no próprio seio de cada uma delas que se opera a dialética. Há muito de esquecimento na memória e muito de memória no perdão; do mesmo modo, há muito de indeterminação na promessa e muito de fidelidade na revisão. Não existe uma das figuras temporais que reencontraremos, que não ofereça, no mais delicado de seus mecanismos, uma exemplificação desta tensão fecunda entre constância e inovação.

A interação entre o tempo e o direito, que se revela. O tempo metamórfico, no dizer de Gurvitch:[44] tempos de alternância entre avanço e atraso, que sabe se transformar, sem por isso regenerar-se. O temo institucional – nem eterno, nem perecível. O tempo revelador do direito. Nesta revelação, o tempo faz surgir, principalmente, a confiança (boa-fé, lealdade), na base de todos os comprometimentos jurídicos, do mesmo modo que a pertinência institucional do direito – um direito concebido como um processo de ajuste contínuo, mais do que uma sucessão irregular de atos jurídicos instantâneos.

O conhecido *círculo hermenêutico*[45] tem também, a sua dimensão temporal: a troca semântica entre o mundo do texto e o mundo do intérprete é igualmente a reversibilidade histórica em ação, o diálogo

---

[43] OST, François. *O tempo do Direito*. Lisboa: Piaget, 1999.

[44] GURVITCH, L. La multiplicité des temps sociaux. In: *La vocation actuelle de La sociologie*. 2ª ed. Paris: PUF, 1963, t. II, . 343 e segs.

[45] GADAMER, Hans Georg. *Verdade e método*. v. 1, 10ª ed. Petrópolis/RJ: Vozes, 2008, p. 166 e ss.

entre trechos confusos de respostas formuladas no passado e interrogações expressas no presente.

É importante se insurgir contra a tirania da urgência e a cultura da impaciência, é preciso lembrar que a democracia, sobretudo a participativa, toma seu tempo – o da informação, da negociação e da deliberação. Deve-se atentar contra as tentações da *justiça do espetáculo*,[46] em que a mídia insufla a população para que se responsabilize rapidamente um suposto culpado, sem que se atente ao devido processo legal, que têm seus trâmites e, portanto, leva algum tempo não podendo ser realizado de imediato.

Delmas Marty[47] lembra que o Estado, ao contrário do mercado, tem o privilégio do longo prazo e que, provedor de duração e solidariedade, pode impedir que se rasgue o tecido social no decorrer das mutações que o esquartejam.

Com Hannah Arendt,[48] discorre-se a respeito do perdão e da promessa. Se o homem não fosse conectado por promessas, seria incapaz de conservar sua identidade, seria condenado a errar sem força e sem objetivo.

Entre a amnésia e o imprescritível: o perdão. Hannah Arendt dedicou muito de seus estudos a respeito do perdão. Este tema foi retomado, posteriormente, na Condição Humana, quando demonstrou que *nunca se pode prever o ato de perdoar*. É a única reação que não se limita a reagir,[49] mas age de novo e inesperadamente sem ser condicionada pelo ato que a provocou e de cujas consequências libertam tanto quem perdoa quanto quem é perdoado.

O perdão aposta na liberdade dos interlocutores, vai além do contrassenso do mal e acresce ao sentido. Assim, o ofendido, que por meio de seu gesto imprevisto e gratuito renuncia a reclamar o que lhe é devido, e o ofensor, que se afasta da lógica do nefasto e solicita o perdão e se compromete a restaurar a relação comprometida.

Destarte, o perdão oferece uma nova possibilidade de futuro.[50] A natureza dialética do perdão surge, já que no cômputo total remete à memória (a falta não é esquecida, mas reconhecida e assumida) e, assim, sinaliza com a promessa (a aposta confiante num cenário de futuro).

---

[46] OST, François. *O tempo do Direito*. Lisboa: Piaget, 1999.

[47] DELMAS MARTY, M. *Le maître des horloges*. Paris: Odile Jacob, 1991.

[48] ARENDT, Hannah. *A condição humana*. 10ª ed. Rio de Janeiro: Forense Universitária, 2001, p. 252-3.

[49] Ibidem.

[50] RICOEUR, P. Sanction, réhabilitation, pardon. In: *Le juste*, Paris: Ed. Esprit, 1995, p. 207.

Diante disto, constitui-se o perdão como uma categoria jurídica? O direito é a mediação do ético e do político, tradução de um na linguagem do outro. Desta forma, o perdão, quando conferido no curso de um processo, coaduna-se com a ideia de justiça.

Dois polos essenciais da regulação jurídica do tempo social:[51] o perdão, em sentido amplo, como a capacidade que tem a sociedade de superar o passado, rompendo o ciclo da vingança e do ressentimento. Por outro lado, a promessa, em sentido amplo, no sentido de crença no futuro – comprometer-se por meio de antecipações normativas.

Deste modo, passado e futuro estão associados a dois atos: o perdão, que relança o passado, e a promessa, que orienta o futuro, relacionando-se à lei que se coloca frente às incertezas do amanhã. É por isso que o perdão é associado à memória, enquanto a promessa, à retomada da discussão. Assim, opera-se o quadrante em quatro tempos: ligar e desligar o passado e, também, ligar e desligar o futuro. Este o ritmo necessário para uma produção significante do tempo social. O papel de guardião da memória social foi, em todos os tempos, confiada aos juristas.[52] Não no sentido de arquivistas ou conservadores dos atos do passado, mas no sentido de que são seguidores do Princípio da Legalidade. E, ainda, que os operadores jurídicos têm consciência de que só se institui o novo com base no instituído. Sempre há uma parte de indisponível, na medida em que nenhuma instituição é absolutamente nova. Poder-se-ia dizer que o novo assenta suas bases no tecido social cunhado ao longo do tempo.

A prescrição é o esquecimento programado pelo direito.[53] É também, quando ocorre o privilegiamento das situações convalidadas pelo tempo em detrimento da legalidade, que é um princípio estruturante, principalmente na seara do direito público.

Quando aborda o direito ao esquecimento ou dever de memória,[54] Ost apresenta duas situações distintas. O anonimato decorrente das técnicas de fertilização assistida, da adoção, em que se objetiva a realização do interesse público. Em outras hipóteses, o direito ao esquecimento, consagrado pela jurisprudência, surge como uma das múltiplas facetas do direito ao respeito à vida privada. Quer seja personagem público ou não, caso tenha sido lançado diante de uma cena e colocado diante dos projetores da atualidade (muitas vezes até penal), do qual se tem direito depois de determinado tempo a recair no esquecimento ou do anonimato, do qual não deveria ter saído.

---

[51] OST, François. *O tempo do Direito*. Lisboa: Piaget, 1999, p. 39.

[52] Idem, p. 50.

[53] Idem, p. 167.

[54] Idem, p. 159.

5. Considerações finais

A informação pública em rede, por suas características de flexibilidade, adaptação e ausência de centralidade, pode ser um instrumento eficaz de diminuição de corrupção, pois propicia a visualização de zonas de opacidade, possibilitando o acesso do cidadão ou de agentes públicos a cujas instituições incumbem a atribuição de zelar pelo patrimônio público, a fiscalização e tomada de providências.

A informação pública em rede encontra limite na privacidade do cidadão. O direito à privacidade sofreu mutações, frente ao fenômeno informático, visto que o ser humano se encontra conectado com a rede mundial de computadores – internet. Logo, a informação pública em rede deve estar atenta a estes movimentos e aos limites jurídicos.

A forma de lançamento dos dados deve respeitar a proteção dos dados pessoais. No ordenamento jurídico brasileiro, não se tem um marco regulatório específico da proteção dos dados pessoais, devendo ser realizado a partir do direito de privacidade do cidadão. Deve-se construir uma tutela que proteja além dos dados pessoais, contemplando os sistemas de informática, tal qual construção jurisprudencial realizada pelo Tribunal Constitucional da Alemanha.

Caso se recordem absolutamente todos os fatos do passado, isto comprometeria o tempo presente. A memória humana ficaria repleta de informações pretéritas sem possibilitar a construção do presente com a perspectiva de futuro. Por isto, do ponto de vista jurídico, também é necessário estatuir um tempo para que as informações sejam armazenadas. Passado, presente e futuro se influenciam, reciprocamente, para tomada de decisão, mas é importante que o foco seja na perspectiva atual, momento a partir do qual começarão a incidir os seus efeitos.

Referências

ARENDT, Hannah. *A condição humana.* 10ª ed., Rio de Janeiro: Forense Universitária, 2001, p. 252-3.

——. *Entre o passado e o futuro.* 6ª ed. São Paulo: Perspectiva, 2009 (Debates; 64/ dirigida por Guinsburg). Que é a liberdade.

BENDA, Ernesto. *Dignidad Humana y derechos de la personalidad.* In: Manual de Derecho Constitucional. Madrid: Marcial Pons, 1996.

BINICHESKI, Paulo Roberto. *Responsabilidade Civil dos Provedores de Internet.* 1ª edição. Curitiba: Juruá. 2011.

BORGES, Jorge Luis. *Obras Completas,* volume 1. São Paulo: Globo, 2001, p.543. "In" Ficções – Funes, o Memorioso.

CABEZUELO ARENAS, A. L. *Derecho a la intimidad,* con Prólogo de L. H. CLAVERÍA GOSÁLBEZ, Valencia: Tirant to Blanch, 1998.

CACHAPUZ, Maria Cláudia. *Intimidade e vida privada no novo Código Civil Brasileiro:* uma leitura orientada no discurso jurídico. Porto Alegre: Fabris, 2006.

CASTELLS, Manuel. *A Galáxia da Internet:* reflexões sobre a Internet, os negócios e a sociedade. Rio de Janeiro: Zahar, 2003.

CLAVERÍA GOSÁLBEZ, L. H., Reflexiones sobre los derechos de la personalidad a la luz de la LO1/82 de 5 de mayo de 1982, em *Anuario de Derecho Civil,* octubre-diciembre, 1983, pp. 1243/1268.

COSTA JR., Paulo José da. *O direito a estar só: tutela penal da intimidade*. São Paulo: RT, 1970, p. 31, citando HENKEL, Der Strafschutz des Privatlebens.

COUTO E SILVA, Almiro do. O Princípio da Segurança Jurídica (proteção à confiança) no direito público brasileiro e o direito da administração pública de anular seus próprios atos administrativos: o prazo decadencial do art.54 da Lei do Processo Administrativo da União (Lei nº 9.784/99). *RDA*, Rio de Janeiro: 2004.

CUNHA, Antônio Geraldo da. *Dicionário Etmológico da língua portuguesa*, 2ªed, 11ª reimpressão, Rio de Janeiro: Nova Fronteira, 1999.

DAVARA RODRIGUEZ, Miguel Ángel. *Manual de Derecho Informático*. Madrid: Aranzadi, 1993.

DEBORD, Guy. *A sociedade do espetáculo*. Rio de Janeiro: Contraponto, 1997.

DELMAS MARTY, M. *Le maître des horlojes*. Paris: Odile Jacob, 1991.

DENNINGER, E. El derecho a la autodeterminación informativa. In: PÉREZ LUÑO, Antonio E. (Org.). *Problemas actuales de la documentación y la informática jurídica*. Madrid: Tecnos, 1987.

DOTTI , René Ariel. Proteção à vida privada e liberdade de informação. São Paulo: RT,1980.

GADAMER, Hans Georg. *Verdade e método*. v. 1, 10ª ed., Petrópolis/RJ: Ed. Vozes, 2008.

GARCÍA MORENTE, *Ensayo sobre la vida privada* (1935); se cita por la nueva Ed. De la Facultad de Filosofía de la Universidad Complutense, Madrid, 1992, p. 36, *apud* PÉREZ LUÑO, Antonio Enrique. *Los derechos humanos en la sociedad tecnológica*. Madrid: Universitas, 2012.

GARCÍA SAN MIGUEL, L. Estudios sobre el derecho a la intimidad. In: PÉREZ LUÑO, Antonio Enrique. *Los derechos humanos en la sociedad tecnológica*. Madrid: Universitas, 2012.

GURVITCH, L. La multiplicité des temps sociaux. In: *La vocation actuelle de La sociologie*. 2ª ed. Paris: PUF, 1963, t.II.

HIGUERAS, Manuel Heredero. La nueva ley alemana de protección de datos. *Boletín de Información del Ministerio de la Justicia*, ano XLVI, nº 1630, 1992, p. 1765.

HOUAISS, Antônio; FRANCO, Francisco Manoel de Mello; VILLAR, Mauro de Salles. *Dicionário Houaiss da Língua Portuguesa*. Rio de Janeiro: Objetiva, 2009.

LIMBERGER, Têmis. *Cibertransparência*: informação pública em rede: a virtualidade e suas repercussões na realidade. Porto Alegre: Livraria do Advogado, 2016.

LLOSA, Mario Vargas. *A civilização do espetáculo*: uma radiografia do nosso tempo e da nossa cultura. Rio de Janeiro: Objetiva, 2013.

M. GALÁN JUAREZ, *Intimidad, Nuevas dimensiones de un nuevo derecho*, Editorial Universitaria Ramón Areces & Servicio de Publicaciones de la Universidad Rey Juan Carlos I, Madrid, 2005.

MARTINS, Guilherme Magalhães. O direito ao esquecimento na Internet. In: MARTINS, Guilherme Magalhães (Coord.). *Direito privado e internet*. São Paulo: Atlas, 2014. p. 3/28.

MENKE, Fabiano. A proteção de dados e o novo direito fundamental à garantia de confidencialidade e da integridade dos sistemas técnico-informacionais no direito alemão. In: *Direito, Inovação e Tecnologia*, vol. I. Coordenadores: Gilmar F. Mendes, Ingo W. Sarlet e Alexandre Z. Coelho, São Paulo: Saraiva, 2015, pp. 205/230.

MONTENEGRO, Antônio Lindberg. *A Internet em suas relações contratuais extracontratuais*. Rio de Janeiro: Lumen Juris, 2003.

MORAES, Maria Celina Bodin de; KONDER, Carlos Nelson. *Dilemas de direito civil-constitucional casos e decisões sobre os novos desafios para a tutela da pessoa humana nas relações existenciais*. Rio de Janeiro: Renovar, 2012.

MURILLO, Pablo Lucas. *El derecho a la autodeterminación informativa*. Madrid: Tecnos, 1990, p. 157-8 (Temas Clave de la Constitución Española) e Informática y protección de datos personales. Cuadernos e Debates, Madrid nº 43, 1993, p. 47-87.

ORTEGA Y GASSET, J. *El hombre y la gente*, en Obras Completas, Alianza Editorial & Revista de Occidente, vol.7, Madrid, 1983, *apud* PÉREZ LUÑO, Antonio Enrique. *Los derechos humanos en la sociedad tecnológica*. Madrid: Universitas, 2012.

ORWELL, George. *1984*. 29. ed., São Paulo: Editora Nacional, 2003.

OST, François. *O tempo do Direito*. Lisboa: Piaget, 1999.

PARISER, Eli. *O filtro invisível*: O que a internet está escondendo de você. Rio de Janeiro: Zahar, 2011.

PÉREZ LUÑO, Antonio Enrique. *Los derechos humanos en la sociedad tecnológica*. Madrid: Universitas, 2012.

PÉREZ LUÑO, Antonio Enrique. *Manual de informática y derecho*. Barcelona: Editorial Ariel S.A., 1996.

PÉREZ LUÑO, A. E. Intimidad y protección de datos personales: del habeas corpus al habeas data, en *Estudios sobre el derecho a la intimidad*, ed. A cargo de L. GARCÍA SAN MIGUEL, 1982, cit., Madrid: Tecnos, 1992.

PREUSS, U. *Die Internalisierung des Subjekts*. Zur Kritik der Funktionsqeise des subjektiven Rechts, Surhrkamp, Frankfurt, 1979.

PROSSER, Willian. *Privacy*. Califórnia Law Review, v. 48, n. 3, 1960.

RICOEUR, P. *Sanction, réhabilitation, pardon*. In: *Le juste*, Paris: Ed. Esprit, 1995.

RODOTÀ, Stefano. *El derecho a tener derechos*. Madrid: Trotta, 2014.

RUIZ MIGUEL, Carlos. *La configuración constitucional del derecho a la intimidad*. Madrid: Tecnos, 1995.

SÁNCHEZ BRAVO, Álvaro A. Hacia un nuevo marco europeo de protección de datos personales: empoderamiento de los ciudadanos en la sociedad tecnológica. In: *Sociocibernética e Infoética*: contribuición a una nueva cultura y praxis jurídica. (Org.) Yarina Amoroso Fernández. 1ed. Habana – Cuba: Editorial UNIJURIS, 2015, v. 1.

SARTORI, Giovanni. *Teoría de la democracia*. Vol. 2. Madrid: Alianza Editorial, 1988.

SCHOPENHAUER. *O Mundo como vontade e representação*, Primeiro Tomo, p. 54. (Borges, vol.1)

STRECK, Lenio Luiz. *Verdade e Consenso:* Constituição, hermenêutica e teorias discursivas. 4ªed., São Paulo: Saraiva, 2011.

UNIÃO EUROPEIA. *Carta dos Direitos Fundamentais da União Europeia*, de 07 de dezembro de 2000. Carta de Nice. Disponível em: <http://www.europarl.europa.eu/charter/default_pt.htm>. Acesso em: 25 mar. 2016.

——. *Jornal Oficial da União Europeia*. Tratado de Lisboa. C 306, 50º ano, 17 de dezembro de 2007. Disponível em: <http://eur-lex.europa.eu/LexUriServ/LexUriServ.do?uri=OJ:C:2007:306:FULL:PT:PDF>. Acesso em: 25 mar. 2016.

WARREN, Samuel D.; BRANDEIS, Louis D. *The right to privacy*. Harvard Law Review, vol. IV, nº 5, p. 193-220, Dec., 1890.

— XVI —

O paradigma ecológico e a teoria do direito

VICENTE DE PAULO BARRETTO[1]

Sumário: 1. Da mitologia ao logos; 2. As raízes da ecologia profunda; 3. Natureza como sujeito de Direito? Casos paradigmáticos; 3. Da *Gaia* ao antropocentrismo; 4. Um mundo novo que se forma centrado no homem; 5. Um retorno a *Gaia*. A proposta da *deep ecology*; 6. Ecologias e ordenamento jurídico; 6.1. Nem Gaia, nem mundo técnico. Responsabilidade e futuro; Referências bibliográficas.

1. Da mitologia ao logos

As três áreas do conhecimento – filosofia, ecologia e teoria do direito – constituem uma tríade temática que marcou o século XXI, antes mesmo do seu primeiro dia. Diferentes temáticas que, aparentemente, não se inter-relacionam, mas de fato, como pretendemos demonstrar a seguir, são necessariamente complementares. Consideradas separadamente, surgem em diferentes momentos da história da humanidade. A primeira delas, a filosofia, emerge na cultura humana por volta do século VI a.C. como uma forma de pensamento, diferenciada das formas arcaicas para a explicação e o entendimento do cosmos e das relações sociais, próprias da cultura mitológica; a segunda, o Direito, concebido como fruto da vontade humana e não mais como uma manifestação divina, resultou da aplicação dessa nova forma de pensar filosófica aos assuntos sociais e políticos no século V a.C.; e, por fim, a ecologia, em suas duas dimensões, a ecologia superficial e a ecologia profunda, que se desenvolve na segunda metade do século XX, com uma ontologia, uma epistemologia e uma axiologia específicas.

Para analisar a relação entre essas formas de conhecimento e o modo como repercutiram na cultura humana, propomos seguir a ordem histórica com que se manifestaram. Iremos, inicialmente, situar a filosofia como expressão de um novo modo de pensar na cultura humana. Por volta de 600 a.C., ocorreu o que alguns historiadores

---

[1] Decano da Escola de Direito Da UNISINOS. Prof. no PPG em Direito da UNISINOS e da UNESA.

denominaram como um ponto de inflexão na história da cultura grega. Em livro clássico sobre o assunto, Jean-Pierre Vernant[2] esclarece como ocorreu a passagem da cultura mitológica para a cultura filosófica. Enquanto na época arcaica o conhecimento humano nascia da explicação mitológica, divina, dos fenômenos da natureza e das normas sociais, que da mesma forma expressavam a vontade dos deuses, a filosofia – e esse novo modo de pensar – foi buscar a explicação dos fenômenos naturais na construção do *logos*, o discurso racional que procurava na própria natureza e no homem a explicação para os fenômenos e as leis. Nesse sentido, os primeiros filósofos foram os filósofos da natureza, que se dedicaram a encontrar uma fonte, ou princípio original, *arkè* para todos os fenômenos naturais. Os primeiros filósofos, Tales de Mileto à frente, não se ocuparam com o homem e a sociedade, mas com a observação da natureza, e foi, assim, como diria Aristóteles, que o homem diante do espanto face aos fenômenos naturais se empenhou por identificar e explicar, através do *logos,* as causas e as leis primeiras do cosmos.

Esse trânsito entre duas formas de pensar e explicar o cosmos, e nele o homem e a cidade, realizou-se no contexto de uma sociedade que se organizou não mais em torno do palácio do monarca, a chamada cultura palaciana, mas da praça do mercado, a *ágora.* Na praça, surgiram as primeiras práticas de uma comunidade democrática, onde o direito tornava-se público, norma geral que expressava a vontade da maioria dos cidadãos iguais e servia como marco regulatório das relações sociais.

As bases do paradigma clássico da teoria do direito – autonomia individual, propriedade e responsabilidade – forneceram nos dois últimos milênios a estrutura teórica e prática que ordenou a sociedade humana. Essa estrutura, entretanto, viu-se abalada nos dois últimos séculos por um novo e revolucionário conjunto de normas, que reconhece o homem e a natureza como constituindo uma entidade integrada; estes não podem ser considerados como entidades apartadas, especialmente erigindo-se o homem como o proprietário da natureza. As intervenções do homem no espaço da natureza ou meio ambiental suscitaram, assim, novos desafios éticos, jurídicos e tecnológicos.

2. As raízes da ecologia profunda

A ecologia profunda, talvez a mais contestária área do pensamento contemporâneo, nasceu da necessidade de sistematização teórica para

---

[2] VERNANT, Jean-Pierre (1989). *As origens do pensamento grego.* Trad. Ísis Borges Fonseca. Rio de Janeiro: Editora Bertrand.

um conjunto de ideias e práticas, que reformularam radicalmente o conceito de natureza e de pessoa humana. Essa corrente de pensamento surgiu da constatação de que o modelo que consagrava o domínio do homem sobre a natureza, tinha-se mostrado autodestrutivo e, em consequência, não garantiria a sobrevivência da própria espécie humana. O modelo construído em torno da ideia da liberdade individual, fonte do individualismo possessivo (Macpherson, 1962; e Pipes, 2001),[3] teve no instituto da propriedade a sua formalização jurídica, e serviu como sustentáculo legitimador do Estado e da ordem jurídica liberal, durante todo o século XIX, até meados do século XX. A nítida atribuição de um poder sobre as coisas e a natureza, em especial, fez com que os avanços do conhecimento científico e suas aplicações tecnológicas, próprios da sociedade liberal-burguesa, provocassem um conflito entre homens e natureza. Esse impasse em que se encontra a sociedade tecnocientífica contemporânea remeteu à constatação de que os antigos talvez tenham tido razão ao afirmarem que a terra não pertence ao homem, mas é o homem que pertence à terra.

Foram essas dificuldades em interpretar e explicar as relações do homem com a natureza que motivaram a elaboração do que se chamou de "ecologia profunda" ou "*deep ecology*", que tem também, como sinônimos, "ecologia radical", "biocentrismo", "ecocentrismo" ou "igualitarismo ecológico". Sob todas essas denominações encontram-se abrigadas algumas questões nucleares, adiantadas por filósofos e cientistas no correr do último século, mas que já tinham sido tangenciadas por diferentes autores em séculos passados.

Trata-se de uma questão latente na cultura humana e que deita as suas raízes na Antiguidade quando a ideia de natureza veio associada à ideia representada pelo deus *Pan*, o deus mitológico metade-homem, metade-animal, protetor dos rebanhos e dos pastores, da vida selvagem. *Pan*, como escreve François Ost,[4] nos leva para um universo pré-lógico, o mundo da fusão original, antes da separação das coisas e das ideias, dos gêneros e das espécies. Concebia-se um mundo integrado no seio da mãe natureza, a antiga *Gaia genetrix*, onde homem e natureza seriam um todo. Essas são as ideias centrais que constituíram o que hoje chama-se de ecologia profunda e que interferem na teoria e na prática dos direitos ambientais.

---

[3] MACPHERSON, C.B (1962). *The Political Theory of Possessive Individualism*.Oxford: Oxford University Press; PIPES, Richard (2001). *Propriedade e Liberdade*. trad. Luiz Chaves e Carlos Humberto Fonseca. Rio de Janeiro/São Paulo: Editora Record.

[4] OST, François (2003). *La nature hors la loi, l'ecologie à l' épreuve du droit*. Paris: La Découverte/ Poche, p. 150-151.

3. Natureza como sujeito de Direito?
Casos paradigmáticos

Esse processo levou a uma revisão das relações do homem com a natureza, eixo temático e axiológico da ecologia profunda e DNA do direito ambiental. Mutações essas que se referiam aos homens, aos animais, à terra, aos seres que aqui habitam e que, por óbvio, se mostram diferenciados por características essenciais e acidentais. A questão não se resume na diferença ontológica entre ambos, ou então no questionamento acerca da possibilidade de identificação de sujeitos jurídicos e éticos para os "a(qu)lém-homens". A visão tradicional impôs-se no paradigma que perdurou na cultura do Ocidente até o século XVI: a natureza existia unicamente para servir aos interesses humanos.[5]

Não raro são os exemplos onde tais questionamentos foram apreciados pelo Poder Judiciário, não meramente como "objeto" de um desígnio estatal ou privado que mereça ser solucionado, mas como a possibilidade real de se pensarem e designarem certas espécies naturais, que tinham características distintas daquelas encontradas no homem. Tratava-se de considerar novos sujeitos de direito, contrariando dessa forma a visão antropocentrista do mundo. Vejamos, em alguns exemplos históricos, relatados por Luc Ferry (2009)[6] e François Ost (1995),[7] como se manifestava esse entendimento do homem considerado senhor absoluto da natureza e o choque dessa concepção com as correntes ecológicas.

No ano de 1587, os habitantes do vilarejo de Saint-Julien, incomodados com a presença de uma colônia de gorgulhos da classe dos insetos, ajuizaram uma ação junto ao juízo episcopal de Saint-Jean-Maurienne para que fossem expulsos da região, sob a alegação de que ditos insetos prejudicavam os vinhedos, causando estragos consideráveis nas plantações. Os peticionários pediam então ao vigário-geral do bispado de Mauriene que se dignasse a prescrever as medidas convenientes para aplacar a cólera divina e determinar, aplicando as leis, e mesmo por intermédio da excomunhão, ou qualquer outra censura apropriada, a expulsão dos insetos.

A situação apresentada pareceria nos dias atuais bastante estranha, mas não foi na época, tanto que o procedimento junto ao juízo episcopal teve regular prosseguimento, tendo sido nomeado um advogado para defender os insetos. Os argumentos da defesa dos insetos conseguiram desconstruir a sustentação dos advogados de acusação, o que suscitou

---

[5] THOMAS, Keith (2010). *O homem e o mundo natural*. Trad. João Roberto Martins Filho. São Paulo: Companhia de Bolso, p. 21.

[6] FERRY, Luc (2009). *A nova ordem ecológica*. Rio de Janeiro: DIFEL

[7] OST, François (1995). *A natureza à margem da lei*. Lisboa: Instituto Piaget.

na população um grande temor a ponto de ter sido convocada uma assembleia comunitária para discutir o destino dos animais, que deveriam ser preservados, longe, é claro, das vinhas. A decisão assegurava aos insetos, no entanto, um amplo espaço para alimentação e manutenção de suas vidas. Ofereceu-se então como *habitat* para os animais a praça da cidade e um lugar chamado Grand-Feisse, onde existiriam várias espécies de madeira, plantas e folhagens, que serviriam de alimento para os insetos.

Como escreve Ferry,[8] tratava-se de convencer os defensores dos insetos da boa vontade dos moradores da comunidade, ou seja, eles não queriam a eliminação dos insetos, bastava que os insetos não mais destruíssem as suas vinhas. Foram oferecidas áreas da comunidade, onde os insetos poderiam viver tranquilamente. Delineava-se, assim, um a existência de um "contrato natural", um pacto com seres que tinham uma natureza diferenciada da encontrada entre os homens. No entanto, da sentença final não se tem notícia, possivelmente, a mesma se perdeu com o passar dos séculos ou foi comida pelos insetos, como sugere Ferry.

Processos como o mencionado não eram raros na Idade Média, tendo havido, por exemplo, outro caso, ocorrido nas cercanias da cidade de Coire: a súbita irrupção de larvas de cabeça preta, corpo branco, da grossura do dedo mínimo, que caminhavam sobre seis pés, conhecida pelos lavradores pela expressão alemã de *Laubkäufer*. Ditas larvas entravam na terra no começo do inverno, atacando as raízes, secando as plantas ao final do verão e impossibilitando-as de desabrochar, o que causava enorme prejuízo. Indignados, os habitantes citaram os insetos destruidores diante do tribunal da província, constituindo advogado para os insetos e designando um promotor, observadas estritamente as formalidades da justiça. O juiz considerou que os insetos eram filhos de Deus e, portanto, tinham direito à vida e seria injusto privá-los de alimento e subsistência, e deliberou que a decisão mais justa seria confiná-los numa região florestal e selvagem a fim de que não pudessem devastar as terras cultivadas.[9]

A consideração de animais como "sujeito de direito" não significava que lhes era atribuída uma presunção de benefício. Todos os parâmetros jurídicos foram levados em consideração, inclusive a própria perda da natureza divina de tais animais, como ocorreu, em Berna, no ano de 1451. Nesse ano, sanguessugas invadiram um lago e, sem obedecer à decisão do bispo local, que dera três dias para que se retirassem do lago, foram julgadas. O bispo teve o cuidado de recolher alguns exemplares

---

[8] FERRY, ob. cit., p. 11.

[9] Idem, p. 13.

de sanguessugas e apresentou-as fisicamente ao tribunal. Isto feito, em obediência ao devido processo legal, foram amaldiçoadas, nas palavras do bispo: "Em nome de Deus todo poderoso, de toda a corte celeste, da santa Igreja divina, eu os amaldiçoo onde quer que estejam, e serão malditos, vocês e seus descendentes, até que tenham desaparecido de todos os lugares".[10] Apesar do enquadramento como "seres de Deus" ou "pragas demoníacas" as sentenças pareciam levar em consideração algo que atualmente se perdeu, ou seja, os animais eram considerados como sendo mais do que um "objeto" a ser protegido, pois reconhecidos pelos seres humanos, sob a proteção divina, estabeleciam-se relações fundadas em direitos e deveres.

No entanto, é inegável que os processos como os precedentemente mencionados causam estranheza, uma vez que não parece coerente considerar os animais, que não são seres dotados de liberdade, como sujeitos de direito no mesmo pé de igualdade com os homens. Poder-se-ia alegar que tais casos refletiam uma cultura própria do período histórico em que ocorreram, sendo que, atualmente, devido à apropriação da natureza, transformada em objeto passível de proteção e não sujeito de direito, mostra a dificuldade que temos em compreender esses procedimentos. De fato, é inegável que o momento histórico era outro; no entanto, apesar da apropriação da natureza na atualidade pelo homem como ser superior aos demais entes, contemporaneamente, foram suscitados questionamentos judiciais semelhantes aos casos medievais.

Em 1972, a Suprema Corte Americana decidiu sobre o caso *Sierra Club v. Morton*,[11] *405 U.S. 727*, arguido em 17 de novembro de 1971. A demanda versava sobre a preservação de um espaço ambiental que estava por sofrer modificações para dar lugar à construção de um parque público. Em 1970, o *Forest Service* dos EUA concedera às empresas Walt Disney uma permissão, que a autorizava a "desenvolver" um vale selvagem no "Mineral King Valley", situado em Sierra Nevada, Califórnia. O orçamento de trinta e cinco milhões de dólares previa a construção de hotéis, restaurantes, parque infantil, enfim, um parque nos moldes da Disneylândia. A organização ecologista Sierra Club, entretanto, ajuizou uma ação para impedir a construção do parque, argumentando que o mesmo afetaria a estética e o equilíbrio natural do *Mineral King Valley*.

A ação proposta foi rejeitada em primeira instância com a alegação de que a peticionante Sierra Club não demonstrara um interesse que justificasse a ação. O caso subiu então para ser julgado na segunda instân-

---

[10] FERRY, ob. cit., p. 14.

[11] Disponível na página da US Supreme Court: <https://supreme.justia.com/cases/federal/us/405/727/case.html>.

cia, e, antes da decisão, o professor Christopher D. Stone, da Faculdade de Direito da Universidade de Harvard, publicou um artigo intitulado *"Should trees have standing? – Toward legal rights for natural objects"*,[12] no qual sustentou que, provavelmente, o prejuízo causado ao Sierra Club era pequeno, no entanto, o prejuízo sofrido pelo Mineral King, ou seja, o parque propriamente dito, não era. Tornava-se importante demonstrar, então, que o parque deveria ser considerado em si, como uma pessoa jurídica, no mesmo sentido de uma empresa. A decisão da Suprema Corte norte-americana mostrou-se um marco na história do direito ambiental: quatro juízes votaram contra o argumento de Stone de que a natureza tinha direitos; dois se abstiveram, mas três votaram a favor. Como escreve Ferry[13] (2009: 21), pode-se dizer que as árvores perderam o processo por um voto.

No referido artigo, Stone[14] considerava que o problema dos objetos da natureza é o mesmo problema dos declarados incapazes: quando não mais possuem condições de resguardo dos próprios interesses, um defensor é nomeado como seu representante legal. O defensor não estará litigando em interesse próprio, mas no interesse do tutelado. O argumento foi construído considerando-se a semelhança com as pessoas jurídicas, que não têm vontade individual manifestada através da fala, própria dos seres autônomos e racionais como a pessoa humana.

A argumentação de Stone sustentava que, apesar de as árvores, florestas ou qualquer outro objeto da natureza não possuírem a capacidade de falar, ou ainda, não possuírem "voz", isso, por si só, não seria suficiente para demonstrar que as mesmas não possuem direitos. Stone afirmava que, da mesma forma, as empresas, os estados, os legalmente incapazes também não possuem a capacidade de falar, e, por essa razão, tornava-se necessário que alguém "falasse" por eles, normalmente um advogado.

Dessa forma, Stone constrói um embasamento teórico-jurídico que equiparava a representação dos legalmente incapazes com os seres não humanos da natureza, para que pudessem ter também direitos e garantias. Sempre que alguém legalmente incapaz tem alguma pretensão jurídica e argui o seu direito perante o Judiciário, necessariamente terá um defensor na sua defesa. Ora, não seria o mesmo caso, pergunta Stone, com os demais seres da natureza? No caso mencionado, o Sierra Club não estava buscando a proteção de seus interesses, justificativa

---

[12] Disponível no banco de dados da Harvard em: <http://isites.harvard.edu/fs/docs/icb.topic498371.files/Stone.Trees_Standing.pdf>.

[13] FERRY, ob.cit., p. 21.

[14] STONE, Christopher D. (1972) *Should tress have Standing? Toward Legal rights for Natural Objects, in* Southern California Law Review, Los Altos, Califórnia, p. 7.

primeira da arguição processual no direito liberal-burguês, mas sim, tinha se colocado como defensor dos interesses da natureza, do sujeito de direito "natureza". Assim sendo, não cabia a decisão da corte que não aceitou o argumento do Sierra Club, em virtude de falta de interesse. O interesse que está em jogo, assim como o de um legalmente incapaz, não é o do seu defensor, mas, propriamente, no caso em análise, o da natureza. Ao aproximar os objetos da natureza das corporações, das crianças, dos legalmente incapazes, Stone demonstrou que tais objetos não são meramente coisas a serem protegidas em virtude da manutenção da existência humana, no sentido de que a afronta prejudicaria interesses inerentes ao ser humano, *homo sapiens* apenas; os objetos da natureza possuiriam também direitos inerentes a si próprios.

Resta examinar as condições propostas por Stone para que se possam atribuir direitos a um ser. Em primeiro lugar, é necessário que tal ser possa ajuizar ações judiciais em seu interesse; em segundo, o processo fornece os dados e argumentos para que o juiz possa avaliar o dano ou o prejuízo causado a esse ser, em si mesmo, e não, por exemplo, contra o seu proprietário; e, finalmente, que uma eventual reparação seja em benefício direto do sujeito de direito. E as árvores, e os demais seres naturais, conclui Stone, atendem a esses três requisitos e podem ajuizar ações por intermédio de seus representantes (associações de ecologistas, defensores públicos, Ministério Público, etc.).

Não podemos nos enganar com as aparentes inconsistências identificáveis no argumento de Stone. Do ponto de vista pragmático, a argumentação de Stone tem certa coerência, pois permite, *de facto,* mover uma ação contra grandes poluidores, mesmo na ausência de um interesse explícito. Stone cita o caso de diversas empresas poluidoras do equilíbrio ecológico, que não podem ser impedidas de continuar agredindo a natureza em virtude de o processo poluidor ocorrer em situações nos quais não se consegue determinar um interesse individual lesado.

Quais as conclusões que se extraem dos casos citados? Primeiro, é a clara diferença de tratamento dada aos objetos da natureza. Como sustentar que algo que nos séculos XV e XVI era totalmente normal (conferir à natureza a característica de sujeito de direito) agora, no século XXI, passa a ser algo diverso, devendo ser objeto de debates jurídicos e de possibilidades de defesas acadêmicas para sustentar algo que outrora fora evidente? Conferir direitos à natureza, não como objeto de proteção, mas sujeito de direito gera uma estranheza que em séculos passados provocaria perplexidade. Não há como se furtar ao seguinte questionamento: por quê?

O debate sobre os direitos da natureza na contemporaneidade procura decidir se o homem é o único sujeito de direito ou se, também, a "bioesfera", a "ecoesfera" ou o "cosmos" têm os seus direitos. O homem seria, então, do ponto de vista ético e jurídico, um elemento entre muitos em um universo harmonioso e ordenado, mas que ele por sua ação provocava desequilíbrios pelos quais deveria ser responsabilizado.

3. Da *Gaia* ao antropocentrismo

Passagens, constantes do *Gênesis*, livro bíblico da criação, parecem atribuir um certo domínio da natureza aos homens, domínio esse conferido por Deus. Evidente que, em várias outras passagens, a Bíblia demonstra a necessidade da moderação e a natureza divina da natureza, como vimos nos processos anteriormente mencionados. No entanto, seria o domínio exercido pelos homens sobre os animais a característica de sujeito reinante sobre o mundo e os outros seres?

Encontram-se em Descartes e noutros pensadores os indícios dessa ruptura entre homem e natureza. No entanto, tamanha ruptura remonta à origem da espécie humana, pois desde então o homem intervém e transforma a natureza. O homem humaniza a terra, reveste-a de símbolos que a fazem falar uma linguagem para ele inteligível, o homem imprime a sua marca na terra. A liberação das amarras cosmológicas e a sensação de dominação da natureza como um primado do homem, que, fazem procurar e adequar o ambiente natural a seus desejos, diferentemente do que ocorria nos primórdios da história humana, quando o homem não se arriscava a perturbar a ordem do mundo, não somente por medo de uma punição dita divina, mas por uma sensação de pertencimento àquele universo, onde natureza e sociedade, grupo e indivíduo, coisa e pessoa praticamente não se distinguiam.[15] (OST, 1995: 30).

Essa identificação entre natureza e sociedade pode parecer estranha, na era do *cogito, ego sum* cartesiano. Nada mais esclarecedor do que a carta do índio cacique Seattle da tribo dos Sioux, em South Dakota, enviada ao então presidente dos Estados Unidos da América, Francis Pierce, no ano de 1855, após o governo americano ter dado a entender que pretenderia comprar aquele território indígena. Essa carta evidencia o pensamento panteísta da harmonia natural e do papel do homem nesse ambiente:

> Para o meu povo, não há um pedaço de terra que não seja sagrado, uma agulha de pinheiro que cintila, uma margem arenosa, uma bruma leve no meio dos bosques sombrios. Tudo é sagrado aos olhos do meu povo. A seiva que cresce na árvore contém em si própria a memória dos peles-vermelhas. Cada clareira, cada inseto que zumbe é sagrado na memória e na consciência do meu povo. Nós fazemos parte da terra e ela faz parte de nós. Esta água cintilante que corre pelos riachos e rios não é apenas agua, é o sangue dos nossos ancestrais [...]. Porque, se tudo desaparecesse o homem poderia morrer numa grande solidão espiritual. Todas as coisas estão ligadas

---

[15] OST, ob.cit., p. 30.

entre si. Ensinai às vossas crianças o que ensinámos às nossas sobre a terra: que ela é nossa mãe, e que tudo o que lhe acontece, acontece a nós e aos filhos da terra. Se o homem desdenha a terra, desdenha-se a si próprio. Disto temos a certeza. A terra não pertence ao homem, mas é o homem quem pertence à terra.[16]

Vemos como o homem estabelecia uma ligação entre a sua existência e a natureza em si, pois todas as coisas estariam interligadas, e ao desdenhar da terra o homem desdenha de si mesmo, pois a terra não pertence ao homem, assim não pode ser loteada, comprada, ou vista com valores meramente monetários e exploratórios, ao contrário, o homem pertence à terra.

4. Um mundo novo que se forma centrado no homem

A relação entre homem e natureza passou por constantes configurações histórico-evolutivas, que mostram as claras diferenças conceituais de "natureza", como sujeito de direito, ou como objeto, considerada como "coisa" a ser utilizada pelo homem, a seu critério. Esse processo de "profanação" da natureza, que se inicia durante o século XVI, leva à separação entre o "homem primitivo" e o "homem moderno", a evolução do "bárbaro" para o chamado "sujeito racional". A ideia do antropocentrismo ganha forma.

Conforme se extrai de Eckersley,[17] o antropocentrismo é a crença na existência de uma linha divisória, clara e moralmente relevante, entre a humanidade e o resto da natureza, sendo que, através deste viés, o ser humano torna-se a principal e única fonte de valor e significado para o mundo, relegando a natureza não humana a um segundo plano, com função específica de servir ao homem nos seus interesses, já que estes se sobrepõem sobre quaisquer outros interesses distintos daqueles do homem. Tudo gira, então, ao redor do homem.

Neste contexto, a natureza se mostra meramente como uma ferramenta para o desenvolvimento do homem, uma fonte geradora de riqueza para o ser humano, que se torna, assim, como afirmava Protágoras no séc. IV a.C., como a medida de todas as coisas, das que são como são, das que não são como não são. No universo antropocentrista, a natureza é apenas o que circunda o ser humano, a periferia, não o centro, não podendo ser considerada sujeito de direito, uma entidade que não tem um valor absoluto em si mesma.[18]

Foi a partir do século XVII que se desenvolveu a ideia da apropriação da natureza pela espécie humana. Destaque-se a contribuição

---

[16] Disponível em: <http://www.silex.com.br/leis/normas/seattle.htm>.

[17] ECKERSLEY, Robyn (1992). *Environmentalism and Political Theory: Toward an Ecocentric Approach*. New York, State University of New York Press, p. 51.

[18] FERRY, ob. cit., p. 30.

seminal de *Sir* Francis Bacon, para a proposição dessa ideia, formulada no livro *Nova Atlântida*.[19] Segundo Bacon, o Estado moderno deveria ser concebido como uma república científica, em que o poder seria exercido pela chamada associação de sábios filantropos. Essa utopia iria realizar-se, de acordo com Bacon, no continente que ele denominou de *Nova Atlântida*, onde os sábios da Casa de Salomão se dedicariam ao estudo da criação, procurando descobrir as causas e os mecanismos íntimos das forças primordiais e dos princípios das coisas. Tudo para aumentar o império do homem sobre toda a natureza, ou seja, em última análise, o domínio do Universo pelo homem.

Como escreve Ost,[20] Bacon buscou as causas e o conhecimento da natureza íntima das forças primordiais, o que permitiria, no primeiro momento, compreender, no segundo momento, imitar a natureza e, por fim, transformá-la, criando o autômato, a artificialidade. Esse ideal de ruptura com o "homem primitivo" encontra-se bem sintetizado na frase de Bacon: "A natureza", escreve ele, "é uma mulher pública. Devemos domá-la, penetrar os seus segredos e subjugá-los à nossa vontade". Foi essa instrumentalidade, essa profanação e "coisificação" da natureza que saltou aos olhos do cacique Seattle, personificação do suposto "homem primitivo" diante da racionalidade.

Não apenas Francis Bacon expressou tais ideais, pois em meados do século XVII, filósofos, cientistas e escritores que integravam o movimento de ideias, chamado de Iluminismo, sustentavam que para o ser humano encontrar a verdadeira liberdade, o conhecimento e a felicidade, era necessário utilizar-se do pensamento racional para responder as suas dúvidas. Passou-se, assim, a estimular o questionamento, a investigação e a busca por explicações racionais dos fenômenos da natureza e da sociedade, cristalizados no mantra iluminista, lançado como desafio aos homens, o *sapere aude*, ouse saber.

O pensamento Iluminista veio então modificar a herança do pensamento teocêntrico dos séculos anteriores.[21] Os animais, como vimos, eram sujeitos de direitos e submetidos a processos judiciais para que se pudesse discutir a sua responsabilidade e, assim, firmassem contrato com seres humanos, comprometendo-se a não mais invadirem as suas terras, em troca de lugar em que pudessem viver bem, como mencionamos nos exemplos, precedentemente, descritos. Já no "século das luzes", com relação aos outros seres que o cercavam, o entendimento era de que o homem, por ser provido da capacidade da razão, encontrava-se no centro do universo e um grau acima de outros seres, que não

---

[19] BACON, Francis, Sir. (1617). *New Atlantis* in Francis Bacon (1955). Chicago/ London/Toronto: William Benton.

[20] OST, ob. cit.,p. 35.

[21] Ob. cit., p. 19.

dispunham da mesma capacidade, pois só ele poderia ser visto como detentor da qualidade de pessoa moral e jurídica.

Não que os outros seres pudessem ficar à mercê das vontades humanas, pois, por mais que fossem desprovidos de razão e que não tivessem caráter de sujeitos de direitos, participavam do ambiente habitado pelos sujeitos racionais, sendo que a sua degradação poderia colocar em risco a própria existência dos homens e por isso mereciam ser respeitados e protegidos. Ao destruir o meio que o cerca, o homem corre o risco de colocar a sua própria existência em perigo, ou, no mínimo, não mais possuir as condições para uma vida dita boa sobre a terra.[22] (Ferry, 2009: 29-30)

5. Um retorno a *Gaia*. A proposta da *deep ecology*

Um retorno às origens, um retornar ao seio da mãe natureza, a *Gaia Genetrix*. Seria essa uma possibilidade prática e teoricamente sustentável na época do *homem sapiens* e do dualismo cartesiano? Eis a questão que se propõe.

Correntes de pensamento contemporâneo sustentam ser de suma importância o desenvolvimento de uma consciência de interdependência de todos os seres vivos, bem como entre estes e a terra, onde vivem. Esse entendimento, como escreve Ost,[23] reconhece ser o mundo protegido por *Pan*, sendo o mundo de *Pan* aquele de um contínuo resvalar de deuses em homens e de homens em animais, um mundo sem fronteiras onde tudo está em tudo, um mundo de correspondências infinitas no seio da mãe natureza, a antiga *Gaia genetrix*. Ocorreria assim, novamente, uma sacralização da natureza, a qual promoveria uma reconciliação com as raízes mais antigas das nossas civilizações, num tempo em que o mundo ainda não estava desencantado. Essa ideia se parece muito com o trecho citado, precedentemente, do chefe da tribo, Seattle.

Essa proposta de retorno à mãe natureza tem sido significativamente trabalhada, inclusive, em teses jurídicas e éticas, que procuram promover a "reconciliação" entre homem e natureza. Uma das correntes de pensamento que hoje em dia sustenta esses ideais leva o nome de "ecologia profunda" (*deep ecology*), por vezes referida como *biocentrismo* ou *ecocentrismo*. Vejamos então os principais pontos da proposta da ecologia profunda:

> A *deep ecology* tem a sua divindade (*Gaia*), os seus profetas (H.D. Thoreau, que apelava a uma *oversoul*, ou força moral de caráter divino que impregna toda a natureza, ou ainda A. Schweitzer, cujo famoso princípio *Reverence for Life* funciona como divisa do movimento), a sua bíblia (o *Sand County Almanac*, de Aldo Leopold, publicado em 1949, cujo capítulo *Land Ethic* exprime, pela

---

[22] FERRY, ob.cit., p. 29-30.
[23] OST, ob. cit., p. 172.

238   *Vicente de Paulo Barretto*

primeira vez, a extensão da comunidade ética ao conjunto da biosfera), os seus povos eleitos (os *native Americans*, e, de maneira geral, todos os povos "primitivos" que souberam viver em osmose com a natureza), os seus locais nobres (os grandes parques nacionais americanos, como o Yellowstone e o Yosemite onde a *wilderness* foi arrancada a ferros da empresa da colonização humana), os seus grandes testemunhos (Heidegger, Marcuse, Ellul) e as suas palavras de ordem ("Pensar como uma montanha", "Earth first!", "Live and let live", "Widening the circle", "Earth Wisdom", "Declarations for interdependence", "Liberation os life, of nature, of animals"...).[24]

Verifica-se que a corrente de pensamento da ecologia profunda se mostra bem estruturada e resulta em consequências éticas e jurídicas, quando, por exemplo, como se extrai da passagem acima, tem como uma de suas palavras de ordem o conceito de *"widening the circle"*. Essa expressão, ainda que possa parecer simples em um primeiro momento, tem todo um significado ético e jurídico, o que traz um novo sentido para o que se entende por "sujeito ético" e, principalmente, "sujeito de direito".

A ecologia profunda alarga o círculo para considerar não somente os homens como sujeitos de direito, mas sim, ao alargar o círculo, pretende fazer da natureza não mais um objeto de direito, moldável por disposições humanas, mas sim um sujeito de direito com dignidade própria a fazer valer direitos fundamentais, que podem ser arguidos contra os seres humanos. Essa doutrina procura superar o antropocentrismo e o dualismo homem/natureza. A ecologia profunda, sustenta, então, que na contemporaneidade ocorre, necessariamente, a passagem do mundo antropocentrista para o universo biocêntrico/ecocêntrico.

Essa inversão de perspectiva ocasionará a perda do duplo privilégio que o homem atualmente pensa possuir: o de ser a fonte exclusiva dos valores sociais. O homem não será mais a "medida de todas as coisas", e tal proposição receberá uma maior extensão conceitual, que será expressa na palavra de ordem da ecologia profunda *"widening the circle"*. A revolução da *deep ecology* propõe a supressão de qualquer privilégio particular entre os seres da natureza; o homem agora passa a ser somente "um outro" no seio do alargamento do círculo. Passa o homem a adotar o ponto de vista da natureza ("pensar como uma montanha"), cuja perfeição de organização é fonte de toda racionalidade e todo o valor.[25]

Nessa perspectiva, então, o homem tem esvaziada a sua posição hegemônica de proprietário da natureza. Toda a ideia antropocêntrica é contestada, todo o individualismo é negado, verifica-se, da citação precedente, que a ecologia profunda, ao abrir o círculo, ao propor "pensar como uma montanha", necessariamente indica a passagem de um

---

[24] OST, ob. cit., p. 175.

[25] Idem, p. 178.

O paradigma ecológico e a teoria do direito

239

mundo individualista e dualista para um holismo e a adoção de um rigoroso monismo, onde homem e natureza são um só ente.

Dessa forma, a integridade do todo e não somente do homem é que deve ser considerada, pois há que prevalecer o todo, sendo essa a condição de possibilidade de existência de todo o resto. Assim, entre direitos do homem e direitos da natureza, esses últimos devem prevalecer. Ao afastar o dualismo de homem *versus* natureza, toda distinção entre interno e externo resta abolida, toda hierarquia resta dissolvida.[26]

Podemos, então, considerar algumas teses centrais da *deep ecology*, quais sejam: passagem de um mundo antropocentrista para um universo biocentrico; negação do dualismo homem *versus* natureza, substituída essa relação por uma concepção monística, ou seja, a indistinção entre o interno e o externo; a passagem de uma visão individualista para uma visão holística. Parece-nos que, além de ser uma questão filosófica, com reflexos na ética e no direito, a ecologia profunda possui também uma esfera quase espiritual, no sentido de uma consciência, como uma espiritualidade. Um dos fundadores da *deep ecology*, Arne Naess,[27] inclusive, afirmou a necessária passagem de uma simples ecologia para uma forma mais sofisticada, a por ele chamada de *ecosofia*, em que componentes religiosos seriam considerados.

Naess propôs uma distinção entre o que chamou de "ecologia simples" (*shallow ecology*) e a " ecologia profunda"(*deep ecology*), a ser estabelecida em função dos princípios básicos da ecologia profunda, por ele sugeridas: o desenvolvimento da vida humana e da não humana na Terra representa um valor intrínseco, independentemente de sua utilidade para o homem. A diversidade da vida é um aspecto essencial e representa em si mesmo um valor. Os princípios subsequentes afirmam que o homem não tem o direito de reduzir a diversidade da vida, salvo para satisfazer as suas necessidades vitais. No entanto, a pressão exercida pelos homens sobre o mundo não humano é, atualmente, excessiva e exponencial, de modo que – aqui uma das ideias mais controversas – seria necessária uma redução da população mundial a não mais de 100 milhões de habitantes (em perspectiva de 1982, quando Naess sugeriu esses princípios). O sexto e o sétimo princípios compreendem uma mudança radical de políticas públicas, e isto nos planos econômico, tecnológico e ideológico: o aumento constante dos níveis de vida, resultante desses diferentes objetivos.[28] O oitavo princípio versa sobre a realização desses diferentes objetivos.

---

[26] OST, ob. cit., p. 179.

[27] NAESS, A. (1976). "The shallow and the deep, long range ecology movement". A summary. *Inquiry*, n. 16.

[28] OST, ob.cit., p. 185.

Diante desse código básico da ecologia profunda, não se pode negar a sua radicalidade, em especial no que toca ao extermínio de parcela da população para que se tenha uma proteção plena, o que nos parece um contrassenso e paradigma de difícil superação, um vez que exterminar enorme parcela para proteger outra se mostra exatamente o que a própria ecologia profunda combate.

Verifica-se, assim, como as questões suscitadas pela ecologia profunda deitam as suas raízes no citado artigo de Stones. Esse texto seminal, para a compreensão da ecologia, se constituiu em pedra angular para a renovação da discussão acerca do estatuto jurídico de "objetos" diversos do *homo sapiens,* "objetos" esses que adquiririam a condição de sujeitos de direito. Como então, situar os desafios da moderna ecologia com a necessária ordenação das relações entre o homem e a natureza animada e inanimada, que o cerca e sobre a qual o indivíduo interfere e altera a ordem natural?

6. Ecologias e ordenamento jurídico

Nesse quadro conceitual e doutrinário, onde se distinguem dois tipos de ecologia, Naess define resumidamente a ecologia superficial: "combate contra a poluição e o esvaziamento dos recursos tendo por objetivo central a saúde e a opulência das populações dos países desenvolvidos".[29] A tímida proposta de Naess suscitou críticas acerbas dos ecologistas radicais que mostravam como não tinha sido rompido a perspectiva antropocentrista, pois a humanidade estaria protegida somente em virtude dos interesses da humanidade.

O vício que se encontra nessa proposta é que irá refletir-se em simples medidas legislativas e burocráticas e seria inocência esperar-se uma administração racional dos recursos naturais. Os ecologistas radicais sustentam que mudanças efetivas somente advirão de uma transformação espiritual pessoal, somente possível na medida em que se compreenda a sabedoria da terra, inspiradora dos índios norte-americanos. Dessa sabedoria nasceria uma "consciência ecológica", consciente da integração do homem com o mundo.

Como então traduzir para a linguagem jurídica propostas ecológicas? A ecologia, escreve Ost, reivindica conceitos que englobam todas as manifestações da natureza e do processo evolutivo; o direito responde aos desafios da natureza através de critérios e categorias que pretendem regular a realidade. O brado da chamada urgência ecológica aponta para a integração do processo de globalização com as demandas da natureza através do uso das categorias jurídicas e das leis.

---

[29] NAESS, ob. cit., p. 95.

Diante das variadas e múltiplas formas de regulação a que se propõe o direito (ordenação territorial, dispersão dos projetos de infraestrutura, impactos de intervenções no meio ambiente, etc.) torna-se necessário verificar como são medidas inconsistentes e que atestam o fracasso da normatização relativa à proteção da natureza, da água, à regulação dos ruídos, à poluição atmosférica. Essas questões levam o direito ambiental a assegurar a definição progressiva de princípios gerais, que possam dar certa coerência à matéria ou então estabelecer normas de caráter supranacional.

O direito no último século abriu-se para uma perspectiva global que supera a posição antropocêntrica e que se desenvolve em etapas:

1ª. Os primeiros textos internacionais, como a Convenção de Paris de 19 de março de 1902, protegiam somente os "animais" úteis para a agricultura e permitiram o sacrifício de espécies consideradas "nocivas";

2ª. Ocorreu um segundo momento quando a legislação passou a contemplar a proteção de espaços santuários naturais ou religiosos, como sendo parte da natureza a serem conservados como museus naturais. Em 1933, na Convenção sobre a África estabeleceu-se, pela primeira vez, a ideia da " espécie ameaçada de extinção";

3ª. A legislação do direito internacional passa a ocupar-se do meio ambiente, na salvaguarda dos habitats ocupados pelas espécies ameaçadas;

4ª. Na Convenção do Rio de 1992, a proteção da natureza avançou com a tomada de consciência do valor intrínseco do patrimônio genético;

5ª. Pelas características do paradigma ecológico ocorrem níveis de insegurança, cabendo ao direito transformar essa insegurança em segurança social. Esses meios são complexos e dinâmicos;

6ª. Na esteira da judicialização da política, deparamo-nos com a ecologização do direito, adaptada à especificidade do meio a ser protegido, que são globais, complexos e dinâmicos por natureza. Essa judicialização da ecologia abrange os seguintes pressupostos:

a) Faz-se indispensável a aplicação do direito considerando-se os valores que lhe são próprios: processo e lei anterior, publicidade das decisões, contraditório;

b) Torna-se necessário afastar todo o tipo de cientificismo, que consiste em atribuir ao perito-especialista uma ou outra forma de consciência e imparcialidade;

c) A judicialização da ecologia encontra-se ainda em estado embrionário, é incompleta e inconsistente e pode provocar efeitos perversos, tais como, instabilidade, hipertecnicidade, ineficácia da norma.

Vejamos então como as duas instituições pilares do direito, a responsabilidade e o direito de propriedade, se situam diante dos desafios da ecologia.

6.1. Nem Gaia, nem mundo técnico.
Responsabilidade e futuro

É na linha das possibilidades citadas no tópico anterior que se apresenta uma teoria, defendida por doutrinadores que se diferenciam dos filósofos da *deep ecology*, mas que não se furtam à discussão acerca da teoria da ecologia profunda, apesar de não haver total concordância com os seus preceitos. Encontram-se nesse caso François Ost, Paul Ricoeur e Hans Jonas.

Não parece que a saída jurídica se mostre como a única possível, pois esta se realiza unicamente através de discursos jurídicos de proteção, que podem, eventualmente, culminar em leis e sanções. O maior desafio da ética-filosófica no limiar do século XXI, principalmente tendo em vista os problemas suscitados pela genética e pela ecologia, consiste em repensar o próprio agir humano. Há a necessidade de se pensar uma nova construção ética (macroglobal) que fundamente a moral localista de cada sistema soberano, admitindo que essas novas formas de subjetividade humana possam refletir na esfera da política.

A frase de Ricoeur (1991: 281) situa as novas dimensões desse novo pensar ético, onde a responsabilidade ganha novos contornos: "A novos domínios correspondem novas responsabilidades". Essa nova teoria da responsabilidade diminui a carga subjetiva e o olhar para o passado e passa a considerar a ação humana em sua dimensão presente e futura. É nesse aspecto que a citada frase de Ricoeur adquire plenamente o seu significado. A fundamentação da responsabilidade no horizonte do passado, no sentido de definir a responsabilidade como resultante da imputação causal por uma ação passada para então se analisar a possibilidade de sanção, não atende mais aos desafios que surgem na sociedade tecnocientífica contemporânea. Como argumenta Ricoeur (1991: 281), há que se considerar o futuro, ou seja, no lugar de procurar os culpados por ações passadas, determinar e definir o círculo das pessoas solidariamente investidas de novas missões. Passa-se, então, ao debate acerca do risco criado num horizonte futuro indeterminado, bem como, no envolvimento de categorias abstratas de pessoas como passíveis de responsabilização.

E, para comungar com a ideia de "defensores" sublinhada por Stone, Jonas[30] sustenta que, pela primeira vez na história da nossa civilização, a magnitude e o campo de ação da práxis técnica em seu conjunto e em todas as ações individuais e particulares são tais, que introduzem toda uma dimensão adicional e nova no marco do cálculo dos valores éticos, dimensão essa que era desconhecida de todas as formas precedentes de ação humana. Por essa razão, torna-se necessária uma nova formulação racional dos preceitos éticos, que busque atender essa nova dimensão, e que procure situar os homens como guardiões da natureza e das gerações futuras.

Diferente de alguns argumentos radicais da *deep ecology*, como, por exemplo, aquele enunciado quando Naess, advoga a limitação da população global, a proposta de Jonas concorda com os ideais ambientalistas que ainda mantêm o homem no centro do universo, mas, que, efetivamente, vestem com uma nova roupagem a natureza (como exemplo, a própria ideia de "guardião"), tanto é que não seria viável, nem verdade, que possamos transferir nossa responsabilidade pela existência de uma humanidade futura para ela própria, dirigindo-nos simplesmente aos deveres para com aquela que irá existir, ou seja, cuidando do seu modo de ser.[31]

A isto se poderia associar a ideia de "responsabilidade solidária", de que fala Ost,[32] ou seja, é possível defender uma concepção dialética da relação homem-natureza – proteger a natureza é trabalhar, simultaneamente, para a restauração dos equilíbrios naturais e para a salvaguarda dos interesses humanos, pois os interesses humanos se assentam, precisa e primeiramente, em equilíbrios naturais. Tem-se na doutrina, então, a ideia da responsabilidade solidária objetiva sobre os patrimônios comuns da humanidade.

Dessa forma, Ost[33] propõe os quatro elementos centrais na teoria da responsabilidade solidária, ou seja: Responsabilidade; gerações futuras; patrimônio; e humanidade. *Responsabilidade* como responsabilidade-projeto torna-se mais do que mera imputação, estabelecida em relação causal com faltas do passado, pois tem por objetivo o futuro e por destinatários as gerações futuras, e não propriamente a natureza. *Gerações futuras*, no sentido de preservação a longo prazo das facilidades do consumo a curto prazo, algo além de duas gerações. *Patrimônio* como ideia de uma conotação doméstica, de uma transmissão simbólica de bens que passam de geração para geração, podendo ser entendido tal

---

[30] JONAS, Hans (2006). *O princípio responsabilidade*: ensaio de uma ética para uma civilização tecnológica. Rio de Janeiro: PUCRJ, p. 54.

[31] JONAS, ob. cit., p. 93-94.

[32] OST, ob. cit., p. 310.

[33] OST, ob. cit., p. 338-339.

bem como a própria terra, e *Humanidade*, associada à ideia do patrimônio, visando a inscrever a transmissão numa linha virtualmente infinita,
como um "quê" de "ainda possível", que caracteriza a perfectibilidade
da sua natureza e lhe abre a via do projeto, como qualidade emergente
das suas relações com os sujeitos e os objetos.

Referências bibliográficas

BACON, Francis, Sir. (1617). *New Atlantis* in *Francis Bacon (1955)*. Chicago/ London/Toronto: William Benton.

ECKERSLEY, Robyn (1992). *Environmentalism and Political Theory: Toward an Ecocentric Approach*. New York, State University of New York Press.

FERRY, Luc (2009). *A nova ordem ecológica*. Rio de Janeiro: DIFEL.

JONAS, Hans (2006). *O princípio responsabilidade*: ensaio de uma ética para uma civilização tecnológica. Rio de Janeiro: PUCRJ.

MACPHERSON, C.B (1962). *The Political Theory of Possessive Individualism*.Oxford: Oxford University Press.

NAESS, A. (1976). "The shallow and the deep, long range ecology movement. A summary., *Inquiry*, n. 16.

OST, François (1995). *A natureza à margem da lei*. Lisboa: Instituto Piaget.

PIPES, Richard (2001). *Propriedade e Liberdade*. trad. Luiz Chaves e Carlos Humberto Fonseca. Rio de Janeiro/ São Paulo: Editora Record.

RICOEUR, Paul (1991). Postface au temps de la responsabilité, *in Lectures I. Autour du politique*. Paris: Le Seuil.

STONE, Christopher D. (1972) *Should tress have Standing? Toward Legal rights for Natural Objects, in* Southern California Law Review, Los Altos, Califórnia.

THOMAS, Keith (2010). *O homem e o mundo natural*. Trad. João Roberto Martins Filho. São Paulo: Companhia de Bolso.

VERNANT, Jean-Pierre (1989). *As origens do pensamento grego*. Trad. Ísis Borges Fonseca. Rio de Janeiro: Editora Bertrand.

— XVII —

O pluralismo das fontes do direito como uma alternativa para a estruturação jurídica dos avanços gerados a partir da escala nanométrica[1]

WILSON ENGELMANN[2]

O momento atual vivido pela comunidade humana traz novidades e desafios, muitos dos quais sem precedentes e, por isso, com consequências – positivas e negativas – incalculáveis. Sem dúvida, a imaginação criativa humana viabiliza a projeção e o desenvolvimento de artefatos que poderão ser muito úteis, possibilitando uma vida mais confortável. No entanto, o motor da imaginação – que se tem denominado de inovação – tem levado o ser humano a ingressar em campos, desde sempre existentes na natureza, mas acessíveis ao ser humano justamente como decorrência da "inquietante natureza humana". A partir dessa característica, pode-se destacar uma espécie de "fascínio pela criatividade", que é um elemento muito valorizado na atualidade e que impulsiona a todos em busca de mais e mais inovação.

---

[1] Resultado parcial dos seguintes projetos de pesquisa desenvolvidos pelo autor: a) "Desenhando modelos regulatórios para nanomateriais no Brasil a partir da adaptação de estruturas normativas internacionais: especificando o cenário para o diálogo entre as fontes do Direito e a juridicização dos *fatos nanotecnológicos*": Bolsa de Produtividade em Pesquisa do CNPq; b) "Observatório dos Impactos Jurídicos das Nanotecnologias: em busca de elementos essenciais para o desenvolvimento do diálogo entre as Fontes do Direito a partir de indicadores de regulação às pesquisas e produção industrial com base na nano escala": Edital Universal 14/2014 – CNPq; c) "As Nanotecnologias como um exemplo de inovação: em busca de elementos estruturantes para avaliar os benefícios e os riscos produzidos a partir da nano escala no cenário da pesquisa e inovação responsáveis (RRI) e dos impactos éticos, legais e sociais (ELSI)": Apoio a Projetos de Pesquisa/Chamada CNPq/MCTI Nº 25/2015 Ciências Humanas, Sociais e Sociais Aplicadas.

[2] Doutor e Mestre em Direito Público pelo Programa de Pós-Graduação em Direito (Mestrado e Doutorado) da Universidade do Vale do Rio dos Sinos – UNISINOS/RS/Brasil; Professor deste mesmo Programa das atividades: "Transformações Jurídicas das Relações Privadas" (Mestrado) e "Os Desafios das Transformações Contemporâneas do Direito Privado" (Doutorado); Coordenador Executivo do Mestrado Profissional em Direito da Empresa e dos Negócios da Unisinos; Líder do Grupo de Pesquisa *JUSNANO* (CNPq); Bolsista de Produtividade em Pesquisa do CNPq. E-mail: wengelmann@unisinos.br

As nanotecnologias se localizam entre as áreas que integram a denominada Quarta Revolução Industrial, a qual apresenta as seguintes características: a) *velocidade*: diferente das Revoluções anteriores, esta quarta, evolui num ritmo exponencial e não linear. "[...] Esse é o resultado do mundo multifacetado e profundamente interconectado em que vivemos; além disso, as novas tecnologias geram outras mais novas e cada vez mais qualificadas". O conjunto tecnológico gera novas tecnologias; b) *amplitude e profundidade*: a partir da perspectiva digital, a Quarta Revolução Industrial gera mudanças paradigmáticas na economia, nos negócios, na sociedade e nos indivíduos. Aqui se abrem espaços importantes para a discussão dos impactos éticos, legais e sociais, que integram a sigla em inglês ELSI, conforme se verá mais adiante; c) *impacto sistêmico*: esta nova revolução, "[...] envolve a transformação de sistemas inteiros entre países e dentro deles, em empresas, indústrias e em toda sociedade" (SCHWAB, 2016, p. 13).

A metodologia sistêmico-construtivista também sustenta as reflexões deste texto e sinaliza para uma inter-relação entre todos os segmentos envolvidos com as novas tecnologias e, no caso deste artigo, das nanotecnologias. Considerando as analisadas características da Quarta Revolução Tecnológica, poder-se-á projetar e ficar muito atento aos impactos que todo esse cenário tecnológico poderá gerar na vida cotidiana, mostrando as inter-relações entre o homem e a tecnologia, os impactos em relação ao indivíduo, em relação ao poder, a política e a economia; os reflexos sobre a cultura, sociedade e o entretenimento, com um destaque especial às forças que governam esta Quarta Revolução Industrial (PACHECO, 2016).

Colin McGinn (2015) descreve esse cenário apresentando um "hino à mão", como a grande responsabilidade pela busca humana incansável em direção à inovação. O autor, a partir de estudos interdisciplinares, examina a importância da mão no desenvolvimento da evolução humana. A espécie humana possui determinadas características, como a linguagem, o pensamento racional, a cultura e um amplo espectro afetivo, que sustentam o seu caráter evolutivo, levando-o para uma migração categorias que se verifica do *Homo Habilis* (ou *Homo Faber*) ao *Homo Creator*. Vale dizer, as habilidades humanas são extrapoladas, indo muito além de mera produção do necessário para a sobrevivência, mas numa direção de "rebeldia" com as próprias características e imperfeições que o próprio ser humano vislumbra em si e no seu modo de ser. A partir daí, este mesmo ser humano, ou todos nós, coloca a si e aos outros em perigo, considerando as extravagâncias possibilitadas pela sua criatividade. Justamente nesse cenário ingressa o papel da mão. Segundo McGinn (2015), existe uma coevolução entre a mão e o cérebro, levando a mão a ter outras funções que não apenas ser utilizada, originalmente, para a locomoção. A mão é uma espécie de elo que liga os antepassados simiomorfos ao homem moderno, dada a sua configuração especialmente enervada para a sensação e a percepção. Aí se insere a criatividade, ou seja, uma capacidade de intuir um novo uso, peculiar da inteligência, sem se esquecer da capacidade de solucionar problemas e obstáculos.

Uma destas possibilidades de percepção da criatividade é o acesso à escala nanométrica, ou seja, por meio de equipamentos especiais – como o microscópio eletrônico e o de força atômica – se tem conseguido visualizar uma medida equivalente à bilionésima parte do metro, que é a medida aproximada de átomos e moléculas. Uma das utilizações da nanoescala é a nanopartícula de prata na produção de alimentos (ENGELMANN, ALDROVANDI E VON HOHENDORFF, 2016). A prata é um antibactericida conhecido desde a antiguidade. No entanto, a novidade se encontra na produção da prata em nanopartículas, que é utilizada em embalagens e películas, que aumentam o prazo de validade dos produtos.

Um "detalhe" que chama a atenção: na escala nanométrica o comportamento físico-químico dos materiais difere do seu similar em escala macro (GARNER and KELLER, 2014). Essa característica, a partir da interação com o meio ambiente[3] ou o corpo humano, poderá gerar efeitos adversos – tóxicos – ainda pouco conhecidos (BEAUDRIE *et al.*, 2014). Apesar desse panorama, o número de produtos produzidos a partir da nano escala ou com a inserção de alguma nano partícula na sua composição tem crescido vertiginosamente no mercado consumidor,[4] mas sem testes ou conhecimentos conclusivos sobre os riscos que poderão ser gerados pelas nano partículas utilizadas. Vale dizer: o ser humano e o meio ambiente estão recebendo produtos com características novas e ainda pouco conhecidas,[5] sem que se tenha desenvolvido um marco

---

[3] A presença de nanomateriais em forma seca ou em pó e na compostagem do lodo de águas residuais que é muitas vezes disseminada em terras agrícolas como fertilizante, representa uma preocupação particular. Na França, a metade nacional do lodo de águas residuais é utilizada para a fertilização agrícola. A transformação potencial de nanomateriais artificiais no solo, suas interações com plantas e bactérias e sua transferência para as águas superficiais nunca foi estudada em profundidade. (OECD. *Observer*, abril de 2016).

[4] Segundo dados encontrados na *Nanotechnology Products Database*, em dados atualizados até abril de 2017, existem 7.496 marcas individuais com alguma relação com as nanotecnologias, produzidas por 1184 companhias, distribuídas em 52 países. Dentre os principais grupos de produtos, são destacados os seguintes setores: automotivo, construção, cosméticos, eletrônicos, eletrodomésticos, petróleo, esporte e *fitness*, têxteis, água e água residual (efluentes). Disponível em: <http://product.statnano.com> Acesso em 01 maio 2017.

[5] Em matéria publicada no Correio Brasiliense, em 17 de janeiro de 2016, intitulado: *Estudos apontam risco do uso de nanopartículas ao meio ambiente: há sinais de que esses elementos também prejudicam a saúde humana*, de autoria de Roberta Machado, se destaca: "As nanopartículas estão entre os novos materiais favoritos da indústria, devido às diversas propriedades que elas conferem a todo tipo de produto. Quando são reduzidos à escala nanométrica, elementos como prata e óxido de zinco se transformam em potentes antibactericidas, protetores de matérias-primas delicadas e películas capazes de estender a validade de alimentos, entre diversas outras utilidades. Essas vantagens

regulatório adequado. Aliás, existe um debate forte que, coloca em lados opostos, os cientistas e aqueles que defendem a necessidade de uma regulação imediata (BEAUDRIE *et al*, 2014). Cabe destacar que, a partir do crescimento de produtos desenvolvidos à base de nanotecnologia, também aumenta a quantidade de nano lixo.[6]

No Brasil não é diferente. Em 25 de junho 2015, foi realizada a segunda audiência pública conjunta das comissões de Meio Ambiente e Desenvolvimento Sustentável; e de Ciência e Tecnologia, Comunicação e Informática da Câmara dos Deputados, para discutir e enriquecer a redação de dois projetos de lei que estão em tramitação na Câmara dos Deputados: 1) Projeto de Lei 5.133/2013, que regulamenta a rotulagem de produtos da nanotecnologia e de produtos que fazem uso da nanotecnologia; e 2) Projeto de Lei 6.741/2013, que dispõe sobre a Política Nacional de Nanotecnologia, a pesquisa, a produção, o destino de rejeitos e o uso da nanotecnologia no país, e dá outras providências (PESQUISADORES ...., 2016). Nesta audiência, verificou-se claramente uma cisão entre os pesquisadores que se dedicam às nanotecnologias: de um lado e contra a regulação, os representantes das Ciências Exatas e, de

---

levaram os fabricantes a incorporar os nanomateriais a uma variedade de produtos, como fármacos, tecidos, eletrônicos, pesticidas e embalagens. O problema é que pouco se sabe sobre um outro lado, nada benéfico, dos superpoderes desses pequenos agentes. Pesquisas começam a mostrar o potencial poluente das nanopartículas e como esses compostos podem afetar o meio ambiente numa escala bastante perigosa. A principal ameaça está nos efluentes de indústrias que empregam esse tipo de material, mas eles também podem chegar ao ambiente por meio de pesticidas ou da rede de esgoto doméstica, na forma de água misturada com produtos comuns, como xampu ou pasta de dentes. Uma análise recente do Laboratório Suíço de Tecnologia e Ciência dos Materiais (EMPA) mostra, por exemplo, que até mesmo roupas tratadas com prata liberam partículas do composto na água usada para a lavagem das peças. Um trabalho publicado por pesquisadores norte-americanos há um ano também sugere que esses materiais acabam liberados pelo esgoto a partir de alimentos. Os cientistas testaram oito bebidas de suplementos nutricionais que têm entre os ingredientes nanopartículas de ouro, prata, cobre, zinco, platina e paládio. Eles notaram que os novos materiais tendem a subir para a superfície, onde podem causar problemas para a vida aquática depois que os efluentes alcançam os oceanos. Os cientistas ressaltam, contudo, que ainda não há como quantificar o volume de nanomateriais vindos de alimentos industrializados lançados ao ambiente dessa maneira. E não são só os animais aquáticos que podem estar em perigo. Testes feitos com células intestinais humanas sugerem que as partículas podem fazer mal ao organismo antes de serem eliminadas. Nos experimentos feitos em laboratório, as bebidas mudaram a organização celular do tecido e prejudicaram estruturas que trabalham na digestão. "Eu acredito que nanomateriais deveriam ter a segurança testada antes de serem usados em produtos como comida", ressalta Robert Reed, pesquisador da *School of Sustainable Engineering and the Built Environment* da Universidade Estadual do Arizona". Disponível em: <http://www.correiobraziliense.com.br/app/noticia/ciencia-e-saude/2016/01/17/interna_ciencia_saude,514245/estudos-apontam-risco-do-uso-de-nanoparticulas-ao-meio-ambiente.shtml> Acesso em 01 maio 2017.

[6] O desenvolvimento da nanotecnologia e nanomateriais tem o potencial de revolucionar todos os aspectos da produção e fabricação de bens e serviços na Europa, bem como no resto do mundo. Quando se trata da aplicação da nanotecnologia e dos nanomateriais nos produtos de consumo, não está claro o que está realmente no mercado europeu e como o número e tipos de produtos se desenvolveram e mudaram ao longo do tempo. Muito pouca informação também está disponível com relação ao que e quanto os consumidores estão expostos e quando estão expostos. A falta geral de dados prejudica a avaliação qualitativa e quantitativa da exposição dos consumidores aos nanomateriais. (HANSEN *et al.*, 2016, p. 169)

outro lado e favorável à regulação, estava o único representante das demais áreas do conhecimento. No caso, era o autor deste artigo, que tentou mostrar que a criação de uma lei poderá ser uma alternativa, viabilizando o amplo debate – e aí o elemento democrático da regulação estatal – com a participação de todos os setores interessados, por meio de emendas à redação original do texto do projeto de lei.

Apesar dos esforços em se caminhar em busca da construção interdisciplinar do conhecimento, o que se verificou na audiência pública ainda é a mais fechada perspectiva das diversas áreas do conhecimento na estruturação dos caminhos para a resolução de um problema comum: a instalação segura das nanotecnologias na sociedade. De fato, ainda se está vivenciando a dicotomia entre dois grandes grupos: as Ciências Humanas e Sociais Aplicadas, de um lado e, as Ciências Exatas ou Duras, de outro. Pelo menos no contexto brasileiro ainda se tem muito a caminhar, com a flexibilização e a porosidade das fronteiras que separam as disciplinas. Além disso, outro aspecto relacionado às nanotecnologias também ainda deverá ser melhor compreendido: talvez o caminho mais adequado para este momento do estado da arte do conhecimento sobre os desafios e as possibilidades que a nanoescala poderá trazer, não seja a criação de uma regulação legislativo-estatal, mas trazer para o cenário regulatório outras alternativas, como, por exemplo, o papel normativo dos princípios. Eles apresentam um caráter normativo, pois são uma espécie do gênero norma jurídica, onde também se localizam as regras (legislação em geral, por exemplo). Os princípios, no entanto, têm uma margem de abertura e flexibilidade maior do que as regras, pois estão focados na colaboração da busca pela melhor juridicidade possível para o caso concreto onde são aplicados. Por isso, deverão receber mais atenção (TAVARES e SCHRAMM, 2015). Cabe destacar, por exemplo, da redação do Projeto de Lei 6.741/2013, antes mencionado, a indicação do uso dos seguintes princípios: informação e transparência; participação social; precaução; prevenção; e responsabilidade social. Observe-se que o próprio texto do projeto sinaliza para a importância dos princípios no conjunto regulatório das nanotecnologias.

O Sistema do Direito também se encontra em processo de renovação no tocante à teoria das fontes. Procurando afastar-se uma perspectiva positivista-legalista, que ainda aparece no imaginário de muitas pessoas, ou seja, a lei resolve todos os problemas, há um forte indicativo para a movimentação do diálogo entre as fontes do Direito. Considerando-se o plural "fontes", abrem-se possibilidades para o manuseio de outras alternativas regulatório-normativas que transcendem a mera legislação estatal. Em paralelo, será necessária a construção de pontes com a Administração, por exemplo, a fim de construir modelos de gestão abrangente de riscos, inovação sustentável e governança dos riscos (SUBRAMANIAN *et al.*, 2016). Uma correta gestão dos riscos incertos exige não somente prevenir a arbitrariedade do trabalhador (operador) jurídico, mas deverá ser efetiva. A arbitrariedade é um grave problema para o funcionamento do Estado Democrático de Direito, porém a morte em massa de pessoas ou a completa destruição de ecossistemas é um problema sistemicamente mais grave (EMBID TELLO, 2015, p. 95).

Por conta disso, é fundamental levar em consideração estándares privados como fontes de Direito, ou as boas práticas, a partir de organizações como OMC, OCDE, ISO. Há uma tendência de privatização do Direito, dando abertura para o movimento do pluralismo jurídico. Desta forma, poder-se-ão identificar três faixas de normas: a primeira vem definida pelos princípios de hierarquia superior, como princípios do GATT e WTO, além dos direitos fundamentais; depois vem a legislação em sentido amplo, ou seja, o Direito positivo editado pelas instâncias com competências legislativas e regulamentares e, finalmente, as normas aprovadas pelos organismos e autoridades de estandardização (DARNACULLETA i GARDELLA, 2015, p. 212).

Portanto, além das fontes tradicionais do Direito (a legislação vigente, mas sem uma referência explícita às nanotecnologias, mas com aplicação considerando um horizonte de interpretação abrangente, além da Doutrina, Contratos, Costumes, entre outros), dever-se-ão considerar também as indicações expedidas pela OCDE (2017), as normas ISO sobre nanotecnologias e nanomateriais produzidos pelo Comitê Técnico 229 (2017), as normas expedidas pelas agências reguladoras (GERMAN..., 2017), as recomendações e orientações expedidas pela NIOSH[7] (2017). Ao lado dessas novas fontes do Direito, também deverão ser analisadas outras fontes como, por exemplo, a decisão do Parlamento Europeu sobre a rotulagem dos cosméticos que contenham nanopartículas (*The European Parliament and the Council*, 2017), nesse cenário também a indicação sobre a necessidade de rotulação dos alimentos que contenham nanopartículas (*The European Parliament and the Council*, 2017a) e as novas determinações sobre as embalagens e o nível de migração das nanopartículas de zinco da embalagem para os alimentos (*European Food Safety Authority* – EFSA, 2017). Além de muitas outras recomendações publicadas em Estados Unidos, Europa e União Europeia (WACKER *et al.*, 2016), e os países asiáticos.[8]

---

[7] NIOSH – The National Institute for Occupational Safety and Health – é a agência federal americana que de lidera a realização de pesquisas e o fornecimento de orientações sobre as implicações e aplicações profissionais de segurança e saúde das nanotecnologias.

[8] Interessante inventário de publicações normativas se encontra em FOLADORI e INVERNIZZI, 2016.

Da mesma forma, verifica-se um aumento de publicações sobre riscos das nanopartículas (KULINOWSKI, 2015). Esse conjunto de publicações também deverá ser considerado como um ingrediente regulatório, pois representa o que já se sabe sobre o comportamento de algumas partículas quando manipuladas em escala nanométrica. Há que se considerar também a possibilidade dos riscos das nanotecnologias no meio ambiente do trabalho (VON HOHENDORFF, COIMBRA, ENGELMANN, 2016). O trabalhador é um dos primeiros que se encontra exposto às novidades que poderão ser produzidas pelas nanopartículas. Dever-se-á considerar a incapacidade dos atuais equipamentos individuais de produção garantirem uma mínima proteção à saúde do trabalhador. Na figura a seguir reproduzida (BAUBLYTE *et al.*, 2014) Poder-se-á verificar o ciclo de vida dos nanomateriais, sinalizando os diversos estágios e expostos aos riscos gerados na escala nanométrica:

Figure 1. The life cycle of products containing nanomaterials and the type of insurance products that can be impacted

O ambiente estará exposto a variações desconhecidas ao longo de todo o ciclo de vida dos nanomateriais até o seu final, seja pela reciclagem, incineração ou outros meios. No entanto, os trabalhadores estarão expostos desde o início, considerando a pesquisa e o desenvolvimento, depois na produção da matéria-prima, até a produção e manufatura dos produtos que chegarão ao mercado consumidor. A partir daí, ingressa na cena de exposição o consumidor, que também e muitas vezes é o próprio trabalhador.

Neste panorama, o Sistema do Direito, por meio do diálogo entre as suas fontes, poderá construir respostas jurídicas apropriadas para dar suporte aos novos direitos e deveres gerados pelas nanotecnologias (ENGELMANN, 2015). Do movimento da tradicional regulação, onde a participação do Estado é fundamental, a tendência verificada é do reforço de atividades de regulação a partir de constantes internas, e se observa, em especial, a valorização de outros atores na produção de respostas jurídicas (*soft law*), o que representa efetiva mutação no sentido da *desregulamentação* tradicional estatal para a regulação dialogal não estatal.

Assim, abre-se o espaço para uma regulação que permita às organizações se adaptarem sozinhas às variações de seu meio ambiente. O diálogo entre os diversos atores, focados no desenvolvimento de orientações e normativas para as nanotecnologias, uma governança antecipatória (ROCO et al., 2010), se insere neste cenário (SUPIOT, 2007). Destaca-se, nesta paisagem antecipatória, sem a pretensão de exaurir a enunciação, um considerável grupo de agências governamentais federais internacionais, órgãos normalizadores, organizações profissionais, além de organizações não governamentais sobre riscos e questões ambientais que estão debatendo e editando arcabouço normativo plural e muito variado sobre nanomateriais, incluindo aqueles relacionados à saúde humana, animal e ambiental. Há uma grande preocupação com os resíduos gerados a partir da nano escala (OECD, 2016a). As características peculiares das nano partículas também provocam reações, ainda pouco conhecidas, no meio ambiente, considerando os diversos tipos de tratamento do lixo, como a incineração, por exemplo (MITRANO *et al.*, 2017).

Essas e tantas outras fontes produtoras de normas deverão ser consideradas pelo Sistema do Direito. Não se poderá mencionar que inexiste regulação sobre as nanotecnologias. Pelo contrário, existe um excesso de regulação, e a questão que surge é a seguinte: quem harmonizará este conjunto variado de normativas sobre as nanotecnologias? Quais os critérios para se aplicar uma norma, e não a outra, pois elas, em alguns momentos, apontam para soluções divergentes.

O Estado continuará existindo neste contexto de autorregulação, mas com características diferentes. Interessante é a observação trazida por Claudio Franzius (2015, p. 217), que desenha uma espécie de autorregulação regulada como estratégia de coordenação, com três discursos colidentes: (a) "O Estado garante e reconhece a autorregulação regulada como um modo de atuação": o Estado passará a ser responsável pela estruturação de uma metarregulação, garantindo os elementos qualitativos e constitucionalmente aceitos das propostas de autorregulação; (b) "A instituição de redes para a descrição de determinados fenômenos": a estruturação de redes que interconectam os diversos atores envolvidos, onde se deverá trazer o consumidor, a ser ouvido especialmente sobre o nível de risco que está disposto a correr em nome da inovação tecnocientífica. As organizações deverão, no intuito de estruturar a organização que cumpre o Direito, colocar o consumidor no seu ciclo de produção dos novos produtos; (c) "A perspectiva de governança sobre a estrutura de regulação": serão necessárias ações internas, mas com reflexos externos, nas organizações. A governança poderá ser caracterizada como

"[...] uma coordenação das contribuições da ação de atores estatais e não estatais. [...] as estruturas de regulação afetam o comportamento dos atores, porém não o determinam. [...]" (FRANZIUS, 2015, p. 240). Uma das possibilidades que se abrem são as vantagens organizacionais dos *programas de cumprimento*. Como ensina Miguel Casanova, a sociedade empresária nasce a partir de um contrato, mas gradativamente sofrendo modificações, sinalizando um "interesse social", que "[...] não é definido de uma maneira concreta, acabada e definitiva, *a priori*, senão que resulta da interpretação e integração que, em cada caso, os diretores realizam da rede de contratos que conformam a sociedade" (2015, p. 108).

É por isso que uma alternativa a ser levada em consideração se refere à análise das implicações éticas e sociais que as nanotecnologias poderão gerar. Esse elemento de legitimação é denominado, na expressão em inglês, de *Ethical, Legal and Social Impacts/Implications* (ELSI) ou *Etical, Legal Social Aspects* (ELSA), sendo uma variação para se atingir o mesmo objetivo, isto é, que o desenvolvimento científico se preocupe com as consequências éticas e sociais das suas investidas na descoberta das forças da natureza (ENGELMANN, 2015). Dito de outra forma: a inserção desses impactos ou aspectos busca "[...] fornecer uma base de conhecimentos para o desenvolvimento da ciência e tecnologias emergentes, destacando uma forma responsável e com uma consciência da ética, além dos aspectos e impactos de tais desenvolvimentos legais e sociais". Uma forma de expressão dos elementos ELSI se encontra em uma concepção renovada da empresa – cidadania de empresa e empresa cidadã: a empresa não é entendida como um tipo de máquina, orientada exclusivamente para a obtenção do benefício material, mas como um grupo humano, que se propõe satisfazer necessidades humanas com qualidade. Para isso, emergem mudanças empresariais para este modelo: mudança estrutural que leva a hierarquia à corresponsabilidade; uma mudança na cultura organizativa; a reconfiguração ética do mundo do trabalho, como uma exigência para lidar com os riscos incertos e desconhecidos que as nanotecnologias poderão trazer e o reposicionamento do balanço social, que não representa somente o balanço econômico da organização, mas "[...] também dados sobre o grau de satisfação que uma empresa está gerando na sociedade na qual desenvolve sua atividade" (CORTINA, 2005, p. 85-6). Paralelamente, "[...] surgem movimentos com a preocupação em promover a chamada pesquisa e inovação responsáveis (sigla em inglês RRI – *Responsible Research and Innovation*[9]), especialmente no bojo da Política Europeia de Investigação e Inovação, em particular com o financiamento do novo programa da Comissão Europeia (CE) de investigação chamado de *Horizonte 2020*" (FORSBERG, 2015).

---

[9] Sobre uma perspectiva histórica da RRI, consultar: WILSDON, 2014; e NORDMANN, 2014.

Portanto, quando se fala em *pesquisa e inovação responsáveis* (RRI), busca-se o seguinte delineamento: "é um processo interativo transparente onde os atores sociais e inovadores tornam-se mutuamente responsáveis pela perspectiva da aceitabilidade (ética), sustentabilidade e desejabilidade social do processo de inovação e a comercialização dos produtos" (SCHOMBERG, 2013). Existem, pelo menos, quarto dimensões próprias da RRI: a antecipação; a inclusão; a reflexividade e a responsabilidade. Esses elementos estruturantes sinalizam uma necessária mudança paradigmática das organizações que querem desenvolver as tecnologias que compõem a Quarta Revolução Industrial: há evidências que a mera busca pelo lucro, que sempre caracterizou as organizações no contexto global do capitalismo, não são mais aceitáveis, apesar de ainda se encontrarem profundamente enraizadas no contexto empresarial. As citadas características da RRI que acabam envolvendo qualitativamente o agir das organizações abre possibilidades temporais inéditas: a preocupação com o futuro, que é incerto.

Por conta deste cenário, "a inovação responsável significa cuidar do futuro através do manejo coletivo de ciência e inovação no presente" (STILGOE, 2013). Muito significativos são os estudos sobre a RRI desenvolvidos por Armin Grunwald, enfocando a governança reflexiva, como uma alternativa para o panorama de incerteza, que está sendo gerado pelas nanotecnologias (2014). No fundo, a conjugação de esforço ELSI e RRI, buscam antecipar uma espécie de responsabilidade, que se poderá denominar de "levar a responsabilidade a sério" (SUPIOT e DELMAS-MARTY, 2015): projetar, inovar, avaliar e assumir os riscos decorrentes. Um detalhe: esse encadeamento de ações deverá ser democraticamente enlaçado, pois é inadmissível que apenas os aspectos positivos sejam privatizados, enquanto os riscos, os resultados negativos, os danos e os prejuízos sejam socializados. Aqui se tem o desafio: equacionar esses elementos.

O cenário apresentado evidencia as grandes possibilidades de decisões, abrindo-se para a complexidade e, ao mesmo tempo, para a geração de riscos. A partir da distinção entre risco e perigo, formulada por Luhmann, pode-se constatar que existe uma incerteza em relação a danos futuros. Aqui uma das características singulares das nanotecnologias. O potencial é uma consequência da decisão, e, então se fala de risco e, mais precisamente, do risco da decisão. Ou bem se entende que o potencial dano é causado externamente, ou seja, é atribuído ao meio ambiente, e, neste caso, se tem o perigo. Deste modo, o risco está associado à decisão, expectativa, probabilidade de coisas que ocorrerão no futuro, é uma comunicação voltada ao futuro. Já perigo é a perspectiva da vítima, de quem não tinha o poder de decisão (de quem recebe a carga de risco sem decidir sobre aquilo). (LUHMANN, 2006, p. 67). Além das questões apontadas, ao Sistema do Direito abre-se mais um desafio: lidar com o futuro, com riscos e a imprevisibilidade. Um elemento estruturante do jurídico sempre foi a certeza, que se encontra vinculada à previsibilidade. Com isso, a projeção temporal do jurídico sempre foi a partir do passado. No presente, identificam-se as consequências do passado e se atribui o efeito jurídico. Com as nanotecnologias, abre-se um presente, que se conecta ao futuro, onde as decisões geram riscos, dada a improbabilidade e a indefinição de se efetuar a comunicação acerca dos danos.

Outra face do risco está relacionado à falta de um inventário com a quantidade de partículas nano já produzidas pela intervenção humana, sem considerar aquelas geradas pelo denominado "desenvolvimento" da humanidade, que também gera partículas, como aquelas ligadas à poluição urbana: Gatti e Montanari (2012, p. 46-47) alertam que a nanopoluição não intencional já está presente no meio ambiente, "particularmente por causa do uso de processos de combustão de alta temperatura (motores de combustão interna, incineradores, armas de alta tecnologia, armas de explosão, entre outros) e essa presença contamina os seres humanos, animais e o meio ambiente". Para realizar a pesquisa, os citados autores levaram em consideração eventos onde ocorreram lançamentos não intencionais de nano partículas por armas de alta tecnologia utilizadas em guerras. Cabe ao Sistema do Direito, portanto, considerando o arcabouço plural-normativo acima desenhado, assegurar o respeito aos Direitos (dos) Humanos, aqui considerados como o respeito à saúde e segurança de cada ser humano e a preservação ambiental, para a permanência de uma vida saudável no Planeta Terra.

Referências

BAUBLYTE, Lijana; MULLINS, Martin; MURPHY, TOFAIL, Finbarr and Syed A. M. *News Letter Risk Management*, The Geneva Association, nº 54, de junho de 2014.

BEAUDRIE, C. E. H.; SATTERFIELD, T.; KANDLIKAR, M.; HARTHORN, B. H. *Scientists versus Regulators*: Precaution, Novelty & Regulatory Oversight as Predictors of Perceived Risks of Engineered Nanomaterials. PLoS ONE 9(9): e106365, 2014.

CORTINA, Adela. *Cidadãos do mundo*: para uma teoria da cidadania. Tradução de Silvana Cobucci Leite. São Paulo: Loyola, 2005.

EMBID TELLO, Antonio Eduardo. Retos de la relación ciencia-derecho: la procedimentalización de la evaluación de riesgos en la Unión Europea. IN: DARNACULLETA i GARDELLA, M. Mercè; ESTEVE PARDO, José; SPIECKER gen. DÖHMANN, Indra (eds.). *Estrategias del Derecho ante la incertidumbre y la globalización*. Madrid: Marcial Pons, 2015, p. 89-101.

DARNACULLETA i GARDELLA, M. Mercè. Autorregulación Normativa y Derecho en la globalización. IN: DARNACULLETA i GARDELLA, M. Mercè; ESTEVE PARDO, José; SPIECKER gen. DÖHMANN, Indra (eds.). *Estrategias del Derecho ante la incertidumbre y la globalización*. Madrid: Marcial Pons, 2015, p. 197-216.

ENGELMANN, Wilson (Org.). *Nanocosméticos e o Direito à Informação*: construindo os elementos e as condições para aproximar o desenvolvimento tecnocientífica na escala nano da necessidade de informar o público consumidor. Erechim: Deviant, 2015.

——. As nanotecnologias como um exemplo de inovação e os reflexos jurídicos no cenário da pesquisa e inovação responsáveis (*responsible research and innovation*) e das implicações éticas, legais e sociais (*ethical, legal and social implications*). IN: STRECK, Lenio Luiz; ROCHA, Leonel Severo; ENGELMANN, Wilson (Orgs.). *Constituição Sistemas Sociais e Hermenêutica:* Anuário do Programa de Pós-Graduação em Direito da Unisinos – Mestrado e Doutorado. Porto Alegre: Livraria do Advogado, 2015, n. 12.

——; ALDROVANDI, Andréa; VON HOHENDORFF, Raquel. La utilización de la nanoplata en la producción alimenticia mundial y brasileña: una mirada a partir de investigaciones nanotoxicológicas. IN: FOLADORI, Guillermo; INVERNIZZI, Noela; ZÁYAGO LAU, Edgar (Coords.). *Investigación y mercado de nanotecnologías en América Latina.* [Zacatecas, Zac.]: Universidad de Zacatecas; Ciudad de México: Miguel Ángel Porrúa, 2016, p. 83-110.

EUROPEAN FOOD SAFETY AUTHORITY – EFSA. EFSA CEF Panel (EFSA Panel on Food Contact Materials, Enzymes, Flavourings and Processing Aids), 2015. Scientific Opinion on the safety evaluation of the substance zinc oxide, nanoparticles, uncoated and coated with [3- (methacryloxy)propyl] trimethoxysilane, for use in food contact materials. EFSA Journal 2015;13(4):4063, 9 p.

FOLADORI, Guillermo e INVERNIZZI, Noela. La regulación de las nanotecnologías: una mirada desde las diferencias EUA-UE. *Vigilância Sanitária em Debate*: Sociedade, Ciência & Tecnologia, Rio de Janeiro, v. 4, n. 2, p. 8-20, maio 2016. Disponível em: <https://visaemdebate.incqs.fiocruz.br/index.php/visaemdebate/article/view/726/313>. Acesso em: 01 maio 2017.

FORSBERG, Ellen-Marie. ELSA and RRI – Editorial. IN: *Life Sciences, Society and Policy*, v. 11, n. 2, 2015. Disponível em: <http://www.lsspjournal.com/content/11/1/2> Acesso em 01 maio 2017.

FRANZIUS, Claudio. Autorregulación regulada como estrategia de coordenación. IN: DARNACULLETA i GARDELLA, M. Mercè; ESTEVE PARDO, José; SPIECKER gen. DÖHMANN, Indra (eds.). *Estrategias del Derecho ante la incertidumbre y la globalización.* Madrid: Marcial Pons, 2015, p. 217-243.

GARNER, Kendra L. and KELLER, Arturo A. Emerging patterns for engineered nanomaterials in the environment: a review of fate and toxicity studies. IN: *J Nanopart Res*, 16:2503, 2014.

GATTI, Antonietta; MONTANARI, Stefano. Nanoparticles: A New Form of Terrorism? Nano-eco-terrorism. In: VASE-ASHTA, Ashok; BRAMAN,Eric Braman; SUSMANN, Philip (Org.) *Technological Innovations in Sensing and Detection of Chemical, Biological, Radiological, Nuclear Threats on Ecological Terrorism.* Virgínia, USA: Springer, 2012, p. 45-53.

GERMAN ENVIRONMENT AGENCY. Nanomaterials in the environment – Current state of knowledge and regulations on chemical safety Recommendations, Background-may 2016. Disponível em: <http://www.umweltbundesamt.de/publikationen/ nanomaterials-in-the-environment> Acesso em 01 maio 2017.

GRUNWALD, Armin. Modes of orientation provided by futures studies: making sense of diversity and divergence. IN: *European Journal of Futures Research*, 15:30, 2014.

ISO/TC 229– Nanotechnologies. Disponível em: <http://www.iso.org/iso/iso_technical_committee?commid=381983> Acesso em 01 maio 2017.

HANSEN, Steffen Foss; HEGGELUND, Laura Roverskov; BESORA, Pau Revilla; MACKEVICA, Aiga; BOLDRIN, Alessio and BAUN, Anders. Nanoproducts – what is actually available to European consumers? In: Environ. Sci.: Nano, v. 3, 2016, p. 169-180.

KULINOWSKI, Kristen M. Tentación, tentación, tentación: ¿por qué es probable que respuestas simples sobre los riesgos de los nanomateriales sean erróneas? IN: FOLADORI, Guillermo et al (Coords.). *Nanotecnologías en América Latina*: trabajo y regulación. Universidad Autónoma de Zacatecas; México, D.F.: Miguel Ángel Porrúa, 2015.

LUHMANN, Niklas. *Sociología del riesgo.* Tradução de Silvia Pappe, Brunhilde Erker, Luis Felipe Segura. México: Universidad Iberoamericana, 2006.

MACHADO, Roberta. Estudos apontam risco do uso de nanopartículas ao meio ambiente: há sinais de que esses elementos também prejudicam a saúde humana. IN: *Correio Brasiliense*, em 17 de janeiro de 2016. Disponível em: <http://www.correiobraziliense.com.br/app/noticia/ciencia-e-saude/2016/01/17/interna_ciencia_saude,514245/estudos-apontam-risco-do-uso-de-nanoparticulas-ao-meio-ambiente.shtml> Acesso em 01 maio 2017.

McGINN, Colin. *Prehension.* The Hand and the Emergence of Humanity. Massachusetts: Massachusetts Institute of Technology – MIT, 2015.

MITRANO, Denise M.; MEHRABI, Kamyar; DASILVA, Yadira Arroyo Rojas and NOWACK Bernd. Mobility of metallic (nano)particles in leachates from landfills containing waste incineration residues. In: *Environ. Sci.: Nano*, v. 4, 2017, p. 480-492.

NANOTECHNOLOGY PRODUCTS DATABASE. Disponível em: <http://product.statnano.com> Acesso em 01 maio 2017.

NIOSH – Nanotechnology Research Center. Disponível em: <http://www.cdc.gov/niosh/topics/nanotech/nanotechnology-research-center.html> Acesso em 01 maio 2017.

NORDMANN, Alfred. Responsible innovation, the art and craft of anticipation. IN: *Journal of Responsible Innovation*, 1:1, 87-98, 2014.

OECD. Physical-Chemical Properties Of Nanomaterials: Evaluation of Methods Applied In The OECD-WPMN Testing Programme, fevereiro de 2016.

——. *Nanomaterials in waste streams*: current knowledge on risks and impacts. Paris: OECD Publishing, 2016a.

——. *Observer*, april 2016. Disponível em: <https://issuu.com/oecd.publishing/docs/oecdobserver_306_q2_2016_lowres> Acesso em 01 maio 2017.

PACHECO, Carlos. *Tecno*: el impacto de la Revolución Tecnológica en la vida cotidiana. Montevideo: Editorial Fin de Siglo, 2016.

PESQUISADORES criticam projeto de regulamentação de nanotecnologia. Disponível em: <http://www2.camara.leg.br/camaranoticias/noticias/CIENCIA-E-TECNOLOGIA/491084-PESQUISADORES-CRITICAM-PROJETO-DE-REGULAMENTACAO-DE-NANOTECNOLOGIA.html> Acesso em 01 maio 2017.

ROCO, Mihail C. *et al*. Innovative and Responsible Governance of Nanotechnology for Societal Development. In: *Nanotechnology research directions for societal needs in 2020 – retrospective and outlook*. ROCO, Mihail C.; HERSAM Mark C. and MIRKIN Chad A. (Ed.), Berlin and Boston: Springer, 2010.

SCHOMBERG, R. A vision of responsible innovation. In: Owen, R., Heintz, M., and Bessant, J. (eds.). *Responsible Innovation*. London: John Wiley, 2013, p. 51-74.

STILGOE, J., *et al*. Developing a framework for responsible innovation. *Research Policy*, 2013.

SUBRAMANIAN, Vrishali; SEMENZIN, Elena; HRISTOZOV, Danail; ZABEO, Alex; MALSCH, Ineke; MCALEA, Eamonn; MURPHY, Finbarr; MULLINS, Martin; HARMELEN, Toon van; LIGTHART, Tom; LINKOV, Igor and MARCOMINI, Antonio. Sustainable nanotechnology decision support system: bridging risk management, sustainable innovation and risk governance. IN: *J Nanopart Res*. 18:89, 2016.

SUPIOT, Alain. *Homo juridicus*: ensaios sobre a função antropológica do Direito. Tradução de Maria Ermantina de Almeida Prado Galvão. São Paulo: Martins Fontes, 2007.

——; DELMAS-MARTY, Mireille (Org.). *Prendre la responsabilité au sérieux*. Paris: PUF, 2015.

SCHWAB, Klaus. *A Quarta Revolução Industrial*. Tradução de Daniel Moreira Miranda. São Paulo: Edipro, 2016.

TAVARES, Eder Torres e SCHRAMM, Fermin Roland. Princípio de precaução e nanotecnociências. IN: *Revista Bioética* (Impr.). 23 (2): 244-55, 2015.

THE EUROPEAN PARLIAMENT AND THE COUNCIL. Regulation (EC) No 1223 /2009 of the European Parliament and the Council of 30 November 2009 on Cosmetic Products. 2009. Disponível em: <http://eur-lex.europa.eu/LexUriServ/LexUriServ.do?uri=OJ:L:2009:342:0059:0209:en:PDF> Acesso em 01 maio 2017.

——. European Parliament resolution of 11 June 2013 on a new agenda for European Consumer Policy. 2013. Disponível em: <http://www.europarl.europa.eu/sides/getDoc.do?pubRef=-//EP//TEXT+TA+P7-TA-2013-0239+0+DOC+XML+V0//EN&language=EN> Acesso em 01 maio 2017a.

VON HOHENDORFF, Raquel; COIMBRA, Rodrigo; ENGELMANN, Wilson. As nanotecnologias, os riscos e as interfaces com o direito à saúde do trabalhador. IN: *Revista de Informação Legislativa*, Brasília, ano 53, n. 209, jan./mar. 2016, p. 151-172.

WACKER, M. G. *et al*. Dealing with nanosafety around the globe – regulation *vs*. innovation. In: *International Journal of Pharmaceutics*, v. 509, 2016, p. 95-106.

WILSDON, James. From foresight to hindsight: the promise of history in responsible innovation. IN: *Journal of Responsible Innovation*, 1:1, 109-112, 2014.

Impressão:
Evangraf
Rua Waldomiro Schapke, 77 - POA/RS
Fone: (51) 3336.2466 - (51) 3336.0422
E-mail: evangraf.adm@terra.com.br